体育学科
核心素养的
解构与阐释

尹志华 著

华东师范大学出版社
·上海·

图书在版编目(CIP)数据

体育学科核心素养的解构与阐释/尹志华著.—上海：华东师范大学出版社,2021
ISBN 978-7-5760-1516-4

Ⅰ.①体… Ⅱ.①尹… Ⅲ.①体育教学－教学研究－高中 Ⅳ.①G633.962

中国版本图书馆CIP数据核字(2021)第108173号

体育学科核心素养的解构与阐释
TIYU XUEKE HEXIN SUYANG DE JIEGOU YU CHANSHI

著　　者　尹志华
责任编辑　卜于骏
特约审读　王秋华
责任校对　邱红穗　时东明
装帧设计　钱蔡玥

出版发行　华东师范大学出版社
社　　址　上海市中山北路3663号　邮编200062
网　　址　www.ecnupress.com.cn
电　　话　021-60821666　行政传真 021-62572105
客服电话　021-62865537　门市(邮购)电话 021-62869887
地　　址　上海市中山北路3663号华东师范大学校内先锋路口
网　　店　http://hdsdcbs.tmall.com

印 刷 者　上海龙腾印务有限公司
开　　本　787×1092　16开
印　　张　19.75
字　　数　341千字
版　　次　2021年7月第1版
印　　次　2022年11月第2次
书　　号　ISBN 978-7-5760-1516-4
定　　价　49.80元

出版人　王焰

(如发现本版图书有印订质量问题,请寄回本社客服中心调换或电话021-62865537联系)

目 录

前言 1

第一章 核心素养：课程改革的新焦点 1
    第一节 核心素养的几个相关概念 1
    第二节 核心素养提出的背景、内涵与意义 15
    第三节 核心素养与体育课程改革 23

第二章 体育学科核心素养的研究进展 31
    第一节 体育学科核心素养的概念演变 32
    第二节 国外体育学科核心素养研究进展 36
    第三节 国内体育学科核心素养研究进展 47
    第四节 体育学科核心素养研究进展述评 58

第三章 体育学科核心素养的理论基础 62
    第一节 一元论与体育学科核心素养 62
    第二节 现象学与体育学科核心素养 75
    第三节 存在主义与体育学科核心素养 86

第四章 国际体育学科核心素养的分析 99
    第一节 国际上典型的核心素养分析 99
    第二节 国际上典型的体育学科核心素养分析 126

第五章　中国体育学科核心素养的构建 ………………………………… 138
　　第一节　体育学科核心素养的构建机制 ……………………………… 139
　　第二节　体育学科核心素养的构建思路 ……………………………… 146
　　第三节　体育学科核心素养的三个维度 ……………………………… 159

第六章　运动能力核心素养的内涵阐释 ………………………………… 168
　　第一节　体能的内涵阐释 ……………………………………………… 168
　　第二节　运动认知的内涵阐释 ………………………………………… 176
　　第三节　技战术运用的内涵阐释 ……………………………………… 184
　　第四节　体育展示与比赛的内涵阐释 ………………………………… 193

第七章　健康行为核心素养的内涵阐释 ………………………………… 204
　　第一节　体育锻炼意识与习惯的内涵阐释 …………………………… 204
　　第二节　健康知识掌握与运用的内涵阐释 …………………………… 213
　　第三节　情绪调控的内涵阐释 ………………………………………… 222
　　第四节　环境适应的内涵阐释 ………………………………………… 232

第八章　体育品德核心素养的内涵阐释 ………………………………… 242
　　第一节　体育精神的内涵阐释 ………………………………………… 242
　　第二节　体育道德的内涵阐释 ………………………………………… 252
　　第三节　体育品格的内涵阐释 ………………………………………… 261

第九章　体育学科核心素养的未来展望 ………………………………… 272
　　第一节　体育学科核心素养自身的发展和完善 ……………………… 272
　　第二节　基于体育学科核心素养的体育教育展望 …………………… 274

参考文献 ……………………………………………………………………… 288

后记 …………………………………………………………………………… 305

前　言

核心素养导向的课程改革已经成为全球共识,这既是应对数字化、信息化时代社会发展的挑战,也是描述新时代"人的画像"的基本要求。跟随世界发展趋势,我国教育部于2014年在《关于全面深化课程改革落实立德树人根本任务的意见》中提出要"研究提出各学段学生发展核心素养体系,明确学生应具备的适应终身发展和社会发展需要的必备品格和关键能力",并随之启动了核心素养导向的高中各学科课程标准的修订工作。体育与健康学科核心素养作为第八次基础教育课程改革第二阶段的重大成果,引起了国内外体育教育工作者的广泛关注。

体育学科核心素养的提出,意味着我国的体育课程目标从"三基时代"和"三维课程目标时代"进入到了"核心素养时代",基于核心素养而开展的系列课程改革活动,将对中国的体育课程改革与发展产生重大影响。为了帮助体育教育工作者理解体育学科核心素养,更清楚地阐述学科核心素养的内在机理,本书试图进行相关探索。基于此,本书按照逻辑顺序先后厘清了核心素养的相关概念,综述了国内外体育学科核心素养的研究进展,探索了体育学科核心素养的理论基础,分析了国际体育学科核心素养的体系,凝练了中国体育学科核心素养的构建过程,解构并阐释了运动能力、健康行为和体育品德三个方面的学科核心素养,提出了未来体育学科核心素养的发展展望。具体而言,本书共包括九章:

第一章,核心素养:课程改革的新焦点。即如何理解核心素养?主要包括核心素养的几个相关概念,核心素养提出的背景、内涵与意义,核心素养与体育课程改革的关系等几个部分。

第二章,体育学科核心素养的研究进展。即国内外有关体育学科核心素养的研究处于什么状态?主要包括体育学科核心素养的概念演变,国内外有关体育学科核心素养的理论基础、构成体系、体育课程、体育教学、体育学习评价、素养培养等六个方面的系统综述,体育学科核心素养研究进展述评等。

第三章,体育学科核心素养的理论基础。即体育学科核心素养建基于何种理论?主要包括一元论、现象学、存在主义三种哲学理论的历史发展、主要观点和对体育学科核心素养的启示等。

第四章,国际体育学科核心素养的分析。即国际上相关组织和发达国家的核心素养如何构成?主要包括经济合作与发展组织(OECD)、欧盟(EU)、联合国教科文组织(UNESCO)和美国、澳大利亚、日本等国际组织和国家的核心素养分析,澳大利亚、英国、新西兰、美国、法国、俄罗斯、日本、韩国等八个国家体育学科核心素养的分析等。

第五章,中国体育学科核心素养的构建。即中国的体育学科核心素养是如何形成的?主要包括体育学科核心素养的构建机制,体育学科核心素养的构建思路和体育学科核心素养三个维度的关系分析等。

第六章,运动能力核心素养的内涵阐释。即如何深入准确地理解运动能力核心素养?主要包括体能、运动认知、技战术运用、体育展示与比赛等各要素的本质、特点、作用和相互关系的深度分析等。

第七章,健康行为核心素养的内涵阐释。即如何深入准确地理解健康行为核心素养?主要包括体育锻炼意识与习惯、健康知识掌握与运用、情绪调控、环境适应等各要素的本质、特点、作用和相互关系的深度分析等。

第八章,体育品德核心素养的内涵阐释。即如何深入准确地理解体育品德核心素养?主要包括体育精神、体育道德、体育品格等各要素的本质、特点、作用和相互关系的深度分析等。

第九章,体育学科核心素养的未来展望。即未来应该围绕体育学科核心素养开展哪些工作？主要包括体育学科核心素养自身的发展与完善，基于体育学科核心素养的体育课程目标、课程内容、教学实施、学习评价、教材编写和教师成长等方面的未来发展方向展望。

总体而言，本著作所介绍的研究成果丰富，对于体育学科核心素养的相关问题进行了深入探索，是国内专门论述体育学科核心素养的第一本专著。同时，本著作直接或间接地引用了不少学者的理论和观点，在此表示衷心感谢。因水平有限，著作中如有不当之处恳请专家和读者们提出宝贵意见。另外，本著作得到了华东师范大学出版社的大力支持，在此一并表示感谢。

尹志华
2021 年 4 月

第一章

核心素养：课程改革的新焦点

自 2014 年教育部颁布《关于全面深化课程改革落实立德树人根本任务的意见》，明确提出"要根据学生的成长规律和社会对人才的需求，把对学生德智体美全面发展总体要求和社会主义核心价值观的有关内容具体化、细化，深入回答'培养什么人、怎样培养人'的问题。组织研究提出各学段学生发展核心素养体系，明确学生应具备的适应终身发展和社会发展需要的必备品格和关键能力，突出强调个人修养、社会关爱、家国情怀，更加注重自主发展、合作参与、创新实践"等要求以来，核心素养已成为中国课程改革的代名词和风向标。如果说 2001 年开始的基础教育课程改革开启了中国第八次基础教育课程改革的序幕，那么核心素养导向的课程改革则将第八次基础教育课程改革推向了更加深化的阶段。当今处于深化阶段的课程改革既是对过去二十多年课程改革经验的继承与发扬，也是在新时代推进课程改革的前进和超越。因此，核心素养是当前我国课程改革的新焦点，无论是课程性质与基本理念的定位、课程目标和课程内容的设计，还是课程实施的推进与学习评价的开展，都要围绕核心素养而展开。可以说核心素养既是新时代课程改革的出发点，也是最终的落脚点。基于此，深度理解核心素养的相关概念至关重要。

第一节　核心素养的几个相关概念

实际上，当前无论在理论界还是实践界，核心素养相关的词语出现较多，这便造成了一部分教育工作者在思维层面的混淆。概念是理性思维的基本形式之一,是客观事物的本质属性在人们头脑中的概括反映。[1] 概念是理论的集中表述,每一个学科都以若干概念作为廊柱,支撑着学科理论的大厦。因此,厘清概念对于学科建构与实践指导意义重大。概括起来,与核心素养相关的概念涉及"素质、素养、核心素养、学生发展核心素养、学科核心素养"等。

一、素质

素质一词在教育领域出现的历史较为悠久,尤其是我国多年来提倡的"素质教育",使得素质成为人们耳熟能详的词语。比如,1994年8月,中共中央发布《关于进一步加强和改进学校德育工作的若干意见》,第一次正式在中央文件中使用"素质教育"的概念。

至于到底什么叫做素质,《辞海》给出了三个方面的定义,即人的生理上的原来的特点;事物本来的性质;完成某种活动所必需的基本条件。柳夕浪在对素质的定义进行梳理后指出,从理论层面而言,在百科全书、心理学辞典等中将素质界定为人生来就具有的某些生理解剖特点,特别是神经系统、脑、感觉器官和运动器官的解剖生理特点。[2] 如苏联斯米尔诺夫主编的《心理学》给素质下了如下定义:"人不是生来就具有某些能力的。天生的东西只能是机体的某些解剖和生理的特点,其中具有最大意义的神经系统、脑的特点,叫做素质"[3];20世纪90年代俄罗斯出版的一部心理学辞典认为"素质是神经系统和脑的先天的解剖生理特点。这些特点是能力发展的基础"[4]。从以上概念可知,素质更多是指天生层面具备的一些特质,具有先天性和内在性等特征。

所谓素质的先天性,正如《辞海》和苏联专家界定的那样,更多与个体的生理特征有关。从这个角度而言,素质的先天性体现了明显的遗传性。比如,我们通常提及个体身体素质好不好,更多指的是个体在出生后所展现出来的身体状态,虽然这种状态也受到后天的营养、生活环境、人工干预等方面的影响,但总体而言可改变性不太大,具有较强的遗传性,表现出比较稳定的状态。素

---

[1] 李行健.现代汉语规范词典[M].北京:语文出版社,2004:420.
[2] 柳夕浪.从"素质"到"核心素养"——关于"培养什么样的人"的进一步追问[J].教育科学研究,2014(3):5—11.
[3] 斯米尔诺夫.心理学[M].朱智贤,等译.北京:人民教育出版社,1957:491.
[4] 彼得罗夫斯基,雅罗舍夫斯基.心理学辞典[M].赵碧如,等译.北京:东方出版社,1997:355.

质的这种先天性,为体育、舞蹈等领域的选材提供了科学依据。

所谓素质的内在性,即素质更多体现为个体内部的一些相对稳定的身心结构及其质量水平。比如,在射击等对心理稳定性要求较高的运动项目中,教练员前期选材就非常注重运动员的心理素质,虽然这种心理素质可以经过后天训练而提升,但很显然先天心理素质更佳的个体更容易取得更好的射击成绩。这是因为诸如冷静、镇定、淡定等素质已经成为了这类个体内在的禀性,成为了个体的一种与众不同的特质。因此,正如我国著名高等教育研究专家文辅相教授指出的那样,人的素质的一个根本特征就是它的内在性[①]。

二、素养

素养是一个与素质具有相近含义且二者之间非常容易被混淆的词语,基于此,张红霞等人对词源进行了分析,他们认为从词源上来看:素,本义是本色的生帛,后来引申为人所具有的特征;质,本义指抵押、以……作人质,后引申为事物的根本、本体及人的天性禀赋;养,本义指圈养喂草,引申为对人的供养、精神的呵护和培育。她强调素质指一个人本来的特质,素养指一个人的修习涵养,词源的分析体现出素质强调其先在性,而素养突出的是后天养成性[②]。

实际上,在中国教育发展史上,素质的提法比素养的提法要更早,素养这一概念的来源与当代社会的高速发展有着密切的关系。在20世纪90年代,随着全球互联网的发展和信息化社会的到来,为了适应复杂多变的信息化时代的多元化需求,传统的能力(ability)、技能(skill)、知能(literacy)等概念已经不再适用,人们对这些概念进行了扩展和升级,提出了素养的概念,而素养这一概念包含了知识、能力、态度等多个方面[③]。因此,正如柳夕浪总结的那样,素养概念主要受国外概念界定的影响,在西方语境下,素养的英文表达"competencies"原指"胜任力",更多强调后天学习和训练而形成的,适应于特定领域的职业技能,而中文语境下的"素养"指个体在真实的情境下,解决复杂现实问题过程中表现出来的综合品质或能力[④]。因此可知,素养是一个复合型

[①] 文辅相.素质・方法・创新[J].高等教育研究,1999(1):14—20.
[②] 张红霞,侯小妮.综合素质与核心素养辨析[J].上海教育科研,2020(5):15—19.
[③] 林崇德.21世纪学生发展核心素养研究[M].北京:北京师范大学出版社,2016:7.
[④] 柳夕浪.走向整体的人:核心素养的整合意义[J].中小学管理,2019(4):25—28.

概念,除了涵盖传统的能力之外,还包括情感、态度、价值观、心理、社会适应等多个方面,具有后天性、教育性和综合性。

所谓素养的后天性,主要是相对素质的先天性而言的,即个体的素养主要是在后天的实践中逐步形成的。与素质相比,素养更加强调在实践情境中的应用。比如,对于一个学习政治学的人而言,其在政治方面的素养相对普通人而言更高,因为其接受过系统的政治学训练,全面学习过政治学的相关知识和概念,但是此人在政治方面的素质不一定很高,比如其未必是一个很有正义感的人。我们知道,类似于正义感之类的描述个体素质的词语,虽然也有后天塑造的成分,但更多是先天形成的内在禀赋,相对而言很难改变。然而,个体在政治立场和水平等方面的素养则可以在后天的生活磨炼中发生很大的变化。因此,素养的后天性决定了素养是比较容易发生改变和塑造的。

所谓素养的教育性,是指素养的高低和好坏极大地受到教育的影响。在古代,在教育远未普及的时代,普通老百姓接受教育的机会非常少,所以其素养相差无几,个体之间的差别不会太大。但在当代社会,接受教育已经成为老百姓的基本权利与义务,个体的素养会随着接受教育的时间长短与质量高低而呈现出很大的差别。以个体的价值观为例,出身于穷苦家庭的个体如果不接受教育,其价值观可能主要限于填饱肚子和传宗接代,但当接受教育之后,其价值观可能会发生变化,为国建功立业,促进民族和社会的发展等会成为新的价值观,而这就是教育的力量,也体现了素养的可教性。正如中国几十年来不断普及基础教育和发展高等教育,使得普通民众的素养得到了极大地提升。

所谓素养的综合性,是指素养的构成要素不是单一的概念,也绝不仅仅限制在知识的范畴。杨琰指出,我国教育价值取向转变可模糊区分为三次转向:知识本位向能力本位教育超越的初次转向;能力本位向素质本位教育跃升的再次转型;素质本位向素养本位教育进化的最终追求。从教育实践来看,目前我国教育正处于素质教育向素养教育发展、演化和变革的重要阶段。如果将素质本位看作是一种二维层面的教育理念,则素养教育是一种相对更加立体化的三维或多维层面的教育追求[①]。由此可见,素养完全超越了知识、能力、素质等概念,更加强调整合性和统整性。追求素养培养的教育,已经成为当前我

---

① 杨琰.知识·能力·素质·素养:教育价值追求的不同阶段转向[J].教育理论与实践,2020,38(28):13—16.

国乃至世界教育的发展新趋势和新方向。

三、核心素养

核心素养的概念是建立在素养基础之上的,顾名思义,即素养中最为核心的素养。对此,国内不少学者对核心素养的概念进行了界定,如柳夕浪指出,"如果说素养是基本生活之所需的话,那么,核心素养则为优质生活之所需,它强调不同学习领域、不同情境中都不可或缺的共同底线要求,是关键的、必要的也是重要的素养,试图将核心素养与由核心素养衍生出来的其他素养区别开来。核心素养是少而精的"[①]。褚宏启指出,可以把核心素养简单界定为:为了适应21世纪的社会变革,人所应该具备的关键素养。简而言之,核心素养即"21世纪关键素养"[②]。

张华对核心素养的定义是建立在对素养的定义基础之上的,他指出:素养是人在特定情境中综合运用知识、技能和态度解决问题的高级能力与人性能力。核心素养亦称"21世纪素养",是人适应信息时代和知识社会的需要,是解决复杂问题和适应不可预测情境的高级能力与人性能力。核心素养是对农业和工业时代"基本技能"的发展与超越,其核心是创造性思维能力和复杂交往能力。[③]

石鸥指出,"核心素养是每个人发展与完善自我、融入社会及胜任工作所必需的基础性素养,是适应个人终生发展和社会发展所需要的必备品格与关键能力,是个体应具有的起基础和支撑作用的素养"[④]。

余文森指出,"核心素养是素养系统中具有根本性和统领性的成分,是人之为人之根之本('根目录')。核心素养是素养系统中具有基础性的成分,是人进一步成长的基础和可能,是人进一步成长的内核。关键能力和必备品格是人终身发展、可持续发展的基因、种子和树根。抓住了核心素养也就抓住了教育的根本"[⑤]。

---

① 柳夕浪.从"素质"到"核心素养"——关于"培养什么样的人"的进一步追问[J].教育科学研究,2014(3):5—11.
② 褚宏启.核心素养的概念与本质[J].华东师范大学学报(教育科学版),2016(1):1—3.
③ 张华.论核心素养的内涵[J].全球教育展望,2016,45(4):10—24.
④ 石鸥.核心素养的课程与教学价值[J].华东师范大学学报(教育科学版),2016(1):9—11.
⑤ 余文森.从三维目标走向核心素养[J].华东师范大学学报(教育科学版),2016(1):11—13.

从以上我国教育学界几位知名专家对核心素养的概念界定可以看出,虽然各自有所差异,但通俗而言均指的是人类所应该具备的素养中最核心、最关键、最重要的那部分素养。也就是说,人之所以生活在这个世界上,具备很多素养是生活的前提,有些素养对于人类生活而言是更加重要的,但有些素养对于人类生活而言并没有那么重要,那些更加重要的素养即为核心素养。如果缺乏了那些核心素养,必定会对人类的生活质量产生严重的影响。

四、学生发展核心素养

学生发展核心素养,主要是指学生应具备的,能够适应终身发展和社会发展需要的必备品格和关键能力。[①] 学生发展核心素养是核心素养的下位概念,其来源与人的全生命周期发展有着紧密的联系。

从人的一生来看,从出生到死亡的过程,也就是从摇篮到坟墓的过程,可以被划分为很多不同的阶段,如幼儿阶段、儿童青少年阶段、中年人阶段、老年人阶段等。在任何一个人生阶段,如果要学会生存,就必须要具备不同的核心素养,也就是说,不同阶段的人所具备的核心素养应该有所差异。对于学生而言,从进入学校那一刻开始,先后要经历基础教育和高等教育等几个阶段,在漫长的学校教育过程中,其所接受的培养整体上比较类似,只是不同学段的侧重点不同而已。基于此,学生发展核心素养主要是学生在接受学校教育的时期应该具备的那些最关键、最重要的素养。与之相对应的,也就有幼儿发展核心素养、成年人发展核心素养和老年人发展核心素养,只是这些阶段基本上超越了学校教育的范畴,不在本书的讨论之列,但却也是今后中国在构建人类全生命周期的发展核心素养时应该予以考虑的问题。

中国目前已经形成了较为成熟的中国学生发展核心素养体系,该体系由北京师范大学著名教育心理学家林崇德教授领衔研制,并且已经成为了我国当前课程改革的上层指导框架之一。中国学生发展核心素养,以"全面发展的人"为核心,分为文化基础、自主发展、社会参与三个方面,综合表现为人文底蕴、科学精神、学会学习、健康生活、责任担当、实践创新六大素养,其具体结构图和要点如下所示:

---

① 核心素养研究课题组.中国学生发展核心素养[J].中国教育学刊,2016(10):1—3.

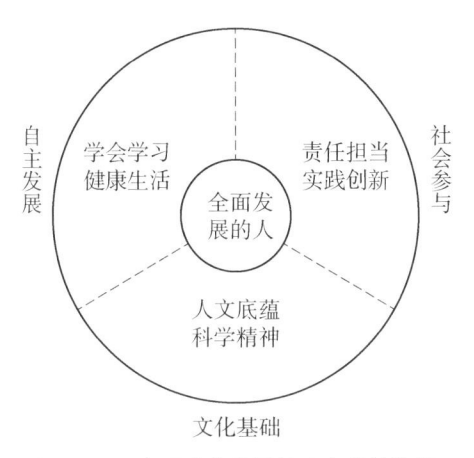

图 1-1 中国学生发展核心素养结构图

（一）中国学生发展核心素养的内涵解析[①]

1. 文化基础

文化是人存在的根和魂。文化基础，重在强调能习得人文、科学等各领域的知识和技能，掌握和运用人类优秀智慧成果，涵养内在精神，追求真善美的统一，发展成为有宽厚文化基础、有更高精神追求的人。具体包括人文底蕴和科学精神。

人文底蕴：主要是学生在学习、理解、运用人文领域知识和技能等方面所形成的基本能力、情感态度和价值取向。具体包括人文积淀、人文情怀和审美情趣等基本要点。

科学精神：主要是学生在学习、理解、运用科学知识和技能等方面所形成的价值标准、思维方式和行为表现。具体包括理性思维、批判质疑、勇于探究等基本要点。

2. 自主发展

自主性是人作为主体的根本属性。自主发展，重在强调能有效管理自己的学习和生活，认识和发现自我价值，发掘自身潜力，有效应对复杂多变的环境，成就出彩人生，发展成为有明确人生方向、有生活品质的人。具体包括学会学习和健康生活。

学会学习：主要是学生在学习意识形成、学习方式方法选择、学习进程评估

[①] 核心素养研究课题组.中国学生发展核心素养[J].中国教育学刊,2016(10):1—3.

调控等方面的综合表现。具体包括乐学善学、勤于反思、信息意识等基本要点。

健康生活：主要是学生在认识自我、发展身心、规划人生等方面的综合表现。具体包括珍爱生命、健全人格、自我管理等基本要点。

3. 社会参与

社会性是人的本质属性。社会参与，重在强调能处理好自我与社会的关系，养成现代公民所必须遵守和履行的道德准则和行为规范，增强社会责任感，提升创新精神和实践能力，促进个人价值实现，推动社会发展进步，发展成为有理想信念、敢于担当的人。具体包括责任担当和实践创新。

责任担当：主要是学生在处理与社会、国家、国际等关系方面所形成的情感态度、价值取向和行为方式。具体包括社会责任、国家认同、国际理解等基本要点。

实践创新：主要是学生在日常活动、问题解决、适应挑战等方面所形成的实践能力、创新意识和行为表现。具体包括劳动意识、问题解决、技术应用等基本要点。

（二）中国学生发展核心素养的基本要点与主要表现

在中国学生发展核心素养中，每个核心素养又包含三个基本要点，即共18个要点，其主要表现如下表所示。

表1-1　中国学生发展核心素养的基本要点和主要表现[①]

方面	核心素养	基本要点	主要表现
文化基础	人文底蕴	人文积淀	重点是：具有古今中外人文领域基本知识和成果的积累；能理解和掌握人文思想中所蕴含的认识方法和实践方法等。
		人文情怀	重点是：具有以人为本的意识，尊重、维护人的尊严和价值；能关切人的生存、发展和幸福等。
		审美情趣	重点是：具有艺术知识、技能与方法的积累；能理解和尊重文化艺术的多样性，具有发现、感知、欣赏、评价美的意识和基本能力；具有健康的审美价值取向；具有艺术表达和创意表现的兴趣和意识，能在生活中拓展和升华美等。

---

① 核心素养研究课题组.中国学生发展核心素养[J].中国教育学刊,2016(10)：1—3.

续 表

方面	核心素养	基本要点	主要表现
文化基础	科学精神	理性思维	重点是：崇尚真知，能理解和掌握基本的科学原理和方法；尊重事实和证据，有实证意识和严谨的求知态度；逻辑清晰，能运用科学的思维方式认识事物、解决问题、指导行为等。
		批判质疑	重点是：具有问题意识；能独立思考、独立判断；思维缜密，能多角度、辩证地分析问题，作出选择和决定等。
		勇于探究	重点是：具有好奇心和想象力；能不畏困难，有坚持不懈的探索精神；能大胆尝试，积极寻求有效的问题解决方法等。
自主发展	学会学习	乐学善学	重点是：能正确认识和理解学习的价值，具有积极的学习态度和浓厚的学习兴趣；能养成良好的学习习惯，掌握适合自身的学习方法；能自主学习，具有终身学习的意识和能力等。
		勤于反思	重点是：具有对自己的学习状态进行审视的意识和习惯，善于总结经验；能够根据不同情境和自身实际，选择或调整学习策略和方法等。
		信息意识	重点是：能自觉、有效地获取、评估、鉴别、使用信息；具有数字化生存能力，主动适应"互联网+"等社会信息化发展趋势；具有网络伦理道德与信息安全意识等。
	健康生活	珍爱生命	重点是：理解生命意义和人生价值；具有安全意识与自我保护能力；掌握适合自身的运动方法和技能，养成健康文明的行为习惯和生活方式等。
		健全人格	重点是：具有积极的心理品质，自信自爱，坚韧乐观；有自制力，能调节和管理自己的情绪，具有抗挫折能力等。
		自我管理	重点是：能正确认识与评估自我；依据自身个性和潜质选择适合的发展方向；合理分配和使用时间与精力；具有达成目标的持续行动力等。
社会参与	责任担当	社会责任	重点是：自尊自律，文明礼貌，诚信友善，宽厚待人；孝亲敬长，有感恩之心；热心公益和志愿服务，敬业奉献，具有团队意识和互助精神；能主动作为，履职尽责，对自我和他人负责；能明辨是非，具有规则与法治意识，积极履行公民义务，理性行使公民权利；崇尚自由平等，能维护社会公平正义；热爱并尊重自然，具有绿色生活方式和可持续发展理念及行动等。

续　表

方面	核心素养	基本要点	主要表现
社会参与	责任担当	国家认同	重点是：具有国家意识，了解国情历史，认同国民身份，能自觉捍卫国家主权、尊严和利益；具有文化自信，尊重中华民族的优秀文明成果，能传播弘扬中华优秀传统文化和社会主义先进文化；了解中国共产党的历史和光荣传统，具有热爱党、拥护党的意识和行动；理解、接受并自觉践行社会主义核心价值观，具有中国特色社会主义共同理想，并为实现中华民族伟大复兴中国梦而不懈奋斗的信念和行动。
		国际理解	重点是：具有全球意识和开放的心态，了解人类文明进程和世界发展动态；能尊重世界多元文化的多样性和差异性，积极参与跨文化交流；关注人类面临的全球性挑战，理解人类命运共同体的内涵与价值等。
	实践创新	劳动意识	重点是：尊重劳动，具有积极的劳动态度和良好的劳动习惯；具有动手操作能力，掌握一定的劳动技能；在主动参加的家务劳动、生产劳动、公益活动和社会实践中，具有改进和创新劳动方式、提高劳动效率的意识；具有通过诚实合法劳动创造成功生活的意识和行动等。
		问题解决	重点是：善于发现和提出问题，有解决问题的兴趣和热情；能依据特定情境和具体条件，选择制订合理的解决方案；具有在复杂环境中行动的能力等。
		技术应用	重点是：理解技术与人类文明的有机联系，具有学习掌握技术的兴趣和意愿；具有工程思维，能将创意和方案转化为有形物品或对已有物品进行改进与优化等。

五、学科核心素养

学科核心素养是学生发展核心素养的下位概念，其全称应该是"学生学完某个学科之后需具备的核心素养"，因为学科本身并没有核心素养，只有人才具备核心素养。

之所以提出学科核心素养，是因为学生发展核心素养仍然是一个宏观层面的概念，指的是学生接受完某个学段的教育之后应该具备的素养，但并不针对任何学科。我们知道，在学校教育中，不针对任何学科的教育基本不存在，学生发展核心素养的养成一定是以多个学科为基础而达成的。对此,钟启泉教授一针见血地指出,"核心素养与学科(核心)素养之间的关系是全局与局部、共性与特性、抽象与具体的关系"①。换句话说,学生通过学习语文、数学、外语、物理、化学、生物等其他学科和体育学科,各个学科共同发力,在各个学科核心素养的基础上,从而形成完整的学生发展核心素养。当然,学科核心素养未必完全针对单一的学科,可以针对多个学科,因而就形成了单学科核心素养、跨学科核心素养和学科通用核心素养。

所谓单学科核心素养,是指学生所具备的核心素养是由单个学科独自形成的,这体现了学科教育的独特价值。比如,学生经过体育与健康学科的学习后所形成的运动能力,就是单学科核心素养,因为其他学科很难形成运动能力这样的核心素养。

所谓跨学科核心素养,是指学生所具备的核心素养是由几个学科共同形成的,这体现了某类学科的共同价值。比如,学生科学探究思维素养的形成,物理、化学和生物等学科都可以做出本学科的贡献,学生通过学习这几个学科而形成科学探究的思维。

所谓学科通用核心素养,是指学生在接受所有学科的教育过程中,都应该具备的共同核心素养。比如,如果认真细致、独立思考是学生接受教育后应该形成的核心素养,那么这是学生在接受任何学科教育时都应该具备的核心素养。也就是说,我们不能说学习语文需要独立思考,而学习体育与健康就不需要独立思考,这显然是错误的观念。

但需要指出的是,一般所言的学科核心素养主要还是针对单学科的核心素养。对此,教育部对学科核心素养提出了明确的定义,即"学科核心素养是学科育人价值的集中体现,是学生通过学科学习而逐步形成的正确价值观、必备品格与关键能力"。2018年1月16日,教育部召开新闻发布会,正式印发了《普通高中课程方案和语文等学科课程标准(2017年版)》等文件,具体包括《普通高中课程方案(2017年版)》和体育与健康等20个学科的高中课程标准,并于2020年5月进行了局部修订。在国家颁布的课程标准中,明确提出了包括体育与健康学科核心素养在内的20个学科的核心素养(见表1-2),从而形成了完整的中国学科核心素养体系。

---

① 钟启泉.读懂课堂[M].上海:华东师范大学出版社,2015:205.

表 1-2 中国各学科的核心素养一览表

学科名称	学科核心素养定义	构成要素
语文①	语文学科核心素养是学生在积极的语言实践活动中积累与构建起来,并在真实的语言运用情境中表现出来的语言能力及其品质;是学生在语文学习中获得的语言知识与语言能力,思维方法与思维品质,情感、态度与价值观的综合体现。	语言建构与运用、思维发展与提升、审美鉴赏与创造、文化传承与理解
数学②	数学学科核心素养是数学课程目标的集中体现,是具有数学基本特征的思维品质、关键能力以及情感、态度与价值观的综合体现,是在数学学习和应用的过程中逐步形成和发展的。	数学抽象、逻辑推理、数学建模、直观想象、数学运算、数据分析
英语③	英语学科核心素养是学科育人价值的集中体现,是学生通过英语学科学习而逐步形成的正确价值观、必备品格和关键能力。	语言能力、文化意识、思维品质、学习能力
思想政治④	思想政治学科核心素养是学科育人价值的集中体现,是学生通过思想政治学科学习而逐步形成的正确价值观、必备品格和关键能力。	政治认同、科学精神、法治意识、公共参与
历史⑤	历史学科核心素养是学科育人价值的集中体现,是学生通过历史学科学习而逐步形成的正确价值观、必备品格和关键能力。	唯物史观、时空观念、史料实证、历史解释、家国情怀
地理⑥	地理学科核心素养是学科育人价值的集中体现,是学生通过地理学科学习而逐步形成的正确价值观、必备品格和关键能力。	人地协调观、综合思维、区域认知、地理实践力

---

① 中华人民共和国教育部制定.普通高中语文课程标准(2017年版2020年修订)[M].北京:人民教育出版社,2020:4—5.

② 中华人民共和国教育部制定.普通高中数学课程标准(2017年版2020年修订)[M].北京:人民教育出版社,2020:4—7.

③ 中华人民共和国教育部制定.普通高中英语课程标准(2017年版2020年修订)[M].北京:人民教育出版社,2020:4—5.

④ 中华人民共和国教育部制定.普通高中思想政治课程标准(2017年版2020年修订)[M].北京:人民教育出版社,2020:4—6.

⑤ 中华人民共和国教育部制定.普通高中历史课程标准(2017年版2020年修订)[M].北京:人民教育出版社,2020:4—5.

⑥ 中华人民共和国教育部制定.普通高中地理课程标准(2017年版2020年修订)[M].北京:人民教育出版社,2020:3—4.

续 表

学科名称	学科核心素养定义	构成要素
物理[1]	物理学科核心素养是学科育人价值的集中体现,是学生通过物理学科学习而逐步形成的正确价值观、必备品格和关键能力。	物理观念、科学思维、科学探究、科学态度与责任
化学[2]	化学学科核心素养是学生发展核心素养的重要组成部分,是学生综合素质的具体体现,反映了社会主义核心价值观下化学学科育人的基本要求,全面展现了化学课程学习对学生未来发展的重要价值。	宏观辨识与微观探析、变化观念与平衡思想、证据推理与模型认知、科学探究与创新意识、科学态度与责任
生物学[3]	生物学学科核心素养是学生在生物学课程学习过程中逐渐发展起来的,在解决真实情境中的实际问题时所表现出来的价值观、必备品格与关键能力,是学生知识、能力、情感态度与价值观的综合体现。	生命观念、科学思维、科学探究、社会责任
信息技术[4]	信息技术学科核心素养是学生在接受信息技术教育过程中逐步形成的信息技术知识与技能、过程与方法、情感态度与价值观的综合表现。	信息意识、计算思维、数字化学习与创新、信息社会责任
通用技术[5]	通用技术学科核心素养是学科育人价值的集中体现,是学生通过通用技术学科学习而逐步形成的正确价值观、必备品格和关键能力。	技术意识、工程思维、创新设计、图样表达、物化能力
艺术[6]	艺术学科核心素养是学科育人价值的集中体现,是学生通过艺术学科学习而逐步形成的正确价值观、必备品格和关键能力。	艺术感知、创意表达、审美情趣、文化理解

---

[1] 中华人民共和国教育部制定.普通高中物理课程标准(2017年版2020年修订)[M].北京:人民教育出版社,2020:4—5.

[2] 中华人民共和国教育部制定.普通高中化学课程标准(2017年版2020年修订)[M].北京:人民教育出版社,2020:3—5.

[3] 中华人民共和国教育部制定.普通高中生物学课程标准(2017年版2020年修订)[M].北京:人民教育出版社,2020:4—5.

[4] 中华人民共和国教育部制定.普通高中信息技术课程标准(2017年版2020年修订)[M].北京:人民教育出版社,2020:5—6.

[5] 中华人民共和国教育部制定.普通高中通用技术课程标准(2017年版2020年修订)[M].北京:人民教育出版社,2020:4—5.

[6] 中华人民共和国教育部制定.普通高中艺术课程标准(2017年版2020年修订)[M].北京:人民教育出版社,2020:4—5.

续 表

学科名称	学科核心素养定义	构成要素
音乐①	音乐学科核心素养是学科育人价值的集中体现，是学生通过音乐学科学习而逐步形成的正确价值观、必备品格和关键能力。	审美感知、艺术表现、文化理解
美术②	美术学科核心素养是学科育人价值的集中体现，是学生通过美术学科学习而逐步形成的正确价值观、必备品格和关键能力。	图像识读、美术表现、审美判断、创意实践、文化理解
体育与健康③	体育与健康学科核心素养是学科育人价值的集中体现，是学生通过体育与健康学科学习而逐步形成的正确价值观、必备品格和关键能力。	运动能力、健康行为、体育品德
日语④	日语学科核心素养是学科育人价值的集中体现，是学生通过日语学科学习而逐步形成的正确价值观、必备品格和关键能力。	语言能力、文化意识、思维品质、学习能力
俄语⑤	俄语学科核心素养包括语言能力、文化意识、思维品质和学习能力，是在积极的言语实践活动中形成的，它们相互依存、彼此促进、协同发展，是俄语学科育人价值的集中体现。	语言能力、文化意识、思维品质、学习能力
德语⑥	德语学科核心素养是学生通过德语课程学习逐步习得的基本知识和基本技能以及逐渐形成的必备品格与关键能力，是方法、情感态度和价值观等方面的综合体现。	语言能力、文化意识、思维品质、学习能力
法语⑦	法语学科核心素养是学生在接受相应学段法语课程教育的过程中，逐步形成和提升的适应终身发展和社会发展需要的正确价值观、必备品格和关键能力。	语言能力、文化意识、思维品质、学习能力

---

① 中华人民共和国教育部制定. 普通高中音乐课程标准(2017年版2020年修订)[M]. 北京：人民教育出版社,2020：5—6.
② 中华人民共和国教育部制定. 普通高中美术课程标准(2017年版2020年修订)[M]. 北京：人民教育出版社,2020：4—6.
③ 中华人民共和国教育部制定. 普通高中体育与健康课程标准(2017年版2020年修订)[M]. 北京：人民教育出版社,2020：5—6.
④ 中华人民共和国教育部制定. 普通高中日语课程标准(2017年版2020年修订)[M]. 北京：人民教育出版社,2020：4—5.
⑤ 中华人民共和国教育部制定. 普通高中俄语课程标准(2017年版2020年修订)[M]. 北京：人民教育出版社,2020：4—5.
⑥ 中华人民共和国教育部制定. 普通高中德语课程标准(2017年版2020年修订)[M]. 北京：人民教育出版社,2020：4—5.
⑦ 中华人民共和国教育部制定. 普通高中法语课程标准(2017年版2020年修订)[M]. 北京：人民教育出版社,2020：4—5.

续　表

学科名称	学科核心素养定义	构成要素
西班牙语[①]	西班牙语学科核心素养是学科育人价值的集中体现,是学生通过西班牙语学科学习而逐步形成的正确价值观、必备品格和关键能力。	语言能力、文化意识、思维品质、学习能力

备注:英语、日语、俄语、德语、法语、西班牙语 6 个语言类学科的核心素养均为"语言能力、文化意识、思维品质、学习能力"四个方面,但在具体的内涵表述时有所区别,具体可参见各学科课程标准。

第二节　核心素养提出的背景、内涵与意义

核心素养作为 21 世纪尤其是近年来在教育领域被频繁提及的词语,其出现的过程并非偶然,而是与人类社会的整体变迁和当代社会经济发展的新需求有着密切的关系。钟启泉教授指出,核心素养的提出,标志着课程改革为了应对信息化、全球化与知识经济社会对人才培养需求变化而实现的一次华丽转身,即从对内容的关注转向对学习结果的关注,从对教材、标准等要素的关注转向对"培养什么样的人"、"怎样培养人"、"为谁培养人"的功能的关注。[②]

一、核心素养提出的背景

具体而言,核心素养的提出背景有以下三个方面。

1. 社会发展从工业化时代向信息化时代转化对人类提出了新的要求

与 20 世纪相比,人类跨入 21 世纪就意味着新的变化,这种变化体现在多个方面,其中最主要的方面是时代的急剧转换对人类提出了新的要求。在两个时代的交替过程中,从世界范围来看,主要体现为从工业化时代向信息化时代的转换。

工业化(industrialization)通常被定义为工业(特别是其中的制造业)或第二产业产值(或收入)在国民生产总值(或国民收入)中比重不断上升的过程,以及工业就业人数在总就业人数中比重不断上升的过程。20 世纪是一个典型

---

① 中华人民共和国教育部制定.普通高中西班牙语课程标准(2017 年版 2020 年修订)[M].北京:人民教育出版社,2020:4—6.
② 钟启泉,崔允漷.核心素养研究[M].上海:华东师范大学出版社,2018:前言.

的工业化时代,尤其是在后期,很多国家完成了从农业化时代向工业化时代的转型。以中国为例,从传统的农耕时代向工业化时代转变,使得中国国力大幅提升,经济实力越来越强,在国际上的话语权也越来越大。工业化时代强调大规模的机器生产,需要大量的技术人才进行支撑,所以对人类提出的要求主要是强调懂技术、会操作,对个体思维的要求并不太高。

与工业化时代相比,信息通信技术在21世纪得到了迅猛发展和广泛的应用,这意味着人类从工业化时代进入了信息化时代。在信息化时代、计算机、软件、电子通信技术、大数据、物联网等新知识、新思想和新技术使得人类的生产、交往与贸易方式发生了巨大转变。与工业化时代强调机器操作相比较,信息化时代对知识经济的高度重视,使得思维与决策成为一种至关重要的东西。也就是说,信息化时代更加强调创新,因为人类的很多工作将由机器代替,对操作性技术工人的需求大量减少,但那些强调专家思维和需要复杂思考能力的工作不断增加,而这些工作是机器难以代替的。由此可知,社会的转型对人类提出了新的需求,而这种需求会转换为对人类素质的新要求。

实际上,一些国际组织和跨国公司很早就敏锐地意识到了21世纪社会转型对人类的新需求,他们也在不停地思考如何重新定位"人才"。例如,为了应对21世纪信息时代的挑战,经济合作与发展组织(OECD)提出了"为了新千年学习者的21世纪技能和素养"(21st century skills and competences for new millennium learners),欧盟委员会(European Commission)提出了"为了终身学习的核心素养"(key competences for lifelong learning),美国教育部与苹果、微软等公司联合发起了"21世纪技能伙伴协会"(Partnership for 21st century skills, P21),思科、英特尔和微软赞助成立了"21世纪技能教学和评估委员会"(Assessment and teaching of 21st century skills)。从以上这些国际组织和大公司的新动向可以看出,不仅应对21世纪的新挑战是他们重点考虑的方向,甚至还直截了当地提出在21世纪人类需要具备的新技能就是核心素养。尤其是苹果、微软等世界著名公司,这些公司处于世界科技发展的最前沿,其对人才的需求一定程度上代表着新的风向,他们所思考和提出的在信息化时代对人才的新要求,是人类在未来需要关注的重点。

2. 教育从注重知识与技能学习向全面人才培养转变提出的变革期待

一直以来,学校的职能主要被定位为传授科学知识。然而进入21世纪后,"为了知识的教育"已显然不能满足信息时代对个人发展和社会发展的新需求。知识是教育活动中促进学生发展的一种文化资源和精神养料,但是人的发展绝不仅限于掌握知识。随着人类迈入信息社会,知识大爆炸的时代也已来临,"知识不再是稳定的固体,它已经液态化了"。教育正在越出其传统的界域,逐渐地在时间和空间上扩展到它的真正领域——整个人的各个方面。[①] 由此可知,从注重知识与技能的学习向培养全面发展的人的转变,是当代教育发展的重大变革。

实际上,这种转变并不意味着学校教育不需要学知识与技能,而是说仅仅只有知识和技能还远远不够,因为这样培养出来的人只是"书呆子"或者是"复读机",他们在面对实际情境中的复杂问题解决时就很难适应。以数学中的计算为例,一个学生知晓加减乘除的基本规则并且能很娴熟地做这些算数题目,这意味着其有关计算的知识和技能很熟练,但这并不意味着他们在面对生活中所遇到的购物、税收等实际问题时能够运用这些计算知识与技能来解决问题。

基于此,人们意识到,个体通过教育的过程不仅仅需要掌握知识与技能,更要具备运用知识和技能去解决复杂问题的能力。也就是说,从知识到能力到核心素养的转变绝不是从知识教学效率不高、知识获得不多到知识教学效率提高、知识量日益增多的变化,而是教育理念的根本转变。因为知识不能直接转化为素养,简单的复制、记忆、理解和掌握是不够的,只有通过教学活动情境化的设计使个体将知识内化、转化、升华才有可能达成核心素养的培养。

因此,在教育层面从知识与技能学习到培养全面发展的人的转变已经成为了当代教育发展的新方向。但问题是到底什么样的人才能称得上是全面发展的人?从国际教育改革的经验来看,纷纷将符合核心素养要求的人称之为全面发展的人。基于此,国际上主流国家和组织纷纷提出了本国的核心素养体系。以中国为例,教育部提出将"立德树人"作为教育的根本任务,而"立德树人"就是为了回答"培养什么样的人"等问题。因此,中国学生发展核心素养体系的提出,正是中国积极回答"培养什么样的人"的一种尝试。在此基础上,中国近年来也进入了核心素养导向的教育改革新时代,也被称之为"素养本位"的新时代。

3. 个体从较为单一的生存环境向"地球村"的衍化提出了新挑战

社会生活是所有个体都要面临的挑战,其以一定的社会关系为纽带,由社

[①] 季浏,钟秉枢. 普通高中体育与健康课程标准(2017年版)解读[M]. 北京:高等教育出版社,2018:79—80.

会的经济、政治、文化、心理、环境诸因素综合作用,形成一系列极为复杂的、多层次的社会现象。社会生活使得个体与个体之间呈现出相互交融、相互渗透的交织状态。因此,我们所处的社会就是一张巨型的大网,每个人都处于这张大网的某个节点,任何人都不可能离开社会网络而独自生活。

然而,个体虽然无法离开社会网络,但在不同时代所依赖的社会网络范围却差别很大。在古代或说未进入网络化时代之前,绝大部分个体的生活环境局限在所居住的村庄,所接触的他人主要是邻居,这种所谓的"熟人社会"使得个体在社会交往中并不需要太多技能,因为从出生那一刻开始就已经非常熟悉。从这个角度而言,这种单一的生存环境对个体生存的挑战并不大。然而,随着广播、电视、互联网和其他电子媒介的出现,随着各种现代交通方式的飞速发展,人与人之间的时空距离骤然缩短,整个世界紧缩成一个"村落"。"地球村"(global village)这一词是加拿大传播学家 M. 麦克卢汉 1964 年在他的《理解媒介:人的延伸》一书中首次提出。当前,全世界已经变成了同一个"地球村",人与人之间的交往因为互联网而变得非常直接和简单。比如,作为一家公司的职员,你可能通过网络正与你从未见到甚至一辈子也根本不会见到的非洲人正在谈生意,开展各类合作。网络的确将全世界的人类联系在了一起,但更加现实的问题是全球化造就了一个更加复杂的生存环境,个体需要掌握更多、更全面的素养才能够自如应对。

在当今社会,不同肤色、不同人种的个体在一起学习、工作和生活,甚至成为家人,我们所处的社会变得复杂和更加多元化,个体需要面临更多来自政治、经济、文化、教育、宗教、心理、环境等各方面的挑战,各种人际关系和利益错综复杂地交织在一起,势必会带来多样化的冲突和矛盾。在这样的背景下,个体所面临的传统的"熟人社会"已不复存在,随之而来的挑战是"地球村"时代的个体需要面对的难题。

因此,为了面对日益变化的生存环境,个体必须要掌握更多的素养,除了在学校学习各种知识之外,更需要形成正确的价值观、良好的沟通能力、合作意识、团队精神、情绪调控、矛盾处理,善于使用各种现代化工具等,而且这些方面的素养还需要具有广泛的迁移性,即在多种不同的生存环境中都能够熟练地使用这些素养以解决面临的问题。基于此,为了更好地在社会网络中生存,从掌握单一的能力到具备多维而全面的核心素养,是当代社会中每一个个体都亟待解决的难题。

二、核心素养的具体内涵

1. 国外关于核心素养的内涵概述

总体而言,国际上都将核心素养看作是一个整合的概念,即是一个包含了多个方面的综合体,但不同国家有关核心素养的内涵的界定并不统一。

比如,美国的核心素养主要是指所有学生或工作者都必须具备的能力,其发展目的在于培养具有21世纪工作技能及核心竞争力的人;英格兰的核心素养是指为了适应将来的生活,年轻人需要具备的关键技能(key skills),以及学习、工作和生活所需的资质;法国的核心素养认为一个人的职业能力与知识、技能和社交能力三个方面密不可分,反应了学习的动态过程,知识的积累与传递过程;澳大利亚的核心素养是指为有效参与发展中的工作形态与工作组织所必要的能力;德国的核心素养是指那些与特定的专业技能不直接相关的知识、能力和技能,是在各种不同场合和职责情况下做出判断选择的能力,是胜任生涯中不可预见的各种变化的能力。[①]

由此可见,要对核心素养的内涵进行准确界定并非易事,这与各个国家对个体应该具备的素质的理解、人力资源状况、经济发展状况等多个方面密切相关,在某种程度上具有各自的特性。但无论如何去理解核心素养,核心素养所代表的都是那些最关键的、必要的、重要的、共同的特质,它不是一个单一的构成,而是一个复合体。

2. 中国对核心素养的内涵界定

在综合国际上多个国家或地区有关核心素养内涵界定的基础上,结合中国的实际情况,教育部对核心素养给予了明确界定,包含正确价值观、必备品格和关键能力三个方面。

(1) 正确价值观

价值观是人们关于价值的根本观点、根本看法,反映客观事物对于人的意义或价值,是人们基于生存、享受和发展的需要对某类事物的价值以及普遍价值的根本看法,是人们所持有的关于如何区分好与坏、对与错、符合与违背意愿的总体观念,是关于应该做什么和不应该做什么的基本见解,具体包括价值

[①] 林崇德.21世纪学生发展核心素养研究[M].北京:北京师范大学出版社,2016:17—21.

内容、价值规范和价值理想三个方面①。所谓正确的价值观,则是指人们所持有的价值内容、价值规范和价值理想正面、积极向上,符合事实、规律、道理或某种公认的标准。

(2)必备品格

品格是一个宽泛的概念,不同学科对品格定义侧重点不一样。比如,哲学家认为品格是"普遍确认的那些美德的和谐统一体"②,心理学家则认为品格"一般指人对现实的态度和行为方式中比较稳定的、具有核心意义的个性心理特征"③,教育学家认为品格是指"采取与道德相关的行为和发表某些与道德相关的言语,或者说是不采取某些行为或发表某些言语"④。基于此,综合各方观点,本文认为品格是个体在与外界互动的过程中,体现出来的一种正面向上的稳定特征或表现。

(3)关键能力

能力是完成一项目标或者任务所体现出来的综合素质。王晓望认为"关键能力也称核心能力,它是指一种普通的、可迁移的、对劳动者的未来发展起关键性作用的能力,关键能力不会随着岗位的消亡而消亡,在一定程度上其最终融合发展成为劳动者的基本素质"⑤。对于不同的职业个体而言,关键能力有所区别。比如,对于一名外语口译者,其关键能力主要包括对外语的熟悉程度、快速反应与沉着冷静的能力、速记能力、语言转换与修饰能力等;而对于一名作家而言,其关键能力则主要包括扎实的文学基础、快速的书写能力、长期在孤独的环境中独自写作的能力等。但是对于某一类职业,其关键能力基本上是一样的,体现了那些从业所需的共同要求。

三、核心素养的意义

1. 明确了新时代新型人才的形象

人才是经济社会发展的第一资源,国与国之间的竞争,说到底是科技竞

---

① 吴向东.论价值观的形成与选择[J].哲学研究,2008(5):22—28.
② 袁桂林.当代西方道德教育理论[M].福州:福建教育出版社,1995:235.
③ 朱智贤.心理学大辞典[M].北京:北京师范大学出版社,1989:798.
④ Edward A. Wynne. Developing Character: Transmitting knowledge [J]. Educational Leadership, 1984(4):15—21.
⑤ 王晓望.试析关键能力[J].中国培训,2004(7):24—25.

争,而科技竞争的背后就是人才竞争。关于人才的重要性,习近平总书记曾指出,创新是引领发展的第一动力。实施创新驱动发展战略,根本在于增强自主创新能力。人才是创新的根基,而创新驱动实质上是人才驱动,谁拥有一流的创新人才,谁就拥有了科技创新的优势和主导权。可见,创新型人才是当今世界最重要的战略资源。大力培养创新型人才,已成为各国实现经济发展、科技进步和国际竞争力提升的重要战略举措。因此,"要择天下英才而用之,实施更加积极的创新人才引进政策,集聚一批站在行业科技前沿、具有国际视野和能力的领军人才"[1]。包括中国在内的当今世界各国,对人才重要性的认识毋庸置疑,但关键的问题是到底什么样的人才才是符合新时代需求的新型人才?

核心素养的提出,至少在宏观层面上明确了21世纪新型人才的整体形象。即在新时代所强调的新型人才,不仅只是具备高深知识的人,也不仅只是具备娴熟技能的人,社会所关注的是一个指向综合的、全方位的、整合的体系。在未来的国与国的竞争之中,实现突围的一定是那些具备核心素养的人才,只是在某些单个方面非常出色的个体则很难在当今激烈竞争的社会中大放异彩。因此,核心素养的提出,在某程度上将会引领今后人才选拔的新方向。

2. 指明了未来人才培养的新方向

人才培养的质量好坏,决定着人力资源水平的高低。要实现高质量的人才培养,首要问题就是确立人才培养的价值观与基本理念,保证人才培养走在正确的方向上。核心素养的提出,为当今职前和职后人才培养培训指明了新的方向。

职前的人才培养,主要是指就业个体在首次进入工作岗位之前,在学校接受教育的时间段。由于不同类型人才进入工作岗位的时间有所差别,有的高中毕业即走向就业,有的大学毕业之后走向就业,有的硕士或博士毕业之后才走向就业。但不论是何种类型和级别的人才,在职前培养的过程中都应该要明确培养其核心素养的重要性,只是不同类型和级别的人才所具备的核心素养的侧重点和水平高低有所区别,但应该具备的各个方面是相同的。基于此,在今后我国中等教育和高等教育人才培养过程中,应该要基于核心素养的发展要求进行有针对性的培养。

职后的人才培养,主要是针对工作岗位上的继续教育。无论是行政单位、

---

[1] 习近平参加上海团审议强调创新发展择天下英才用之[N]. 人民日报(海外版),2015-3-6(1).

企业,还是事业单位,不同岗位对于人才的继续培养不能只是聚焦于岗位上直接需求的那些技能,应该从核心素养的角度出发,全面系统地对岗位人才进行培养。也就是说,在核心素养提出的背景下,职后人才培养应该突破操作性技能思维的限制,更要聚焦批判性思维、创造力、问题解决、决策能力等方面素养的巩固与提升,从而为成为大国良才奠定基础。

3. 清晰了教育发展的新取向

教育目的是培养全面发展的人,但我国多年来应试教育所产生的积弊导致教知识成为教育的根本目的,这不仅扭曲了教育的本质,异化了教育的初心,而且对我国广大儿童青少年的发展也造成了很大的伤害。实际上,党和政府历来重视"培养什么人,怎么培养人"这一教育根本问题。习近平总书记在2018年举行的全国教育大会上提出了新时代培养人的"六个下功夫",即特别强调培养人要在坚定理想信念上下功夫,要在厚植爱国主义情怀上下功夫,要在加强品德修养上下功夫,要在增长知识见识上下功夫,要在培养奋斗精神上下功夫,要在增强综合素质上下功夫。[①] 这"六个下功夫"非常明确地指出了我国未来教育在人才培养方面的基本取向。

如上所述,人的培养是教育的根本目的,"六个下功夫"实际上也清晰了我国未来教育发展的新取向,即任何教育活动的开展都应该围绕这六个方面下功夫。如果与这六个方面发生冲突,则意味着教育对人的培养偏离了正确的航向。实际上,当我们仔细审视习近平总书记提出来的"六个下功夫",其中所提及的"理想信念、爱国主义情怀、品德修养、知识见识、奋斗精神、综合素质"等话语,正是当今核心素养作为一个整合性概念所蕴含的核心要素。因此,聚焦核心素养对"完整的人"的要求,重新审视教育发展的目标,调整和优化教育方针政策,开展指向核心素养的教育实践,既是新时代教育发展的新取向,也是落实习近平总书记关于人的培养的"六个下功夫"精神的基本要求。

4. 引导了个体成长的新路向

人的成长需要进行系统的培养,但更需要个体自身的主动成长,在这一过程中,成长方向的正确把握至关重要。近年来,随着市场经济的不断发展,经济基础决定上层建筑的现实使得很多人的成长观出现了扭曲。比如,有些人认为自己的成长只需要关注职业所需,工作岗位需要什么就学什么,学太多其他东西等同于浪费时间。这种观点看似有道理,但会导致个体的成长陷入狭

---

① 张宁娟.“六个下功夫”:新时代人才培养的行动指南[J].教育研究,2018(9):17—20.

隘的境地,一旦离开原有岗位而进入新的职业岗位时,个体在某些方面素养的缺失便暴露无疑。而有些人在成长过程中为了走捷径,通过一些非正常途径和不光彩的手段,在短时间内获得了巨大效益,但这些行为却造成了巨大的负面影响,甚至给他人造成了严重的负面效应。当然,社会本来就是丰富多样的,我们无法去限制他人的所有行为,但在社会上营造个体成长的正确路向则很有必要。

核心素养的提出,实际上告诉我们个体如果要在 21 世纪成为全面发展的人,不能仅仅聚焦于某些单个方面的能力,而应该追求那些生活所必须的、现代社会公民所必备的、社会发展不可或缺的重要能力,从而从容应对人生所面临的重重挑战。人的一生都应处于不断成长之中,成长停滞的人生是缺乏意义的人生,因此核心素养的提出为个体成长提供了可供参照的规范和标准,指引着个体成长朝着正确的路向发展。

第三节 核心素养与体育课程改革

在传统意义上,素养在中文语境中其实是一个常用词,但严格地说,它还没有成为课程或评价的概念,早期主要针对服务于经济领域,旨在提高工作场所职员的工作效率和通用技能。而之所以近年来引发"素养热",在很大程度上是受到 OECD 发起的、波及全球的"基于素养的课程或评价改革"运动的刺激而引发的。在这场热潮中,使得素养或核心素养与课程改革结下了不解之缘。也就是说,当前我们谈及核心素养,虽然其意义并不只是课程改革层面,但其最受到关注的意义却聚焦于课程改革层面。对此,崔允漷教授等人总结了核心素养对于课程发展的五大意义,即建构课程育人的专业话语、打破学科等级化的困境、消解分科与整合的课程对立、提供更具教育性的问责、推动课程领域的专业对话。[①] 体育课程作为课程的一种类型,核心素养对体育课程改革的推动作用与宏观的课程是一样的,只是在具体内涵上有所差异,更加聚焦于体现体育课程本身的特色。

---

① 崔允漷,邵朝友.试论核心素养的课程意义[J].全球教育展望,2017,46(10):24—33.

一、建构了体育课程育人的专业话语

对于一门学科课程而言,学生学习的终极目标在于"成人",而不仅仅在于学习知识与技能。因此,以体育课程达成育人的诉求是根本的目的。然而,在我国多年的体育课程发展历史上,育人这一根本目的长期被忽视、遮蔽,甚至根本就是不曾被考虑过的问题。以课程目标为例,先后经历了"老三基"(基本知识、基本技术、基本技能)、"新三基"(基本知识、基本技能、基本方法)、"五个学习领域"(运动参与、运动技能、身体健康、心理健康、社会适应)、"四个学习方面"(运动参与、运动技能、身体健康、心理健康与社会适应)等发展阶段[①],但仔细审视这些课程目标,育人的取向并不十分明显。在"三基"时代,无论是"老三基"还是"新三基",目标都指向知识与技能的学习,即学习知识与掌握技能是体育课程的终极目标,这是典型的内容中心观。在"五个学习领域"或"四个学习方面"的时代,虽然体育课程的目标有所进步,覆盖了知识与技能之外的目标,但仍然是相对割裂的思维,并不是完全从"完整的人"的角度在思考学生学习体育课程之后应该变成什么样。因此,体育课程育人变成了一个常被提及却又遥不可及的话题。

核心素养的提出,催生了新一轮的体育课程改革,对于体育课程育人提出了新的要求。与知识和技能指向冷冰冰的内容相比较,核心素养是针对人的,是人所具备的内在秉性,使得学生通过体育可以"成人"。通过核心素养,使得我们重新反思教育、反思课程和反思教学,开始真正从人的角度思考,从而更能体现以人为本的思想。因此,通过厘清体育学科核心素养,对人的发展具有多方面的价值。在课程层面,能够清晰地体现体育与健康学科独特的育人价值,从而有助于体育与健康学科课程不再囿于知识与技能的传授,回归到育人的轨道之中;在社会层面,使得民众可以更加清楚地看到体育课程在健康、幸福等层面的功能,从而能够更好地满足社会对体育课程的期盼;在个体层面,体育学科核心素养使得学生能够知晓自己通过体育课程学习应该变成什么,能够在今后的学习、工作和生活中发挥什么样的作用。因此,在明晰了体育学科核心素养的目标指向之后,随之而形成的课程总目标、课程分目标、学段学

---

① 尹志华,张古月,孙铭珠.关照健康:重大疫情下体育与健康课程面临的挑战、责任和未来转向[J].体育成人教育学刊,2020,36(2):20—25.

习目标、模块和单元学习目标、课时学习目标等,均在核心素养的指引之下指向学生在不同层级的体育课程学习中应该成为什么样的人,从而形成了体育课程育人的专业话语。体育课程育人专业话语的形成,纠正了目标层面的知识技能中心观,使得体育课程的育人形成了规范一致的话语体系,保证了体育课程育人走在正确的道路上。

二、打破了体育学科课程被等级化的困境

学校场域长期以来存在着严重的学科课程等级化现象,这连"公开的秘密"都算不上,可以说是一种"明目张胆"的现象。正如康奈尔(R. W. Connell)所言,传统课程是种竞争型的学术课程,享有最为刚性特征的名誉,它被用于大学选拔学生,而非学术课程则遭到排挤、被边缘化,其被认为该由"学习成绩差的学生去学习的"[1]。在这种等级森严的课程体系中,体育学科课程不幸被置于课程底层,被认为是最不具备学术味道的课程。体育与健康课程可以被理解为以学生的身体练习为载体进行的教育活动。一方面,身体活动使体育与健康课程具有鲜明的实践性;另一方面,正是体育课程的技术化和操作性,使得体育学科不够被重视,体育教师往往被无情地排除在教师群体之外。受到根深蒂固的社会文化价值观影响,与科学、数学等那些获得高自尊的学术性学科被认为是有效知识相比,体育等边缘性学科被认为缺少学术性的知识。[2]导致体育课程被认为是非学术性学科,有三个方面的原因:在工作职责方面,其他学科的教师都在教室内传授学术性知识,而体育教师则在操场上或者体育馆中进行大量"看似简单"的身体活动;在工作场所方面,体育馆一般都远离学校中心,这使得体育教师很少能够出现在公众眼中,这样就导致他们不能够参与很多社会交往活动;在穿着方面,与衣着衬衫、打领带、穿西裤和皮鞋的文化课教师和校长相比,穿着网球鞋、短裤、T恤的体育教师被认为没文化和不够专业。[3]

---

[1] Connell, R. W. Social Change and Curriculum Futures [J]. Change: Transformation in Education, 1998(1): 84-90.
[2] Johns, D. P., Dimmock, C. The marginalization of physical education: Impoverished curriculum policy and practice in HongKong [J]. Journal of Educational Policy, 1999(14): 363-384.
[3] 尹志华,毛丽红,孙铭珠,汪晓赞,季浏. 20世纪晚期社会学视域下体育教师研究的热点综述与启示[J]. 北京体育大学学报,2014,37(5): 98—105.

正是因为从课程内容的角度去判断课程的价值,使得体育课程被划为等级最低的课程,并受到了持久的压制。长期以来,体育教育工作者也在寻求改变这种等级化困境的有效方法,但由于体育课程指向运动知识与技能学习的现实导致困境难以改变。语文、数学、外语等主科课程高高在上,甚至长期侵占体育课程的时间和空间,而体育课程只能委曲求全,在夹缝中求生存。其实造成这种学科等级化困境的根本原因在于我们总是从内容的角度去审视一门课程的价值,而当体育课程的发展从内容走向学科核心素养之后,这为困境的改变提供了契机。核心素养是指向人的,是为了培养人而设计的,所有的课程与教学活动都应该围绕人的培养而产生。包括体育课程在内的任何学科课程内容,本身都只是达成核心素养的载体,而不是终极目标,所以也不存在高低之分。核心素养作为一种"成人"的指向,规避了不同课程长期聚焦于内容层面的优劣区别,只要是能够达成核心素养的课程,都是同等重要的课程。从这个角度而言,核心素养软化了学科课程之间的边界,破除了学科课程的等级化困境,为解放体育课程提供了机会。

三、消解了体育课程与其他课程整合的对立

课程分科而导致学科的分科教学,这是多年来全球各个国家学校课程教学的基本架构,这似乎是一种理所当然的情况,因为各个学科课程的知识体系不一样,内容不一样,不分科就无法实施课程与教学。实际上,这仍然是一种学科中心观和内容中心观的思维,即把学生的学习看作是知识灌输与内容传递的过程,而没有将其作为育人过程予以考虑。对于学生而言,通过分科教学学习了不同学科的知识,或多或少地形成了一些素养,但这仍然是碎片化的、割裂式的学习。学生是完整的个体,他们在社会中所需要的素养和所体现的素养并不是分学科的,而是以一种整合的形式体现出来。以学生的金融素养为例,其在成年之后所体现出来的整体的金融素养并不只是金融学科的问题,而是语文、数学、历史、思想政治、金融等各个学科课程综合作用的结果。因此,这种分科的课程导致了人的培养的割裂,整合课程作为一种解决方案被频繁提及。

然而,分科课程与整合课程之间长期存在着对立现象,其根源在于课程发展的逻辑起点之争。如果课程发展的逻辑起点是各个学科课程的知识体系,那么就一定会产生出分科课程;反之,如果课程发展的逻辑起点是儿童发展和

社会需求,那么就会产生跨学科或超学科的课程。① 因此,课程领域必须要正确对待课程发展的逻辑起点问题,不能再错误地将课程的逻辑起点定位于知识本身,因为不同学科课程的知识之间存在很大的差异,而应该要定位于核心素养的发展,因为核心素养是共同的,只是不同学科在培养学生的核心素养时所发挥的功能和作用有所差异,但目标肯定是一致的。因此,"核心素养"作为学校课程的灵魂,有助于学科固有的本质特征以及"学科素养"的提炼,有助于学科边界的软化以及"学科群"或"跨学科"的勾连,有助于学科教育学的重建,也可能为一线教师整体地把握学校课程,打破分科主义、消解碎片化的以知识点为中心的灌输,提供视野和机会。②

在传统的现实中,体育课程是分科课程中最独立的课程之一,其与文化学科迥异的知识体系使得在开展课程整合时,其他课程对其"敬而远之"。但随着当今与未来社会越来越显示出变革性、复杂性和一体性的特点,一方面地球正变得越来越小,人与人之间、组织与组织之间、国家与国家之间在政治、经济、技术、生态等各方面的相互依赖性与日俱增;另一方面,各国面临着关系到人类生存的共同的重大问题,如环境问题、核威慑问题、人口问题等。于是,人类社会日益走向一体化,而在一体化的框架中,一种因素的改变,即便很微小也会引起一系列连锁反应,因而增加了未来社会的复杂性和多变性。处于科技、自然、人类相互作用的复杂网络中,传统的、静态的、固定不变的分科课程难以适应共建"地球村"的设想,而课程的整合势在必行。③ 核心素养的提出则为体育课程与其他学科课程整合提供了很多机会。体育课程本身所具备的开放性、实践性、多源性、综合性等特点,使得其与语文、数学、外语、物理、化学、音乐、美术等学科课程的整合具备天然的优越性。比如,以问题解决素养为例,在物理课程中如果要让学生解决速度和距离的关系问题,抽象的知识很难让学生理解,但当以跳远的情境为例,将体育和物理课程实现整合时,将抽象的知识转化为具体的现实案例,学生对这一问题的理解更加容易,那么对问题解决素养的培养显然比分科课程更加有利。在今后基于核心素养的体育课程改革中,我们将会看到越来越多的体育课程与其他学科课程整合的案例,这种跨学科的教育也是当前培养学生在复杂情境中问题解决能力的发展方向。

---

① 崔允漷,邵朝友.试论核心素养的课程意义[J].全球教育展望,2017,46(10):24—33.
② 钟启泉.基于核心素养的课程发展:挑战与课题[J].全球教育展望,2016,45(1):3—25.
③ 季浏,钟秉枢.普通高中体育与健康课程标准(2017年版)解读[M].北京:高等教育出版社,2018:67.

四、提供了更具教育性的体育课程评价

评什么就考什么,考什么就教什么,这是我国教育评价领域的基本逻辑,这也使得"一切围着考试转"成为我国基础教育课程的最大问题。长久以来,课程评价的重点一直都是知识与技能,无论是文化学科还是体育学科均是如此。文化学科的考试指向知识点的记忆、复制与再现,使得考试主要考知识点的背诵,而不是考察学生的素养;体育学科的考试或评价关注学生跑的速度与时间长短、跳的距离和高度等,这些体育知识技能能够拿高分,但并不意味着学生具备了良好的运动能力,也无法判断学生是否具备通过运动锻炼而提升健康的能力,更不知晓学生的体育品德情况。也就是说,学生知识与技能的获得并不意味着素养的养成,二者是两回事。

比如,一个人的交通规则考试分数很高,移库的技术很好,但并不代表某人在真实情境中能够开车(能力)。即使路考(能力)通过了,也并不代表某人具备了驾驶的素养,如安全驾驶(关键能力)、礼貌行车(必备品格)、尊重生命(价值观念)等。[①] 同理,一个人在乐理知识考试中分数很高,不代表此人能够唱歌;即使可以唱歌,也不代表此人能够在音乐大厅中面对大量观众时可以从容自若地进行歌唱表演;即使可以镇定地表演,也不意味着此人可以很好地调动观众的情绪和气氛。这些案例很好地阐释了知识技能和核心素养的差别之所在。也就是说,在我们传统的课程评价中,评价本身并不具备明显的教育性,评价仅仅指向冷冰冰的知识与技能,只是为了甄别和判断学生的知识与技能掌握水平高低,至于这样评价的目的到底是什么、对学生有什么教育作用,则是不被考虑的问题。近年来,一些课程评价逐渐转变方向,开始关注学生的能力评价,但这仍然是割裂式的评价。以体育课程中的运动能力为例,个体如果具备良好的体能、娴熟的运动知识与技能、良好的比赛或展示能力,也不能说就具备了很好的素养。因为一只猴子被训练之后也可以具备很好的体能,也能够掌握一些运动技能,甚至还能够在台上进行动作表演,我们显然不能说猴子具备很强的体育学科核心素养。原因是因为在如上所述的体育课程评价中,个体的健康行为和体育品德被忽略了,而猴子是不可能具备健康行为和体育品德的。因此,从整体的角度来评价核心素养的达成是课程评价的基本取向。

---

① 崔允漷,邵朝友.试论核心素养的课程意义[J].全球教育展望,2017,46(10):24—33.

因此,核心素养的提出,为未来开展体育课程评价彰显了更多的教育性。通过对学生运动能力、健康行为和体育品德的整体测评,超越单个的运动知识与技能,超越纯粹的运动竞技表现,可以测评学生通过体育课程学习而形成的核心素养,从而知晓个体在体育课程学习中的育人目标是否达成。在此基础上,指向学生体育学习整体的素养测评,就不再只是对冰冷的单个知识与技术的考量,而是变成了育人过程中对教师的问责、对学生学习情况的反馈,这种指向育人目标的课程评价既是核心素养所带来和倡导的,也是更好地培养学生的体育学科核心素养应该考虑的问题,这也是核心素养导向的体育课程改革实施的难题之一。

五、推动了体育课程领域的专业对话

传统的指向学科内容的课程,使得课程的权威化现象很突出,这是因为学科课程内容是客观存在的,是多年来人们逐步形成的知识共识,其内容的科学性已经得到了验证,任何一门学科课程内容都不可能被随意改变。也就是说,此种背景下的课程实施,仅仅只是一种知识传递的模式,教师机械地将知识传授给学生,学生被动地接受知识,在这种"灌输—接受"的模式中,教师考虑的是学科课程内容是否教完了,而不是考虑学生学到了什么。因此,教师沦为课程内容的奴隶,只是课程的忠实执行者;学生沦为课程内容的接受者,不管是否愿意都需要接受既定的权威性的课程内容。

著名的课程论专家弗兰(M. Fullan)、庞弗雷特(A. Pomfret)和利思伍德(K. A. Leithwood)等人指出,对于一项课程而言,不同的实施者存在着三种实施取向,即得过且过取向(mudding through)、改编或适应(adaption)取向、忠实或精确(fidelity)取向。这三种课程实施取向代表了课程实施者的不同价值观,同时也会对课程实施的效果产生影响。[①] 在传统的指向学科内容的权威化课程体系中,教师只能选择课程实施的忠实取向,只能去执行课程所要传递的内容和意图。因此,教师作为课程实施的主体,在实施课程的过程中不仅缺乏教师相互之间的对话,同样也更缺乏与学生之间的对话,因为即使有对话也毫无意义,毕竟权威的课程内容不容教师有任何调整的空间。

核心素养的提出,跳出了课程内容指引课程的桎梏,使得教师的课程实施

[①] 胡庆山.体育课程实施主体论[D].武汉:华中师范大学,2009:5—8.

不再被限制在"精准执行"层面。如前所述,核心素养指明了目标体系,强调从学生学习结果的角度来界定人才培养的形象,这就为教师创造了很大的空间,即只要有助于达成课程目标和培养学生核心素养的行为都是可取的,这使得课程层面的专业对话得以发生。在体育课程层面,针对既定的体育学科核心素养,体育教师相互之间可以基于素养发展的要求选择和构建课程内容,即"目标引领内容",还可以自主选择教学方法和评价方式,这种创造性的空间促使体育教师开始不断地交流、思考和反思,设计什么样的内容才有助于体育学科核心素养的达成。除了相互之间发生对话,体育教师与学生之间的专业对话也得以发生。体育教师需要根据学生体育学科核心素养养成的要求,清楚学生的身心发展规律,探索学生的认知差异和个性化需求,询问学生的体育学习兴趣所在,思考地域差异、文化观念、风俗习惯所带来的差别,在对话的基础上构建指向学生体育学科核心素养培养的课程体系。因此,核心素养的提出,使得体育教师和学生都将成为具有丰富想象力的思考者,他们畅游在体育课程自主的对话空间中,教师不断建构新的课程内容,学生也不断建构自我的素养体系。在指向核心素养的体育课程领域的多维专业对话中,课程的活力得以激发,课程的魅力得以彰显,体育教师得以专业发展,学生得以全面健康成长。

第二章

体育学科核心素养的研究进展

核心素养是近年来教育学领域的热门话题,世界各国自21世纪以来几乎都掀起了基于核心素养的教育改革热潮,培养青少年学生的核心素养已经成为了教育的共识。基于此,中国自2014年开始推动了基于核心素养的课程改革,以教育部2014年发布的《关于全面深化课程改革落实立德树人根本任务的意见》为标志。2018年1月,教育部召开新闻发布会,正式印发了《普通高中课程方案和语文等学科课程标准(2017年版)》等文件,具体包括《普通高中课程方案(2017年版)》和体育与健康等20个学科的高中课程标准,这使得我国基于核心素养的课程改革开始逐步深入。在此基础上,我国近年来在课程标准修订、教学改革、教材编写等方面向着核心素养方向靠近。

作为核心素养的下位概念,体育学科核心素养是近年来才提出并迅猛发展的一个话题,它作为一个新的概念刚被提出不久,便得到学术界的广泛关注。而在国外,"Physical Literacy"是当前国际体育教育学者关注的研究热点,与我国体育学科核心素养概念有着相似的背景、价值、特性和发展路径。[1] 然而,由于我国体育领域有关核心素养的理论与实践处于刚起步阶段,学者们或者出于个人理解,或者结合国际经验,或者遵从国家有关文件的精神,对体育领域的核心素养提出了很多不同的概念,如常见的有身体素养、体育素养、体育核心素养、体育学科核心素养、体育与健康学科核心素养等。这些概念的内涵大同小异,涵盖的要素也相差无几,其指向均聚焦于体育学科所衍生出来的核心素养。基于此,本章将对国内外体育学科核心素养的研究进展进行综

---

[1] 陈思同,刘阳,唐炎,陈昂.对我国体育素养概念的理解——基于对 Physical Literacy 的解读[J].体育科学,2017,37(6):41—51.

述,从而帮助读者理清国内外的发展趋势。需要指出的是,正如上文所述的那样,文献中所提出的核心素养有多种说法,因此在本章具体的文献综述时均保留了原本的概念,但在具体评述时均使用体育学科核心素养的概念,以便统一。

第一节 体育学科核心素养的概念演变

由于历史背景与发展历程等方面的差异,国内外对于体育学科核心素养的概念认识存在一些差别。总体而言,在体育学科核心素养的概念方面,国内外就像两条起点各异的线条,但逐渐相互靠拢并最终交织在一起。

一、国外体育学科核心素养概念的演变

在国际研究领域,体育领域最早出现"核心素养"这一名词并无统一定论。从相关文献来看,1884年美国一名陆军工程队成员首次提出这一术语,并在20世纪上半叶的美国学术界得到了广泛应用,只是一直未对这一名词进行专门的哲学界定。① 在过去的80年里,"Physical Literacy"作为体育领域核心素养的典型代表,这一概念被一些学者在不同的语境中所提及,而这些语境并不都与体育活动本身有关。然而,这一概念从未系统地发展起来。② 按照英文的直接翻译,中文语境中通常将"Physical Literacy"译为体育素养或者身体素养。

英国学者Margaret Whitehead自1993年基于身心一元、主客一体的现象学理论③,首次提出"Physical Literacy"这一概念以来,一直通过在国际体育素养协会(IPLA)内开展活动以寻求共识来完善和改进"Physical Literacy"的定义。例如,2010年,体育素养被定义为:"根据每个人的天赋,在整个生命过程

---

① 李友梅. 快速城市化过程中的乡土文化转型[M]. 上海:上海人民出版社,2007:12.
② Margaret, Whitehead. The History and Development of Physical Literacy [J]. The Journal of the International Council of Sport Science and Physical Education (ICSSPE),2013(65):22-28.
③ Margaret, Whitehead. Physical literacy[C]. International Association of Physical Education and Sport for Girls and Women congress, Melbourne, Australia, 1993.

中保持身体活动的动机、信心、身体能力、知识和理解"①。2013年,Whitehead在国际体育科学和体育教育理事会公告中描述为:"在整个人生过程中重视和负责维持有目的的身体活动所需要的动机、信心、身体能力、知识和理解。"②

表2-1　Margaret Whitehead教授有关"体育素养"概念的演变③

时间	具体解释
2001年	在广泛而多样且具有挑战性的客观环境中,个人稳定、高效、自信地进行身体活动的能力。同时,具备这种能力的个人在"阅读"身体所处的环境方面具有敏锐的洞察力,能够预测身体活动的需求或者可能发生的情况,并通过智慧和想象力对其做出恰当的反应。
2005年	能够充分发挥运动性潜能的能力和动机,它们能够对我们的生命质量产生重大的贡献。作为人,我们都具备这种潜能。然而,这种潜能的具体化表现,则因我们所处的社会文化和与生俱来的运动能力差异而表现各异。
2007年	将个人的身体活动在一生当中保持在一个恰当水平的动机、信心、身体能力以及知识和理解力。
2013年	人与生俱来的具身性能力。这种能力包括动机、信心、身体能力、知识和理解力,重视并承担在人的整个生命历程中保持明确性身体活动的责任。

经过讨论和完善,最近在IPLA网站上的定义改为:"为了重视和从事终生体育活动所需要的动机、信心、身体能力、知识和理解"(IPLA,2017年)。尽管自2001年以来,关于体育素养的定义已经进行了多次修改,但Whitehead和他在IPLA的同事们一直保留着体育素养所包含的动机、自信、身体能力、知识和理解的元素④。

此外,加拿大终身体育中心提出:体育素养是指能够掌握的基本动作技能(fundamental movement skills)和基本运动技能(fundamental sport skills),并通过这些能力来识别自身周围环境从而做出适当反应与决定,同时也能在一定的身体活动条件下进行自我控制,从而能够更加自信地运动(Canadian Sport for Life,2017)。Tremblay等认为:体育素养是发展身体活

---

① Margaret, Whitehead. Physical Literacy throughout the Lifecourse [M]. New York: Routledge, 2010:11-14.
② Margaret, Whitehead. The history and development of physical literacy [J]. Journal of Sport Science and Physical Education, 2013(65): 21-27.
③ 高海利,卢春天.身体素养的构成要素及其理论价值探微[J].体育科学,2019,39(7):92—97.
④ Cara Shearer, Hannah R. Goss. How Is Physical Literacy Defifined? A Contemporary Update [J]. Journal of Teaching in Physical Education, 2018,37(3):237-245.

动和参与终身体育的一种技能或手段①。对此,任海教授进行了总结,他认为体育素养有不同的界定,流行最广且为国际社会主流所认可的定义是英国学者 Whitehead 于 1993 年在澳大利亚墨尔本举办的"国际妇女体联协会大会"(International Association of Physical Education and Sport for Girls and Women Congress)上提出,并为 2013 年成立的她本人担任主席的"国际体育素养协会"(International Physical Literacy Association)所采用,表述为"体育素养是为了生活而重视并承担参与身体活动的责任所需要的动机、信心、身体能力及知识与理解"②。

此外,在 Whitehead 教授提出的"体育素养"概念基础之上,世界上部分国家和组织也进一步拓展了"体育素养"的概念(见表 2-2)。但从表 2-2 可知,除了澳大利亚的概念稍显复杂之外,这些"体育素养"的概念与 Whitehead 教授的定义基本上大同小异,均涵盖了"动机、信心、身体能力及知识与理解"这几个部分。因此,我们可以推知国际上对"体育素养"形成了比较一致的定义。

表 2-2 部分国家或组织对"体育素养"的概念界定

组织	国家	具体解释
国际体育素养协会(IPLA)	英国(2017 年)	体育素养可以被描述为动机、自信、身体能力、知识和理解,以重视和承担终身参与身体活动的责任。
运动威尔士	英国(2017 年)	身体技能+自信+动机+大量机会=体育素养。
健康与体育教育协会(PHE)	加拿大(2017 年)	具备体育素养的个体,拥有在多种环境下进行各种身体活动从而有益于个体全面健康发展的能力和信心。
终身体育协会(CS4L)	加拿大(2017 年)	体育素养是一种动机、自信、身体能力、知识和理解,以重视和承担终身参与身体活动的责任。
健康与体育教育协会(SHAPE)	美国(2012 年)	体育素养是个体拥有在多种环境下进行各种身体活动从而有益于个体全面健康发展的能力和信心。
运动新西兰	新西兰(2015 年)	参与者所需要的动机、信心、身体能力、知识和理解,使他们能够重视并承担从事身体活动和终身体育运动的责任。

① Mark S. Tremblay, Meghann Lloyd. Physical literacy measurement: the missing piece [J]. Health and Physical Education Journal, 2010, 76(1): 26-30.
② 任海. 身体素养:一个统领当代体育改革与发展的理念[J]. 体育科学, 2018, 38(3): 3—11.

续 表

组织	国家	具体解释
澳大利亚体育协会	澳大利亚(2017年)	四种定义性陈述: 1. 核心/过程:体育素养是获得和应用运动和身体活动背景下的终身学习。 2. 要素/结构:它反映了身体、情感(更名为"心理")、认知和社会能力的持续变化。 3. 重要性:它对于帮助我们借助运动和身体活动以度过健康而充实的生活至关重要。 4. 愿望/产品:具备体育素养的个体能够综合利用他们的身体、情感、认知和社会能力来支持健康促进和满足运动与身体活动,并与其具体情况和背景有关。

二、国内体育学科核心素养概念的演变

目前国内在体育领域对与体育相关的核心素养的概念还缺乏统一的概念界定,对这一词语的表述也是各有不同,但早期集中于使用"体育素养"的较多一些。比如,夏峰认为,体育素养实际上就是体育文化水平,它主要包括体育意识(了解体育运动的意义和作用,具有参与体育运动的欲望和要求)、身体基本活动能力、基本运动能力、基本体育知识,以及从事身体锻炼、身体娱乐与欣赏体育比赛的能力;[①]张洪潭教授认为,体育素养指的是以运动技术为基础的操作性知识水平和实践成果;[②]余智提出,体育素养是在先天遗传的基础上,通过后天环境与体育教育的影响所产生的综合体育素质与修养;[③]李永华等人认为体育素养主要表现在身体和精神两方面,前者包括体质、运动能力等,后者包括体育品德、意识等;[④]而杨献南等人则基于以上学者的研究将体育素养提炼为:是指个体以先天遗传素养为基础,通过家庭、学校体育教育及社会环境的影响,在实践中逐渐形成的对身体文化和精神文化内在追求的综合性文化

[①] 夏峰.必须重视提高学生的体育素养[J].学校体育,1990(6):46.
[②] 张洪潭.参与竞争重于获取优胜[J].体育与科学,2000(3):1—5+57.
[③] 余智.体育素养概念研究[J].浙江体育科学,2005,27(1):69—72+80.
[④] 李永华,张波.学校体育的使命:论体育素养及其提升途径[J].南京体育学院学报(社会科学版),2011,25(4):99—101.

塑造;①陈思同等通过借鉴国外"Physical Literacy"的价值和理念,将我国体育素养的概念理解为"人类在生命过程中获得利于全人生存发展的运动要素的综合,包括体育意识、体育知识、体育行为、体育技能、体质水平"②。此外,于永晖等从科学性与人文性、基础性与发展性、单一性与综合性视角,认为"体育素养是个体在先天遗传性基础上,通过后天的体育教育所形成的综合素质,它以体育能力为核心,既体现为个体具有的体育文化科学水平,也包含个体对体育的情感、态度、价值观,以及在体育运动方面所具有的独特品质和行为表现"③。由此可见,国内使用体育素养的概念居多,且上述体育素养所包含的要素实际上也体现了"核心"的内涵,因为与体育相关的素养远不止这些。

随着国家课程改革的不断推进,体育与健康学科核心素养的概念随之而来,最新颁布的《普通高中体育与健康课程标准(2017年版)》(以下简称《课程标准(2017年版)》)指出:"学科核心素养是学科育人价值的集中体现,是通过学科学习而逐步形成的正确价值观念、必备品格与关键能力。体育与健康学科核心素养主要包括运动能力、健康行为和体育品德三个方面"④。这一概念界定来自于教育部的国家课程标准文件,具有非常强的权威性。

综合国内外对体育领域有关核心素养的概念界定可知,体育学科核心素养是体育与健康学科中最具学科本质的素养,是个体在参与身体活动的过程中所需要并发展的各种综合能力,即动机、信心、体能、技能、认知、情感、态度、价值观等,是一个整合性的概念。

第二节　国外体育学科核心素养研究进展

国外有关体育领域的核心素养研究进展主要聚焦于理论基础、构成体系、体育课程、体育教学、体育学习评价、素育路径与效果等六个方面。

---

① 杨献南,鹿志海.形式逻辑视角下的体育素养概念辨析[J].南京体育学院学报(社会科学版),2015,29(2):89—92.
② 陈思同,刘阳,唐炎,陈昂.对我国体育素养概念的理解——基于对 Physical Literacy 的解读[J].体育科学,2017,37(6):41—51.
③ 于永晖,高嵘.体育素养的概念与内容构成辨析[J].山东体育学院学报,2019(4):111—118.
④ 季浏.我国《普通高中体育与健康课程标准(2017年版)》解读[J].体育科学,2018,38(2):3—20.

一、国外有关体育学科核心素养的理论基础研究

施艺涛等指出,体育素养作为体育学科领域的核心概念,从提出到盛行于西方教育领域,其迅速发展的最主要原因就是有着丰富的哲学理论基础。[①]

在理论研究方面,来自英国的学者 Whitehead 最早从学术层面提出了"Physical Literacy"这个概念,引起了欧美学者的关注和探讨。随着欧美学者研究的深入,不同学者以 Whitehead 对"Physical Literacy"概念的研究为理论基础,对"Physical Literacy"进行了更为全面的概念解析。尽管不同文化背景的学者对"Physical Literacy"概念的解读不同,但是这些研究基本都以 Whitehead 的研究为理论基础。[②] Whitehead 提出的体育素养主要是以一元论、存在主义和现象学为哲学基础。首先,她认为体育素养接受一元论而拒绝二元论,即强调物质的根本存在性。情感和认知作为体育素养概念的核心因素,只有通过身体才能表达出来。因此,体育素养是对个体整体性的承诺。此外,体育素养在很大程度上依赖于理解的存在主义和现象学,对存在主义的信仰基础是体育素养以人为中心、尊重人的个性和自由,充分体现了个体创造自己的生活并能与世界进行互动的关系。同时,每个人都是通过他们已有的经验、独特的视角看待世界,而这些正是构建体育素养平台的现象学基础。[③] 而陈思同认为,Whitehead 结合自身对哲学理论的研究,尤其是一元论、现象学和存在主义两大哲学理论,以及这两大哲学流派的理论契合点——具身性(embodiment),结合体育教育的相关理论,提出了"Physical Literacy"的概念。在西方哲学的发展过程中,一元论的中心观点认为:人的身体和思维是相互统一、不可分割的。而现象学的中心思想可以简述为:个体通过自身的经验去感知外部世界。一些学者在此基础上又发展了存在主义。存在主义的精髓可以理解为:个体创造了自我并且与外部世界进行交互。这几种哲学理论都认为:个体是与周围环境所产生的一切交互作用的结果。这种新的抽象概念

[①] 施艺涛,崔华,解有毅.身体素养哲学基础、概念界定和评测体系的系统评价[J].体育科学,2019,39(8):3—11.
[②] 陈思同,刘阳,唐炎,陈昂.对我国体育素养概念的理解——基于对 Physical Literacy 的解读[J].体育科学,2017,37(6):41—51.
[③] 阳艺武.Physical Literacy:内涵解读、中外对比及教学启示[J].上海体育学院学报,2016,40(4):73—78+94.

被西方的先哲,如海德格尔、梅洛庞帝和萨特等人发展成为了具身性,也称具身认知。具身性的中心观点认为,抽象思维的认知活动根植于身体的活动之中。由此,Whitehead 以一元论、现象学和存在主义以及具身性,结合体育教育的相关理论发展了"Physical Literacy"的概念。①

此外,施艺涛等对国外体育素养的理论基础研究与陈思同的观点几近一致,即体育素养以一元论为本体论基础,以现象学和存在主义为认识论基础,在此理论基础上又逐步发展形成了一种新的观点——具身认知。这不仅是一种全新的唯物主义思想,更是一种对"身体"再认识的新兴哲学。基于身体哲学的视域,具身认知作为当代认知科学研究的理论范式,以身体为本质,强调了身体在人类认知过程中的重要作用。②

综上,国外体育素养的理论基础方面已经取得了一致的观点,以"一元论""存在主义""现象学"三大哲学理论作为主要的理论基础,突出身体的主体存在性和能动性,促进人的身心协调、全面发展。

二、国外有关体育学科核心素养的构成体系研究

国外从不同维度提出了体育素养的构成要素。尽管成立了国际体育素养协会(IPLA),但英国各地(英格兰、威尔士、苏格兰和北爱尔兰)对体育素养的定义和解释各不相同,构成要素也有所差异。国际体育素养协会(IPLA)从动机、信心、身体能力、知识和理解四个方面进行构建体育核心素养的内容。比如,威尔士体育运动认为:体育技能+自信+动力+大量机会=体育素养(IPLA,2017)。新西兰体育运动和加拿大终身体育则与国际体育素养协会达成共识,指出体育素养是由动机、信心、身体能力、知识和理解构成。美国健康和体育教育工作者协会提出能力和信心是构成体育核心素养的关键要素。澳大利亚体育委员会认为身体、情感(或心理)、认知能力和社会能力是体育核心素养的构成体系。③ 英国北爱尔兰的 Melanie McKee 认为,体育核心素养包括

---

① 陈思同,刘阳,唐炎,陈昂.对我国体育素养概念的理解——基于对 Physical Literacy 的解读[J].体育科学,2017,37(6):41—51.
② 施艺涛,崔华,解有毅.身体素养哲学基础、概念界定和评测体系的系统评价[J].体育科学,2019,39(8):3—11.
③ Cara Shearer, Hannah R. Goss. How Is Physical Literacy Defifined? A Contemporary Update [J]. Journal of Teaching in Physical Education,2018(37)(3):237-245.

运动心理技能(psychomotor)、认知和情感三个方面。①

澳大利亚行动纲要指出,体育核心素养包括动机、能力、情感、知识四个因素。美国于2013年最新颁布的中小学体育课程标准提出的体育素养涵盖了体育能力、体育知识素养、体育行为、体育情感、体育意识等五个因素。Margaret Whitehead 提出体育素养包括运动动机、自信和体能(physical competence)、对环境的适应能力、自我感知能力、自我表达能力、体育知识和理解力六个因素。② 任海教授依据已经建构的身体素养理论,遵循国际身体素养协会(International Physical Literacy Association)关于身体素养的释义,将身体素养分为情感(动机、自信、价值、责任)、身体(不同环境下的有效互动效能)以及认知(知识和理解)3个维度。③ 高海利等人基于任海等人的基础上,结合被国际社会广泛认可的加拿大身体素养测评方法(The Canadian Assessment physical literacy, CAPL),将国际领域中的身体素养解构为4个相互关联的要素,即身体能力、身体体验、身体认知、身体行为。④

根据以上各国对体育学科核心素养的构成体系来看,都各自从不同角度进行研究,虽然内容不一,但是有几个关键要素均被各国列入其中,主要包括身体能力、心理状态以及认知领域等。

三、国外有关基于核心素养的体育课程研究

目前国外基于核心素养的体育课程研究,主要包括体育课程目标、课程内容和课程评价体系等方面。

在体育课程目标方面,美国基于体育素养于2013年颁布 *National standards & grade-level outcomes for k-12 physical education*(中小学国家体育课程标准与各年级水平学习结果),提出课程目标是依据水平阶段设置的学习目标,即结合小学(幼儿园)、初中和高中三个学段的水平设置制定学习目标,明晰了学生处在不同年级的基本能力。⑤ 李佑发等人指出,芬兰则是结合

---

① Melanie McKee. The importance of Physical Literacy [R]. International Physical Literacy Conference, 2015.
② 于永晖,高嵘. 体育素养的概念与内容构成辨析[J]. 山东体育学院学报,2019(4):111—118.
③ 任海. 身体素养:一个统领当代体育改革与发展的理念[J]. 体育科学,2018,38(3):3—11.
④ 高海利,卢春天. 身体素养的构成要素及其理论价值探微[J]. 体育科学,2019,39(7):92—97.
⑤ 汪晓赞,尹志华,Lynn Dale Housner,黄景昫,季浏. 美国国家体育课程标准的历史流变与特点分析[J]. 成都体育学院学报,2015,41(2):8—15.

各学段对应的核心素养发展目标制定具体到各维度各水平下的教学目标,使之与一个或多个核心素养对应起来,形成"核心素养—教学目标"的完整课程目标体系。[①] 朱琳等指出,基于核心素养的体育课程标准研制成为全球趋势,如加拿大安大略省是以形成"健康积极的生活"为体育学科追求的目标,其最终目的是让学生享受健康积极的生活,体现了安大略省课程标准对学生形成健康生活价值导向的引领和追求;韩国教育界对于核心素养的定位主要是"能力",其学科核心素养均以"名词+动词+能力"的格式命名;澳大利亚的体育课程目标将"知识"、"理解力"和"技能"作为关键要素;英国2013年版《课程纲要》中的体育课程目标是确保每名学生:发展学生参与和适应多种体育活动的能力,坚持体育锻炼,参加竞技类体育活动,养成健康、积极的生活方式。[②]

在体育课程内容方面,核心素养导向的美国《中小学国家体育课程标准与各年级水平学习结果》划分为三个水平阶段,分别对应不同的课程内容,第一阶段是基本运动技能发展关键期,侧重于儿童期的身体奠基性发展。根据皮亚杰认知发展阶段理论,第二阶段应当侧重于发展学生运用抽象、模拟性思维的能力,可以通过小组间的模仿探讨式学习,或者接受循序渐进式的教学以习得成套动作或音乐节拍、急停急起等变化性动作的运动技能,并通过对体育环境的识别后准确应用。第三阶段将是学生能否将技能和知识的学习贯彻到终生使用的关键,这一阶段要求提高身体知觉,能够感知体育活动中的技术动作,身体协调性得到充分发展,建立兴趣爱好并伴随终生,能够自主规划和实施有计划的身体锻炼。[③] 而芬兰的"核心素养—教学目标—教学内容"的课标体系使体育课程围绕一系列典型单元组织多种活动课程,课程内容一般包括各个学校各类不同的团体游戏,如芬兰的棒球在各个学校是很普遍的团队游戏,最为常见的个人活动是素质训练和田径。[④] 在新西兰比较有代表性的做法是,体育教师依据课程目标设计课堂教学内容主题活动,引导学生在小组活动中解决问题并实现自我管理;同时鼓励学生进行形成性自我评估和同伴互评,

---

① 李佑发,石雨桐,王思佳,马晓.基于核心素养的芬兰体育课程标准分析[J].体育学刊,2018,25(4):122—128.
② 朱琳,党林秀,董翠香.美英澳新韩加体育学科核心素养特征分析及启示——基于六国现行体育课程标准文本的分析[J].体育教学,2018,38(3):54—57.
③ 郭思琴.基于核心素养的体育课程标准研制:美国《K-12体育课程标准》经验与启示[J].湖北体育科技,2018,37(4):345—348.
④ 李佑发,石雨桐,王思佳,马晓.基于核心素养的芬兰体育课程标准分析[J].体育学刊,2018,25(4):122—128.

与同伴一起反思如何自我完善,在此基础上共同制定更高的目标。[1]

在体育课程评价方面,核心素养导向的美国《中小学国家体育课程标准与各年级水平学习结果》引入了一般性教学完成量、成果和技术达成等考察元素之外的科学绩效评价单元,通过追踪式的形成性评估,把对学生学习结果的评价全面直观地呈现出来。通过终结性评估,教师可以将学习结果和学生、家长、有关部门共享,从而及时改进存在的问题,为相关教育部门的政策制定提供准确数据,总体来说是一种指向核心素养达成情况的评价。[2]而芬兰针对核心素养体育课程评价则从学生的学习、行为和进步情况出发,目的在于辨别和支持学生的个人能力和成长需求。体育教学与评价会考虑学生的健康状况及特殊要求,评价手段主要是教师通过观察学生的课堂行为及学习成果实现,因对应目标的不同,选择是否将学生健康水平作为评价依据,用于同步指导学生进行自我评价。[3]

由以上可知,国外基于核心素养的体育课程研究在体育课程目标、课程内容和课程评价方面各有特点,美国是以水平阶段划分,重视个体核心素养以及终身参与体育意识的形成,芬兰是以"核心素养—教学目标—教学内容"形成从学生实际情况出发的评价方式,而加拿大和澳大利亚都将健康教育作为体育课程的重点,英国是以"竞技参与"为特色建立核心素养导向的体育课程,韩国则将"能力"作为发展体育课程的重点,而对于能力的重视则为核心素养培育奠定了基础。

四、国外有关基于核心素养的体育教学研究

目前国外基于核心素养的体育教学研究,主要是各国根据本国学生发展的实际需要,推出了各具特色的体育教学方式方法。

在核心素养的背景下,美国通过在体育教学中采用身体练习与知识学习相结合的形式向中小学生传授体育理论知识,以此让他们真正体会到体育健身知识的重要性,从而提高学生的体育理论水平,能把掌握的体育健身知识转

---

[1] 岑艺璇,张守伟.国外核心素养框架下体育教育改革的探索[J].体育学刊,2018,25(1):104—109.
[2] 郭思岑.基于核心素养的体育课程标准研制:美国《K-12体育课程标准》经验与启示[J].湖北体育科技,2018,37(4):345—348.
[3] 李佑发,石雨桐,王思佳,马晓.基于核心素养的芬兰体育课程标准分析[J].体育学刊,2018,25(4):122—128.

化为指导自身终身从事体育锻炼的基础。① 俄罗斯则在教学改革的进程中着力发掘有利于培养学生核心素养的个性化教学方式,提出了"个性化教育",以在教育过程中关注个体发展,激发学生的兴趣和潜能,对学生实施个性化指导,促进学生核心素养的形成和自我价值的实现。② 实际上,俄罗斯在个性化教育方面注重要求学校提供实验室、多媒体、教学平台等有利于学生自主学习和探究、符合其学习特点的设施,营造有利于个体深度学习的环境。③ 加拿大不仅把体育素养包含在学校体育教育中,同时提出了结合课外以及社区体育活动等组织形式,把这一思想与青少年精英体育人才的培养结合起来,制定运动员的长期发展规划和模式。培养青少年运动员的发展过程同样也是培养学生体育素养的过程,并把青少年体育精英的培养建立在发展学生体育素养的基础上。④ 而新西兰强调核心素养的国家课程标准则把健康与体育课程界定为一门知识与应用相结合的综合实践课程,鼓励教师根据需要对不同的课程模式进行借鉴和融合,设计出与健康、运动、认知、情感和社会相关的不同情境,在情境教学中促进学生自身、他人乃至整个社会的健康发展。⑤ 在法国,中学阶段的体育与运动课程实施关注知识、技能和态度这3个维度。在知识维度上,要求学生了解并掌握体育运动的规则及术语概念;在能力维度上,要求学生能在具体情境中形成一种行为层面的能力;在态度维度上,要求学生形成价值观念、增强心智、提高自信心等,而要求学生形成的这些要素都是体育学科核心素养的构成要素。⑥

上述国外有关核心素养导向的体育课程研究更多聚焦于课程标准,也有少量学者针对学校层面的课程实施进行了探索。比如,Teresa对西班牙的2051名体育教师进行了调查,发现体育教师虽然在体育课程实施中涵盖了核心素养,但他们通常不会明确地这样做。这些体育核心素养主要包括社会和

---

① Catherine D. Ennis. Knowledge, transfer, and innovation in physical literacy curricula [J]. Journal of Sport and Health Science, 2015(2): 119-124.
② 宋官东,陈震,耿海天. 俄罗斯的个性化教育改革初探[J]. 东北大学学报(社会科学版),2017,19(1): 79—84.
③ 李艳辉. 俄罗斯基础教育创新发展动向及启示[J]. 中国教育学刊,2013(2): 89—92.
④ 阳艺武. Physical Literacy:内涵解读、中外对比及教学启示[J]. 上海体育学院学报,2016,40(4): 73—78+94.
⑤ 岑艺璇,张守伟. 国外核心素养框架下体育教育改革的探索[J]. 体育学刊,2018,25(1): 104—109.
⑥ 高强,季浏. 从身体技能到个人德性——法国中小学体育与运动课程大纲评述[J]. 成都体育学院学报,2015,41(1): 31—35.

公民技能、自主性和个人主动性、学会学习、对物质世界的了解和互动。为了培养这些核心素养,他们的体育课程通常聚焦于整合知识、技能和态度,应用解决问题的方法,并促进将课堂上获得的核心素养迁移到日常生活中。但是,缺乏跨学科性是一个消极和有待改进的方面。该研究表明,仅仅将核心素养纳入正式课程是不够的,应该要在体育课程实施中予以全面加强,确保充分重视体育课程中核心素养的培养至关重要。①

综上所述,国外基于体育核心素养的体育教学各有特点,美国强调身体练习与知识学习相结合;俄罗斯强调个性化,营造有利于个体深度学习的环境;加拿大将体育素养与学校体育、课外体育和社区体育相结合,与培养青少年精英体育人才相结合;新西兰主张创造情境进行教学;法国主要在知识、技能和态度三个方面组织教学。但无论强调何种体育教学方式,都是以核心素养为基础而开展的体育教学活动,均强调学生身心的健康发展。

五、国外有关基于核心素养的体育学习评价研究

国际上关于核心素养的体育学习评价研究,加拿大首屈一指。加拿大已经开发并试用了三种体育素养评价体系,分别是加拿大健康积极生活与肥胖研究小组研发的 Canadian Assessment of Physical Literacy(简称 CAPL)、加拿大体育与健康教育组织研发的 Passport for Life(简称 PL)及加拿大终身体育组织(Canadian Sport for Life)研发的 Physical Literacy Assessment for Youth(简称 PLAY)。其中,CAPL 通过调查问卷评价青少年的体育动机和信念、体育知识和理解力及日常行为,借助专业工具由教师或其他专业人士评价身体能力;PL 通过调查问卷评价青少年的体育参与度和生活策略,结合规定动作由教师或其他专业人士评价身体能力和运动策略;PLAY 则需要教师或其他专业人士、父母、教练及青少年自身共同参与评价,通过问卷和规定动作共同完成体育动机和信念、身体能力、体育知识和理解力、终身体育参与等评价。②

虽然这三种体系都围绕体育素养评价而创建,但是他们在实用性、可信度

---

① Teresa Lleixa, Carles González-Arévalo, Marcelo Braz-Vieira. Integrating key competences in school physical education programmes [J]. European Physical Education Review, 2016, 22(4): 506-525.
② 赵雅萍,孙晋海,石振国. 加拿大 3 种青少年体育素养评价体系比较研究[J]. 首都体育学院学报,2019,31(3): 248—254.

等方面略有差异,具体的体能测试、认知能力测试、行为测试、动机和信心测试等内容方面也各不相同。比如,PL 测评体系具有"系统性、全面性、针对性和易操作性"的特点:系统性即该测评体系对体育素养框架的四大主要领域都进行测评,并在此基础上对自身测评体系的内涵进行界定,形成独特的测评体系,其可靠性也被实践证明;全面性即相比较其他两种测评体系而言,PL 覆盖人群范围最广;针对性即在全面性的基础上,根据青少年儿童身体发育和成长规律,在不同年龄测评内容略有变化,以符合儿童青少年生长发育实际情况;易操作性即该测评体系在使用时操作相对简单。PLAY 测评体系具有"广泛性、多维性和长期性"的特点:广泛性即该测评体系针对人群是 7 岁以上儿童,因此该测评体系对象范围较广;多维性即该测评体系包括专业版、专业基础版、父母版等共六个版本,使用对象包括青少年、教练、父母等不同角色,且每个版本都能单独使用,能够实现从不同角度进行评价;长期性即该测评体系能够进行追踪测评,体育素养的形成和发展不是一蹴而就,该测评体系提供了独特的立体化测评。CAPL 测评体系具有"可靠性、国际性"的特点:可靠性即该测评体系是由加拿大官方组织一百多位相关专家研制而成,而且 CAPL-2 是在 CAPL-1 的基础上进行修订而成的,因此该测评体系的有效性和可靠性得到了基本保障,且已被实践证明;国际性即该测评体系不仅可以在加拿大使用,而且可以在其他国家使用,如该测评体系已经在法国、肯尼亚、南非等国家使用[1]。

除了加拿大之外,部分国家也正在研究针对体育核心素养的评价体系,比如:澳大利亚、英格兰的威尔士、新西兰等,但这些国家或地区有关核心素养的体育评价尚处于起步阶段,与加拿大的系统性相比有较大的距离。对此,陈思同等人系统分析了国外体育素养测量与评价存在的问题,包括概念不清晰,导致无法确定测评的维度和内容;指标的科学性存在争议,无法提供可靠和准确的测评结果;体系构建存在方法学的不规范;体系应用仅停留在个人层面,无法有效推广到大规模人群层面。在此基础上,认为未来应进一步对体育素养概念进行辨析,确定测评的维度和内容;根据确定的测评维度和内容优先考虑成熟的测评工具构建测评体系;采用主观和客观的方式全面选取专家,评估测评模型;对于体系的应用要进行大规模的人群试验,以验证体系的可适性;

---

[1] 赵海波,周爱国. 加拿大不同身体素养测评体系分析及启示[J]. 外国中小学教育,2018(12):18—25.

放弃传统的测评方式,采用定量和定性测评相结合的方式,研制以动态测评为主要方式的个性化测评体系。①

由此可见,在体育核心素养这个热门主题下,各国非常关注体育核心素养评价的开发与研究,其具备的反馈、激励、调节和促进作用可以更好地服务于体育核心素养的教育活动。

六、国外有关体育学科核心素养的培育路径与效果研究

根据相关文献进行总结,发现国际上许多国家都已经对体育核心素养的培育进行了研究,包括加拿大、威尔士、英格兰、澳大利亚、新西兰、北爱尔兰、苏格兰、荷兰、委内瑞拉、美国等国家。其中,加拿大、威尔士和英格兰的研究较为深入与成熟,这些国家会针对体育核心素养的概念建设模型或框架。比如,加拿大构建了长期计划运动员发展(LTAD)模型,英格兰建立了小学体育素养框架,北爱尔兰建立了《体育事务:2009—2019年北爱尔兰体育和体育娱乐战略》,在这些模型、框架及战略下,国家层面给予了体育核心素养培育的方向和目标,从而使得体育核心素养的培育更具针对性。

加拿大、威尔士和英格兰这三个国家或地区非常强调体育核心素养培育路径的多样化,强调家庭、学校和社区的联动以及线上教学和线下教学的结合,而不是单一的突出学校对体育核心素养培育的作用,他们明确指出:体育核心素养是通过体育教育、有组织的运动和积极的游戏来教授和发展的。它在学校、体育场馆和社区娱乐场所提供,并以整体的方式提供实践(包括情感、认知和身体的组成部分)。高效的信息传递也为这些国家加快了体育核心素养的宣传与培育的速度。比如,加拿大拥有完善的在线服务,为家长和教练提供资源,包括研讨会、视频和博客。据估计,每个月有6万名家长在www.activeforlife.ca 网站上寻找有关体育素养的信息;《体育威尔士》制作了一段视频,在互联网上流传,这有助于从孩子便于理解的角度解释体育运动的重大价值;国际体育素养协会是一个积极的倡导者,它帮助传播了英国和全球体育素养的声音;*Getting Australia Moving* 这本书提供了全球体育素养计划的概要,并为澳大利亚的体育素养制定了一个模式。

---

① 陈思同,刘阳,唐炎,蔡玉军,陈佩杰.体育素养测量与评价的现状、挑战及未来[J].体育学刊,2019,26(5):110—117.

体育核心素养的培育离不开政府以及其他机构的资金扶持,通过税收,加拿大政府为加拿大体育部的分支机构——加拿大体育部提供资金。加拿大体育基金会为CS4L提供资金,CS4L反过来又创建了体育素养项目和活动;威尔士的政府通过威尔士自然资源部和文化体育部资助并支持体育运动,"威尔士体育"支持体育教育和学校体育项目中以体育素养为基础的项目;英格兰政府通过文化、媒体和体育部资助英格兰体育(纳税人和国家彩票基金),英格兰体育支持以体育素养为基础的倡议,企业赞助是政府资助项目的补充;北爱尔兰体育得到了北爱尔兰体育委员会的资助,SNI和彩票基金(除了通过私营部门的赞助和伙伴关系提供资金外)被集中起来,提供了一个名为"社区体育"的项目,这是一个以体育活动和体育素养为基础的项目。在得到政府大力支持和充足资金的情况下,许多非盈利的体育素养组织成立了,这进一步拓展了体育核心素养的培育路径,提高了体育核心素养的培育效果。加拿大的"生命体育"(CS4L)和"体育与健康教育"(PHE)都在各个部门(如教育、体育、娱乐、公共卫生)的基层促进个体体育素养的提高。比如,加拿大PHE已经为体育教育工作者和家长开发了资源,帮助他们更好地理解体育素养及其重要性。CS4L开发的资源,除了便于教育工作者和家长进行了解,还帮助教练和娱乐领导人理解体育素养的概念。CS4L和PHE也率先将体育教育工作者与LTAD模型联系起来。PESS是"威尔士体育"(Sport Wales)组织的"活跃青年计划"(Active Young People program)的一个组成部分,它补充了学校的课外活动,如小学的"舞龙技能与体育"(Dragon Multi-Skills and Sport)、中学的"5x60"和威尔士健康学校网络(Welsh Network of Healthy schools)计划。小学体育素养框架是由青少年体育发展起来的,信托(YST)与英格兰体育(SE)、郡体育伙伴网络(CSPn)、体育教育协会(afPE)、英国体育教练(scUK)和国家管理机构运动(NGBs)都参与其中。

国际上不少专家和学者也对体育核心素养的培育效果进行了实证考察,如在 *Journal of Teaching in Physical Education* 杂志2019年组织的体育素养专刊中,James Mandigo、Ken Lodewyk 和 Jay Tredway 的研究表明,体育素养的发展趋势是积极的。在学校环境中看到这种影响是令人鼓舞的,因为学校是实施高质量的体育素养方案的最佳选择之一,因为几乎所有的年轻人都是这一系统的一部分。校本活动不设入学障碍,为开展游戏活动提供了丰富的机会。[1] Dean J. Kriellaars 和 John Cairney 等人研究表明，在体育课上使用计算机辅助教学的学校，与标准体育课程相比，学生的运动能力得到了提高，整体上提高了自信和理解力，并增加了活动参与，这些发现与儿童的自我报告一致，而这些都是体育素养所包含的要素。[2] 综上可以发现，国际上对体育核心素养的培育路径是多样化的，体育核心素养的培育效果呈现出较好的态势。

第三节 国内体育学科核心素养研究进展

与国外有关体育领域的核心素养研究进展相似，国内在该领域的研究进展也可以概括为理论基础、构成体系、体育课程、体育教学、体育学习评价、素养培养等六个方面。

一、国内有关体育学科核心素养的理论基础研究

学科核心素养是指学生的核心素养在学科中的具体化，是学科育人价值的集中体现，是学生学习该门学科后所形成的能力和品格，是以学生发展核心素养为出发点和归宿，是对学科价值的根本认识。[3] 学生核心素养的培养已成为体育与健康课程改革的重点，体育核心素养是体育与健康课程设计与发展的核心。体育具有自身特殊性因而不能机械地模仿其他学科，通过对理论基础进行厘清有助于体育核心素养的构建。

赵富学等人指出，虽然体育与健康课程目标更加趋向多元，但其培养人的核心要素不会因此改变。学科结构理论作为研究体育学科核心素养的理论基础，有利于将体育学科核心素养加以结构化，使体育学科核心素养的指向更加

---

[1] James Mandigo, Ken Lodewyk, Jay Tredway. Examining the Impact of a Teaching Games for Understanding Approach on the Development of Physical Literacy Using the Passport for Life Assessment Tool [J]. Journal of Teaching in Physical Education, 2019(38): 136–145.
[2] Dean J. Kriellaars, John Cairney, Marco A. C. Bortoleto, Tia K. M. Kiez, Dean Dudley, Patrice Aubertin. The Impact of Circus Arts Instruction in Physical Education on the Physical Literacy of Children in Grades 4 and 5[J]. Journal of Teaching in Physical Education, 2019 (38): 162–170.
[3] 钟启泉. 基于核心素养的课程发展：挑战与课题[J]. 全球教育展望, 2016, 45(1): 3—25.

明确和理想,进而形成体育学科核心素养特有的理论体系。① 于素梅则持其他观点,她认为体育核心素养的理论基础与政策依据包括以下内容:首先是欧盟核心素养框架中两个基本点,即核心素养与终身学习相结合。这使得学生体育学科核心素养维度不仅限于单一的运动技能学习和掌握上,而是要从人的全面发展的角度出发。其次则是经济合作与发展组织的素养公式,即素养=(知识+能力)^{态度}。这一公式表明,素养不单纯等于知识,素养也不单纯等于能力。最后为中国学生发展核心素养体系,即文化基础、自主发展和社会参与三个维度。此外,国家政策文件的指引、立足于对国情的分析以及体育学科本身的特性等均构成了体育核心素养的理论基础,成为构建体育核心素养的依据。② 赵凤霞进而立足我国基本国情与价值取向指出,我国体育核心素养的理论基础应包括社会主义核心价值观、马克思主义唯物史观、辩证唯物主义几个部分。③ 姜勇则从哲学的角度出发,认为"身心一元论"将身体主体放在首位。"具身认知"强调认知生成的具身性逻辑,与学校体育以身体为依托实现对学生全面教育的内涵相吻合。④《普通高中体育与健康课程标准(2017年版)解读》提出了课程标准的理论基础包括认知与动机理论、运动技能形成理论等⑤,因为课程标准是基于核心素养而构建的,所以在某种程度上也可以看作是体育学科核心素养的理论基础。

"核心素养"一词本身也是一个舶来品,因此也有一些国内学者通过对国外体育核心素养研究,进行分析学习弥合差距。国际上关于体育核心素养的理论基础研究较为一致,据此基础上建立了一个科学的框架。例如国外学者 Whitehead 提出体育素养主要是以一元论、存在主义和现象学为哲学基础。然而国内体育核心素养的研究尚未将其上升至哲学高度或作为一个实现目标呈现,更多的是作为文化塑造与形成的过程。⑥ 通过对国外体育素养的分析发

---

① 赵富学,程传银.体育学科核心素养的理论基础及结构要素研究[J].沈阳体育学院学报,2018,37(6):104—112.
② 于素梅.中国学生体育学科核心素养框架体系建构[J].体育学刊,2017,24(4):5—9.
③ 赵凤霞,程传银,张新辉,李菊红.体育核心素养模型构建研究[J].体育文化导刊,2017(1):154—159.
④ 姜勇,马晶,赵洪波.基于具身认知的体育与健康学科核心素养意蕴与培养路径[J].体育学刊,2019,26(4):88—93.
⑤ 季浏,钟秉枢.普通高中体育与健康课程标准(2017年版)解读[M].北京:高等教育出版社,2018:43—47.
⑥ 阳艺武.Physical Literacy:内涵解读、中外对比及教学启示[J].上海体育学院学报,2016,40(4):73—78+94.

现,国内对于体育核心素养形成的理论基础提及并不多,多为教学实践过程中的经验提升与总结。

总之,由于国外体育核心素养研究起步较早,相关研究相较而言趋于成熟,理论基础较为全面扎实,国内在该方面的研究还需要进一步拓展。因此,未来在立足于国际发展的同时,应积极考虑我国的基本国情与价值观的差异,加强对理论基础的研究从而为体育核心素养理论的完整性、可靠性提供保障。

二、国内有关体育学科核心素养的构成体系研究

体育核心素养一词重点在于"核心",通过体育与健康课程的学习后学生能够获得和掌握的最关键的价值观念与能力,这反映了体育学科的基本性质与价值,体现了体育塑造人的功能。由于体育核心素养构成体系需以该理论基础的要求作为构建依据,所以国内体育核心素养的构建指标也有众多差异。

首先,季浏教授等普通高中体育与健康课程标准修订组专家按照立德树人的根本要求,通过参考十余个国家与地区的课程标准并立足于我国国情,凝练出我国普通高中学生的体育与健康学科核心素养,包括运动能力、健康行为、体育品德 3 个方面。[①] 其次,赵富学等人根据学科结构理论中"过程—结构"的要素组建要求,确定了体育品德与修养、运动兴趣与能力、健康行为与习惯、运动品质与意志为体育学科核心素养的四个结构要素,它们相互之间存在一种镶嵌式的程序性关系。[②] 于素梅对此提出不同观点,她认为学生体育学科核心素养应包括体育精神、运动实践、健康促进三个维度,进而又细化为体育情感与体育品格、运动能力与运动习惯、健康知识与健康行为 6 个要素。[③] 余智则指出应该从先天素质与后天环境两方面对体育核心素养的构成要素进行考虑,其应包括体质水平、体育知识、体育意识、体育行为、体育技能、体育个性、体育品德等要素的综合素质与修养。[④] 李永华也同样从两个方面对体育核心素养进行分析解构,他认为体育素养主要表现在身体和精神两方面。[⑤]

[①] 季浏.我国《普通高中体育与健康课程标准(2017年版)》解读[J].体育科学,2018,38(2):3—20.
[②] 赵富学,程传银.体育学科核心素养的理论基础及结构要素研究[J].沈阳体育学院学报,2018,37(6):104—112.
[③] 于素梅.中国学生体育学科核心素养框架体系建构[J].体育学刊,2017,24(4):5—9.
[④] 余智.体育素养概念研究[J].浙江体育科学,2005,27(1):69—72+80.
[⑤] 李永华,张波.学校体育的使命:论体育素养及其提升途径[J].南京体育学院学报(社会科学版),2011,25(4):99—101.

此外,尚力沛等人通过对核心素养、体育核心素养与体育学科素养进行逻辑对比分析,认为体育学科核心素养的关注对象是在学校中的学生这一群体,倾向的是学科的教育价值,反映的是学科教育的效果,即通过学校教育中不同阶段的体育课程学习,学生可以获得哪些具有体育特性的学科核心素养。因此体育学科核心素养应该包括运动技能与习惯、健康知识与行为、体育品德与情感的品格与能力。从长远来看,体育核心素养与体育学科核心素养的培养目标是一致的,因为学校教育作为人生中一个阶段,在学校中形成的关键品格与能力终将跟随学生的存在实现社会化,对其一生产生深远影响。① 姜勇等也对此进行研究,他认为体育核心素养体系包含 3 个维度 9 个要素的框架:人与工具(体育理论知识、运动技能、体育创新),人与自己(健康体能、心理健康、体育意识),人与社会(社会适应、迁移能力、体育道德)。② 陈祁罕则针对初中学生应该具备的体育核心素养进行研究,他从体育文化、健身能力、体育态度、体育品格四个维度所包含的众多体育素养中确定了九个,即体育知识、体育技能、自我健身、自我保健、自我评价、体育情感、体育习惯、体育精神与体育品质。③ 罗芬也基于体育核心素养的内涵和提炼思路提出,体育学科核心素养体系的 4 个一级指标分别是运动认知、健身健康行为、情意表现、社会适应,每个一级指标下分别包含了若干二级指标。④

综上所述,关于体育核心素养的构成体系的相关研究成果丰富,在国内属于热门研究领域。但体育学界关于体育核心素养各构建指标未形成统一的认识,总的研究成果分布较为分散,在一定程度上造成了对体育学科核心素养理解的混乱,也增加了实际操作的难度。

三、国内有关基于核心素养的体育课程研究

当前基于核心素养的体育课程研究主要集中在课程的发展历程、实践探索、发展要求三个方面。

---

① 尚力沛,程传银.核心素养、体育核心素养与体育学科核心素养:概念、构成及关系[J].体育文化导刊,2017(10):130—134.
② 姜勇,王梓乔.对体育与健康学科核心素养内涵特征与构成的研究[J].中国学校体育(高等教育),2016,3(10):39—43.
③ 陈祁罕.初中学生体育核心素养体系及培养路径[J].教育评论,2017(06):133—136.
④ 罗芬.体育学科核心素养体系构建及评价[J].当代体育科技,2017,7(10):240—242.

在基于核心素养的体育课程发展历程方面,殷荣宾认为体育课程内容的选择取向与课程价值取向存在共济关系,至此经历了4个演进阶段,分别是:强调体育课程为国家服务的社会本位;融合体质与技能教育的学科本位;"健康第一"指导下的多元课程价值;以"学生发展为中心"的学生本位。[1] 王晖指出体育与健康课程中从"大纲"过渡到"标准"再到"核心素养"提出,体现出了体育与健康课程思想的变革。[2] 赵富学提出,在国内外课程改革进程中,体育学科核心素养与学校体育课程体系密切结合,且融入学校体育课程体系之中。体育课程标准中透视出的体育学科核心素养要求影响着学校体育课程的改革进程。只有通过情境生成、复合需要、规划研制、活动设计、反思评价5个环节,才可以设计出体育学科核心素养的课程化机制。这五个环节促使体育学科核心素养理念有效融合于体育课程体系的改进与完善过程之中[3]。

在基于核心素养的体育课程实践探索方面,于素梅指出要通过构建大中小(幼)相互衔接的一体化体育课程,以更好地发挥体育的育人价值;体育育人归根结底是培养具有一定体育素养的人,所以一体化课程的建设与体育素养的培育息息相关。[4] 江长东分析了有关核心素养视域下校园足球课程目标现状并探讨研究的价值与意义,在此基础上提出构建核心素养视域下校园足球课程目标的设想,即学生对足球感兴趣、拥有一定的足球球感、掌握基本技战术、强化身体机能和提高心理健康与社会适应能力。[5] 张静婷则论述了武术作为振兴我国传统体育项目中的重要部分,在促进体育学科核心素养的形成过程中具备了众多优势。并根据学生体育素养缺失的表征分析得出武术课程培育学生体育核心素养的基本思路:根据武术礼仪的习得与身心双修课程特点进行。[6]

在基于核心素养的体育课程发展要求方面,陈福亮早在2016年就剖析了台湾地区高中体育课程标准,认为大陆核心素养指标体系的构建应科学规范;

---

[1] 殷荣宾,季浏,蔡赓.基础教育学校体育课程内容选择及价值取向的演变与诉求[J].武汉体育学院学报,2017,51(2):81—86.
[2] 王晖.核心素养——体育与健康课程的基因融合契机[J].首都体育学院学报,2018,30(3):204—208+231.
[3] 赵富学,魏旭波,李莉.体育学科核心素养课程化现状检视及机制设计[J].体育学刊,2019,26(4):94—99.
[4] 于素梅.从一体化课程建设谈体育素养的培育[J].沈阳体育学院学报,2019,38(3):8—11.
[5] 江长东.核心素养视域下校园足球课程目标的理论构建[J].当代体育科技,2019,9(12):124—125+127.
[6] 张静婷.武术课程促进学生体育学科核心素养的形成研究[J].广州体育学院学报,2018,38(5):113—116.

围绕核心素养的高中体育与健康课程标准研制和课程改革实践,可综合其他国家或地区多种模式后启动与实施;核心素养是深化大陆高中体育课程改革的有力助手,后续需要做好推进措施。[1] 季浏教授提出,普通高中体育与健康课程要真正落实立德树人的根本任务,充分发挥体育的育人功能和价值,就需要培养学生的学科核心素养,所以体育与健康课程所有的教学环节都要紧紧围绕学科核心素养进行设计和实践。[2] 蒋红霞提出建构体育学科核心素养是我国体育课程改革的一项重要任务,为解决体育核心素养理论建构与体育课程改革实践不相符的问题,还需在核心素养与教科书、教育阶段、参考其他学科、课程评价等衔接上下功夫。[3] 张细谦则指出在健康生活核心素养导向下,体育与健康课堂教学要做到效益精准化、效果实效化、效率最优化,同时要注重发挥课外体育锻炼和竞赛的独特作用,从而进一步明晰了核心素养导向的体育课程发展路向。[4]

四、国内有关基于核心素养的体育教学研究

根据相关文献进行总结,发现目前我国基于核心素养的体育教学研究主要集中在教学的实施方法上,对于有关体育教学的理论基础与教学效果方面的研究略显不足。

在基于核心素养的体育教学的理论框架基础方面,潘绍伟教授强调一定要在深入思考体育与健康学科核心素养的本质追求基础上,阐述在体育与健康学科核心素养视野中教学设计与实施中的转变。[5] 赵富学提出,以学科结构理论作为研究体育学科核心素养的理论基础,有利于将体育学科核心素养加以结构化,使体育学科核心素养的指向更加明确和理想,进而形成体育学科核心素养特有的理论体系。根据学科结构理论中"过程—结构"的要素组建要求,确定体育品德与修养、运动兴趣与能力、健康行为与习惯、运动品质与意志为体育学科核心素养的结构要素,可为体育教师教学程序的针对性设计及学

---

[1] 陈福亮,季浏.教育变革时代的体育课程标准新形态:台湾高中体育课标的案例[J].北京体育大学学报,2016,39(5):66—71.
[2] 季浏.我国《普通高中体育与健康课程标准(2017年版)》解读[J].体育科学,2018,38(2):3—20.
[3] 蒋红霞.我国体育课程改革中的学科核心素养探究[J].当代教育论坛,2018(5):111—119.
[4] 张细谦,张仕宜.核心素养导向下体育与健康课程实施路径的优化[J].体育学刊,2018,25(2):76—80.
[5] 潘绍伟.如何使体育与健康学科核心素养真正落地[J].中国学校体育,2018(10):2—3.

生体育学习实践路径的创造性探索奠定稳固的学理基础。①

在基于核心素养的体育教学的实施方法方面,戴燕指出学科核心素养已经成为教育领域关注的焦点,迫切需要对高中体育课堂教学进行改革,将课堂教学的侧重点放在学生核心素养培育层面。② 尚力沛在吸收运动教育模式、个人与社会责任教育模式、领会式体育教学模式优势的基础上提出综合教育模式作为体育教学单元设计的理论框架,在单元设计中充分体现各自模式的优势功能,并在体育教学实践中表现出来,以期实现学生核心素养的培育和发展。③ 在此基础上,尚力沛等人在后期的文章中又提供了具体的实施方法:以学生的参与为中心进行教学设计,提高学生学习情境创设的实效性,注重学生在学习过程中的理解、体验和反思,提升体育教师教学的专业能力和专业自主权,构建师生共同参与的体育课堂教学文化。④ 对此,潘绍伟教授指出,指向核心素养的体育教学实施要从内容导向设计向目标导向设计转变;从铸动作之型向育运动之魂转变;从教师单向传授向师生互动的学习指导转变;从脱离学生与运动实际向联系学生与运动实际转变。⑤

在基于核心素养的体育教学的实施效果方面,张莹所在的重庆科技学院以学科核心素养为纲领,编制相应的课程标准、课程内容和课程评价体系,体现了体育理论与体育技能相结合、自主选课制度与分层指导教学相结合、课外体育活动与平时成绩评分相结合、体质健康成绩与体育课成绩评定相结合的教学改革原则,促进了学生核心素养水平的提升。⑥ 梁媛认为以核心素养提升为出发点和目标的高校体育教学,有助于培养学生的个性化创新能力、社会体育参与能力与职业体育组织能力。以模拟比赛、传统体育传承、个性化体育方式创新为教学设计内容,能让学生在教学设计参与、日常运动参与和创新参与中,不断提高个人的协调能力、组织能力、适应能力与创新能力,为其未来的职

---

① 赵富学,程传银.体育学科核心素养的理论基础及结构要素研究[J].沈阳体育学院学报,2018,37(6):104—112.
② 戴燕,辛艳军.基于学生核心素养培育的高中体育课堂教学策略研究[J].体育世界(学术版),2018(8):135+128.
③ 尚力沛,程传银.体育学科核心素养导向的课堂教学:目标、过程与策略[J].体育文化导刊,2018(2):109—114.
④ 尚力沛,程传银,赵富学,董鹏.基于发展学生核心素养的体育课堂转向与教学转变[J].体育学刊,2018,25(2):68—75.
⑤ 潘绍伟.如何使体育与健康学科核心素养真正落地[J].中国学校体育,2018(10):2—3.
⑥ 张莹.教育"核心素养"理念下的高校体育课程改革探讨——以重庆科技学院体育健康课教学改革为例[J].西南师范大学学报(自然科学版),2016,41(10):173—176.

业发展助力。①

五、国内有关基于核心素养的体育学习评价研究

基于核心素养的体育学习评价，前提要厘清体育核心素养的达成，如何评价核心素养达成？经过对文献进行总结，发现核心素养下的体育学习评价的研究主要集中在评价内容、评价方法、评价策略、评价存在的相关问题等方面。

第一，在评价内容方面，主要聚焦于学生的学科核心素养，强调针对学生的运动能力、健康行为、体育品德三方面学科素养进行评价，并且指出运动技能的评价不再是过去老套的单评技术动作的掌握，而是侧重学生在复杂的学习情境中和比赛中综合运用各种技术解决问题的能力。针对评价内容方面，陈秋芬在分析国内体育学科核心素养三要素后，认为对运动能力、健康行为、体育品德进行评价，应该从日常行为、身体能力、动机与信心、体育知识与理解四个方面进行，这样的可操作性更强，并且提出了相应的评价方案。②

第二，在评价方法方面，依然强调多样性，季浏教授等多位界内学者对于过程性和终结性评价，定性与定量评价，相对和绝对评价相结合已经达成一致看法。他们特别强调在体育核心素养下的过程性评价，可以以学习团队为单位进行分组评价，促进学生之间合作进取精神的培养。③ 尚力沛和程传银等人认为评价的方法主要分为教师对学生学习情况的评定和学生对自身或他人学习的评定，前者使用的是观察法、技能掌握评定、小组捆绑式评价方法和成长记录评定，后者采用包括学生自评、学生小组或者同伴互评。教师的作用是要引领学生能够达成核心素养的内容，学生则要对自身学习进行反思。该文特别提出"成长记录"的要点是教师对学生的学习进行记录，因为学科核心素养的诸多要素难以通过一节课来实现，是一个长期学习和评价的过程，因此应以个体或者小组的形式进行长期评定。④ 潘绍伟教授认为在学习评价方面要求以学业质量为指引，真实反映学生体育与健康课程学习目标的实现程度，要将

---

① 梁媛.基于核心素养提升的高校体育教学设计[J].体育科技文献通报,2018,26(10):78—79.
② 陈秋芬.核心素养下高中体育学习评价方案的探究[J].运动,2018(9):113—114.
③ 季浏,钟秉枢.普通高中体育与健康课程标准(2017年版)解读[M].北京:高等教育出版社,2018:181—214.
④ 尚力沛,程传银.基于学科核心素养的体育学习情境:创设、生成与评价[J].沈阳体育学院学报,2019,38(2):78—85.

真实性评价和表现性评价相结合。①

第三,在评价标准方面,强调主要由学校自行决定,选择相应的指标,既要考虑学生的运动能力、健康行为和体育品德,又要做到绝对评价和相对评价相结合。如果学校有一套完整的评价体系,可以直接使用,主要视教学情况而定,如果学校的评价体系不够完善,可以参照我国普通高中体育与健康课程标准中的体育学科核心素养三要素以及扩展的二级及以下要素标准进行构建,从而进一步完善评价标准体系。②

第四,评价策略方面,强调根据学科核心素养的思路创设一定的学习情境,强化主体互动,主体体验,主体反思。从学科发展历程坚持评价主体多元和评价方式多样已经在各学界达成共识,且过程与终结、定性与定量评价等方法已成为开展体育学习评价秉持的基本原则。③

第五,在体育学习评价的相关问题方面,尚力沛认为体育学习评价的理念和方法在体育核心素养前就已经存在,因此必须厘清"体育学科核心素养"背景下的评价问题:①与原有评价的关系问题。原有的学习评价是新课程改革以来所形成的,核心素养下形成的课程评价与原有的评价,教育目标具有一致性。新的评价方式应是在原有基础上的升级和完善。②评价方法的使用问题上提出要根据评价内容,采取针对的评价方法,尤其强调在真实情境中对学生的学习进行评价。③评价主体的参与方面,要实现学生真实地参与评价,引导学生参与到教学目标的制定之中;教师对学生的评价要富于引导性和关怀性。④评价观念的重塑方面,教师要树立符合学科素养要求的评价观;由于体育核心素养中的情境因素较多,故体育教学中要采用教师对学生评价、自评、互评等多元方式。⑤与非学科核心素养的关系问题方面,认为核心素养内容只有关键的、核心的、少数的,对于核心之外的品质应该如何处理,认为要处理好整体与部分的关系;评价结果的呈现要明确和具体化。④ 该文的观点对于今后如何有效地开展基于核心素养的体育学习评价,提供了很多有效的建议和值得思考的方向。

---

① 潘绍伟.如何使体育与健康学科核心素养真正落地[J].中国学校体育,2018(10):2—3.
② 季浏,钟秉枢.普通高中体育与健康课程标准(2017年版)解读[M].北京:高等教育出版社,2018:181—214.
③ 尚力沛,程传银.基于学科核心素养的体育学习情境:创设、生成与评价[J].沈阳体育学院学报,2019,38(2):78—85.
④ 尚力沛.核心素养背景下体育学习评价的若干问题讨论[J].天津师范大学学报(基础教育版),2019(1):56—60.

此外,一些学者还以体育与健康学科核心素养的三个维度为依据,构建了针对特定维度的学科核心素养评价模型。比如,姜勇等人通过运用 Nvivo11 软件对相关文献和数据资料进行质性分析,提取了运动能力核心素养评价指标核心要素;然后通过三轮专家调查,初步确定相关指标内容;再通过项目分析、信度分析和探索性因子分析,对评价指标体系进行优化;最后以 SEM 结构方程作为实证手段,确立了拟合度较好的评价模型;同时,根据拟合标准化路径系数计算获得各指标的权重系数,并以此进行了相关变量间的路径分析。通过这一系列研究,最后构建了基于核心素养的中小学生运动能力评价模型,包含运动认知、技战术运用、体能状况、安全意识、体育展示与比赛 5 个维度,共包含 21 个观测指标。[①] 汤利军等人针对体育品德核心素养,以人的全面发展理论、马斯洛的需要层次理论、道德认知发展心理学理论为基础,以国家出台的各类关于学生道德、品德发展的文件、中小学生手册和奥林匹克精神等为依据,构建出了青少年体育品德评价指标体系。指标体系包括体育精神、体育品格、体育道德行为 3 个一级指标,爱国主义精神、集体主义精神、竞争开拓精神、拼搏进取精神、团队合作精神、创新精神、法制精神、爱、志、信、义、体育道德意应能力、体育道德创造能力和体育道德自我教育能力 14 个二级指标,并采用层次分析法分析出了各指标的权重。[②] 这些指向体育学科核心素养各维度的评价的可操作性研究,为推动体育学科核心素养测评奠定了良好的基础。

六、国内有关体育学科核心素养的培育路径与效果研究

学生的体育核心素养培育是一个长期的、连续的过程,应从学校体育教学、家庭教育等多方面进行体育核心素养的培育。学校体育教学方面,课内课外相结合,通过改变教学组织与形式、教学模式、手段与方法、加强课外作业布置培育学生的体育核心素养;家庭教育方面,可通过课后作业的落实及加强家长与学校的沟通交流来促进学生体育核心素养的培育。

比如,徐崔华认为通过体育与健康课程培育学生的核心素养路径包括:①更新体育教学理念摒弃以往陈旧的教学观念,取长补短;②更新教学方法,

---

[①] 姜勇,王海贤,潘正旺.基于核心素养的中小学生运动能力评价模型研究[J].沈阳体育学院学报,2019,38(6):105—114.
[②] 汤利军,蔡皓.基于"立德树人"的我国青少年体育品德评价指标体系构建研究[J].武汉体育学院学报,2019,53(10):75—80.

转变教学形式;③树立竞赛过程培养观,通过比赛完善自身;④创新教学设计,加强核心素养内容教学,教学内容设计向目标内容设计转变,教师单边活动向师生双边活动方式转变,从运动知识理论实际向运动实践方式改变,从单一评价向多元评价的改变,从校内教学内容向校外结合教学内容改变;⑤提高教师综合素质量。[1] 王煜坤则认为,在培养学生的体育学科核心素养中,需要贯彻国家教育方针,执行国家相关政策,确立学校体育学科培育目标是培育体育学科核心素养的首要任务;要发展学生的体质健康水平,掌握保健知识、技术自我诊断知识和方法。

朱明艺认为,我国体育学科核心素养培育的发展路径要加快体育课程改革力度,落实校本课程,培养学生运动兴趣;加强体育师资队伍建设,为体育学科核心培育奠定基础,因为师资队伍的水平决定着体育学科核心素养培育的程度;"3+N"融合大发展,保证体育氛围的延续性。而所谓"3+N","3"是指学校、体育教师、家长,"N"是指社会中的各种体育培训、大众传媒、国家方针等对培育体育学科核心素养的中坚力量。[2] 于素梅指出,从塑造体育精神、打好运动实践基础以及掌握健康知识入手是培养学生体育核心素养的基本思路,而坚守课堂主阵地、确保课外体育、拓展校外自主锻炼是培养学生核心素养的主要途径[3]。此外,陈建成提出了四点关于义务教育阶段学生体育核心素养培育的建议:一是重视一线体育教师的主体培养,强化体育教师的思想认识,组织学习相关文件政策,教学与科研相结合,创新培育学生体育核心素养的方法;二是强化体育课堂建设,课堂教学多元化,及时反馈、巩固学生课堂所学;三是完善实施核心素养培育的相关政策,促进体育核心素养培育工作的开展;四是建立体育核心素养培养的联动机制,体育核心素养的培育不仅仅是学校的责任,家庭也应该承担起体育核心素养培育的责任。[4]

针对不同学段,学生体育学科核心素养培育的路径和效果也大不相同。陈霞认为小学生核心素养的培育路径首先对教师的核心素养提出了更高的要求,要加强专业知识和专业能力等方面的培育;加强小学生体育文化基础知识的学习,通过多种方式让学生获得知识;注重学生自主发展能力的培养,学生的创造力应从小开始培养,应该让学生在体育课堂中体验到各种创新技术,器

---

[1] 徐崔华.体育与健康课程核心素养培育路径研究[J].当代体育科技,2019,9(2):73—74+76.
[2] 朱明艺.体育学科核心素养培育的发展路径研究[J].运动,2019(2):9—10.
[3] 于素梅.学生体育学科核心素养培育的基本思路与多元途径[J].体育学刊,2017,24(5):16—19.
[4] 陈建成.学生义务教育阶段的体育核心素养探析[J].体育世界(学术版),2017(11):99—100.

材使用方式。① 针对初中生的体育学科核心素养培育路径,陈祁罕认为要切合实际,精选内容,让体育知识结构设置系统化;设置场景,激发情趣,使教学模式情境化,情境化教学提供了游戏化的运动场景,但也不能因为游戏,而忘记教学的根本目的;激发潜能,鼓励创新,让教学过程问题化,采用问题导向的课堂教学,营造师生探究等问题化教学;学校监督,家庭和参与,促进体育运动生活化。生活化就是要让体育活动成为学生的日常习惯,在生活中体现,而这是体育学科核心素养最"塔尖"的素养表现。②

关于体育学科核心素养的培育效果研究,目前的实证研究相对来说较少,大多还处于初步发展阶段,但也有个别学者进行了实验研究。比如,毕明波通过教学实验的方法来探究核心素养的培育效果,该研究以曲阜师范大学附属小学学生为对象,进行为期12周的实验,以四年级(1)班和(2)班作为实验组与对照组,聚焦于小学生体育核心素养培育的效果,通过统计和分析实验前后小学生体育核心素养外显性因素——身体素质和内隐性因素——运动能力、健康行为、体育情感与道德及其各指标数据的变化,以验证实验组的实际教学效果。该研究的结论表明,课上课下相结合可以有效提高小学生体育核心素养外显性因素——身体素质,而课上通过融入游戏因素和竞赛法,提升了小学生的积极性,并结合课下作业,提高了小学生课下参与体育锻炼的能力;课上课下相结合对提高小学生体育核心素养内隐性因素——运动能力、健康行为、体育情感与道德有显著性影响,通过分组教学,培育了学生的合作精神,组间竞赛活跃了课堂气氛,通过与家长的沟通交流,提高了对小学生体育核心素养的重视,通过课下作业提升了学生体育赛事的关注度及体育相关知识的掌握。③ 总之,设置有针对性的培养措施能够有效地提升学生的体育学科核心素养水平。

第四节　体育学科核心素养研究进展述评

由上述国内外有关体育学科核心素养的研究可以看出,国外在体育核心

---

① 陈霞.小学生体育核心素养体系及培养路径[J].名师在线,2019(13):48—49.
② 陈祁罕.初中学生体育核心素养体系及培养路径[J].教育评论,2017(6):133—136.
③ 毕明波.小学生体育核心素养培育的实证研究[D].曲阜:曲阜师范大学,2019.

素养的基础理论、构成体系、课程与教学、体育学习评价、核心素养培养路径和效果等方面都有较为丰富和细致的研究。相比较而言，国内虽然在上述六个方面也有一些研究在关注，但更多是学者的理论分析，实证性的研究不多，这与中国缺乏系统的体育学科核心素养体系有着密切关系。当然，国内体育学科核心素养的研究也受到了国际和国内核心素养导向的教育改革的影响，但目前还缺乏整体性的体育学科核心素养体系，对国际主流国家的体育核心素养体系了解也不够。由于缺乏核心素养体系，所以大部分研究找不到落脚点，就只能停留在理论分析层面，因此实证研究也很缺乏，这非常不利于青少年学生的全面健康发展以及基于核心素养教育改革的全面推进，也使得中国在培养青少年体育素养方面缺乏明确的要求和方向，更多侧重于运动技术的掌握。基于此，未来我国关于体育学科核心素养的研究应该进一步从以下几个方面推进。

首先，深入研究体育学科核心素养的相关理论问题。虽然我国有关体育素养的研究之前已出现过，但当前学界关注的体育领域的核心素养仍然是一个舶来品，即主要来自于西方国家对体育素养研究的推动。因此，从理论研究的角度而言，我国体育学科核心素养的研究并非是理论驱动，而是外部驱动，这种发展模式导致学者们在短时间内很关注核心素养，但对一些本质性的问题思考不多。比如，体育学科核心素养对人的全面发展的作用到底是什么？体育学科核心素养的理论基础到底是什么？体育学科核心素养在中国特定的教育情境下应该呈现何种样态？在中国传统的教育体系中是否存在体育学科核心素养？体育学科核心素养在"立德树人"中应该发挥什么样的作用？之所以要探索这些理论问题，是因为中国的体育学科核心素养研究不能只是在西方国家的后面亦步亦趋，否则就无法在核心素养方面形成文化自信与道路自信、理论自信、制度自信。党的十八大以来，以习近平同志为核心的党中央高度重视哲学社会科学发展。习近平总书记提出要"加快构建中国特色哲学社会科学学科体系、学术体系、话语体系"的重大论断和战略任务，为推动哲学社会科学创新发展指明了前进方向、提供了重要遵循。[①] 体育学科是中国特色哲学社会科学体系的重要组成部分，而有关体育学科核心素养更是体育中体现中国特色研究的前沿阵地。基于此，体育学界应该沉下心来，深入挖掘体育学科核心素养的相关理论问题，构建有中国特色、中国风格、中国气派的体育学

---

① 何秀超.加快构建中国特色哲学社会科学体系[N].人民日报，2020-6-29(09).

科核心素养理论体系。体育领域的权威学术期刊也应该要组织相应的研究专题,系统发表相应的研究成果。比如,美国 Journal of Teaching in Physical Education 杂志在2018年和2019年就先后出版了两期有关体育素养的专刊,这些研究成果引起了全世界体育教育界的极大关注。

其次,推进中国体育学科核心素养的实证研究。从国内有关体育学科核心素养的文献分析来看,大部分聚焦于理论分析或思辨性研究,包括对国外体育素养的翻译与经验介绍,对国内体育素养的方向、发展路径与策略的一些宏观性思考等。然而,这类研究确实需要但不能仅仅停留于此,而应该要聚焦现实问题走向体育学科核心素养的实证研究。近年来,教育实证研究作为一种推进教育科学化及形成现代教育治理理念的重要途径日益受到教育教学领域内的学者、教师与教育政策制定者的重视,并在我国教育各领域尤其是教育研究范式的转型过程中逐渐得到推广和应用。中国的政府和学者越来越意识到相应的教育政策、规划只有通过对一线教育教学的真实情况进行实证调研,收集、分析真实的数据才能更科学、更真实、更有效地促进教育教学的发展。教育实证研究作为一种研究方法体系与研究精神,既蕴含教育循证、数据导向、以人为本、科学主义等基本的价值诉求,又遵循务实、严谨、确凿、系统、精准等内在逻辑原则与标准,能够为教育决策与教育发展提供独特的理论、实践和逻辑的价值。[①] 就体育学科核心素养的研究而言,今后我国的研究者应该走向实证,在认真分析不同人群体育核心素养培育面临问题的基础上,借鉴教育实证研究领域的成熟策略与优秀经验,通过问卷调查、模型构建、数据分析、实验研究、决策推演等方式,验证体育学科核心素养对人的全面发展的实效性,从而为解决体育领域的实际问题提供指导依据。

再次,以研究为依托形成中国体育学科核心素养的推广方案。体育学科核心素养的研究最终要指向人的全面发展,进而实现人类的繁荣昌盛。人的全面发展是一种存在的状态,而不仅仅是一种感觉或经历;它不是静态的,而是在行动中被发现的。[②] 人的全面发展的部分表现可以通过培养个体的善和德来实现,这些美德包括知识、健康、友谊、创造力、成就、美丽、快乐,以及正直、节制、勇气和公正等。这些不仅是人的全面发展的手段,而且是这种存在

---

① 杨新晓,陈殿兵.教育实证研究的价值诉求与内在逻辑[J].教育评论,2020(7):132—138.
② Douglas B. Rasmussen. Human flourishing and the appeal to human nature [J]. Social Philosophy and Policy,1999,16(1):1-43.

状态的部分实现或表达。因此,这些优点和美德作为手段和目的都是有价值的。体育素养在鼓励人类提高潜能方面能发挥什么作用?这个答案就是培养体育素养,包括广泛参与体育活动。从事体育活动提供了充分的机会来开发一个人的潜在能力,在这样做的同时,也培养了许多个人的优点和美德。这就是体育素养在促进人的全面发展方面所起的重要作用。因此,体育素养通过开发我们的人体潜能为人的全面发展做出重大贡献,在各种具有挑战性的情况下经历身体活动将使个人进一步实现潜能的开发。由此可知,体育学科核心素养对人类的发展具有重大价值,而中国作为负责任、有担当的东方大国,应该在推动人的全面发展方面形成有中国特色的体育学科核心素养推广方案。这就需要广大体育教育研究者认真研究体育学科核心素养的问题,从哲学、历史学、经济学、人类学、社会学、美学等多学科角度去探索如何在当今社会实现人的全面发展。实际上,人的全面发展也是一个建构的过程,包括身体的建构、心理的建构和社会的建构,这些建构过程的发生与形成并不完全是自动发生的,而是需要国家、社会在宏观层面做好整体方案,而体育学科核心素养将在这样的方案中发挥重大作用。基于此,未来应该以体育学科核心素养的研究成果为基础,注重将成果转化和迭代升级,发挥成果的决策咨询的作用。在这方面,位于美国华盛顿的非营利组织阿斯彭研究所(Aspen Institute)就在体育学科核心素养的推广方案方面做出了表率,构建了指向多元治理的体育素养推广方案。

第三章
体育学科核心素养的理论基础

与体育学科相关的核心素养在全球引起了热议,无论是理论界还是实践界,都在试图分析核心素养的理论问题并开展指向核心素养的教育教学改革。然而,体育学科核心素养的提出,并不仅仅是因为当前核心素养导向的整体教育变革所产生的影响,其深层次原因来自于人们对参与体育运动之后应该获得何种有意义的、充实的体验和收获的愿望,即要通过健身的方式实现人的全面健康发展。在这一愿望背后,体育学科核心素养具备深厚的理论基础,即从人的成长的角度提供了理解框架。但是,当前对体育学科核心素养的理解存在不同的观点,人们的理解掺杂着迷失、混淆与误解等,这非常不利于从本原上理清体育学科核心素养的本质特征。而通过探寻体育学科核心素养的理论基础,可以为广大体育教育工作者提供一种观察的角度、思考的方法、解释的依据、指引的路径,从而帮助人们从哲学层面去理解体育学科核心素养的要义。总体而言,当前国内外认为体育学科核心素养的理论基础主要包括三个方面,即一元论、现象学、存在主义。

第一节 一元论与体育学科核心素养

一元论是一种主张把世界万物归结为一个本原的哲学学说。随着历史的发展,一元论也在不断发展,虽然在不同的时期呈现出不同的理论表达,但是其本质始终是坚持将两个看似独立的事物视为一个统一的整体。一元论的立场鲜明,即认为万事万物之间具有整体性和统一性的原则,与二元论主张世界是由精神和物质两个独立本原的哲学思想相对立。一元论在承认并尊重人与世界、人与社会、物质与精神(身与心)之间各自具有独立性的基础上,理性分析它们之间的产生、发展和变化过程,探讨了物质与精神之间的联系,形成了"万物都是统一的"的核心观点。一元论的哲学思想对于当前体育学科核心素养体系的建构具有很大的参考价值。本节将从整个哲学的大背景出发,以身心关系问题为主线,分别对一元论的起源、历史发展以及主要观点进行梳理,以深入探讨一元论对于体育学科核心素养构建提供的理论基础和参考价值。

一、一元论的历史发展

关于一元论的历史发展,需要从世界的本原(本体论)说起。从西方哲学史的发展来看,在回答"世界的本原是一个还是多个,即世界是否具有统一性"的哲学基本问题上,形成了两种哲学观点,即"一元论"和"二元论"。而对身心关系问题的争论自哲学本身存在时便已经产生,它以物质和精神的关系问题(认识论)为最初和最直接的表现方式。问题的产生必定伴随着解决问题的观点和基本立场。古代西方的"灵魂不灭论""灵魂原子论""精气说"等都缺乏足够的论证和解释能力。中世纪的宗教哲学,人类的思想几乎被笼罩在神学的迷雾当中,宗教构建的世界二重化理论,其核心是要论证天国帝王的存在,以论证"上帝是本体的存在"为目的而提出思维和存在的关系,人类意识丧失了自己的地位,上帝作为真理的本原。直到近代,法国哲学家笛卡儿从理性的角度提出了"身心二元论"的系统理论,从而将认为"身体是服务于精神"的贬低身体的思想推上了最顶端。此时,为身体正名,持"身心一元论"的声音便与其展开了争辩,在思想史上留下了关于身心关系问题绵延不绝的哲学争论。直到19世纪,在马克思的辩证唯物主义中,才真正清晰准确地指出了物质和精神的辩证统一关系。[①]

(一) 一元论的起源

一元论,它是把世界万物归结为一种本原的哲学学说。该词起源于希腊语 moros,意为"纯一"或"唯一"。18世纪德国哲学家C·沃尔夫首先从哲学的意义上使用该词语,而19世纪末德国哲学家E·H·海克尔则开始将其作为哲学用语。一元论是本体论哲学的一个分支,随着时代的进步,哲学思想也

---

① 秦德祝.近代西方唯理论哲学关于身心关系学说的流变[J].华中师范大学学报(人文社会版),2003(4):88—93.

不断发展,一元论的提出是历史发展使然。在历史发展过程中,人类会面临各种各样的问题,比如自然界与社会的关系问题、思维和存在的关系问题、物质和精神的关系问题等等,解决这些问题的基础便是提出科学的、正确的、合理的理论体系和思想路线。一元论分为唯物主义一元论和唯心主义一元论两大类,它们都承认世界本原的统一性,但在世界统一的基础是物质还是精神、物质和精神何者为第一性的问题上,二者是根本对立的。唯物主义一元论认为,物质是世界的本原,物质第一性,意识第二性,物质决定意识。西方哲学史上,从泰勒斯到费尔巴哈等许多唯物主义哲学家都是唯物主义一元论者。唯心主义一元论认为,世界的本原是精神,一切事物和现象都统一在精神的基础之上,物质是精神的表现和派生物,从柏拉图到黑格尔等许多唯心主义哲学家都是唯心主义一元论者。[①] 一元论也被应用到了更广泛的其他学科领域,比如法律一元论、行为一元论、反常一元论、功法一元论、价值一元论、经验一元论、气一元论等。在这些领域中引入一元论的思想与方法,可以起到相互补充和完善的综合作用。

(二) 一元论的历史演变过程

1. 古代哲学中的一元论

古代西方哲学主要是本体论哲学。在古希腊,哲学的产生是从奴隶制的形成开始的,各哲学流派竞相展开了辩论和争斗。古希腊哲学中的一元论学说,经历了一个从低级到高级,从简单到丰富的发展过程。[②] 从伊奥尼亚学派到德谟克利特,本体论一直是哲学探讨的中心,主要哲学理论都是围绕世界本原问题而展开的,他们都把一种或几种特定的物质形态作为世界统一性的基础。例如,伊奥尼亚学派探索万物的本原是从事物的质的方面进行的,否认神是世界的创造者,提出了水是万物之基;而毕达哥拉斯学派则是从事物的量的方面探索万物的本原,提出了数是万物的本原的理论,旨在努力克服伊奥尼亚学派只注重从事物的单一方面去说明万物本原的局限性。爱利亚学派为了解决伊奥尼亚学派只注重事物的质与毕达哥拉斯学派只注重事物的量的片面性,使得一元论或多元论学说的问题更加绝对化,只承认一元

[①] 徐光春.马克思主义大辞典[M].北京:崇文书局,2018:19.
[②] 马雅丽.论古希腊哲学中的"一"与"多"的学说[J].合肥工业大学学报(社会科学版),1987(2):26—31.

论而否定多元论。在此情况下,其他学派又认为一元论过于绝对,于是开始从问题的另一个角度进行探索和思考,他们认为事物的本质是多样性,同时便用事物本原的多样性来表达多元论的观点,最终从一元论转向了多元论。例如,恩培多克勒提出的"四根说"观点以及阿那克萨哥拉主张的"种子说"观点,这两种理论都试图从事物的量的角度去论证事物的多样性。而德谟克利特以多元论为基础,提出了"原子论"的学说,主要是为了说明世界多样性的统一,从而摆脱了用特定物质形态说明世界统一性的弊端。这样,哲学思想又由多元论回归于一元论,理论的整体发展呈现出螺旋式上升到更高阶段的发展趋势。

由此可看出,古代哲学家们在对世界本原问题的探索过程中,体现出了人们的抽象思维能力的提高。毕达哥拉斯首次抽象地从具体的物质形态中提出了数的概念,认识上得到进一步深化,但是数毕竟只是事物的一种属性,而不是事物的本原。与之相比,爱利亚学派的抽象思维程度更高。巴门尼德把存在从具体感性事物中抽象出来,表现了人类认识从个别向一般的进步,而德谟克利特的"原子"概念虽然还不是科学的物质概念,但比起巴门尼德的"存在"概念具有更高的抽象性,已向哲学上的一般物质迈进了一大步,成为古希腊最高水平的唯物主义理论。[1]

2. 中世纪的宗教一元论

中世纪宗教哲学对古希腊哲学进行了一定的继承和改造。中世纪基督教哲学吸取并改造了古希腊哲学的原则,他们把柏拉图和亚里士多德的那种形式与质料关系进行了分离,并在逻辑上决定将事物的"形式"等改造为"上帝",并且提出"上帝"是先于一切事物的逻辑。于是,"上帝"便成了从无中生有的创世者且被认为是实实在在存在于世界上的实体。这一理论逻辑翻转了巴门尼德的"思维与存在的统一性"理论,从思维的角度出发论证了上帝的真实存在性。安瑟尔漠从"不能设想比之更伟大的东西"的观念中,推导出了"能被设想的最伟大的东西"的存在,而它就是上帝。[2] 随后安瑟尔漠得出了"上帝的存在其实仅仅只是从概念的分析中提出的而不是依据经验事实而提出"的证明,康德则在后来将此证明称作"本体论证明"。该证明主张"某一个被设想为无

---

[1] 马雅丽.论古希腊哲学中的"一"与"多"的学说[J].合肥工业大学学报(社会科学版),1987(2):26—31.
[2] 黄书进.物质本质一元论[M].北京:西苑出版社,1998:42.

与伦比的东西毫无疑问既存在于心中,也存在于现实中"①。

综上可以看出,中世纪西方哲学在本体论和认识论上,已经与古希腊哲学的思想原则相差甚远。从本体论上看,"自巴门尼德开始,希腊哲学家都相信,无不能生有,非存在不能产生存在,存在是永恒的,神的创造只能利用既有的质料生成新事物,或给予已经存在的事物推动力。神的活动不能违反他自己规定的原则,不能违反必然性"②。当然,柏拉图和亚里士多德都持有同样的思想理念,但是基督教哲学坚定"上帝是世界的完全创造者,他从无中创造出世界,因而也是世界的绝对支配者,上帝能随意改变自然进程,创造自然奇迹"③。从认识论上看,古希腊哲学家主张"思维与存在的统一性"观点,不过他们虽然强调思维能够认识存在,但在思想结构中,承认事物或存在是根本性的。比如亚里士多德将认识分为感觉、记忆、经验和知识就能够充分体现。而基督教哲学从思维的角度出发,用思维来推导出存在,强调了思维是存在的基础,存在由思维决定,完全改变了原来统一性的根本性质。

"思维与存在的统一性"性质的变化,立刻呈现出一种不同的哲学路线,这条路线凸显了思维与存在的关系问题,并产生了与古希腊本体论哲学路线的根本对立。从表面上看,二者都坚持思维结构与存在逻辑的一致性及统一性,但从根本上看,古希腊哲学坚持思维与存在的统一,是以存在为基础并强调存在决定思维的。这样,古希腊哲学主要是本体论哲学,认识论问题存在但服从于本体论;而中世纪基督教哲学却形成了以思维为基础,从思维中推导出存在及思维第一性的哲学原则,使认识论问题开始独立出来。④

中世纪的宗教哲学自然地凸显了认识论问题,对于哲学的发展具有积极的意义和价值,促使了近代哲学重点思考思维与存在的关系问题。

3. 近代哲学中的一元论

近代哲学突出研究了哲学的认识论问题,从而使得"在古代哲学及中世纪哲学中早已存在"但"引而未发"的认识论问题,成为近代哲学的"主要课题"⑤。这应该算是近代科学实验发展的一大进步的体现,也是资产阶级反对封建神学的结果使然。

---

① 赵敦华. 基督教哲学1500年[M]. 北京:人民出版社,1994:218.
② 赵敦华. 基督教哲学1500年[M]. 北京:人民出版社,1994:70.
③ 赵敦华. 基督教哲学1500年[M]. 北京:人民出版社,1994:70—72.
④ 黄书进. 物质本质一元论[M]. 北京:西苑出版社,1998:43.
⑤ 托马斯·E·希尔. 现代知识论[M]. 刘大椿,等译. 北京:中国人民大学出版社,1989:1.

中世纪宗教哲学是从"思维与存在的统一性"角度出发,强调存在是从思维当中推导出来的,相较于古希腊哲学一直以存在为基础的哲学路线确实发生了很大的思想转变。而在近代哲学当中,为了反对基督教神学无中生有的创世论,在认识论的层面上积极思考了思维与存在的关系问题。近代哲学家在反对中世纪宗教哲学中,分别返归和承袭了不同的古希腊哲学传统,形成了两条鲜明对立的哲学路线,即唯物主义与唯心主义。[1]

近代唯物主义从自然界事物自身演化出生命和人这一科学结论出发,认为精神是由人产生的,进而否定神的创世论,确定了自然界的客观性。在思维与存在的关系上:第一,他们坚持自然界第一性并研究自然界自身的本性;第二,思维、精神作为自然界的产物,可以认识自然界,但不能凭空创造出自然界。其实近代唯物主义坚持的是古希腊的本体论哲学原则,在本体论上肯定世界的客观性和统一性,肯定人及其精神是自然界的一部分,而在认识论上肯定人(精神)能够认识世界自身的发展及其规律,从而较好地解决了本体论与认识论的关系。[2]

近代唯心主义者是近代哲学发展中的另一条思想路线,它同时反对宗教哲学中的封建神学和近代唯物主义哲学,提出物质与精神是两种不同实体的观点。法国近代哲学家笛卡尔便是近代唯心主义哲学思想的重要代表人物,笛卡尔的二元论实现了对传统二元论的超越,他建立了自己的二元论的主观动机是要创立一种能代替亚里士多德主义的思想系统。于是在这一驱动之下创立了心身理论,他把世界分为心和身两大类,把人看作是由心和身组成的统一体,但心和身都可作为实体存在,换言之就是心、身都有自己的独立存在地位,例如人即使没有身体,也可以有精神。[3] 如果说在柏拉图、普罗提诺、奥古斯丁那里,身体是烦恼的渊薮、灵魂的枷锁,还构成一个问题的话,那么在笛卡尔这里,身体对人之为人的构成依据来说则是被彻底勾销了。进入18世纪后,与笛卡尔相对,以拉·梅特里、狄德罗、霍尔巴赫、爱尔维修为代表的18世纪法国唯物主义者则反其道而行之,把肯定身体的思想极端化。从古希腊到近代,尽管身心一元论与身心二元论均有支持者、捍卫者,但总体上给人的印象是它们各自均处于自话自说的状态,任何一方都没有说服另一方而获得绝

---

[1] 黄书进.物质本质一元论[M].北京:西苑出版社,1998:44.
[2] 黄书进.物质本质一元论[M].北京:西苑出版社,1998:44.
[3] 高新民.心灵与身体——心灵哲学中的新二元论探微[M].北京:商务印书馆,2012:47—49.

对的话语权。①

4. 马克思主义哲学中的一元论

马克思主义哲学是基于历史唯物主义的立场,在扬弃德国古典哲学,尤其是黑格尔和费尔巴哈哲学基础上产生的。马克思哲学坚持唯物主义路线(原则)的正确性,成功地走出了笛卡尔二元论思维所制造的身心对立、心高于身的思维困局,并在新的基础上解决了本体论与认识论的辩证统一问题,建立了关于"自然、社会和思维"完整的世界观理论,也从根本上转变了对于人的身心关系问题的理解。

马克思主义哲学世界观理论中的世界,不同于唯心主义所主张的那种纯思辨的世界和旧唯物主义思想中的自然界,它是自然、社会和思维统一为一体的完整世界。马克思主义哲学借助科学和实践的成果去揭示自然、社会和思维这一完整世界在各个部分的内在统一性,它对于史前唯心主义哲学、宗教的神学以及旧唯物主义哲学的局限性实现了巨大的超越。由此也可以看出,马克思主义哲学的实质是研究无限自然界背景下的自然、社会和思维的统一性问题。在这种意义上,可以说马克思主义哲学本体论是完整的世界观理论。②

马克思主义哲学在新的世界观理论的基础上,明确了认识的主体和客体的真正含义以及两者之间的辩证关系,建立了科学的认识论。在马克思主义哲学看来,认识的主体实际上就是实践的主体,两者是一体的。认识的主体不是独立的思想或精神实体,也不是费尔巴哈所认为的生物学的人,而是社会的人。认识的客体不是思维构造的观念世界,而是客观世界,即认识者或思想、精神之外的世界。但是这个客体,也不仅仅是费尔巴哈直观意义上的客观世界,而主要是人类经过实践之后改造过的客观世界,人类在改造世界的同时,确定了认识的直接对象。它以实践为基础说明了主体与客体的性质,并辩证地解决了认识的本质在于能动地反映"客观世界"。③

马克思主义哲学的科学认识论将从近代以来心灵实体只能认识"观念世界"的旧观念中解放出来,跨越了康德的不可知论,克服了黑格尔哲学的思辨性和唯心性,同时也克服了一切旧唯物主义在认识论问题上的片面性。科学

---

① 方英敏.身体美学与身心一元论的证成——基于马克思历史唯物主义的一种解答[J].文艺理论研究,2020,40(1):200—210.
② 黄书进.物质本质一元论[M].北京:西苑出版社,1998:53.
③ 黄书进.物质本质一元论[M].北京:西苑出版社,1998:53.

的认识论为马克思主义哲学研究世界(自然和社会)本质及规律的本体论理论提供了保证。由此,马克思主义哲学实现了关于客观世界(自然的社会)的本体论与科学认识论的辩证统一。① 实际上,马克思主义哲学能够实现本体论与认识论的辩证统一,很重要的一部分是来自于现代自然科学的进步以及人类自身实践活动的成果。恩格斯曾经指出:"在从笛卡尔到黑格尔和从霍布斯到费尔巴哈这一长时期内,推动哲学家前进的,决不像他们所想象的那样,只是纯粹思想的力量。恰恰相反,真正推动他们前进的,主要是自然科学和工业的强大而日益迅猛的进步。"②本体论与认识论辩证统一其实是在世界客观存在且它具有内在规律性的前提下,通过人类的实践来认识客观世界,强调了认识反映对象。然而实践本体论或超越论者都认为马克思主义哲学只讲实践,只讲主体与客体的共生和统一,而不讲反映论。马克思、恩格斯坚持从思维是自然界和社会的产物这一本体论角度揭示出意识任何时候都只是意识到的存在这一反映论的本质,并从而肯定了"外在世界"的存在。③

二、一元论的主要观点

基于上文对西方哲学历史发展的梳理,对一元论的演变过程有了一个清晰的认识。在整个历史演变的发展过程中,一元论的思想观点也随着不同哲学流派所坚持的思想路线而产生不同观点或者形成更为丰富的理论体系,现将主要观点进行整理说明。

(一) 世界万物之间的统一性

物质的物质世界和非物质的精神世界构成一个单一的不可分割的和包罗万象的宇宙,一个实体世界。从古代西方哲学来看,各大哲学流派都体现出一个非常明晰的特点,就是把一种或几种特定的物质形态作为世界统一性的基础。无论是将"水"还是"原子"当作是万物的本原,他们之间都认为并强调了世界万物的统一性。

在中世纪的宗教哲学中,上帝本体成为无中生有的创世者,从思维的角度

---

① 黄书进.物质本质一元论[M].北京:西苑出版社,1998:53—54.
② 中央编译局.马克思恩格斯选集[M].北京:人民出版社,1995:226.
③ 黄书进.物质本质一元论[M].北京:西苑出版社,1998:54.

出发论证了上帝的真实存在,并且创造了人以及世界万物。尽管完全翻转了古希腊哲学当中的思想,但是与之相同的是他们都坚持思维结构与存在逻辑的一致性及统一性。

而在以认识论为主要哲学研究任务的近代哲学发展史中,哲学家在反对中世纪宗教哲学中,分别返归和承袭了不同的古希腊哲学传统,形成了两条鲜明对立的哲学路线,即唯物主义一元论与唯心主义一元论。它们也都承认世界本原的统一性,但在世界统一的基础到底是物质还是精神、物质和精神何者为第一性的问题上,二者是根本对立的。

马克思主义哲学世界观克服了旧哲学中唯物论和辩证法、自然观与历史观的分离,实现了唯物论和辩证法、自然观与历史观的有机统一,特别是唯物主义历史观的建立,使马克思主义的唯物论成为彻底的唯物论,使马克思主义的辩证法成为彻底的辩证法。

纵观一元论在哲学史中的发展,各个哲学流派都站在不同的角度去思考世界的本原、存在和意识的关系、物质和精神的关系等哲学的基本问题,也都提出了各自的哲学学说,不断推动基本问题的发展,逐渐刷新人类对周围事物的认识和理解。从中我们也可以发现,虽然各学派的论述并不统一,但是也都潜在地或明显地将"万物具有统一性"当作核心观点。

(二)物质与精神之间的整体性

一元论是一种主张一切事物没有独立部分的整体理论,它认为物质和精神本质上是一个相互作用、不可分割的整体。一元论的立场是反对笛卡尔及其学派的二元论,二元论的根本实体有二:一个为思维性的(thinking)实体,另一个为具有扩延性的(extended)实体,即通常所谓的精神与物质之二分。这种观点将物质与精神看作是独立且毫不相干的两个实体,并且重点强调了精神的主导性,"我思故我在"便是最具代表性的唯心二元论观点。

在古希腊哲学中,各哲学流派将事物的单个或多个形态作为世界的本原,为了说明世界的统一性和多样性,从一元论向多元论发展,最终又回归到一元论的哲学思想路线中来,其实也体现出了一个潜在的观点,即便是世界具有统一性,物质与精神也是一个不可分割的整体。有些哲学家使用过"物心一元论"的概念,"物心一元论"认为,物质是寓含精神的物质,精神也是寓含物质的精神,二者是合二为一的。"物心一元论"的概念首先由英国的克特沃斯提出,后来的哲学家一直沿用。① 这无不强调物质与精神之间是密切联系、相互影响的，它们以一个整体的形式存在。

中世纪宗教哲学中的一元论以思维和存在的关系问题为主要研究课题，由于站在神学的思维之上，认为上帝是一切事物的主宰，进而形成了一切事物都是基于思维的基础之上的，存在也都是从思维当中推导而出，强调思维是第一性的哲学原则。这时的思想呈现出了一个特性，即对事物进行了主与次、第一性与第二性等高低等级的区分，但是并没有否定事物的整体性，也没有将其割裂成两个及以上的独立实体。因此，虽然对古希腊哲学当中的很多思想进行了较大的改造，但是也承袭了物质与精神是一个整体的原则。

除此之外，在身心关系问题中，近代哲学以及马克思主义哲学都主张的观点是：身体和心灵是一个不可分割的实体，强调身心的一元性，无论是认识世界还是改造世界，身心都是相互交融、相互促进，是一个合二为一的整体。虽然一元论承认存在不同维度的状况，这些不同的维度是不能相互分离的。例如，思维、感觉、行为和交流是交织在一起的，但都是同一实体的产物，都可以被认为是一体的。

一元论随着哲学的不断发展而逐渐显现出物质与精神之间关系的整体性观点，无论是从古代的宗教哲学、心灵哲学思维当中领悟出的事实与存在，还是从近现代的认知神经科学、心理学以及生物学等科学研究领域当中获得足够的论证，都说明了一元论坚持物质与精神是一个整体的主要观点。

（三）身体与心理之间的一元性

身体与心理之间的一元性也是一元论的核心观点之一。其实身心一元性观点的发展最具影响力的时期是身心二元论观点也处在一个顶端位置的时期，由于一元论思想主要是为了反对二元论的观点而提出的，所以不难看出，它们之间其实是以一种竞相发展的形式存在。人类的原始祖先在最初无法解释"梦"的现象，曾经认为梦是灵魂暂时离开身体的经验，于是就有了灵魂和肉体是分属于两个世界的身心二元论观点。② 在古希腊哲学中，柏拉图认为人存在着两个不同的世界，一个为理念世界，另一个为感性世界。理念世界是属于灵魂的，是区别于身体的一种理智能力，而感性世界则是人们通过自身的眼

---

① 韩振峰.一元论、二元论、多元论[J].天津师范大学报，1986(5)：17—18.
② 叶浩生.身心二元论的困境与具身认知研究的兴起[J].心理科学，2011,34(4)：999—1005.

睛、耳朵、触摸等感官活动认识的。并且柏拉图一直坚持理念世界在本质上是高于感性世界的理论，认为身体是由灵魂统摄、理性高于欲望。但是，毕达哥拉斯从具体的物质形态中提出了"数"的概念，巴门尼德从具体的感性事物中抽象出"存在"，德谟克利特的"原子"概念等都是从物质本质一元论的角度来说明世界是统一的，反对存在着两个独立世界的二元论观点。

在柏拉图之后，中世纪的宗教哲学也是受到当时基督教会对于"灵魂不朽"的信奉和宣扬的影响，主张灵魂是人的本质，是不朽的精神实体，肉体毁灭之后，灵魂依然存在。直到近代笛卡尔将二元论的观点发挥到了极致，也在很长一段时期中主宰着人类的精神思想。而中世纪中主动思考"存在与思维"关系问题的认识论对宗教神学进行反对和抨击，近代唯物主义承认自然界的客观存在性，确定人及其精神都是自然界的一部分，也肯定了人能够认识客观世界的发展规律。其实这就间接说明了人不仅只是通过身体就能够去认识到客观世界的发展及其规律，而且还需要通过意识（精神）方面与其进行共同作用。这也说明一元论的哲学思想是将人的身体和心理看作是一个相互影响的整体，充分体现了身心一元的哲学主张。

在马克思主义哲学中，关于人的身心关系问题，其在性质上并不属于认识论意义上的理论问题，而是属于人的存在境遇。在这种作为历史结构的身心关系中，认为没有"身"或"心"任何一端的缺席，只有身心关系组合的不同状态。无论是身心对立还是身心一体，都属于人的现实命运。马克思主义哲学也从历史唯物主义的角度揭开了身心一元论或身心一体论的科学内涵，认为只有当历史唯物主义把"身心一元"理解为人的身与心在时间中的历史统一性，人的身与心才走出本质主义思维下相互否定、非此即彼的理论困局，身心一元论才得以真正证成，而人的身体也才得以真正奠基，确立了自身不再被心灵否定的思想位置。[①] 马克思的历史唯物主义把人的身心关系的命题性质从本质主义思维下的认识、理论问题转换成为历史唯物主义视域下人的存在境遇问题，把人的身心一元理解为时间意义上的历史统一性。

随着哲学的不断发展，一些理论的创立和提出，都潜在地推动着某一思想的产生。身心关系的基本哲学问题便是基于存在与思维关系、物质与精神关

---

① 方英敏.身体美学与身心一元论的证成——基于马克思历史唯物主义的一种解答[J].文艺理论研究,2020,40(1):200—210.

系的哲学问题的提出而形成的。在身心关系的历史发展过程中,一元论一直围绕"身体与心理之间的一元性"这一思想主张从各个不同的角度提出相应的理论学说,反对扭曲了原本相互交融的身心关系、将二者分割对立起来的身心二元论。

三、一元论对体育学科核心素养的启示

在新时代"立德树人"的教育背景下,我国在体育与健康课程改革中对体育学科核心素养进行重点关注。2018年1月,教育部颁布的《普通高中体育与健康课程标准(2017年版)》重点强调要把培养学生的学科核心素养作为该课程的出发点和落脚点,并指出体育与健康学科核心素养由运动能力、健康行为和体育品德三个要素组成。[①] 由此可知体育学科核心素养的有效培养是当下体育与健康课程当中的重要任务,而一元论作为国外体育素养理论的哲学基础,对我国的体育学科核心素养理论具有一定的借鉴和指导意义。

(一)体育学科核心素养与其他学科核心素养同等重要

一元论的哲学思想主张世界万物是统一的,也就是说,学校体育想要实现学生体育学科核心素养的培养目标,就需要基于体育学科核心素养与其他学科核心素养同等重要的认识进行建构。万事万物都是统一发展的,不能只强调一方面的价值和作用,而忽略其他方面的协同发展的重要性。

目前学校体育还存在的主要问题,就是无论是学生、家长还是除体育学科之外的其他学科教师,他们对身体教育的关注度和重视程度几乎都很低,甚至到了忽略的程度。在应试教育的实际背景下,学校普遍更加重视德育、智育等心智类的学科教育,却忽略了身体教育的同等价值的重要性。这样的现实问题其实就是过去二元论思想的真实反映,不得不说在过去的很长一段时间内,人们受到了二元论思想的巨大冲击。至今仍然还有不少人仍处于传统哲学的二元论思想史中,他们的思想还没有被其他思想超越。在我们的生活中,心灵的对象和状态与物质的对象和状态之间的某些区别是显而易见的,大家对二元论的接受是因为它符合人们的常识,即心灵与物质是不一样的,这也是常人对于身心问题的代表性看法,也就是塞尔所称的"大众默认点"。

[①] 季浏.我国《普通高中体育与健康课程标准(2017年版)》解读[J].体育科学,2018,38(2):3—20.

在教育体系当中,正是因为过去的二元论思想,使得人们认为德育、智育等其他学科是精神层面的,而体育是身体层面的,于是导致对体育学科的认识发生了根本性的偏颇,使得体育在学校教育当中与精神层面的德育、智育等学科教育不在同等重要的地位,遭受到了师生们的不重视。而一元论的思想告诉我们,世界万物皆是统一的,不能单独强调一方面的重要性,而忽视其他方面的作用和价值。根据世界万物的统一性观点,可以得出体育学科核心素养实际上和其他学科一样,只是它有自己学科领域独特的价值。因此,体育学科核心素养与其他学科核心素养同等重要,因而提醒我们在全世界构建各个学科核心素养的浪潮中,体育学科核心素养不仅不能缺席,更不能落后。

(二)体育学科核心素养的结构应该涵盖身心整体

根据一元论哲学身心一体的思想主张,要求学科核心素养应该是追求身心全面发展的一个整体。哲学中用多种元素来说明世界的多样性,由此可推出人的发展也要遵从人的多样性的特点,人是一个多方面因素交织在一起的结合体。身心一体的一元论立场,强调身体的价值与精神的价值都是第一位的,没有任何的主次、高低之分。因此,在形成体育学科核心素养时,就应该从身心一体的一元性角度出发,充分涉及身体的各个方面以及心理的所有领域,从而形成一个不可分割的完整整体。

但在现实的情况中,一些人长期受到二元论的观点的负面影响,认为体育只是跑跑跳跳,仅仅只是身体的运动而已;认为体育学习所带给学生的效益只是身体的发展和技术的提升,是一种"低等级"的活动。而正是因为这种负面观点的影响,使得在国内外构建体育学科核心素养时,一些人对素养的结构要素存在误解,认为只要涉及身体方面的要素即可,在很大程度上忽略了心理、精神、社会等方面的素养要素。因此,根据一元论的观点,可以非常明确的是体育学科核心素养的结构一定要涵盖身心整体。

(三)体育学科核心素养的培育不能割裂

Margaret Whitehead 是英国贝德福德郡大学的客座教授,她经过专业的体育教学和学校教学的培训,曾在剑桥荷马顿学院和贝德福德郡大学工作,讲授教育学,并撰写了许多关于体育教学的书籍。她在从教多年的过程中,发现并提出了诸多关于为什么体育活动和体育教育相比德育、智育等其他领域不受重视等问题,于是她便在结合自身的教育学背景基础上开启了探索体育教育改革创新的发展道路,试图找出潜藏在背后的根本原因并提出相应的解决办法。而她针对这类问题的最初判断是,人们对二元论这一哲学观点的欣然接受。因为从西方哲学思想史看,二元论的哲学思想已在人们的观念中根深蒂固并影响至今。为了反对笛卡尔主张的二元论,于是 Margaret Whitehead 站在一元论的哲学立场上,将一元论作为支撑体育素养概念完整性的理论基础。一元论强调的是身体和心理是不可分离的整体,它们之间相互影响、相互作用。体育学科核心素养的形成也同样需要遵循"身心一体、协同发展"的一元性原则,无论是身体能力还是意志品质,都需要协调发展,不能只注重单一方面的体能的提高或者是坚强不息的毅力追求。

因此,一元论的哲学思想主张物质与精神之间的整体性,在培养学生的体育学科核心素养的过程中,不能将各方面的核心素养割裂开来对待,需要强调整体性。在《普通高中体育与健康课程标准(2017年版)》中,体育学科核心素养包括运动能力、健康行为和体育品德三个要素,总体来说这三个要素都是高度概括且各个要素之间紧密联系、互为一个整体。而对每一个要素进行具体细化时会发现每一个因素都会受到各种不同因素的影响,并对其总体素养起一定的作用,而学校体育要实现将学生培养成为具备体育学科核心素养的人的教育目标,就要强调核心素养的整体性培养。

然而,在过去的体育教学过程当中,所采取的是碎片化的教学方式,比如将身体技能的教授划分为一个板块,体育理论知识的教授划分为另一个板块,每个板块割裂开来进行教学。这对体育学科核心素养的整体性要求起到严重的阻碍作用,而一元论思想当中的整体性观点则强调不能将体育学科核心素养割裂开来进行教学,如一节课教身体技能,另一节课教体育品德等,其实每一节课都应该要达成核心素养的多个方面的塑造,只是侧重点有所区别。

第二节　现象学与体育学科核心素养

20世纪80年代,西方兴起了一种新的哲学思潮,即现象学哲学。现象学哲学为理解科学哲学提供了新的视角,并且对科学是什么、科学理论与境遇的关系、科学理论与实践的关系等科学哲学基本问题进行了新的解答。现象学哲学提出了许多有意义的观点,在很大程度上深化了人们对自然科学的认识,推动了哲学和科学哲学的发展。[①] 国际体育素养协会(IPLA)认为,体育素养是个体参与终身体育活动所需要的动机、信心、身体能力、知识和理解,它对于促进个体参与体育活动,提高个体生活质量有着至关重要的作用。现象学作为一门历史悠久的哲学,对于体育素养理论的建立和发展有着重要启示。梳理现象学的发展历史和主要观点有利于促进对体育素养的理解,提升体育素养的影响力。

一、现象学的发展历程

(一) 以胡塞尔为代表的"纯粹现象学"时期

埃德蒙德·胡塞尔原本是数学专业的博士,他博士论文的主题是论述数字的客观性。1891年,胡塞尔将毕业论文出版,这本专著被命名为《算数的哲学》。当时著名的哲学家罗素也关注到了这本书,并对胡塞尔的观点提出了质疑。胡塞尔当时还没有受过专门的哲学思辨训练,所以对于罗素的质疑难以给出合理的回应。但是胡塞尔没有放弃对于哲学的兴趣,他开始研读逻辑、哲学的基础,并于1901年出版《逻辑研究》一书。此时胡塞尔再次回首,似乎已经可以对当年罗素的质疑做出回应。后来胡塞尔到德国的哥廷根大学从教,但是他不再研究数学专业,而是成为了一名哲学教师。

胡塞尔在1900—1901年出版了两本《逻辑研究》,他在书中首次公开提出以"现象学"命名的哲学理论与方法,这标志着现象学的正式诞生,胡塞尔就此奠定了现象学开山鼻祖的地位。在胡塞尔之前的时期,哲学家们总是预设存在一个物质世界,这个物质世界通过某种方式映射到我们的感官中并形成了表象,这个表象就是传统哲学中的现象。胡塞尔之前的传统哲学总是预设一些前提,例如假设事物会以特定的方式存在,并映射到我们的感官中,但是这样的前提使哲学家们无法关注事物的本身。胡塞尔提出要关注事情本来的现象,先前的论断总是将客体放在主动位置,忽视了人类自身的主体性,但是胡塞尔强调要突出人类的主体性,关注事物本来的现象。

胡塞尔的现象学理论是在德国哲学家、心理学家布伦塔诺的意向性心理

---

① 向修玉.当代现象学-解释学科学哲学的基本观点[J].重庆电子工程职业学院学报,2008,17(3):24—26.

哲学影响下创立的,但是布伦塔诺的意向性心理学倾向于唯心主义:布伦塔诺主张因为个体有意识,所以个体便意识到了面前的对象或者面前的这个世界。但是胡塞尔认为,意识原本就存在,世界也原本就存在,所以个体才能够意识到世界的存在。胡塞尔认为意识经验既不属于主体个人也不属于客体世界,意识经验是与主客体相关的意向性结构。①

1913年,胡塞尔在《哲学与现象学研究年鉴》一书中提出:"只有通过对直观的原本源泉进行洞察,回复源泉中涉及的本质,才能在概念和问题中运用哲学的伟大传统。只有通过这一途径,才能直观地澄清概念,才能在直观的基础上提出新的问题,进而在此原则上解决问题。"胡塞尔还做过一段相似的描述:"现象学研究之所以能够帮助对现象学有兴趣的人,那是因为现象学不仅仅提供一个纲领(哲学总是被视为一种高高在上的纲领),而是对直观的实事基础进行研究尝试;这种研究是批判进行的,它不会在抽象的解释中丧失自身,而是保留了对实事本身和对关于实事研究的最大尊重。"②

这两段论述中包含着胡塞尔对现象学方法的两个最基本理解:其一,现象学排斥中介因素,把直接把握或直观现象看作是一切知识的来源和检验一切知识的最终标准;其二,现象学要求在经验事实的基础上,通过直观洞察来获取本质,获得对本质因素以及本质之间关系的把握。这也是现象学运动初期,大多数成员所恪守的两个基本原则。

胡塞尔现象学的根本方法是对现象的反思分析,主要包含"研究特殊现象、研究现象的一般本质、理解诸本质间的本质关系、观察显现的方式、观察现象在意识中的构成、将对于现象存在的信念搁置起来、解释现象的意义"③这七个步骤。但是早期现象学运动兴起不久后,胡塞尔的追随者们便转向了先验现象学研究,即研究不同层次的自我、先验自我的构成作用和各个主体间的关系以及自我的"生活世界"等。胡塞尔指责其追随者们误解了他的"事物本身"的概念,其追随者们指责胡塞尔重返侧重主体概念的唯心论老路,最终现象学研究的胡塞尔时期由于海德格尔学说被提出以及纳粹上台而宣告结束。

所以胡塞尔有别于传统唯心主义,更加关注"现象",关注各类经验的"本

---

① 倪梁康.胡塞尔现象学概念通释[M].北京:生活·读书·新知三联书店,1999:252.
② 倪梁康.胡塞尔现象学概念通释[M].北京:生活·读书·新知三联书店,1999:521—522.
③ 赫伯特·施皮格伯格.现象学运动[M].王炳文,张金言,译.北京:商务印书馆,1995:921.

质"。在胡塞尔倡导下所形成的早期现象学运动,旨在使哲学关注的重点从"唯心主义的主体概念"转向"现实经验中的实在现象"。胡塞尔现象学最具代表性的论点是"回到事实本身"。胡塞尔认为唯心主义将意识、思想作为世界的本质难以服众,因为能被看到、感觉到的事物才会存在,花草树木是绝对存在的,但是意识、思想未必存在。胡塞尔现象学主张根据现象本身分析事物,通过描述现象找到本质,强调对显现物的研究和分析,要放弃思想惯性造成的思维定势。

(二)"存在论现象学"时期

胡塞尔的弟子海德格尔在19世纪20年代末改变了现象学研究的方向,开创了侧重探讨存在问题的新思潮。海德格尔是现象学的变革者,甚至在欧洲传统中,大家称呼海德格尔为"20世纪最重要的哲学家"。因为从海德格尔开始,正式进入了现代哲学的一个转型,胡塞尔的现象学是20世纪欧洲哲学的一个开端,但真正的变革者却是海德格尔,海德格尔的哲学影响了后来的诠释学、存在主义。[1]

"存在论现象学"时期一直持续到50年代末,这时研究中心从德国移向法国,并逐渐扩展到其他地区。在50年代,海德格尔就以德国的莱茵河为例,对存在主义进行了经典的论述:海德格尔认为在古代流浪诗人眼中,眼前这条莱茵河是一段段优美的诗句;可在50年代,随着现代水利工程的进步,科学家会用科学语言来描述这条河,关注的是莱茵河的高低水位差、设法释放其中蕴含的动能,变成水力发电。海德格尔认为,当不同个体用不同的语言去描述眼前这条河,那么莱茵河被召唤的存在事实上是不一样的。以至于同样的一条莱茵河,诗人所描述的跟工程师描述的似乎让你感觉完完全全不一样。或许我们会觉得科学家用数学语言去描述的那条河是客观的,而诗人描述的那条河是主观的、是浪漫的、是感性的,所以相信诗人所描述的那条河还是相信科学家所描述的那条河取决于个体的"存在",这就是海德格尔的"存在论现象学"。[2]

海德格尔指出,反思现象非常重要,但必须首先研究现象背后的基本结构,即前反思、前理解与前逻辑的本体论结构。只有通过对现象基本结构的研

---

[1] 倪梁康.胡塞尔与海德格尔[M].北京:商务印书馆,2016:93—97.
[2] 倪梁康.胡塞尔与海德格尔[M].北京:商务印书馆,2016:173—180.

究,才能了解意识以及先验自我的可能性与条件,从而揭示隐蔽的"存在"。[1]然而,海德格尔的哲学无论是从研究对象还是从研究方法上看,都与现象学越来越疏远。之所以将海德格尔的现象学研究称为"存在论现象学",是因为海德格尔认为:世界上一切存在的事物都是现象,现象的本质就是存在。人作为一种现象,除了存在便一无所有,所以存在就是人的本质,人存在的过程(从生到死的活动过程)就是人活着的意义。人的存在还可以决定其他事物的意义,个体要不断实践来证明自己存在着,创造自己活着的意义。以海德格尔为轴心,现象学运动发展分为两支,一支是他的学生伽达默尔的解释学,一支是以萨特为代表的存在主义哲学。

萨特可以被看作是存在论现象学的另一个主要研究者,他的思想中带有一种能动主义。萨特认为存在先于本质,人到了世界之中,并不是有固定的模式,而是以一种存在先于本质的状态存在于世,所以必须还原到那个空无一物的状态,事物只有先存在了才能去发展创造自己的本质,人只有先活着才有资格谈活着的意义。他认为人活着的意义是自己赋予和创造的,每个人所赋予自己的人生意义都不完全相同。世界上每个人的生活经历都不会完全相同,完全按照自己的愿望生活就是生活意义。不是过去决定了现在和将来,而是人自己选择了一条通向未来的道路。

梅洛庞蒂是法国现象学最主要的代表之一,也是现象学意义论的重要研究者。梅洛庞蒂在一定程度上继承了萨特的研究,他主张"我思"必然把个体置于历史情境中,现象分析的结果正是先验性的知觉世界。梅洛庞蒂认为,主客同一的状态形成了所谓的知觉世界。梅洛庞蒂是知觉现象学的主要研究者,他强调主体必然"嵌于"世界之中,与世界以及他者混同,他认为知觉世界是一切意义的源泉,情感、身体是关注的主体。虽然萨特使现象学在法国生根,但是他不曾系统地建构现象学,而梅洛庞蒂的观点在一定程度上可以代表明确的、深思熟虑建构的法国现象学。[2]

(三) 综合研究时期

第二次世界大战以后,联邦德国、美国和法国分别建立了胡塞尔研究中心,旨在对胡塞尔的思想重新进行深入研究。美国在 20 世纪 50 年代出现了

---

[1] 张郑波.现象学运动思潮在中国的引入与传播[J].成都大学学报(社会科学版),2020(2):1—10.
[2] 赵敦华.现代西方哲学新编[M].北京:北京大学出版社,2001:94—95.

许多介绍现象学研究的学者,欧洲在战后也出现了一批有深度的现象学学者,例如瑞士的精神病理学家宾斯方格、心理学家闵考夫斯基等。

1941年,美国哲学协会东部分会召开学术会议,专门讨论现象学研究,这是现象学研究中的第一次大规模的学术会议。此后法伯执教的巴法罗大学建成了美国第一个现象学的科研基地,这个基地在纽约新社会研究学院的考夫曼舒茨和一些流亡学者的主持下,逐渐变成了现象学研究中心。1943年,法伯出版了他的现象学研究代表作《现象学基础》。尽管美国逐渐形成了现象学研究中心,但是二战结束之前以及二战结束后的10年内,现象学的影响仍十分有限。

1953年,哈佛大学的教授怀尔德出版了《存在主义的挑战》一书,该书梳理了胡塞尔和梅洛庞蒂等人的现象学思想,涵盖了生活世界发生论以及存在主义等观点,对胡塞尔的思想以及存在论现象学在美国的传播起了重要作用。在怀尔德教授有关研究的影响下,美国于1962年成立"现象学哲学和存在主义哲学协会"。该协会每年都要召开年会,每年强调一个研究重点,重视现象学原著的翻译,迄今为止出版了大量现象学的研究丛书。

现象学运动的发展不仅限于西欧和北美,它对东欧、亚洲、非洲的哲学发展都有相当深远的影响。现象学影响也不仅限于现象学运动,它对非现象学哲学家以及当代思想家都有影响。现象学对批判理论即法兰克福学派的影响是众所周知的。例如,布鲁赫"希望哲学"中的原理方法就来自现象学,苏联的马克思主义哲学也直接或间接地受到了现象学的影响,而现象学也是Margaret Whitehead提出体育素养的理论基础之一。

单从现象学的研究深度来讲,这一时期的现象学者可能不及上述几位宗师,但是这一时期在研究的原则、对象和方法论上具有更大的综合性。如今有关现象学的研究已经形成了整体的现象学思潮,在人文科学领域的影响愈加增大。这一时期的现象学研究扩展到了东西欧、南北美以及亚非各洲,在研究学者与学术活动数量方面均有增加。现象学与分析哲学、结构主义、实用主义、精神分析学、解释学以及马克思主义等其他哲学流派的比较研究也进一步深化。如今作为方法论的现象学,已经较为广泛地应用于历史学、社会学、语言学、宗教学、精神病理学以及文学理论等人文学科研究之中。

二、现象学的主要观点

（一）关注"意向性"理论

"意向性"理论在整个现象学运动中具有突出位置，"意向性"指不仅要关注事物的现象，还要关注事物现象所蕴含的本质。胡塞尔为了研究一切科学的基础何在，提出了意向性理论，这也是胡塞尔哲学的出发点。

在意向性理论中，"客观活动、意向对象和意向活动"这三个关键词贯穿始终。客观活动即个体或者是世界所呈现出来的客观现象，具有客观实在性；意向对象即被个体的意识所指向，而呈现在个体意识里的东西，意向对象是一个不确定的事物，并非外部的客观实在；意向活动即意义给予和意义充实，也就是为意向对象赋予主观意义的过程。[1]

在胡塞尔的现象学观点中，"意向性"指的就是意识的指向性和构造性。意向活动的主体会构建特定的意义，通过意识活动赋予意向活动的客体，这个过程就是赋予意向客体意义，并使意识活动的主体和客体都统一于意识中。所以胡塞尔的意向性理论解析了意识的内在构造，将意向性作为意识的本质属性，即意识始终是关于某物的意识。[2] 例如，个体不会无缘无故地开心或者难过，而总是因为某人或者某事开心或者难过。胡塞尔认为现象学的研究对象应当是"纯粹意识"，或者是"先验的自我要素"。

"意向性"理论还表示，意识具有指向能力和构造能力，它既指向外在对象，又指向意识活动本身。在胡塞尔的纯粹意识中，不仅要将自我作为意向活动的主体，还要有意向活动的对象，主体和对象共同构成意向活动，二者是相互统一、不可分割的。意向活动的对象也分为两类，第一种是物质性的客观实在对象，例如桌子和花草树木，它们不以人的意志为转移，独立于人的意识之外；另一种是观念对象，例如动机、焦虑等，观念对象不是人主观臆造的结果，而是客观存在的，观念对象在不同的个体中可能会呈现出相同的特征。所以在意向行为中，意向对象不一定是物质性的客观存在，它们也可能是观念对象。[3] 这颠覆了传统意识对象必然是客观存在的观点。

---

[1] 倪梁康.胡塞尔现象学概念通释[M].北京：生活·读书·新知三联书店,1999：251—252.
[2] 李媛媛.胡塞尔群体意识形态研究[D].武汉：华中师范大学,2012：9—13.
[3] 倪梁康.现象学的始基[M].北京：中国人民大学出版社,2009：115—117.

(二) 重视现象中的"前理解"

"前理解"是海德格尔著作《存在与时间》中的一个重要概念,也是贯穿现象学发展历程的重要观点。"前理解"是个体分析、解释现象之前的存在状态,主要包括个体的价值观念、思维方式、生活宗教信仰和文化特征等方面。科学家的工作总是需要经历预先把握、预先洞见以及预先构想等步骤,所以前理解在科学活动中具有重要地位。个体观察、实验、研究和理解现象并非真正地从零开始,因为个体的心灵不是一片空白,在理解与解释现象之前,个体总是已经掌握了一些语言、观念和传统文化。个体总是以已知作为参照系,在已知基础上向未知领域探索,获取更多的知识和经验。[①] 脱离前理解去获得客观知识的机会是渺茫的,前理解可以看作连接过去和未来的纽带,它为个体理解具体现象提供了参照,推动着个体理解的不断积累。

前理解具有一定的客观性:首先,从内容上讲,虽然个体的经历、语言、情感、信仰和技能等方面存在一定的差异,但是这种差异并非是对立的,而是异中有同、可以交流的,个体间的前理解通过交流有可能达成一致。其次,从形成条件上看,前理解是联系过去与当下世界的纽带,形成前理解的社会历史条件具有客观性。在一定的历史时期,不同个体所经历的风俗、习惯、生活方式和社会风气是一致的。人们总是在同样的社会历史背景下做出决策,每一时期的社会历史背景不是个人能够改变的。最后,从存在状态来看,前理解是难以避免的,它是历史对人的固有影响。个体总是经历着历史影响下的各种决策,以不断丰富的前理解为支撑,进而判断是非、看待世界,个体认识就是在前理解的支持下不断展开的。

现象学的观点认为,科学研究活动同样是人类精神史的一部分,反映人类的精神发展历程。科学是人类精神世界发展的产物,科学活动同样受到潜在历史意识的支配,并深受前理解的影响。前理解不仅存在于认识发展过程中,而且是探索客观世界的必由之路,前理解是科学活动无法规避的事实。

(三) 注重提升"实践"的地位

20世纪的科学哲学习惯于把科学理论置于核心地位,20世纪前半期主要

---

① 向修玉.当代现象学-解释学科学哲学的基本观点[J].重庆电子工程职业学院学报,2008,17(3):24—26.

关注科学理论的逻辑分析,后半期则关注科学进步以及理论变革的研究。从前期对科学理论的静态逻辑分析到后期对科学理论的动态描述是一项重大突破,但当时的科学哲学还是局限于可以用语言表达的规则、目标和信念,忽略了对技能、仪器等要素的关注,忽略了现实中的实践。

与20世纪传统的科学哲学不同,现象学认为实践比理论更加基本。

首先,现象学重新定义了实践的概念:实践不是一种行为方式(将人看作主体,然后对某个对象或客体采取行动),而是一种存在方式(人通过实践的方式才能存在,没有实践就没有人类,也不会产生对象世界)。人类通过实践创造了自身,也通过实践创造了客观世界。实践使个体能够表现自我与展现自我,从而成为被他人所理解的现象。主体和客体都属于实践要素,而不是先于实践。实践将主体、客体和环境紧密结合在一起,最终构成现象。

其次,在理解科学的过程中,现象学家们更加关注科学实验技能以及操作等科学实践活动,他们认为实践比理论更能阐述科学的本质。现象学家们始终在不断强调实践的作用:基西尔从解释学的视角出发,重新界定了实践的含义;埃杰认为在实验操作进行和实验结果取得这两个阶段,只有观察和操作才能为理论提供坚实的基础,这是科学相对主义和怀疑论所不能企及的。由于人总是具有历史性,个体总会从先前经验出发来理解事物,或者说个体总是戴着有色眼镜去认识和解释现象。所以理论总是难以独立作为认识世界的工具,理论还须结合实践,以证明自身的客观性。

现象学从存在论的角度出发,将科学研究看作是人类的一种实践活动,科学研究是以现实世界为基础的,是具体的、历史的,不仅仅是逻辑抽象和形式化的。科学革命不仅需要理论和方法上的变革,还需要实验仪器、技能、实践等现象上的转变。[①]

(四)关注个体与"生活世界"的联系

"生活世界"是现象学中的一个重要概念,是胡塞尔在76岁时提出的。在早年间,胡塞尔认为现象学是严格的科学,不带任何偏见、没有任何前提。后来他认识到,没有前提的科学是不可能的,科学的最初前提就是"生活世界"。有学者认为,胡塞尔在生命的最后阶段抛弃了早先"本质哲学"的观点,意识到

---

① 向修玉.当代现象学-解释学科学哲学的基本观点[J].重庆电子工程职业学院学报,2008,17(3):24—26.

了人的意向活动和个体周围环境的联系。

"生活世界"的概念是胡塞尔的得意之作,一般来说,科学世界是指近代以来,由于科学的发展而产生的,被高度客观化、规范化和概念化的世界。"生活世界"也可以称为日常生活世界,它更多是指没有经过科学概念化,由知觉实际给予,被个体实际体验到的世界。生活世界对于"科学世界"是一个重要补充,它没有特定的规范性,但仍是科学研究的重要参考点和意义基础。①

"生活世界"是一个动态概念,它处于永恒的变化之中,并且对于每个人来说都是开放平等的,生活世界有具体性和经验性的特点。胡塞尔还提出,科学世界向生活世界的渗透可能会导致现代危机,当人们用科学的思维方式来看待当今的生活世界,就可能会导致人类文明的危机。例如,资本主义生产将个体只看作劳动力,只将个体看作是生产过程中的一种成本,资本家们广泛使用这一概念,所以可能会导致工人阶级受到空前的压迫。

现象学发展至今,变得愈加关注个体与"生活世界"的联系,有关"生活世界"的研究主要表达了以下几个观点:①不存在一个完全对立的"客观对象世界"与"主观认知世界"。个体与周围环境总是密切相连的,如果周围环境不存在,个体也就不存在,世界上的实体只有与个体发生关系时才有意义。②"个体"与"生活世界"产生联系后,就不同于这两个现象本来的意义。双方互动会不断产生新的现象,随着"个体"与"生活世界"交流的深入,新的意义会不断产生。② ③个体对"生活世界"的理解受到日常生活、文化习俗、社会状况、个人经历、物质条件、实验设备和技能等多种因素影响。个体总是生活在历史、文化环境中,因此不可能摆脱生活世界的影响。

三、现象学对体育学科核心素养的启示

(一) 关注意向性理论,培养体育活动的动机

"意向性"理论是现象学运动的突出观点,也为体育学科核心素养提供了最直接的哲学基础,是体育学科核心素养概念内涵的直接来源。体育学科核心素养概念中具有明显的"意向性"特征,主要体现在以下几个方面:首先,意向性理论强调,要关注事物现象所蕴含的性质。因此体育学科核心素养将动

---

① 倪梁康.胡塞尔现象学概念通释[M].北京:生活·读书·新知三联书店,1999:511—513.
② 杨美荣.杜威教育思想的现象学意识[D].北京:首都师范大学,2005.

机和信心等意向看作运动现象的基础,关注个体动机和信心的发展。其次,从意向性理论的角度来说,运动行为可以表达个体的运动意识,参与锻炼可以表现个体积极探索生活的意愿,还显示了个体追求卓越生活状态的意向。所以体育学科核心素养没有苛刻、严厉的技能要求,而是重视个体参与体育活动的行为。最后,根据意向性理论的观点,个体选择的运动项目可以展现个体的内心意向。例如个体可能由于对坚强品质的追求而选择从事耐力运动;个体勇于克服生活中的困难,所以选择进行力量运动;个体追求卓越精湛,所以选择参与速度运动。因此体育学科核心素养也关注个体的全面发展,为个体提供多样的运动选择,促进个体发展完善的人格。

(二) 重视"前理解"概念,科学划分体育学科核心素养的发展阶段

"前理解"是现象学理论中的重要概念,它既是现象学关注的焦点之一,又对于体育学科核心素养有重要的指导作用。一方面,"前理解"概念倾向于积极构建早期观念,对个体今后发展产生良好影响。所以国际体育素养协会始终强调,在青少年时期形成良好的体育素养,将更有利于个体终身参与体育活动,获得高质量的运动体验,最终提高生活质量。[①] 另一方面,"前理解"概念表明个体的各个生命阶段是互相联系的,所以国际体育素养协会将体育素养划分为"未意识到或忽视潜能、探索潜能、发展潜能、加强潜能、潜能最大化"[②]这五个相互联结的阶段;威尔士将体育素养划分为"青铜、白银、黄金、白金"[③]四个逐步递进的阶段。这种不同的发展阶段划分既有利于明确体育学科核心素养的培养策略,又有利于做好各个阶段核心素养的衔接。所以现象学中的"前理解"概念为体育学科核心素养发展提供了重要参考,从而使得体育学科核心素养的结构能够更加科学合理。

(三) 讲究身体活动"实践",促进体育学科核心素养的整体发展

现象学主张提高"实践"的地位,这为体育学科核心素养的概念奠定了坚

[①] Whitehead M. Definition of physical literacy and clarification of related issues [J]. ICSSPE Bull, 2013(65):28—42.
[②] International Physical Literacy Association. Definition of physical literacy [EB/OL]. https://www.physicalliteracy.org.uk/,2020-11-26.
[③] WALES Sport. Physical Literacy: A JOURNEY THROUGH LIFE [EB/OL]. http://physicalliteracy.sportwales.org.uk/,2020-11-26.

实基础。所以体育学科核心素养将核心定为：通过参与身体活动的过程，促进个体动机、信心、理解力等方面的发展。根据现象学重视"实践"的观点，体育学科核心素养也意识到，参与体育锻炼有助于提高身体活动能力，延长健康的寿命；参与锻炼的过程还有利于发展社交伙伴关系，有利于个体参与广泛的社会活动，促进情绪调控能力的发展；坚持锻炼有利于磨砺个体的精神品格，完成锻炼任务有利于发展个体的成就感，提高对于运动的感知理解。值得一提的是，加拿大的体育素养标准中提出，不主张过早地发展专项技能，要保持早期运动的多样化，扩展体育活动实践的范围。所以"实践"是体育学科核心素养的核心观点，符合现象学提高"实践"地位的要求。

（四）关心与"生活世界"的联系，关注多样环境下的运动

现象学重视"个体"与"生活世界"的联系，这也为发展体育学科核心素养提供了有效的指导，所以体育学科核心素养理论中一直在强调这种联系。首先，体育领域的核心素养理论主张个体成为积极健康生活的促进者，在学校、家庭和社区等不同环境中参与体育活动；其次，加拿大和澳大利亚等国家的体育素养标准中，均涉及到了对水中、冰上、雪上等特殊环境的运动要求，目的是鼓励个体面对不同的运动环境，在发展技能的同时也加强与外部世界的联系；最后，体育领域的核心素养还鼓励个体采用大小不同的器材来发展运动技能，增强对外界不同器械、物体的适应能力，促进运动技能的快速发展。总体而言，现象学理论为体育学科核心素养体系奠定了重要的哲学基础。

第三节　存在主义与体育学科核心素养

存在主义是西方哲学中的一个重要的流派，但与其说是哲学，它更像是一种生活方式，因为它与传统哲学的不同点在于他研究的是现实生活中的事情，而非那些脱离现实的问题。存在主义的逻辑起点是现实中具体的人的存在方式，把握"存在"作为"存在"的基本问题。这些思想和观点都是讨论在有限、具体的生活中显而易见的微观现象，所回答的问题是个人将如何存在，主要包括：个人特殊的存在方式；在不同的时间段单独发生的特殊生活方式。"个人的存在""孤独""超越""担心""死亡""选择""自由"等，都是存在主义的代表关键词。存在主义中的部分思想与学校体育教育的理念具有交叉点，并对其具

有很高的参考价值与借鉴意义,体育学科核心素养本质是解决学校体育教育"培养什么人"的问题,这也是体育与健康课程的逻辑起点。本节将从存在主义的视角出发,分析该哲学观点给予体育学科核心素养的启示。

一、存在主义的历史发展

(一) 存在主义发展历程

存在主义开始形成于第一次世界大战后,在 20 世纪 20 年代末逐渐体系化,并在第二次世界大战期间和结束后一段时间内风靡至整个欧洲,随后,在 20 世纪 50 年代遍及美国和世界其他地方。20 世纪 50 年代是存在主义发展的顶峰时期。所以可以将存在主义的发展进程分为四个阶段,即萌芽阶段、形成阶段、发展阶段以及全面渗透的"后发展"阶段。在哲学史上,很少有一种哲学能够具有如此广泛的社会影响和如此明显的时代精神。存在主义的流行与它所处的时代特征是密不可分的。

1. 萌芽阶段

存在主义在第一次世界大战到 20 年代初开始在德国萌芽,当时德国正处于一个急剧转变的时代。作为 19 世纪末最强大的帝国主义国家之一,在第一次世界大战中却经历了惨败。当时德国面临经济崩溃,社会秩序混乱,到处人心惶惶,"悲观、失落、无望"等是当时德国的代名词,这种大环境成为以雅思贝尔斯为代表人物的存在主义萌芽的温床与土壤。"否定人性与社会、狂妄自大又孤独"则是此阶段存在主义的基调。雅思贝尔斯于 1919 年发表的《世界观心理学》(*Psychologie der Weltanschauungen*)著作奠定了存在主义哲学的内容和方法论基础,其中心论题为人的生存的问题。[①]

2. 形成阶段

经历了第一次世界大战战败的德国决定重走军国主义的老路,不顾第一次世界大战所造成的经济损失和对人心的巨大伤害,将欧洲重新推向更加具有破坏性的新世界大战战祸的边缘。此外,20 世纪 20 年代末以欧洲为发源地的全球金融危机也加剧了整个社会的恐怖、悲观和无力感,让很多人感觉到自己无法掌握自己的命运。在此之前于一战期间已经开始萌芽的存在主义,在

---

① 高宣扬.存在主义[M].上海:上海交通大学出版社,2016.

此社会背景下在20世纪20年代末逐渐形成体系,并在第二次世界大战期间加速发展并走向成熟。此时的存在主义的代表人物是海德格尔,他是促进存在主义体系化的关键人物,其在1927年发表的《存在与时间》一书是存在主义完成体系化的主要标志。此外,萨特也是这一阶段存在主义的代表人物,在海德格尔的影响下,萨特形成了自己独具风格的存在主义体系。综上所述,第二次世界大战期间是存在主义的黄金发展阶段。

3. 发展阶段

经历了第一次世界大战与第二次世界大战,从二战结束到20世纪60年代初,战争的阴影笼罩着整个欧洲社会,痛苦的回忆在人们心中留下了深深的创伤,这在德国、法国尤为突出。悲观、失去信心、互不信任的心理很普遍,此时的存在主义哲学,特别是萨特的存在主义像救世主的信条一样在整个欧洲肆虐的蔓延传播。萨特的存在主义典型地反映了对生活不抱希望,充满着空洞的个人幻想的小资产阶级的心理,在二战后的十年,萨特也因为写出了存在主义的哲学与文学成为闻名遐迩的哲学家和文学家。萨特尤其强调"人的自由的可贵性,人的存在的这种自由本性是人的存在的价值的真正所在"[①]。此外,马塞尔、加缪、梅洛庞蒂和西蒙娜·德·波伏娃等人也是此阶段的存在主义代表人物。

4. 全面渗透的"后发展"阶段

自20世纪50年代开始,存在主义逐渐冲出德国和法国的国界,蔓延至意大利、西班牙、荷兰等国家。随后,存在主义哲学越过大西洋传到了美国,并进一步扩散至全世界。20世纪50年代英国兴起的"愤怒的青年"与美国和欧洲"垮掉的一代"与存在主义反映同样的社会现象,宗教和上帝似乎已经无法拯救人类,唯有依靠自我思考才能拯救这个社会。科林·威尔逊(Colin Wilson,1931—2013)在他所写的《局外人》一书中,甚至直言不讳地提出了"存在主义的宗教"作为根治当前社会弊病的药方。20世纪60年代,存在主义开始不再像之前一样被人们传颂,但这只是热衷于追求时髦的西方人用新概念代替旧概念,而实际上仍以存在主义人生观作为他们行事处世的指导思想。随着时间的推移,存在主义也同其他哲学一样在发展过程中产生变化,直至今日存在主义也一直对我们的生活产生着影响。

---

① 刘擎.西方现代思想讲义[M].北京:新星出版社,2021:204.

(二) 存在主义的思想渊源

如果说 20 世纪的欧洲的社会背景是存在主义产生与发展的客观条件,那在此之前的欧美哲学则为存在主义成为一个完整的理论体系奠定了坚实基础,此外,研究存在主义不能忽略的是现象学对其的深远影响。[①]

首先,在黑格尔看来,一切都是"绝对精神"的"异化",连个人也是抽象的"绝对精神"的化身。齐克果则认为,黑格尔将一切归结成理性就是抹杀了万物的具体特性,而个人在理性面前也变成了毫无差别的抽象物。对此,齐克果持坚决批判的态度,他主张"人的行为从根本上说并不是理性的,而是理性、想象和感情的融合"[②],强调"个人"的单一性、孤独性,强调人对上帝(不受人间道德束缚的神)的信仰,以及对"自由"的推崇。这一转变奠定了存在主义的"非理性"的哲学基调,提出了存在主义的基本概念。这些思想对后期的海德格尔、萨特、雅思贝尔斯等都产生了巨大影响。

其次,德国哲学家胡塞尔的现象论为创建存在主义哲学体系提供了方法论基础。[③] 胡塞尔的现象论对存在主义的影响主要在两个方面:第一,所谓"现象论的还原",即要把握事物的本质,必须剔除掉一切外在的、虚假的成分,使事物呈现出它固有的赤裸裸的本性,"纯粹经验"才是最真实可靠的;第二,世界乃是自我意向的结果,对"物"和对自身的"超越性"构成观念和意识的基本特征。胡塞尔是海德格尔、萨特等人的老师,他们从胡塞尔那里继承了"还原法"和"意向论",创建了存在主义的以自我为中心、以个人意志为动力的"存在"哲学体系。

最后,尼采的"否定一切的目的,是为了肯定自己",这也正是存在主义的基本思想之一。他提出世界是由我的意志创造的,自然本身永远都是没有价值的,是人类赋予了它意义与价值。"超人的意志"也是他的重要观点之一,"人的未来就是人的意志,就是依赖于人的意志"。尼采的这些观点,无须多加改造就可以直接成为存在主义哲学的组成部分。如果说齐克果是现代存在主义之父的话,尼采就是他的师傅。[④] 除此之外,康德、笛卡尔的思想以及中世纪

[①] 高宣扬.法德哲学交流对世界文明发展的意义[J].深圳大学学报(人文社会科学版),2014,31(6):12—21.
[②] Kierkegaard S. Concluding unscientific postscript [M]. Princeton, New Jersey: Princeton University Press, 2019.
[③] 高宣扬.存在主义[M].上海:上海交通大学出版社,2016.
[④] Fernando R. Molina. The Sources of Existentialism as Philosophy [M]. Upper Saddle River, New Jersey: Prentice-Hall, 1969.

经院哲学等都对存在主义产生了深远影响。

综上所述,存在主义哲学体系的建立是在以往的哲学基础上发展而来的,都是历史发展的产物,此后的存在主义哲学在发展过程中也产生了嬗变。

(三) 存在主义的思想流派

存在主义的特殊性在于,其并非是由别具风格的存在主义哲学家们将各自的思想观点进行整合创造,而是在于使用一种特殊的哲学抽象方法将人类生活中的现象进行提炼,再加以系统化和体系化的加工,当前有三种主要的存在主义思想流派:以萨特为代表的存在主义,以雅斯贝尔斯、马塞尔为代表的存在主义,以海德格尔为代表的存在主义。

第一,萨特这一派别更多的接近中下层群众,在一定程度上反映了他们对社会的不满,具有小资产阶级知识分子的思想特点。但是社会地位决定了他们只能从个人解脱中寻找出路,他们的世界里只有自己,但也对自己充满怀疑。[1] 其是无神论存在主义的代表。

第二,雅思贝尔斯这一派别由于是基督教的信徒,他们在否定生活后将目光投向上帝[2],其是有神论存在主义的代表。

第三,海德格尔这一派别因二战的失败对现实社会更加失望,从而产生了逃避现实的归隐田园心态,抽象的思辨存在主义哲学到后期成为该思想流派的主要代表符号。相比这一流派,在海德格尔思想的影响下,吸收了各家之所长的"后海德格尔"存在主义,焕发着更加积极的生机。

除此之外,存在主义的思想观点不仅在哲学界而且在文学、宗教、神学、戏剧等各领域都有体现。后人不断在以往存在主义的基础上丰富了存在主义的内涵和观点。由此可见,存在主义具有极其复杂而深刻的成熟形态。[3]

二、存在主义的主要观点

(一) 存在先于本质

存在主义所说的"存在"都是"人"的"存在"。首先,存在先于本质即意味

---

[1] 高宣扬,闫文娟.论萨特存在主义伦理思想[J].江苏社会科学,2019(4):26—38+257—258.
[2] Jaspers K. Philosophy and the World [M]. Washington DC: Regnery, 1963.
[3] 高宣扬.存在主义[M].上海:上海交通大学出版社,2016.

着人不需要外界的设定,不需要他人的定义,从一开始就是"存在的";而且一旦存在,即可决定自己的性质。换言之,你是谁是由你自己决定的。此外,只有先"存在",才能进一步考虑与决定"存在成什么"的问题。存在主义认为,任何个人的生活不应该预先有任何规定性;你要怎样生活,就怎样生活;先生活下来,这是先决条件。你活着,也就是存在下来;有了存在,才有你自己。第二,海德格尔指出,"本质"是"存在"通过"去存在"来实现的。萨特进一步指出"存在主义的宗旨就是要使每个人自己来掌握自己,同时,要把每个人的存在的全部责任直接地放在他自己的双肩上来承担"。换言之,人的一切要由自己来支配。你自己应该为你自己的现有存在状况负全部责任。所以,存在不仅先于本质而且决定本质。第三,存在主义的观点认为,社会是复杂的、难以预测的"存在",但人们可以通过决定自己的行为去创造更美好的生活,承担责任,不应该随波逐流埋怨社会。强调每个人应该成为自己生活的主人,存在主义的基本理念就是个体可以决定自己的生活。[①] 因此要以人为本,寻找生活的意义,反抗非人性的异化,强调每个人要从自己的需求出发,创造一个属于自己理想的生活家园。

(二)行动是人的存在的先决条件

萨特是虚无主义的提出者,然而意识的虚无化并非是将某物消灭,而是首先在意识中寻求超越以越过它们现实的存在,从而达到一种真正的"存在"。[②] 人的意识的虚无性,来源于人的存在本身。萨特认为,人无法消灭在他面前的现实事物。人所能做到的,只是改变人与外界事物的关系,就是使自己从周围现实世界的困扰中摆脱开来,使自己的存在陷入虚无之中。人真正的"存在"是拥有行动的自由,如果受到外界的阻碍就凭借自身去冲破阻碍,所以,什么是人呢?萨特回答说:"除了他自己所造成的自己以外,人什么也不是。"正是因为人是"虚无"的,所以更显示出"行动"的重要性,因为人不仅有否定一切的消极方面,而且有创造一切的积极方面。个人的主观能动性、自身的行动力则是获得自由,成为真正的自己的前提。他的虚无主义是行动理论的温床,如果没有一个一穷二白的世界作为前提,又怎么会有创造世界、塑造自身的动力呢?萨特后来又将自身的存在主义理论与马克思理论相结合,在思想上更加

---

① 让-保罗·萨特.存在主义是一种人道主义[M].周煦良,汤永宽,译.上海:上海译文出版社,2005.
② 让-保罗·萨特.存在与虚无[M].陈宣良,等译.上海:三联书店,2007.

的折中,他指出的实践的过程也就是把自己的主观设计加诸于客观对象的过程。当自己的主观动机与客观条件发生矛盾时,人类的历史就出现不平衡的状态,克服这一不平衡状态的唯一出路是实践。但是他也指出,马克思更加强调现实客观条件是行动的基础,而其则强调自身的努力与行动会决定自身的存在,人的实践是有目的的实践,具有改造世界的能力。[1]

(三)存在是具体的

由于存在主义研究的是人的问题,而且是更加现实中的问题,他强调过往哲学中研究的那些过于宏大的问题太过远离人们生活的社会,所以存在主义强调着眼于更加具体细微的层面,而且反对用抽象的方法研究"人"。首先,存在主义认为,要真正地把握人的生活,就必须把人生放在它本身所固有的原始的和自然的状态中。而抽象的方法破坏了人的存在的原有状态,扼杀了人的存在所固有的生命力,淡化了人的存在的多样性,忽视了人的存在的具体性。按照形而上学的观点,每个人都是一样的,被剥夺了多样性、具体性与丰富性,他们身上的特殊性、与他人不同的特质被一扫而光。其次,在存在主义者眼中,连石头、树木、房屋等都是多样的、有差别的,具备多样的具体特性,那更不用说有血有肉最高级、最复杂的生物——人类了。就算是同一个父母所生的子女都拥有不同的长相和个性特点,那些散落在社会中的个体更具多样性、差异性,而且这些特性受到个人独特的经历以及外界因素等影响。最后,如何来保持人的存在的具体性呢?存在主义者提出,最重要的就是从"你的存在"入手,我的存在,自己的存在,即"我在"。何为"我在",即你决定的行为,你通过亲身的体验去经历生活,在这个时间过程中的各个瞬间构成了你。抓住你自己的存在,体验你自己的此时此刻的存在,就是把握人生价值和人生真理的唯一方法。存在本来是具体的,任何存在都是不可代替的,重视人的体验与感情,情感体验是人类存在的证据。

(四)身体是感知世界的基础

在梅洛庞蒂看来,人不只是主体,而且是"身体—主体"(body-subject)。人既不是主体,又不是客体,而是不分主客体的"身体—主体"。这是人与一切其他的存在不同的地方。他曾提出"没有内在的人,人是在世界中的;并且只

---

[1] 高宣扬. 存在主义[M]. 上海:上海交通大学出版社,2016.

有在世界中,他才会知道他自己",人的这种复杂性决定了他们必须要在现实世界中认识自己,并且要通过身体的感知来认识这个世界。他否定笛卡尔的精神与身体分离的二元论,也不认同海德格尔等人说的"思想的存在",他认为一个人必须是精神和肉体不可分离的统一整体,这样一个以肉体(有生命、有价值)为载体的人在这个世界中生存,才能产生知觉、获得价值。人的意识是完全自由的,也正是人的意识,才使人产生关于自己的肉体的感受,在他看来,身体应成为新的"我思"。[1] 由于"存在"没有本质,存在先于本质,"本质"是先验意识的主体从经验事实中抽象出来的观念性的东西,所以从"身体"作为一种存在出发,经验和感知都应该来源于身体在现实世界中的真实体验。[2] 由此,梅洛庞蒂的存在主义比萨特的更加现实、脚踏实地,更多地强调满足肉体的需求。此外,他还认为自由并非没有边际,而是需要一些条件,通过对现实环境和条件进行评估,从而调整自己的行为,实现渐进的自由。[3]

(五)"绝对自由"是人生的基本目标

所谓绝对自由,就是真正的存在,它是存在主义者的最高生活理想。存在主义者所面对的矛盾是追求"绝对自由"的出发点,这种矛盾一方面是由人类对社会的无可奈何与另一方面又不满足于现实的存在,流露出超越存在的野心,这种现实限制和理想需求的矛盾充斥着人们的生活,越是期望摆脱这种矛盾就越是对"绝对自由"进行追求。[4] 萨特是存在主义者中唯一对"绝对自由"进行了较透彻研究的人,在他的《自我的超越性》(*The Transcendence of the Ego*,1936)和《存在与虚无》等文章中都着重谈到绝对自由的问题。他指出"绝对自由"有三重含义。首先,自由是"纯粹的意识",即自我意识是唯一能摆脱外界,又能摆脱自己的过去和自己的将来的真正自由的存在。[5] 但在某种程度上又掉入了唯心主义的泥潭。[6] 其次,自由就是"自为的存在",萨特所说的"自为的存在"乃是有动机的存在;而所谓有动机的存在,就是预先考虑到后

---

[1] 高宣扬.论梅洛-庞蒂的生命现象学[J].同济大学学报(社会科学版),2010,21(3):1—10.
[2] Merleau-Ponty M. Maurice Merleau-Ponty: Basic Writings [M]. London: Psychology Press, 2004.
[3] 高宣扬.存在主义[M].上海:上海交通大学出版社,2016.
[4] Sartre J. P. Being and nothingness: An essay in phenomenological ontology [M]. Citadel Press, 2001.
[5] Sartre J. P. The Transcendence of the Ego: A sketch for a phenomenological description [M]. Routledge,2004.
[6] 高宣扬,闫文娟.论萨特存在主义伦理思想[J].江苏社会科学,2019(4):26—38+257—258.

果,即考虑到哪些行动将来对自己有价值。然而这就暴露了"存在"必须要以"理性"为指导,这种矛盾也充斥于存在主义始终,所以这些问题都将归于自己。① 最后,自由就是自己控制自己,即人的自由就在于自己能选择自己的行动,自己能说明自己的行动出于何种动机。综上所述,存在主义一方面要以自我的存在为中心,另一方面又意识到客观世界的限制。萨特有一句名言:"你就是你的生活,你的生活无非就是你的行动的总和。"②萨特的这句话就是存在主义所说的"自由"的基本精神。

(六)自由与责任的辩证观点

由于人在创造自己之前并不存在道德,所以人有不被任何道德标准所约束的个体选择的"绝对自由",是你的选择创造了你,由于没有道德的约束,所以你必须对你的自由负有责任。此外,人并非脱离社会而独立生活在真空中,即每个人都有选择的权力,每个人的选择都会影响别人、影响别人的选择,所以个人在为自己做出选择的时候也被迫受到来自外界因素的影响③。因此,人不仅要对自己的选择和相应的自由负责,而且要在某种责任压力下被迫对他人与社会负责。拒绝或者回避就是在逃避责任,拒绝和逃避又在无形中否定了自己行动的价值。这两个观点并不相互矛盾,可以用一句话来概括:人生而自由,却无往不在枷锁之中。不管发生什么情况,每个人必须对自己的选择、行动和价值承担全部责任。也就是说,我们不仅对自己负责,而且要对一切人负责,这就是人的意义和价值。在这里,萨特把存在主义变成了一种人道主义。④

三、存在主义对体育学科核心素养的启示

体育学科作为学校教育中的重要部分,具有重要的育人价值。通过培养学生的体育学科核心素养,能够促进其更具备在 21 世纪能适应个体终身发展和社会发展需要的关键品格与能力。体育与健康学科核心素养由运动能力、

---

① 卢云昆. 自由与责任的深层悖论——浅析萨特"存在主义的人道主义"概念[J]. 复旦学报(社会科学版),2010(3):45—51.
② 让-保罗·萨特. 存在主义是一种人道主义[M]. 周煦良,汤永宽,译. 上海:上海译文出版社,2005.
③ 高宣扬. 存在主义[M]. 上海:上海交通大学出版社,2016.
④ 方丽华. 浅析萨特的存在主义哲学思想[J]. 重庆科技学院学报(社会科学版),2010(13):34—36.

健康行为和体育品德3个要素组成。① 体育学科核心素养并不具体指向某种体育学科的知识与技能,也不会针对体育学科领域的具体问题进行规划,而是强调学生能够积极主动并且具备一定方法获得体育知识和技能的关键能力。② 我国教育部对学生学科核心素养有着明确的界定,即正确价值观、必备品格与关键能力。存在主义作为一种具有强大生命力的哲学,它鲜明的观点为我国体育学科核心素养的研究提供了理论背景和基础。

(一) 回归培养"人"的本质

2014年4月25日我国教育部印发了《关于全面深化课程改革 落实立德树人根本任务的意见》。《意见》强调:"立德树人是发展中国特色社会主义教育事业的核心所在,是培养德智体美全面发展的社会主义建设者和接班人的本质要求。"当前体育与健康课程改革正在如火如荼地进行,体育与健康课程也应该发挥独特的育人优势,着眼于培养一个完整的人。与此同时,《意见》也首次提出了"核心素养体系"的概念。核心素养是素质教育的新起点,促进学生的体育学科核心素养发展是体育与健康课程育人的终极追求,也是学校体育教育的最终目的。按照存在主义的核心观点,即存在是"人"的存在,存在先于本质,而且人具有很强的可塑性,能够通过行动来决定自己成为一个什么样的人,因此应该着眼于通过学校体育教育关注对人本身的培养,重视对人性的塑造,帮助学生树立正确的价值观,成为一个对个人、家庭、社会负责的人,充分体现本课程健身育人的本质特征。体育学科核心素养是核心素养在体育与健康科目的具体化表现,运动能力、健康行为、体育品德则是描述一个经过学校体育教育后的学生更加具体的个人画像,而且这些在课程中培养的正确价值观、必备品格与关键能力会迁移到以后的生活当中去,成为人个体本身的一部分。

此外,存在主义强调应该注重体验的重要性,存在是具体的,任何存在都具备不可代替性。因此体育与健康课程需要重视学习的过程,聚焦于学生的身体、认知、精神、情感和社会等领域的体验,在身体活动中发展各方面的能力,为学生创造一个支持性的学习环境,鼓励反思性思维和行动,增强新知识

---

① 中华人民共和国教育部制定.普通高中体育与健康课程标准(2017年版)[M].北京:人民教育出版社,2018:5—6.
② Weiyun Chen, Austin Hammond-Bennett, Andrew Hypnar. Examination of motor skill literacy in students: evidence-based physical education curriculum [J]. BMC Public Health, 2017,17(2):1—8.

的关联性,促进相互学习,与先前的知识与经验建立联系,为学习提供充足的机会,探究教与学的关系等。[1] 突出以人为本,关注学生的兴趣,让学生全身心投入到体育学习当中,享受运动的乐趣,也只有这样才能通过体育与健康课程实现培养学生核心素养的目标。

(二) 重新定位身体的价值和作用

体育与健康学科是一个以身体练习为基础的特殊科目,具有很强的实践性,学生必须要在广泛的身体活动参与中发展自身的能力。存在主义者梅洛庞蒂提出经验源于身体,身体是知觉的中心,强调任何学习过程都首先必须了解身体在其中所发挥的作用,即所谓的具身性。

这种具身性意味着:第一,认知不能离开身体。也就是说要有健康的灵魂,首先要有健康的身体,认知活动是建立在身体感知的基础之上。当前国家体育与健康课程改革中提出的"健康第一"的理念,强调促进个人的身体健康的重要性,通过身体活动为手段去感受生命的本质,在体育学习与运动过程中凸显人体的本质力量,并尊重和维护学生的健康尊严与生命价值,体现的是以学生为本的教育观念和导向,它还包含了体育认识、道德、能力、情感、意志、价值等内在体育素养的培育。[2] 此外,体育与健康课程"以身体练习为基本载体"的特性,也决定了运动能力是其他体育学科核心素养(健康行为、体育品德)的基石,因此应该着重关注运动能力的发展。第二,知觉是身体的知觉,是身体与环境相互作用的产物。梅洛庞蒂说:"身体是我们拥有一个世界的一般方式。"[3]通过身体与环境的互动,人们得以培养和展示其适应环境的各种能力,这就是身体活动的意义所在。当个人以身体为载体与环境产生互动时,人们所得到的不仅是身体层面能力上的提升,同时也会影响思维、情感、道德等方面的发展,使其成为一个全面发展的人。第三,具身认知的"embodiment"一词形象地揭示了身体不是孤立的,而是一种"嵌入式"的,是与外在环境相联系的身体,即身体具有情境性。[4] 因此,要注重在体育与健康课程设计中的真实

---

[1] SHAPE America. National Standards & Grade-Level Outcomes for K-12 physical education [M]. Reston, VA: Author, 2013.
[2] 于素梅. 中国学生体育学科核心素养框架体系建构[J]. 体育学刊,2017,24(4):5—9.
[3] 莫里斯·梅洛·庞蒂. 知觉现象学[M]. 姜志辉,译. 北京:商务出版社,2012.
[4] 王靖,刘志文,陈卫东. 未来课堂教学设计特性:具身认知视角[J]. 现代远程教育研究,2014(5):71—78.

情境创设,关注个体在情境中的参与体验,以借助身体活动发展体育学科核心素养,共同促进运动能力、健康行为和体育品德全面发展。第四,身体和认知是统一整体,不可将其割裂。实践性是体育与健康课程的独特性质,学生通过身体练习强健体魄,然而在这个过程中依靠身体这一载体体验到了运动的魅力,其思维、情感、认知都依赖身体这一存在使"去存在"的过程得以发展。体育学科核心素养的构成要素,即运动能力、健康行为和体育品德也同样体现了这一观点,即不存在脱离身体的认知发展,而且身体和认知是共同促进的,只有依靠这些要素共同发力才能塑造成一个完整的人,因此三个构成要素同等重要,体育学科核心素养是一个完整的能力集合。

(三)注重内生性动因保持健康行为

存在主义认为,人具有强大的能动性,唯有人能决定自己的存在,决定自己是谁,决定自己的生活方式。换言之,首先,人只有具有基于强大的内生性的动因,才能维持自己的行为。以具身认知为依托,激发对于身体活动的兴趣,从个人兴趣出发来体验运动魅力,从而将参与身体活动的动力源内置于活动者自身。其外在表现是人们积极参与各种身体活动,技能娴熟,轻松自如,具有良好的健康效益。积极的运动情感体验也有助于学生继续从事体育活动,减少运动退出行为,这有利于其健康行为的养成。其次,在体育与健康课程中学习到的体育知识也有助于学生了解参加体育运动的效益,因此他们就能去创造改变,寻求自主发展。通过发展个人体育学科核心素养能够更好地管理自己的学习和生活,挖掘自我价值,激发自身的潜力以有效应对复杂多变的环境,成就出彩人生,发展成为有明确人生方向、有生活品质的人。最后,依靠自己的身体力行将健康知识、健康的生活态度传递给身边的人,尤其要注重从学校拓展到社区、家庭等场域,进而促进整个社会的福祉,这是一种社会责任感的体现,这也与存在主义的"责任观"保持一致。

(四)培养具有高尚品德和责任感的人

存在主义代表人物萨特表示,人有决定自己行动的权力,但同时也必须在某一尺度中对自己的行为进行规范。人不是生存在真空中,而是在真实的社会进行生产活动,对"绝对自由"的追求也应该在一定的社会规范中。个体无论在顺境还是逆境中都应该保持对真善美的追求,处理好自我与社会的关系,成为一个具有高度责任感的合格的社会公民。

将这种观念放置于体育与健康课程当中,要求学校体育不仅需要培养强健的体魄、传授体育知识,更需要在身体这一基础上培养更高的精神追求。存在主义重视对人的德性的培养,这与体育学科核心素养中的三大关键构成要素之一——体育品德保持高度一致。学生在体育与健康课堂这一场域中进行学习,体育活动的互动性决定了学生们需要在该场域进行交流合作与竞争,在这个过程中就将学生放置在一个"微观社会"中,通过体育教学去培养学生的"社会性",即培养学生的主动性和创造性,能够互帮互助、遵守纪律,具有集体荣誉感,这些都是学校体育发展学生所必备的核心素养。[①] 在体育运动中培养学生尊重自己与他人的情意和高度的社会责任感,养成规则意识,从而形成新时代中国青年必备的品格和正确的价值观。

---

① 于素梅.中国学生体育学科核心素养框架体系建构[J].体育学刊,2017,24(4):5—9.

第四章

国际体育学科核心素养的分析

在全球化和数字化时代发展背景下,如何适应21世纪的未来社会需求,培养个体终身学习和发展所需要的核心素养,从而更好地学习、更顺利地融入社会,获得高质量的生活,成为世界各国在推动社会进步时考虑的关键问题。国际上对于核心素养的研究较为丰富,不同的国际组织如经济合作与发展组织(Organization for Economic Co-operation and Development,简称OECD)、欧盟(European Union,简称EU)、联合国教科文组织(United Nations Educational, Scientific and Cultural Organization,简称UNESCO)较早地提出了核心素养的框架体系;一些发达国家,如美国、澳大利亚、日本等也提出了本国的核心素养框架体系。这些核心素养框架体系并非全部针对教育领域,却为各国或地区的基于核心素养导向的课程改革奠定了基础。因此,在此基础上,部分国家也在本国的体育课程标准中提出了本国的体育学科核心素养。

第一节 国际上典型的核心素养分析

国际上典型的核心素养涵盖了国际组织和主要发达国家两大类,二者的取向有所区别,即国际组织更多提出针对特定区域或特定职业领域的公民应该具备的核心素养,而发达国家则更多提出针对本国公民应该具备的核心素养。

一、国际组织的典型核心素养分析

(一) 经济合作与发展组织(OECD)的核心素养

1. 经济与合作发展组织(OECD)核心素养的发展沿革

经济合作与发展组织(OECD)是一个致力于为改善生活质量而制定更好政策的国际组织,其主要目标是制定政策,促进人类社会的繁荣、平等、机会和福祉。OECD指出,该组织将利用近60多年的经验和见解,更好地为明天的世界做准备。

OECD长期寻求与各国政府、决策者和公民的合作,共同致力于建立以证据为基础的国际标准,并为一系列社会、经济和环境挑战找到解决办法。从提高经济效益、创造就业机会到加强教育和打击国际逃税,OECD通过提供独特的平台和交流中心,为数据和分析、交流经验、分享最佳做法以及公共政策和国际标准制定提供专业的咨询意见。从以上有关OECD关于自身使命的描述可以看出,其主要关注点和长处并非在教育领域,而主要聚焦于政策和经济领域。

然而,政策制定与经济发展必须要以优质的人力资源为基础,因此OECD对教育同样予以高度关注。早在1987年,OECD就启动了"国家教育系统指标"项目(Indicators of National Education Systems,简称INES),该项目共包括五个特定的小组,分别负责不同的教育领域,其中一个就是学生学业产出小组。随后,该小组在1991年发展成为"学生学业成就工作组",重点在于研究学生学业成就评价指标体系构建。到了20世纪90年代,OECD又开始关注教育产出问题,先后开展了跨学科素养项目(Cross-Curricular Competencies Project,简称CCC)、国际成人素养调查项目(International Adult Literacy Survey,简称IALS)、国际生活技能项目(International Life Skill Survey,简称ILSS)、国际学生评估项目(Programme for International Student Assessment,简称PISA)等。然而,这些项目对于核心素养的概念并未形成统一共识,为了在该问题上达成一致,OECD于1997年启动了"素养的界定与遴选"项目(Definition and Selection of Competencies,简称DeSeCo)。

之所以要界定和遴选素养,是因为OECD意识到"发展和保持技能和素养等人力资本,是促进可持续发展和社会融合非常重要的影响因素"。但是,个人如果要过上成功的生活以更好地面对现在和未来的挑战,到底需要具备什么样的技能和素养？定义和选择核心素养的规范、理论和概念基础是什么？为了回答这些问题，OECD 就在瑞士的领导下开展了跨学科和政策导向的 DeSeCo 研究项目。该项目的开展，目的是在确定核心素养要素的基础上提供一个健全的概念框架，加强国际评估，帮助确定教育系统和终身学习的总体目标。

在推进 DeSeCo 研究项目的过程中，OECD 邀请奥地利、比利时、丹麦、芬兰、法国、德国、荷兰、挪威、新西兰、瑞士、瑞典、美国等十二个国家参与，各个国家提交了单独的研究报告，并最终在 2001 年 10 月形成了《十二国对 DeSeCo 项目的贡献：一份总结性报告》（*12 Countries Contributing to DeSeCo: A Summary Report*）；此外，还先后颁布了七份研究报告（见表 4-1），这些报告完整呈现了 OECD 核心素养界定和遴选的过程，以及最终形成的完整的核心素养框架。

表 4-1 DeSeCo 项目颁布的相关报告一览表

年份	报告名称	性质
1999	经合组织背景下的素养项目：理论和概念基础分析①	素养项目
2000	DeSeCo 项目对 2000 年国家教育系统指标大会的贡献②	国家教育系统指标大会
2001	核心素养的定义与遴选③	专家贡献
2002	经合组织 DeSeCo 项目战略文件④	战略文件
2003	对第二届 DeSeCo 专题讨论会的贡献⑤	讨论会文集
2003	指向成功生活和健全社会的核心素养⑥	DeSeCo 总结报告
2005	核心素养的界定与遴选：执行概要⑦	执行概要

---

① Salganik L. H., Rychen D. S., Moser U. & Konstant J. W. Projects on Competencies in the OECD Context-Analysis of Theoretical and Conceptual Foundations [R]. Neuchatel, Switzerland: Swiss Federal Statistical Office, 1999.
② OECD. DeSeCo Contribution INES General Assembly 2000 [R]. 2000.
③ Rychen D. S., Salganik L. H. (Eds.) Defining and Selecting Key Competencies [R]. Göttingen: Hogrefe & Huber Publishers, 2001.
④ OECD. OECD Deseco Strategy-Paper [R]. 2002.
⑤ Rychen D. S., Salganik L. H., McLaughlin M. E. (Eds.) Contributions to the Second DeSeCo Symposium [R]. Neuchatel, Switzerland: Swiss Federal Statistical Office, 2003.
⑥ Rychen D. S., Salganik L. H. (Eds.) Key Competencies for a Successful Life and a Well-Functioning Society [R]. Göttingen: Hogrefe & Huber Publishers, 2003.
⑦ OECD. Definition and Selection of Key Competencies-Executive Summary [R]. 2005.

2. 经济与合作组织(OECD)核心素养的框架体系

DeSeCo 项目的研究报告指出,促进个体成功生活和社会健全的核心素养共包括三个方面,即能互动地使用工具、能在异质社会团体中互动、能自主地行动。这三个方面可以看作是三个一级指标,每个一级指标下面包含三个二级指标,每个二级指标都有相应的具体解释(见表4-2)。

表4-2 OECD核心素养的框架体系[①][②]

一级指标	提出缘由	二级指标	具体解释
素养1:能互动地使用工具	◆ 保持技术与时俱进的需要 ◆ 为了个人目的使用工具的需要 ◆ 与世界进行积极对话的需要	1-A 互动地使用语言、符号与文本的能力	有效运用口头和书面语言,计算及其他数学能力
		1-B 互动地使用知识与信息的能力	鉴别自身未知领域,识别信息的来源,并对其进行个人评估,整理知识与信息
		1-C 互动地使用科技的能力	在平时生活与学习中注意使用技术手段,运用信息与通信技术获得信息
素养2:能在异质社会团体中互动	◆ 多元社会中处理多样性的需要 ◆ 同情心的重要性 ◆ 社会资本的重要性	2-A 与他人建立良好关系的能力	从他人角度思考问题,有效控制自己的情绪
		2-B 合作的能力	善于表达自己的观念,倾听他人的观点。建构持续发展团体的能力,协调的能力,综合信息做出决定的能力
		2-C 控制与解决冲突的能力	在危机中分析问题与利益,识别共识与分歧,重新认识问题,按照需求与目标对问题进行排序解决
素养3:能自主地行动	◆ 复杂社会中实现个人身份和目标设置的需要 ◆ 行使权力和负责任的需要 ◆ 理解个人所处环境及相应功能的需要	3-A 在复杂大环境中行动的能力	分析形势,定位自己所处的情境,明确自身行为的可能后果,通过思考与集体的关联对自己的行动做出选择
		3-B 设计人生规划与个人计划的能力	制订计划,设立目标,鉴别已有和所需资源,平衡资源以满足不同目标,通过反思来预测未来,监控进程,时刻准备调整

① 林崇德. 21世纪学生发展核心素养研究[M]. 北京:北京师范大学出版社,2016:60.
② OECD. Definition and Selection of Key Competencies-Executive Summary [R]. 2005:10-15.

续 表

一级指标	提出缘由	二级指标	具体解释
		3-C 维护权利、利益、限制与需求的能力	了解所有权益,清晰社会规则,为获得认可的需求与权利建立个人论点,提出建议或替代方案

(二) 欧盟(EU)的核心素养

1. 欧盟(EU)核心素养的发展沿革

欧盟(EU)总部设在比利时首都布鲁塞尔(Brussels),是由欧洲共同体发展而来的,创始成员国有 6 个,分别为德国、法国、意大利、荷兰、比利时和卢森堡。现拥有 27 个会员国,正式官方语言有 24 种。欧盟作为一个联合体,其工作体现在欧盟内部和世界范围两个方面。

从欧盟内部来看,欧盟确定了以下目标:①促进和平,形成和平的价值观和公民的福祉;②提供无国界的自由、安全和正义;③以平衡的经济增长和价格稳定、高度竞争的市场经济、充分就业和社会进步以及环境保护为基础的可持续发展;④打击社会排斥和歧视;⑤促进科技进步;⑥加强欧盟国家之间的经济、社会和领土凝聚力和团结;⑦尊重其丰富的文化和语言多样性;⑧建立以欧元为货币的经济和货币联盟。基于此,欧盟形成了尊严、自由、民主、平等、法治、团结的价值观,这是欧盟所有国家应共同遵循的观点。

从世界范围来看,欧盟在贸易、人道主义援助、外交与安全等方面有着较为鲜明的特点。在贸易方面,欧盟是世界上最大的贸易集团,是世界上最大的制成品和服务出口国,也是 100 多个国家最大的进口市场。在欧盟内部,成员国之间的自由贸易是欧盟的创始原则之一。除此之外,欧盟还致力于世界贸易自由化;在人道主义援助方面,欧盟致力于帮助全世界人为和自然灾害的受害者,每年支持超过 1.2 亿人。总的来说,欧盟及其成员国是世界上人道主义援助的主要捐助者;在外交与安全方面,欧盟在促进国际社会稳定、安全与繁荣、民主、基本自由和法治等方面发挥着重要作用。

因此,从以上有关欧盟的情况介绍可知,该组织是一个涵盖多个方面的联合共同体,其主要目标就是通过多种手段促进包括各个成员国在内的共同发展。进入 21 世纪以来,欧盟进一步加大了推动组织自身发展的力度。基于此,欧盟于2000年3月23日至24日在葡萄牙首都里斯本举行特别首脑会议,各国领导人就欧盟未来十年的经济发展规划达成了共识,形成了"里斯本战略"(Lisbon Strategy),该战略的核心目标是使欧盟在2010年成为"世界上最有竞争力和活力的知识经济体,实现经济可持续增长、创造更多就业机会以及提升社会凝聚力"。"里斯本战略"是一个涉及经济、就业、科研、教育、社会等多个方面的宏观体系,并非完全针对教育,教育只是其中的构成部分之一。然而,在欧盟内部,过去对经济领域的支配和干预能力较强,但对教育领域的支配和干预能力相对较弱。因此,为了更好地回应"里斯本战略"提出的各项规划和实现相应的目标,欧盟理事会(Council of European Union)要求其下属的"教育青年文化总司"制定具体的发展目标,并于2001年2月通过了该公司提交的题为《教育与培训发展的具体目标》的报告。该报告提出了"提高教育和培训系统质量和有效性""为全民提供更加便捷的教育与培训机会"以及"增进各国教育和培训系统对其他国家的开放性"三项战略目标,包括13个具体目标,其中与核心素养相关的占到了3个。[①] 由此可知,核心素养开始在欧盟的教育政策中得到重视。

为了实现上述所提出的3个目标,欧盟委员会在2001年到2003年之间成立了9个专门工作组,其中的工作组B的主要工作目标就是建立和发展核心素养,具体任务包括界定什么是新的基本能力、如何将这些基本能力与课程整合、如何在一生中培养人的这些基本能力。此外,欧盟委员会还在2000年10月达成了一项关于终身学习的备忘录,将"为了所有人的新的基本能力"列为备忘录中的6个重点主题之一。实际上,此处所提及的基本能力,即可看作是核心素养的雏形。

欧盟完整的核心素养的提出,经历了一个发展过程,其主要来源包括三个方面:一是传统意义中关于"读、写、算"等基本能力;二是"里斯本战略"确立以来对新的基本能力的探索;三是欧盟委员会工作组B的前期工作。在此基础上,工作组B在2002年形成了欧盟核心素养的初稿,然后又于2003年、2004年分别进行了调整,并最终于2006年颁布了欧盟的核心素养体系,称之为欧盟核心素养的正式版。之后,欧盟又于2018年对2006年版本的核心素养进行了修订,形成了欧盟核心素养的修订版(见表4-3)。

---

① The Education Council of EU. The concrete future objectives of education and training systems [EB/OL]. http://ec.europa.eu/education/policies/2010/doc/rep_fut_obj_en.pdf,2001-02-14.

表 4-3 欧盟不同版本核心素养的维度构成①②

性质		时间	维度
初始版	初始版1	2002年3月	使用母语交流;使用外语交流;算数、数学、科学和技术;信息技术;学会学习;人际与公民素养;创业精神;一般文化常识
	初始版2	2003年6月	算数与读写(基本技能);外语;数学、科学与技术的基本素养;信息技术技能和使用;学会学习;社会技能;创业精神;一般文化常识
	初始版3	2003年11月	使用母语交流;使用外语交流;数学素养与基本的科学技术素养;信息技术技能;学会学习;人际与公民素养;创业精神;文化意识
正式版	正式版1	2006年12月	使用母语交流;使用外语交流;数学素养与基本的科学技术素养;数字素养;学会学习;社会与公民素养;主动意识与创业精神;文化意识与表达
	正式版2	2018年5月	读写素养;多语素养;数学素养和科学、技术、工程素养;数字素养;个人、社会和学会学习素养;公民素养;创新创业素养;文化认识和表达素养

2. 欧盟(EU)核心素养的框架体系

2018年5月22日,欧盟颁布的《欧洲终身学习核心素养建议框架2018》(*Council Recommendation of 22 May 2018 on Key Competences for Lifelong Learning*)③即为欧盟当前最新颁布的核心素养框架体系。常飒飒等人研究指出,之所以欧盟要对2006年版核心素养进行修订,表面上看是源于旧版框架需要与时俱进的理性选择,深层原因则是欧盟试图在教育领域增强其干预能力,从而深化欧洲公民的"欧洲认同",最终增强欧盟的存在合法性。新修订的2018年版核心素养框架呈现出四方面新动向:更新了核心素养表述;更加强调核心素养发展的支持体系;核心素养发展趋于纵深化;由"教育的

---

① 裴新宁,刘新阳. 为21世纪重建教育——欧盟"核心素养"框架的确立[J]. 全球教育展望,2013,42(12):89—102.
② 常飒飒,王占仁. 欧盟核心素养发展的新动向及动因——基于对《欧盟终身学习核心素养建议框架2018》的解读[J]. 外国教育研究,2019(8):35—43.
③ European Council. Council Recommendation of 22 May 2018 on Key Competences for Lifelong Learning [EB/OL]. http://data.consilium.europa.eu/doc/document/ST-9009-2018-INIT/EN/pdf,2018-5-22.

欧洲维度"向"欧洲教育领域"嬗变。① 欧盟 2018 年最新版的核心素养包括 8个维度,各个维度下面又有相应的表述(见表 4-4)。

表 4-4 欧盟核心素养的框架体系

核心素养	定义	构成		
		知识	技能	态度
读写素养	读写是指在不同学科和不同背景下,以口头和书面形式识别、理解、表达、创造和解释概念、情感、事实和观点的能力。它意味着以适当和创造性的方式与他人有效沟通和联系的能力。发展读写是进一步学习和进行语言互动的基础。根据具体情况,可以用母语、学校语言和/或国家或地区的官方语言培养读写素养。	包括阅读和写作知识,以及对书面信息的正确理解,因此要求个人要具备词汇、功能语法和语言功能的知识。它包括对言语交际的主要类型、一系列文学和非文学文本以及不同语体和语域的主要特征的认识。	个人应具备在各种情况下进行口头和书面交流的技能,并监督和调整自己的沟通以适应形势的要求。该素养还包括区分和使用不同类型的信息源的能力,搜索、收集和处理信息,使用辅助工具,以及以符合上下文的令人信服的方式表达口头和书面论点的能力。它包括批判性思维以及评估和处理信息的能力。	积极的读写态度包括批判性和建设性对话的倾向、审美品质的欣赏和与他人互动的兴趣。这意味着要意识到语言对他人的影响,需要以积极和对社会负责的方式理解和使用语言。
多语素养	多语素养是指恰当有效地使用不同语言进行交流的能力。它广泛地涉及到该素养所包含的能力维度:它的基础是根据个人的愿望或需要,以口头和书面形式(听、说、读和写)理解、表达和解释概念、思想、感情、事实和意见的能力。语言素养整合了历史维度和跨文化能力。正如《欧洲共同参考框架》所述,它依赖于在不同语言和媒体之间进行调解	要求了解不同语言的词汇和功能语法,语言的主要交互类型和语域等方面的知识。了解社会习俗知识,了解文化和语言多样性的重要性。	该素养所需的基本技能包括理解口头信息,发起、维持和结束对话以及阅读、理解和起草文本的能力,并根据个人需要通过不同的语言水平熟练掌握。个人应该能够恰当地使用工具,并在一生中采用正式和非正式的方式学习语言。	积极的态度包括对文化多样性的欣赏,对不同语言和跨文化交际的兴趣和好奇心。它还涉及到尊重每个人的语言特点,包括尊重属于少数群体和/或有移民背景的人的母语,以及赞赏一国的官方语言作为一个共同的互动框架。

————————
① 常飒飒,王占仁.欧盟核心素养发展的新动向及动因——基于对《欧盟终身学习核心素养建议框架2018》的解读[J].外国教育研究,2019(8):35—43.

续 表

核心素养	定义	构成		
		知识	技能	态度
	的能力。在适当的情况下，它可以包括保持和进一步发展母语，以及掌握一国官方语言的素养。			
数学素养和科学、技术、工程素养	数学素养是发展和运用数学思维和洞察力，以解决日常生活中的一系列问题的能力。该素养建立在全面掌握算术的基础上，重点强调过程和活动以及知识。数学素养在不同程度上涉及到运用数学思维和表达方式（公式、模型、结构、图表）的能力和意愿。	必要的数学知识包括数字、度量和结构、基本运算和基本数学表示、理解数学术语和概念，以及通过数学可以提供问题解决方案的认识。	个人应具备在家庭和工作环境中应用基本数学原理和过程的技能（例如财务技能），以及跟踪和评估的论据链。个体应该能够进行数学推理，理解数学证明和用数学语言交流，使用适当的统计数据和图表等辅助工具，以理解数字化方面的数学问题。	数学中的积极态度是基于对真理的尊重，以及寻找原因和评估其有效性的意愿。
	科学素养是指通过运用包括观察和实验在内的大量知识和方法来解释自然世界的能力和意愿，以便确定问题并得出基于证据的结论。技术和工程素养是指对知识和方法的应用，以回应人类的需要或需求。科学、技术和工程素养包括理解作为公民个人的人类活动和责任所引起的变化。	对于科学、技术和工程而言，基本知识包括自然世界的基本原理、基本科学概念、理论、原理和方法、技术和技术产品及工艺，以及科学、技术、工程所产生的影响和自然世界中的人类活动。这些能力应使个人能够更好地了解科学理论、应用和技术在整个社会（与决策、价值观、道德问题、文化等有关）中的进步、局限性和风险。	技能包括理解科学是通过特定方法进行调查的过程，包括观察和控制实验，使用逻辑和理性思维来验证假设的能力，以及在与新的实验发现相抵触时抛弃自己的信念的能力。它包括使用和处理技术工具和机器以及科学数据以实现目标或达成基于证据的决定或结论的能力。个人还应该能够认识到科学探究的基本特征，并有能力传达导致这些特征的结论和推理。	该素养的态度包括一种批判性的欣赏和好奇心，对道德问题的关注，对安全和环境可持续性的支持，特别是在与自身、家庭、社区和全球问题相关的科技进步方面。

第四章　国际体育学科核心素养的分析

续 表

核心素养	定义	构成		
		知识	技能	态度
数字素养	数字素养包括在学习、工作和参与社会中自信、批判性和负责任地使用和参与数字技术。它包括信息和数据素养、沟通与协作、媒体素养、数字内容创作（包括编程）、安全（包括数字福利和与网络安全相关的能力）、知识产权相关问题、问题解决和批判性思维。	个人应了解数字技术如何支持交流、创造和创新，并意识到其机会、局限性、影响和风险。了解发展中的数字技术的基本原理、机制和逻辑，并了解不同设备、软件和网络的基本功能和用途。个人应对通过数字手段提供的信息和数据的有效性、可靠性和影响采取批判性的方法，并了解与数字技术有关的法律和伦理原则。	个人应该能够使用数字技术来支持他们积极的公民身份和社会包容，与他人合作，以及实现个人、社会或商业目标的创造力。技能包括使用、访问、过滤、评估、创建、编程和共享数字内容的能力。个人应该能够管理和保护信息、内容、数据和数字身份，以及识别和有效地使用软件、设备、人工智能或机器人。	参与数字技术和内容需要反思和批判，但好奇、开放和前瞻性的态度对于变革的发展也很重要。它还要求对这些工具的使用采取合乎道德、安全和负责任的方法。
个人、社会和学会学习素养	个人、社会和学会学习素养是指能够反思自己，有效地管理时间和信息，以建设性的方式与他人合作，保持弹性，管理自己的学习和职业生涯的能力。它包括能够在不确定和复杂的情况下学会学习，支持个体的身体和情绪幸福感，保持身体和心理健康，能够主导健康和面向未来的生活，能够在包容性和支持性环境中处理矛盾。	为了实现成功的人际关系和社会参与，必须了解不同社会和环境中普遍接受的行为准则和交流规则。个人、社会和学会学习素养还需要了解健康的思想、身体和生活方式的组成部分。它包括了解自己喜欢的学习策略，了解自己的能力发展需求和发展能力的各种方式，以及寻找教育、培训和职业机会以及可用的指导或支持。	该素养所需要的技能包括识别自己的能力、专注、处理复杂性问题、批判性思考和做出决定的能力。这包括合作和自主学习和工作的能力，组织和坚持自己的学习，评估和分享，在适当的时候寻求支持，有效地管理自己的职业和社会交往。个人应该有弹性，能够应对不确定性和压力。能够在不同的环境中进行建设性的交流、团队合作和谈判。表现出宽容、表达和理解不同的观点，以及	该素养建立在对个人、社会和身体健康以及终生学习的积极态度的基础上，同时也建立在合作、自信和正直的态度上。包括尊重他人的多样性及其需求，并做好克服偏见和妥协的准备。个人应该能够确定并设定目标，激励自己，培养韧性和信心，在一生中追求学习并取得成功。解决问题的态度包括支持学习过程和个人处理障碍及改变

续 表

核心素养	定义	构成		
		知识	技能	态度
			建立信心和感受同理心的能力。	的能力。它包括应用先前的学习和生活经验的愿望,以及在各种生活环境中寻找学习和发展机会的好奇心。
公民素养	公民素养是指在了解社会、经济、法律和政治概念和结构以及全球发展和可持续性的基础上,作为负责任的公民充分参与公民和社会生活的能力。	公民素养涉及与个人、群体、工作组织、社会、经济和文化有关的基本概念和现象的知识。这涉及对《欧洲联盟条约》第 2 条和《欧洲联盟基本权利宪章》所表达的欧洲共同价值观的理解。它包括对当代事件的了解,以及对国家、欧洲和世界历史主要发展的批判性理解。此外,它还包括认识到社会和政治运动的目标、价值观和政策,以及可持续系统,特别是全球一级的气候和人口变化及其根本原因。了解欧洲一体化以及对欧洲和世界多样性与文化特性的认识是必不可少的。这包括对欧洲社会的多元文化和社会经济层面的理解,以	公民素养所涉及的技能是指能够有效地与其他有共同利益或公共利益的人进行交往的能力,包括社会的可持续发展。这涉及到批判性思维和综合解决问题的技能,以及发展论点和建设性地参与社区活动以及从地方和国家到欧洲和国际各级决策的技能。同时也涉及到对传统媒体和新媒体的功能和作用的理解。	尊重人权作为民主的基础,为采取负责任和建设性态度奠定基础。建设性参与包括愿意参与各级民主决策和公民活动。它包括支持社会和文化多样性、两性平等和社会凝聚力、可持续的生活方式、促进和平与非暴力文化、愿意尊重他人隐私和对环境负责。对政治和社会经济发展、人文学科和跨文化交流的兴趣需要做好准备,以便克服偏见,在必要时妥协,并确保社会公正和公平。

续 表

核心素养	定义	构成		
		知识	技能	态度
		及国家文化认同如何为欧洲认同做出贡献。		
创新创业素养	创业素养是指对机会和想法采取行动,并将其转化为他人价值观的能力。它建立在创造力、批判性思维和解决问题、主动性和毅力以及协作能力的基础上,以便计划和管理具有文化、社会或经济价值的项目。	创业素养需要知道在个人、社会和专业活动中,有不同的环境和机会将想法转化为行动,并了解这些情况是如何产生的。个人应该知道和理解计划和管理项目的方法,包括过程和资源。他们应该了解经济以及雇主、组织或社会面临的社会和经济机遇与挑战。他们还应了解可持续发展的伦理原则和挑战,并对自己的长处和短处有自我认识。	创业技能建立在创造力的基础上,包括想象力、战略思维和解决问题的能力,以及在不断发展的创新过程和创新中进行批判性和建设性的思考。它们包括作为个人和团队合作的能力,调动资源(人和物)和维持活动的能力。这包括做出与成本和价值相关的财务决策的能力。与他人有效沟通和谈判的能力,以及处理不确定性、模糊性和风险的能力,作为做出明智决策的一部分,这一能力至关重要。	创业态度的特点是包括主动性、积极性、前瞻性、勇气和实现目标的毅力。它包括激励他人并重视他们的想法,有同理心和关心他人与世界的愿望,以及在整个过程中以伦理方式承担责任。
文化意识和表达素养	文化意识和表达素养包括理解和尊重在不同文化中如何创造性地表达和传达思想和意义,并通过一系列艺术和其他文化形式进行交流。它涉及到以各种方式和环境来理解、发展和表达自己的想法和社会地位或角色感。	该素养涉及到的知识包括,要求了解当地、国家、区域、欧洲和全球的文化和表达方式,包括其语言、遗产和传统以及文化产品,并了解这些表达方式如何相互影响以及个人的想法。它包括在书面、印刷和数字文本、戏剧、电影、舞蹈、游戏、艺术和	技能包括用同理心来表达和解释比喻性和抽象的思想、经验和情感的能力,以及在一系列艺术和其他文化形式中这样做的能力。技能还包括通过艺术和其他文化形式来识别和实现个人、社会或商业价值的机会的能力,以及作为个人和集体参与创造性过程的能力。	重要的是要对文化表现形式的多样性持开放态度和尊重态度,并对知识和文化的所有权采取合乎道德和负责任的态度。积极的态度还包括对世界的好奇心,对新的可能性的开放态度,以及参与文化体验的意愿。

续 表

核心素养	定义	构成		
		知识	技能	态度
		设计、音乐、仪式和建筑以及混合形式中理解创作者、参与者和观众之间交流思想的不同方式。它需要了解一个人在文化多样性的世界中不断发展的身份和文化遗产,以及艺术和其他文化形式如何成为看待和塑造世界的一种方式。		

(三) 联合国教科文组织(UNESCO)的核心素养

1. 联合国教科文组织(UNESCO)核心素养的发展沿革

联合国教科文组织(United Nations Educational, Scientific and Cultural Organization,缩写为 UNESCO)是联合国教育、科学及文化组织的简称。该组织于 1945 年 11 月 16 日正式成立,总部设在法国首都巴黎,现有 195 个成员,是联合国在国际教育、科学和文化领域成员最多的专门机构。UNESCO 旨在通过教育、科学和文化促进各国合作,对世界和平和安全做出贡献,其主要机构包括大会、执行局和秘书处。

实际上,仅靠政府层面的政治和经济发展并不足以确保人民的持久和真正的和平。真正的和平必须要建立在对话、相互理解、智力和道德团结的基础之上。尤其是以种族主义和反犹太主义暴力为标志的第二次世界大战的爆发,使得全世界各国生灵涂炭,民不聊生。为了促进人道主义的发展,联合国教科文组织得以成立,旨在帮助人们过上没有仇恨和相互宽容的全球公民生活。基于此,联合国教科文组织努力发展教育,希望使每个儿童和公民都能接受高质量的教育,并进而实现不同文化的平等。联合国教科文组织非常注重各国之间的联系,通过制定促进科学发展的方案和政策,构建合作交流的平台,在言论自由中实现民主和发展的基本权利。联合国教科文组织自成立以来,虽然国际社会已经取得了重大进步和发展,但其所面临的挑战和任务与以往一样严峻,如文化多样性不断受到攻击、新的发展范式不被容忍、拒绝接受科学事实、言论自由受到威胁和挑战、和平与人权任重道远等。为了解决这些问题,联合国教科文组织不断地重申教育、科学和文化的人文使命,尤其是呼吁构建整体而人性化的优质教育,在促进人类发展的道路上不断探索。

为了促进教育的高质量发展,早在1972年,联合国教科文组织就在《学会生存》(Learning To Be)一书中提出了"教育发展的目标是人的完整实现"的观点,旨在提倡使教育成为包括学生和成人在内的每个公民实现全面发展的内在财富。1996年,联合国教科文组织发布了《学习:财富蕴含其中》(Learning: The Treasure Within)的报告,提出将终身学习作为所有教育改革与发展的总体指导思想和纲领,强调个体应该在一生中进行持续性的学习,这样才能更好地实现人生价值和意义。正是基于终身教育的思想,为了更好地界定公民在21世纪应该具备的基本素质,联合国教科文组织提出了终身学习的五大支柱,即学会求知、学会做事、学会共处、学会发展和学会改变。其中,学会求知包括学会学习、注意力、记忆力、思考力等指标;学会做事包括职业技能、社会行为、团队合作、创新进取、冒险精神等指标;学会共处包括认识自己的能力、认识他人的能力、同理心、实现共同目标的能力等指标;学会发展包括促进自我的精神、丰富的人格特质、多样化表达能力、责任承诺等指标;学会改变包括接受改变、适应改变、主动改变、引领改变等指标。上述终身学习的五大支柱以及相应的指标可以视作联合国教科文组织核心素养的雏形。

在进入21世纪之后,时代的快速发展使得教育面临着更多的挑战,个体应该具备哪些能力才能更好地适应社会的需求,这一问题引起了世界各国的高度重视。基于此,联合国教科文组织又发起了"21世纪的教育",并提出要"重新思考教育"(rethinking education)。2004年,联合国教科文组织提出教育质量框架和支持有质量教育的10个关键方面的标准,并将学习结果作为其中的一个重要方面;2004年,联合国教科文组织出版了《发展教育的核心素养:来自一些国际和国家的经验和教训》一书,指出核心素养是使个人过上他想要的生活和实现社会良好运行所需要的素养;2010年,联合国教科文组织启动了基础教育质量分析框架项目,该框架将素养作为其中的重要组成部分;2012年,联合国教科文组织发布的《全民教育全球监测报告2012》探讨了如何建立能力发展改进计划,增加年轻人获得体面的工作和更好的生活的机会;2013年,为了评价联合国《千年发展目标》到2015年计划结束之时全球教育的质量,联合国教科文组织统计研究所和布鲁金斯学会普及教育中心共同研制并发布了《学习力的指标任务》(the Learning Metrics Task Force)报告[1]。该报告充分借鉴了UNESCO已有的研究成果,并结合了对21世纪素养的研究,提出了联合国教科文组织的核心素养体系。

2. 联合国教科文组织(UNESCO)核心素养的框架体系

联合国教科文组织的核心素养包括身体健康、社会情绪、文化艺术、文字沟通、学习方式与认知、数字与数学、科学与技术七个领域,每个领域又覆盖了幼儿、小学和中学三个学段,分别对应0—8岁、5—15岁和10—19岁。

表4-5 联合国教科文组织核心素养的框架体系[2][3]

学习领域	内涵	幼儿阶段学习指标	小学阶段学习指标	中学阶段学习指标
身体健康	儿童和青年能够合适地运用身体,发展运动控制力,对于营养、运动、健身以及安全等方面具备一定的知识并能付诸行动	身体健康与营养、健康知识与实践、安全知识与实践、大运动、精细动作与感知动作技能	身体健康与卫生、食物与营养、体育运动、性健康	健康与卫生、性健康与生理教育、疾病预防
社会情绪	儿童和青年能发展和保持与成年人和同伴的关系,懂得如何看待自己和他人	自律、社会关系与行为、自我概念与自我效能、同情心、情绪意识、解决冲突、道德价值	社会与集体价值、公民价值、精神健康	社会科学、道德伦理价值、毅力和抗压性、积极的自我和他人观念、参与公民活动、领导力、社会意识
文化艺术	能够创造性地表达,包括音乐、戏剧、舞蹈、视觉、媒体、文学艺术或其他创造性活动。同时,了解家庭、学校、社区以及国家的文化危险	艺术创作、自我认同和群体认同、多元意识和对多元的尊重	艺术创作、了解文化	艺术创作、学习研究文化

---

[1] 张娜.联合国教科文组织的核心素养研究及其启示[J].教育导刊,2005(7):93—96.
[2] 林崇德.21世纪学生发展核心素养研究[M].北京:北京师范大学出版社,2016:42—53.
[3] UNESCO Institute for Statistics (Montreal), Centre for Universal Education at Brookings. Learning Metrics Task Force. Toward Universal Learning: What Every Child Should Learn [EB/OL]. http://www. brookings. edu/~/media/Research/Files/Reports/2013/02/learning% 20metrics/LMTFRpt1TowardUnivrslLearning.pdf.

续 表

学习领域	内涵	幼儿阶段学习指标	小学阶段学习指标	中学阶段学习指标
文字沟通	能够在社会生活世界中运用第一语言进行交流,包括听、说、读、写,并能听懂或读懂各种媒体的语言	接受语言、表达语言、词汇、认识图标	口语流畅、口语理解、阅读流畅、阅读理解、感受词汇、表达词汇、书面表达和写作	听、说、读、写
学习方式与认知	学习者投入、参与学习的过程就是学习方式,认知则是指通过各种方式开展的心理过程	好奇与参与、坚持与专注、独立与主动、合作、创造性、推理与问题解决、早期批判思维技能、符号陈述	坚持与专注、合作、独立自主、知识、理解、运用、批判性思考	合作、自我指导、学习导向、坚持、问题解决、批判性策略、灵活弹性、创造性
数字与数学	能广泛地运用数字与数量语言的科学来描述和表征在生活中所观察到的现象	数字意识与运算、空间意识与几何、类比与分数、测量与比较	数字概念与运算、几何与类比、数字运用	数字、代数、几何、日常运算、个人财政、知情消费者、数据和统计
科学与技术	科学素养指掌握包括物理和一般真理在内的具体科学知识或知识体系;技术素养则是要求开发或运用技术来解决问题	提问技术、认识自然和物理世界、技术意识	科学提问、生命科学、物理科学、地球科学、数字技术的意识与运用	生物、化学、物理、地球科学、科学方法、环境意识、数字化学习

二、发达国家的典型核心素养分析

(一) 美国的核心素养

1. 美国核心素养的发展沿革

提高全球竞争力是当前世界各国普遍关注的焦点,尤其是在"地球村"的大背景下,谁拥有强大的竞争力谁就可以引领世界的发展。美国作为当今世界上最为发达的国家,其长期在各个领域保持国际领先地位,而如何实现这种领先地位的可持续性是美国密切关注的话题。实际上,当今世界的竞争归根到底是科技的竞争,而其背后的本质是人才的竞争,即人力资源的素质在某种程度上决定着一个国家的竞争力。基于此,美国很早就开始探索高质量的人力资源应该具备何种素养的问题。

1990年,美国劳工部组织成立了一个名为"职场基本素养达成秘书委员会"(Secretary's Commission on Achieving Necessary Skills,即SCANS)的组织,旨在探索职场人士获得成功所需要的素养。1991年,该委员会发布了《职场对学校要求》(What Work Requires of Schools),这一报告提出了美国职场基本素养的五大指标,即管理资源、人际素养、信息素养、系统化素养、技术素养,每个指标分别包含相应的二级指标。众所周知,个体职场素养的养成与学生时代所接受的教育质量密切相关,基于此,SCANS又提出了学生基本素养指标体系,包括基本技能、思维素养、个人特质等三个一级指标和相应的十六个二级指标。在此基础上,美国国家素养研究院又于1994年启动了"为未来而准备"的项目,并于1996年颁布了成人核心素养指标体系,包含沟通技能、决策技能、人际技能、终身学习技能等四类技能以及十六个具体的指标。上述这些关于职场人士、学生和成人的素养指标体系,为美国21世纪核心素养指标体系的研究奠定了坚实的基础。

为了对所有学生在学校学习、职业生涯和社区生活中取得成功所需的能力、技能和知识进行界定,2002年,美国在联邦教育部的领导下联合如苹果、微软、全美教育协会等有影响力的私有企业和民间研究机构,一同成立了"21世纪技能伙伴协会"(简称P21),这是一个由世界领先的企业、大学和非政府组织等联合发起的一个机构。该机构在广泛征求各组织和民众意见的情况下,开始系统地研究适应知识经济时代所需要的技能。随后,由教育工作者、教育专家和商业领袖投入开发并最终提出了著名的、具有代表性的"21世纪学习体系",用来说明学生在工作、生活和公民能力等方面需要的技能、知识和必要的知识系统,使他们最终能得以成功。[1] 该体系包括三部分,提出了学生应该具备的学习结果,即三类核心素养,包括学习与创新素养,信息、媒介与技术素养,生活与职业素养。为了达成这三类素养,就要求学生必须要通过具体的核心学科学习,如英语、阅读和语言艺术、外语、艺术、数学、经济、科学、地理、历史、政府与公民等;同时,还必须要通过跨学科的学习,实现全球意识、理财素养、公民素养、健康素养、环保素养等21世纪主题的发展,与核心科目一起为学生达成三类核心素养奠定基础。此外,为了支持21世纪学习结果的实现,

---

[1] 刘畅,王书林.美国21世纪核心素养框架要素的探析与启示[J].教育评论,2018(9):154—158.

还在学习体系中创造性地提出了学习支持系统,即强调通过知识、技能和技术与现实世界的联系让学习者参与学习,使学习更有针对性、个性化和吸引力。这些支持系统包括四个方面,即 21 世纪的标准与评价、21 世纪的课程与教学、21 世纪的教师专业发展和 21 世纪的学习环境。

2. 美国核心素养的框架体系

在美国 21 世纪学习框架体系中,核心素养(即学习结果)共包括学习与创新素养,信息、媒介与技术素养,生活与职业素养三个方面,以及 11 个具体的核心素养指标,针对每个指标又提供了详细的内涵解释。

表 4-6　美国 21 世纪核心素养的框架体系[①]

核心素养	指标	内涵
学习与创新素养	创造力与创新	在工作中展现创造和发明才能;能提出和实施新的想法,并把新想法传播给他人;对新的、不同的观点持开放的态度并积极回应;能实施有创意的设想,为发生革新的领域做出具体的、有益的贡献。
	批判思维与问题解决	能运用正确的推理来理解事物;能做出复杂的选择和决定;能理解系统之间的相互联系;能提出并确定有意义的问题,以澄清各种观点,求得更好的解决办法;能界定、分析和综合信息,用以解决与回答问题。
	交流沟通与合作	能够用口头和书面的方式,清楚有效地表达设想和观点;能展现与不同团队有效合作共事的能力;有灵活性,为了达到共同的目标愿意做出必要的妥协;能协同工作,共同承担责任。
信息、媒介与技术素养	信息素养	能有效地获取有用信息,能批判地评估信息,能准确有创意地使用信息处理面对的问题或事件;对信息获取和使用的道德和法律问题有基本的理解。
	媒体素养	了解媒体信息的构成、目的、特点和惯例,以及使用的工具;研究如何以不同的方式解读信息,用正确的价值观看待信息而不被媒体的其他因素影响;对信息获取和使用的道德或法律问题有基本的理解。
	通信技术素养	合理使用数码技术、通讯工具和用网络来访问、管理、整合、评估及创建信息,以便在知识经济中发挥功能;能将技术作为一种工具用于研究、组织、评估和沟通信息,并对围绕信息获取和使用的道德或法律问题有基本的理解。

---

① 林崇德.21 世纪学生发展核心素养研究[M].北京:北京师范大学出版社,2016:78—79.

续 表

核心素养	指标	内涵
生活与职业素养	灵活性与适应性	能适应不同的角色和职责;能在复杂和多变的环境中有效地工作。
	主动性与自我导向	能监控自己的理解和学习需求;不满足于对基本技能和课程的掌握,探索和扩大自己的学习和机会以获得专业知识;展现想要提高技能以达到专业水平的主动性;在没有直接监督的情况下,能(独立自主地)界定任务、确定其优先顺序,并完成任务;能有效利用时间,合理安排学习;展现对于终身学习的信奉。
	社会与跨文化素养	能与其他人和谐高效地工作;能适时地利用集体的智慧;能接受文化差异、使用不同的视角,提高创新性和工作质量。
	创作与责任	能设定并努力达到高标准、高目标,按时完成高质量的工作;展现勤奋和积极的工作态度,如准时和信誉。
	领导与负责	通过人际交往和解决问题,影响和引导他人朝着目标努力;利用他人所长,实现共同的目标;表现出诚信和道德的行为;行动富有责任心,铭记社会的总体利益。

(二) 澳大利亚的核心素养

1. 澳大利亚核心素养的发展沿革

澳大利亚是南半球经济最发达的国家,同时也是全球第 12 大经济体,实现了连续 26 年的经济增长。[①] 该国非常重视人力资源质量对经济发展的推动,而这种思维也长期体现在澳大利亚的教育改革之中,即探索个体应该具备的通用技能和就业技能,而这些都可以看作是对核心素养的关注。实际上,大量的研究资料表明,澳大利亚也是关注和研究核心素养比较早的国家之一。

许营营的研究指出,澳大利亚对核心素养的探索经历了三个阶段,即核心素养早期概念探索阶段(20 世纪 80 年代中期到 90 年代初);核心素养中期扩展阶段(20 世纪 90 年代中后期到 21 世纪初);核心素养成熟与推广阶段(2008 年至今)。总体而言,自 20 世纪 80 年代至今,经过工商业团体、研究机构、国家教育部门等的共同努力,澳大利亚核心素养的框架不断调整、内容要素不断

[①] 韦姣.以成长促发展:澳大利亚教育改革新动向[J].世界教育信息,2019(1):68—71.

完善,由早期的注重"硬技能",如收集、获取、运用信息的能力,转变为日益重视与情感、态度和理解力等相关的"软技能",并最终扩展为国家课程中个体终身发展所需的一套知识、技能和理解。①

首先,在核心素养的早期概念探索阶段,三个委员会做出了积极的尝试。1984年8月14日成立的梅尔委员会(Quality of Education Review Committee,即教育质量审查委员会)主要目标是审查澳大利亚中小学教育的有效性,从而为政府的教育战略制定、资金投入等提供依据。该委员会认为应该根据教育的结果对教育的有效性进行评估,并进而在1985年从学生理想的学习结果的角度界定了五项一般素养(general competencies),即获取信息的能力、传递信息的能力、运用逻辑进行思考、独立完成任务、合作完成任务。② 随后,芬恩委员会(Australian Education Council, Finn Review Committee)意识到随着全球竞争的日益激烈,人们应该要具备多元化的技能,从而适应更加复杂的社会。该委员会提出了语言和沟通能力(掌握听说读写能力并能够获取和使用信息)、算术(学会测量计算并理解数学符号)、科学技术理解力(理解科技概念及其对社会的影响,掌握必备的电脑操作技能)、文化理解力(知晓并理解澳大利亚历史、地理和政治环境,关注全球主要问题,如国际竞争、科技和社会热点议题,理解工作重要性和需求)、问题解决能力(具备分析问题、批判与创新思考,制定决策以及迁移技能)、个人和人际技能(自我管理与计划包括职业规划、协商和团队合作技能、主动性与领导能力、适应变化、自尊、道德)等六项核心素养③,认为一个公民如果能够具备这些素养,将在就业和生活中获得巨大优势。在芬恩委员会的基础上,迈耶委员会于1992年进一步提出了七项关键能力(见表4-7),迈耶委员会所做的工作在澳大利亚核心素养发展过程中起到了举足轻重的作用,其报告也被国内外公认为澳大利亚核心素养发展的里程碑式文件。

---

① 许营营.澳大利亚"核心素养"的发展历程及培育路径[D].上海:华东师范大学,2020:Ⅰ-Ⅵ.
② Karmel. Quality of Education in Australia: Report of the Review Committee [R]. Canberra: AGPS, 1985.
③ Finn. Young People's Participation in Post-compulsory Education and Training [R]. Canberra: Australian Government Publishing Service, 1991: 58.

表 4-7 澳大利亚迈耶委员会的七项关键能力[①][②]

关键能力	内涵
收集、分析与组织信息的能力	储存信息、转换信息、获取信息、选择信息以及有效地传递信息,并对信息进行评估。
沟通观念与信息的能力	运用说、写、绘图以及其他非口头表达方式与他人进行有效沟通。
计划及组织活动的能力	组织、计划个人工作与生活的能力,包括有效利用时间及资源、排列优先级并检验取得的成果。
与他人或团体合作的能力	有效与他人互动,包括与个人及团体互动,了解并反映他人需求,有效与团队进行协作达成共同目标。
使用数学思想和技术的能力	能够运用数学思想(数字、空间)以及其他估算、推测近似值等实用技巧。
问题解决能力	在问题及解决方案明晰以及不明晰(需要批判性思考及创新思考)的情况下都能有目的地去运用问题解决能力。
运用科技的能力	具有结合生理和感官去应用科技的技能,通过实际操作理解科学技术规律。

其次,在核心素养的中期扩展阶段,主要原因是随着社会的发展和职场需求的变化,越来越多的人呼吁更新迈耶委员会提出的核心素养。基于此,艾伦咨询集团(Allen Consulting Group)通过广泛的调查和访谈,于 1999 年提出了个体应该具备的三种就业技能,即基础知识与技能(读写、计算、信息科技能力、理解系统关系)、人际关系技能(交流、团队合作、客户服务、项目和个人管理)、个人特质(学习能力、乐于改变、独立解决问题和推理能力、实践能力和商业头脑)[③],从而将个人特质纳入核心素养的范畴。与此同时,澳大利亚 1999 年发布的《21 世纪国家教育目标》(*National Goals for Schooling in the Twenty-First Century*,也称阿德莱德宣言)也提出了在学校领域应该发展的八项"通用就业技能"(generic employability skills)。在这些工作的基础上,澳

---

① 许营营. 澳大利亚"核心素养"的发展历程及培育路径[D]. 上海:华东师范大学,2020:46.
② Mayer. Key Competencies: Report of the Committee to Advise the Australian Education Council and Ministers of Vocational Education, Employment and Training on Employment-related Key Competencies for Post-compulsory Education and Training [R]. Melbourne: Sands and Mc Dougall Printing Pty Ltd.,1992:3.
③ Group A C, Group A. I. Training to compete: the training needs of industry: report to the Australian Industry Group [R]. The Allen Consulting Group Pty Ltd,1999:xi.

大利亚工商会(ACCI)和商业委员会(BCA)委任澳大利亚教育研究委员会(ACER),推出了新的能力框架,该框架包括八项技能和一些个人特质。其中,八项技能包括:沟通、团队合作、问题解决、自我管理、计划和组织、运用技术、创新创业以及学习技能;个人特质包括:忠诚、义务、热情、诚信可靠、有常识、积极的自尊、幽默、平衡工作和家庭的态度、处理压力的能力、动机和适应性等。① 至此,澳大利亚核心素养的基本框架已经形成,后期虽然有所调整,但大的框架结构未出现变化。

最后,在核心素养的成熟与推广阶段,一系列报告起到了推波助澜的作用。2007年,澳大利亚教育、就业、培训与青年事务部部长理事会发布了《澳大利亚未来的学校教育》(The future of schooling in Australia)的报告,提出要通过课程来发展高质量的教育;在此基础上,澳大利亚于2008年发布了《墨尔本宣言》(Melbourne Declaration on Educational Goals for Young Australians),将澳大利亚学校教育总目标设定为:澳大利亚致力于实现公平和卓越的学校教育,使所有澳大利亚青少年成为成功的学习者、自信且富有创造力的个体以及积极明智的公民②,从而进一步明确了成功的学习者应该具备的能力。基于上述工作,澳大利亚于2009年成立官方课程机构"澳大利亚课程评估与报告局"(ACARA),颁布了有史以来的第一份国家统一的课程标准,该标准包含学科基础的学习领域、作为21世纪重要技能的通用能力(general capabilities)、跨学科主题。其中,通用能力包括七项,被视作当今澳大利亚的核心素养。

2. 澳大利亚核心素养的框架体系

如前所述,澳大利亚的核心素养来源于"澳大利亚课程评估与报告局"(ACARA)颁布的国家课程标准,包括读写能力、计算能力、信息与通信技术(ICT)能力、批判和创新思考能力、个人与社会能力、伦理理解能力、跨文化理解力,这七项通用能力分别包含相应的具体要素(见表4-8),从而构成七个学习连续体。在澳大利亚的通用能力中,涵盖了知识、技能、行为和品性等要素,只有当学生在复杂多变的环境中自信、有效、恰当地运用这些知识和技能时,才能在学校学习和校外生活中发展这些能力。基于此,这些通用能力在澳大

---

① ACCI, BCA. Employability Skills for the Future [R]. Canberra: Department of Education, Science and Training, 2002: 45-47.
② 许营营. 澳大利亚"核心素养"的发展历程及培育路径[D]. 上海: 华东师范大学, 2020: 53.

利亚课程中发挥着重要作用,能够帮助澳大利亚的年轻人在 21 世纪成功地生活和工作。

表 4-8 澳大利亚通用能力框架体系①

通用能力	构成要素	掌握后学生将能够
读写能力	通过听、读和看来理解文本	• 导航、阅读和查看学习文本 • 听并回答学习的课文 • 解释和分析学习文本
	通过说、写和创造来撰写文本	• 撰写口语、书面、视觉和多模式学习区文本 • 使用语言与他人互动 • 发表演讲
	文本知识	• 运用文本结构知识 • 运用语篇衔接知识
	语法知识	• 运用句子结构知识 • 运用单词和词组知识 • 表达意见和观点
	单词知识	• 了解学习领域词汇 • 运用拼写知识
	视觉知识	• 了解视觉元素如何创造意义
计算能力	用整数估计和计算	• 在上下文中理解和使用数字 • 估算和计算 • 用钱
	识别与使用模式和关系	• 识别趋势,描述和使用广泛的规则和关系来继续和预测模式
	使用分数、小数、百分比、比率和比率	• 解释比例推理 • 应用比例推理
	使用空间推理	• 可视化二维形状和三维对象 • 解释地图和图表
	解释统计信息	• 解释数据显示 • 解释偶然事件
	使用测量	• 使用公制单位进行估算和测量 • 使用时钟、日历和时间表进行操作

① Australian Curriculum, Assessment and Reporting Authority (ACARA). General capabilities [EB/OL]. https://www.australiancurriculum.edu.au/f-10-curriculum/general-capabilities/.

续 表

通用能力	构成要素	掌握后学生将能够
信息与通信技术(ICT)能力	在使用信息与通信技术时应用社会和道德规范和实践	• 承认知识产权 • 应用数字信息安全实践 • 应用个人安全协议 • 确定信息与通信技术对社会的影响
	使用信息与通信技术进行调查	• 定义和计划信息搜索 • 定位、生成和访问数据和信息 • 选择和评估数据和信息
	使用信息与通信技术进行创造	• 产生想法、计划和流程 • 为挑战和学习领域任务制定解决方案
	使用信息与通信技术进行交流	• 协作、共享和交流 • 了解以计算机为媒介的通信
	管理和运营信息与通信技术	• 选择和使用硬件和软件 • 了解ICT系统 • 管理数字化数据
批判和创新思考能力	询问、识别、探索和组织信息与想法	• 提出问题 • 确定并澄清信息和想法 • 组织和处理信息
	产生想法、可能性和行动	• 想象各种可能性并将想法联系起来 • 考虑替代方案 • 寻求解决方案并将想法付诸行动
	反思思维和过程	• 对思考的思考(元认知) • 反思流程 • 将知识转移到新的环境中
	分析、综合和评估推理和程序	• 运用逻辑和推理 • 得出结论并设计行动方案 • 评估程序和结果
个人与社会能力	自我意识	• 识别情绪 • 认可个人品质和成就 • 作为学习者了解自己 • 开展反思练习
	自我管理	• 适当表达情绪 • 培养自律并设定目标 • 独立工作并表现出主动性 • 变得自信、适应力强、适应性强

续 表

通用能力	构成要素	掌握后学生将能够
个人与社会能力	社会意识	• 欣赏不同的观点 • 为公民社会做出贡献 • 了解人际关系
	社会管理	• 有效沟通 • 协同工作 • 做出决定 • 谈判和解决冲突 • 培养领导技能
伦理理解能力	理解伦理概念和问题	• 认识道德观念 • 在情境中探索伦理概念
	决策和行动中的推理	• 推理并做出合乎伦理的决定 • 考虑后果 • 反思伦理行为
	探索价值、权利和责任	• 价值审查 • 探索权利与责任 • 考虑观点
跨文化理解力	承认文化和培养尊重	• 调查文化和文化身份 • 探索和比较文化知识、信仰和实践 • 尊重文化多样性
	与他人互动和感同身受	• 跨文化交流 • 考虑并发展多种观点 • 同情他人
	反思跨文化体验并承担责任	• 反思跨文化体验 • 挑战刻板印象和偏见 • 调解文化差异

（三）日本的核心素养

1. 日本核心素养的发展沿革

日本是一个国土面积狭小、自然资源严重不足的岛国，该国频繁发生的地震、台风、核泄漏等事故，使得对日本国民的生存能力提出了较高的要求。近年来，随着日本出生率下降和人口老龄化现象严重，日本劳动力人口正在逐步减少。劳动力人口的减少导致日本国内的消费需求减弱及生产力降低，给日本经济社会发展带来了一系列问题。为了解决这一问题，保持经济增长，日本寄希望于通过提升教育质量及倡导终身学习提高每个人的工作能力和劳动生产力。基于此，能力培养成为日本中小学教育的重点，在教育的实施过程中，特别强调培养学生的学习能力、思考能力、判断能力和表现能力，培养学生活用基本知识与技能解决实际问题的能力。[①] 实际上，为了应对上述问题，日本早在20世纪90年代后期就提出要培养年轻一代适应信息化、国际化社会的能力，即生存能力。为了提高日本民众的生存能力，日本开展了多轮教育改革，其中自2009年开始的新一轮教育改革，为培养适应21世纪社会发展的人才奠定了坚实的基础。

资利萍等人对日本自2009年开始的教育改革历程进行了全面梳理，指出基于2009年的新一轮教育改革，日本国立教育政策研究所启动了"教育课程编制基础研究"项目，该项目的目标是"着眼于社会变化的主要动向，从如何有效地培养今后社会发展所要求的资质和能力为研究重点，得到对将来教育与课程的编制有贡献的指导性意见和基础资料"。2013年3月，国立教育政策研究所公布了"教育课程编制基础研究"项目的第五号报告书——《培养适应社会变化的素质与能力的教育课程编制的基本原理》，该报告书对日本的教育改革提出了三点要求：其一，要明确以培养能够应对社会变化的通用素质和能力为教育目标。其二，要将具备与他人相处关系中解决问题的能力，以及直接与社会生存相关的能力作为教育目标的必要组成部分。其三，素质和能力的培养，需要通过深入的学科知识来支撑。针对以上三点要求，日本正式提出了立足于社会情况与教育背景之下的核心素养——"21世纪型能力"。2015年7月28日发布的第七版《关于教育目标与内容、学习与指导方法、学习评价等方面的补充资料》对"21世纪型能力"进行了补充说明。[②] 上述过程完整地呈现了日本核心素养的发展历程，最终形成的"21世纪型能力"也被视为日本当前的核心素养。

2. 日本核心素养的框架体系

"21世纪型能力"是强调素质与能力兼顾，重在将培养学生的生存能力作为核心的教育理念，共包括思考力、基础力、实践力三个维度（简称"三力"）。

[①] 冯启高. 日本基础教育的特点及改革举措探析[J]. 河南科技学院学报，2020，40(10)：13—18.
[②] 资利萍，戴婉璘. 日本"21世纪型能力"和"21世纪型音乐能力"解析[J]. 中国音乐教育，2018(10)：36—42.

对此,钟启泉教授对日本的"学力"内涵进行了分析,即"通过学习获得的能力"或"作为学业成就表现出来的能力",作为教育科学界定的"学力"概念强调了如下几点:一是"学力"是人通过后天的学习而获得的;二是构成其媒介的是,借以重建人类与民族的文化遗产(科学、技术、艺术的体系)的"学科"与"教材",借助有意图、有计划、有系统的教学活动,而获得的人的能力及其特性;三是作为人类能力的"学力"是同学习者的主体的、内在的条件不可分割的,是在同人类诸多能力及其特性的整体发展的有机关联中形成起来的;四是"学力"是在其客体侧面(作为学习对象的教学内容)与主体侧面(学习主体的兴趣、动机、意志等)的交互作用中,以其"能动的力量",作为主体性、实践性的人的能力而形成起来的。[①]

日本"21世纪型能力"中的三个维度是相互支撑和逐级包含的关系,每个维度又进一步将能力要求进行细化。其中,"基础力"被"思维力"所包含,而"思维力"又被"实践力"所包含(见图4-1)。

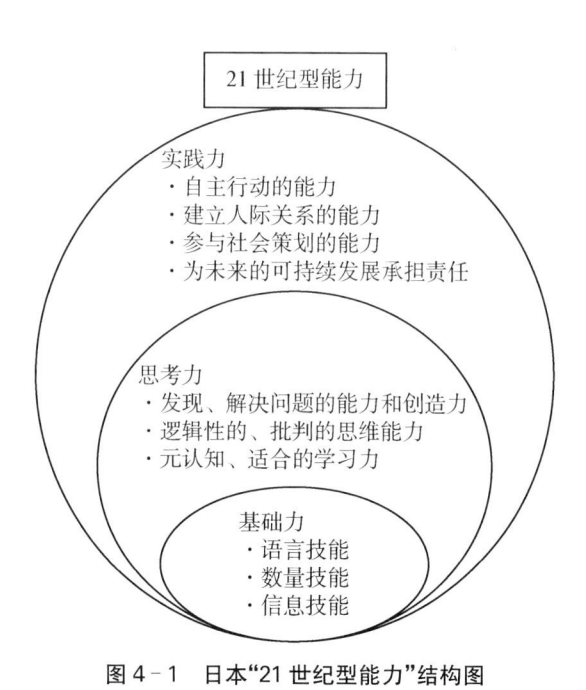

图4-1 日本"21世纪型能力"结构图

其中,"思考力"处于结构图的最中心,包括"发现、解决问题的能力和创造

---

① 钟启泉.基于核心素养的课程发展:挑战与课题[J].全球教育展望,2016,45(1):3—25.

力""逻辑性的、批判的思维能力"和"元认知、适合的学习力"三个方面。由此可知,日本非常注重培养学生的思维能力,即要求个体在工作、学习、生活中遇到问题要多思考,通过分析、综合、概括、抽象、比较、具体化和系统化等一系列过程,对感性材料进行加工并转化为理性认识以解决遇到的问题。"思考力"的培养,有助于个体形成自我意识和独特的价值观,从而对个体的发展产生引领作用。

"基础力"对"思考力"起着支撑作用,包括语言技能、数量技能和信息技能,这是个体应该具备的一些工具性能力。在面对复杂的社会时,如若个体不具备一些基本的听、说、读、写、算等基本技能,将无法在社会上生存。只有具备了这些基础能力,才能为思考能力的发展奠定基础,从而推进思考能力的形成与提升。

"实践力"处于结构图的最外层,包括"自主行动的能力""建立人际关系的能力""参与社会策划的能力"和"为未来的可持续发展承担责任"。实际上,"实践力"的形成使得个体具备了自我选择和自我行动的能力,通过形成人际关系、参与社会策划和促进未来发展,有助于个体在社会中形成实实在在的行为,将理论设想转化为实践行动,从而去面对现实的复杂社会,以更好地适应21世纪的社会需求,成为"适应21世纪生活的日本人"。

第二节 国际上典型的体育学科核心素养分析

由于学科核心素养是对普适层面的核心素养的学科化,即使个别国际组织或国家在核心素养中也涉及到了体育与健康的相关元素,但真正意义上的体育学科核心素养则是指独立于核心素养之下的具有体育学科特色的体系。从当前世界各国的情况来看,绝大部分发达国家都在本国的体育与健康课程标准中提出了体育学科核心素养,虽然在表述上并非全部使用核心素养的称谓,诸如能力、技能等,但实质上均是指向核心素养。[1] 从各国体育课程标准中所涉及到的学科核心素养来看,主要有三种形态,即"通用学科核心素养+跨学科核心素养+体育学科核心素养""通用学科核心素养+体育学科核心素养"和"体育学科核心素养"。[2]

---

[1] 季浏,尹志华,董翠香.国际体育与健康课程标准解读[M].上海:华东师范大学出版社,2018.
[2] 尹志华,孙铭珠,汪晓赞.核心素养视域下发达国家体育课程标准比较与发展趋势分析[J].天津体育学院学报,2020,35(6):626—632.

一、主要发达国家的体育学科核心素养

（一）澳大利亚

澳大利亚自 2008 年颁布《墨尔本宣言》以来，将学习领域、通用素养（general capabilities，或称之为"通用能力"）和跨学科素养作为国家课程设计的基础，从此拉开了澳大利亚新一轮课程改革的帷幕。2015 年 9 月，澳大利亚国家课程标准（F[①]-10）颁布，而健康与体育课程则是澳大利亚国家课程的八大学习领域之一。同时，澳大利亚教育委员会也于 2015 年 9 月份颁布了《澳大利亚课程：健康与体育（F-10）7.5 版》。经过短时间的初步实施、反馈与修订，澳大利亚教育委员会于 2016 年 6 月通过了《澳大利亚课程：健康与体育（F-10）8.2 版》，该版本精简了整个课程标准的呈现方式，增强了对核心素养的关注，提升了课程标准本身的可操作性与管理性。[②]

在《墨尔本宣言》的指导下，澳大利亚非常强调通用学科核心素养和跨学科核心素养在健康体育课程中的渗透，因此，其体育学科核心素养的形成以通用素养和跨学科素养为指引，因而形成了典型的"通用学科核心素养＋跨学科核心素养＋体育学科核心素养"的三元架构形态。其中，通用学科核心素养包含读写能力、计算能力、信息与通信技术（ICT）能力、批判和创新思考能力、个人与社会能力、伦理理解能力、跨文化理解力七个方面，而跨学科核心素养则包括原住民与托雷斯海峡岛民的历史文化、亚洲及澳亚关系、可持续性三个方面，由此而引出来的体育学科核心素养非常强调培养学生的健康素养，即体育学科核心素养要和其他学科的核心素养一起，共同为培养学生的通用学科核心素养和跨学科核心素养做出独特贡献。

从表 4-9 可知，在澳大利亚国家课程标准中，强调七大通用素养横贯各学科，由各学科合力促进通用素养的落地。但由于学科特点不同，各门学科对通用素养各维度的贡献率有所侧重。鉴于健康与体育课程自身的特点和价值，其对通用素养各维度的价值体现也有所区别。不论体育课程在落实通用

[①] F，即 Foundation，中文可翻译为预备班，在澳大利亚指的是介于幼儿园和小学一年级之间的预备年级。
[②] 刁玉翠，李梦欣，党林秀，董翠香．澳大利亚健康与体育课程标准解读［J］．体育学刊，2018，25（2）：85—90．

学科核心素养各个维度的价值如何,通用学科核心素养在体育课程中的渗透却很好地体现了,并进而影响了体育学科核心素养的形成。

表 4-9 健康与体育课程对通用素养各维度的不同体现①

通用素养维度	不同学科对通用素养各维度价值体现	健康与体育课程在各维度的价值排序
个人与社会	**健康与体育**、艺术、语言、技术、人文与社会、英语、科学、数学	1
伦理理解	人文与社会、技术、**健康与体育**、艺术、语言、科学、英语、数学	3
批判与创新思考	人文与社会、艺术、技术、**健康与体育**、英语、语言、数学、科学	4
跨文化理解	语言、艺术、人文与社会、**健康与体育**、英语、技术、科学、数学	4
计算	数学、人文与社会、技术、科学、艺术、**健康与体育**、英语、语言	6
读写	英语、语言、人文与社会、艺术、技术、**健康与体育**、数学、科学	6
信息与通信技术	技术、艺术、人文与社会、数学、英语、科学、**健康与体育**、语言	7

(二) 英国

英国国家课程标准(The National Curriculum in England)是为了让英国所有中小学生学习同样内容而设定的一些学科和标准。自 1988 年《教育改革法》要求设立国家课程标准以来,在近三十年期间历经了数次修订与完善,先后颁布了 1991 年版、1995 年版、1999 年版、2008 年版(适用于中学阶段)和 2013 年版等五个版本的国家课程标准。每一个版本的国家课程标准的形成都是在特定历史和社会发展背景下产生的。而在国家课程标准之下,体育课程作为英国国家课程中的学科课程之一,也形成了上述多个版本的学习纲要(Programme of Study)。2013 年版英国国家课程标准将体育课程列为基础学

---

① 韩改玲,朱春山,崔洁,朱美珍.澳大利亚通用素养在健康与体育课程中的实施路径及启示[J].体育学刊,2020,27(4):111—116.

科之一,并对体育课程提出了新的要求。即当前英国不再存在单独的体育课程标准,而是颁布一个全面的国家课程标准,使得体育课程成为重要组成部分,而这种形态就决定了英国的体育学科核心素养必然要受到通用学科核心素养的影响。[①]

英国的学科通用核心素养主要包括全纳性教育、计算与数学、语言与读写等三个方面。其中,全纳性教育包含两个方面:一是设置合适的挑战,二是满足学生的需要,克服潜在困难;计算与数学包括:学生对数学的熟练程度、计算与推理能力、用数学解决问题的能力、数据分析能力等;语言与读写包括:口语、阅读和写作、词汇发展等。

基于国家课程标准,提出了英国学生经过体育学习之后应该具备的四条能力性的目标:①发展多种身体活动能力;②保持长时间持续性的体力活动;③参与竞争性的体育运动和活动;④形成健康、积极的生活方式。这四条能力性的目标可以看作是英国体育学科核心素养,即身体活动能力、体能、参与竞争、健康积极的生活方式。

(三) 新西兰

新西兰最新一轮的课程改革起源于1992年推行的"结果导向"的课程改革,而此次改革又是在新西兰教育部提出"成就促进政策"(Achievement Initiative Policy)基础上启动的。1993年,新西兰颁布了《新西兰国家课程框架》[②],并于1999年出台了《新西兰健康与体育课程标准》[③]。1999年的健康与体育课程取代了原有的健康教育、体育教育和家政学三门课程的教学大纲,并将三门课程整合在一起形成了健康与体育课程。2007年,新西兰颁布了新的国家课程标准,将所有学科整合在一起形成整体的课程标准,即每个学科不再发布单独的课程标准。

因此,新西兰目前最新的《健康与体育课程标准》是2007年的修订版,它是在对1999年版课程标准进行重大修改和完善的基础上,为所有以英语为教

[①] 董翠香,刁玉翠,党林秀,李梦欣,季浏.英国国家中小学体育课程学习纲要解读及启示[J].成都体育学院学报,2015,41(2):16—21.
[②] 祝怀新,陈娟.新西兰课程改革新动向——新课程计划草案解析[J].基础教育参考,2007(12):37—41.
[③] Ministry of Education. Health and Physical Education in the New Zealand Curriculum [Z]. Wellington: Learning Media,1999.

学语言的学校提供的一个官方声明。相对1999年版单独成文的《健康与体育课程标准》而言,2007版在结构上发生了很大的变化,健康与体育仅作为《新西兰国家课程标准》的学习领域之一,而不再形成单独的文本。也就是说,目前新西兰所有的学科合并在一起形成了《新西兰国家课程标准》,各个学科的课程标准只是其中的一部分。①

由此可知,新西兰与英国的情况非常类似,由于体育学科只是国家课程标准的构成部分,因此体育学科的核心素养也要受到国家通用学科核心素养的强烈影响。新西兰的通用学科核心素养包括思考的能力、运用语言符号和文本的能力、自我管理的能力、与人相处的能力、参与奉献的能力等方面,而体育学科核心素养则聚焦于个人健康和身体发展、运动概念和动作技能、与他人的关系、健康的社区与环境等方面。

(四)美国

学生通过体育教育,应该成为什么样的人?这一问题在20世纪90年代以前,并未有人提及。随着美国学校教育变革的不断发展,教学中"人的成长"问题越来越受到关注。一些专业组织开始思考"什么是受过良好体育教育的个体",即关于学生体育学习结果的问题。为此,美国国家运动与体育教育协会(NASPE)专门成立了"结果委员会"(Outcomes Committee)来予以回答。通过有关"结果项目"(Outcomes Project)的探索,人们对"受过良好体育教育的个体"的定义发展到了顶峰。最早的定义包含以下五个主要方面,即掌握能够展示多种体育活动所需要的技能、身体健康、有规律地参与体育活动、懂得参与体育活动的意义和价值、重视体育活动及其对健康生活方式形成的作用等②。这一定义被拓展为更加详细的20条结果性陈述,之后又进一步发展为特定年级的参照标准样例。NASPE于1992年出版了《高质量体育教育的结果》(*Outcomes of Quality Physical Education Programs*)一书。③ 在这本书出版之后,标准与评价工作小组(Standards and Assessment Task Force)随之

---

① 党林秀,董翠香,季浏.新西兰《健康与体育课程标准》解析及启示[J].成都体育学院学报,2015,41(1):23—30.
② National Association for Sport and Physical Education. Moving into the future: National Standards for physical education: A guide to content and assessment [M]. Reston, VA: Author, 1995.
③ National Association for Sport and Physical Education. Outcomes of quality physical education programs [M]. Reston, VA: Author, 1992.

成立,其目的是为了在结果性文件的基础上开发内容标准和评价材料,逐渐形成美国国家体育课程标准的雏形。之后,NASPE继续大范围地征求美国体育教育工作者、教育行政领导及其他协会的意见,进一步保证对"受过良好体育教育个体"问题探讨的前沿性(cutting-edge)。[①] 直到现在,美国体育教育界对学生体育学习结果的问题仍然在不断争执、探索和更新之中,而这些对学生体育学习结果的探讨则系统地体现在美国国家体育课程标准之中,因而进一步推动了美国国家体育课程标准的可持续发展。

基于此,美国自 20 世纪 90 年代开始,轰轰烈烈地启动了基于标准(standards-based)的教育活动,主要表现为国家颁布不同学科的课程标准,然后在标准的基础上展开规范的教学。[②] 在这场标准化的浪潮中,美国国家运动与体育教育协会(National Association for Sport and Physical Education,简称 NASPE)成立了专门工作小组(Task Force),针对"中小学生通过体育学习应该成为什么样的人"这一问题展开讨论,并在此基础上制定国家体育课程标准。在过去的二十多年中,NASPE 于 1995 年、2004 年和 2013 年先后 3 次颁布并修订了国家体育课程标准,分别是 *Moving into the future：National standards for physical education*（面向未来：国家体育课程标准）(1995 年)[③]、*Moving into the future：National standards for physical education (2nd edition)*（面向未来：国家体育课程标准）（第二版）(2004 年)[④] 和 *National standards & grade-level outcomes for k-12 physical education*（中小学国家体育课程标准与各年级水平学习结果）(2013 年)[⑤]。在 1995 年和 2004 年版本的国家体育课程标准中,虽然呈现了学生体育学习的结果,但并未明确体育学科核心素养的概念。直到 2013 年颁布第三版国家体育与课程标准,才明确提出了核心素养概念,即从"具备体育素养的个体应该如何"的角度出发,将核心素养融入到了国家课程标准之中。美国 2013 年版的国家体育课

[①] 汪晓赞,尹志华,Lynn Dale Housner,黄景旸,季浏.美国国家体育课程标准的历史流变与特点分析[J].成都体育学院学报,2015,41(2):8—15.

[②] Suzan F. Ayers, Lynn D. Housner,梁国立.美国体育教学研究的新进展[J].课程·教材·教法,2006,26(6):93—96.

[③] National Association for Sport and Physical Education. Moving into the future：National Standards for physical education：A guide to content and assessment [M]. Reston，VA：Author，1995.

[④] National Association for Sport and Physical Education. Moving into the future：National Standards for physical education(second edition)[M]. Reston，VA：Author，2004.

[⑤] SHAPE America. National Standards & Grade-Level Outcomes for K-12 physical education [M]. Reston，VA：Author，2013.

程标准共有 5 条标准,这五条标准即可视作美国当前的体育学科核心素养。[①]（见表 4-10）

表 4-10 美国体育学科核心素养

核心素养	具体描述
动作技能	具备体育素养的个体拥有展示多种多样的动作技能和运动形式的能力
知识	具备体育素养的个体能够应用与运动和表现相关的概念、原则、策略和战术类知识
体能	具备体育素养的个体能够达到并保持体育活动和体能的健康水平,展示出相应的知识和技能
个人与社会责任	具备体育素养的个体能够展示出尊重自己和他人的负责任的个人和社会行为
价值认同	具备体育素养的个体能够认同体育活动对健康、快乐、挑战、自我表现和/或社会交往中的价值

（五）法国

体育是法国中小学阶段的重要组成学科之一。但由于在法语中,并没有中文广义层面上的"大体育"与狭义层面上的"小体育"概念的区别,而只有狭义上的体育和运动的概念,且分别对应 éducation physique 和 sport。法国中小学有关体育课程的指导性文件的法文名称为"Programme d'Education Physique et Sportive",可将其翻译为"体育与运动课程纲要"（以下简称《课程纲要》）。《课程纲要》于 2005 年 4 月 23 号颁布（2005—30 号法令）,之后进行了修订。目前法国最新的《课程纲要》于 2010 年颁布,划分为小学阶段、初中阶段与高中阶段,分别具有不同的主旨与内容体系。[②]

在法国的体育课程纲要中,无论是小学阶段还是中学阶段,都非常注重对学生身体能力和品德等方面的培养。其中,身体能力涉及到基本动作技能、专项运动技能等方面,而品德培养涉及到团队意识、社会参与、道德品质等方面。实际上,法国的体育课程纲要中并未明确提出核心素养的概念,但对体育学习

[①] 付凌一,孙铭珠,尹志华.从国家体育学科核心素养到课时学习目标：美国俄亥俄州的案例与特点分析[J].体育教学,2020(1)：70—73.
[②] 高强,季浏.从身体技能到个人德性——法国中小学体育与运动课程大纲评述[J].成都体育学院学报,2015,41(1)：31—35.

结果的描述来看，大部分指向学科核心素养，因此可将法国体育学科核心素养总结为运动技能、个人德性两个方面。

(六) 俄罗斯

20 世纪 90 年代苏联解体之后，俄罗斯在社会政治、经济、文化等各个领域开始了全方位改革。其中最有影响力的事件就是普通教育《国家教育标准》的制定和颁布，它取代了以往苏联时期全国统一的教学大纲和教学计划，并受到了俄罗斯联邦法律的保障。

2004 年，俄罗斯颁布了第一代普通教育《国家教育标准》。第一代标准主要包括三部分内容：教育目标；各学段基础教育纲要必修内容的最低限度；对毕业生培养质量的要求。其在联邦法律水平上保障了学生获取知识的标准。从 2006 年开始，俄罗斯启动了第二代标准的修订工作，与第一代标准将小学、初中、高中合在一起的模式不同，第二代标准按照小学、初中和高中三个学段进行单独设计。2011 年开始在小学开始推行新的教育标准，2012 年开始在初中推行新的教育标准，2013 年开始在高中推行新的教育标准。

俄罗斯在国家层面只颁布宏观的《国家教育标准》，而各个学科的课程标准则由学者制定。比如，体育的课程标准又称之为《体育课程综合示范纲要》。当前，在俄罗斯普通中小学体育学科中，大多数学校使用的是俄罗斯教育科学院利亚赫博士主持编写的《1—11 年级体育课程综合示范纲要》(以下简称《综合示范纲要》)。该《综合示范纲要》包括体育课程任务、体育课程内容与学时、毕业生体能应达到的标准等几个部分，先后进行了多次修订。

在《体育课程综合示范纲要》中，无论是初等普通教育(1—4 年级)、基础普通教育(5—9 年级)和中等(完全)普通教育(10—11 年级)，均非常强调学生在运动认知与理解、运动知识与技能、健康监测与健康行为等方面的学习结果。比如，在小学阶段的学习结果目标：①初步形成体育能够增进身体、社会与心理健康的认知，了解体育对人的发展(身体、智力、情感、社会)的积极影响，知道体育是促进学业水平和社会化发展的积极因素；②学会各种运动项目和体育锻炼技能，包括日常体育锻炼、晨练、休闲娱乐活动和运动竞赛等，养成健康和安全的生活方式；③能够观察和监控自己的身体状况(身高、体重等)、运动负荷和主要的体能(力量、速度、耐力、协调性和灵活性等)。初中和高中阶段也聚焦于这些方面,只是侧重点和要求程度有所区别。①

俄罗斯目前尚未明确核心素养的概念,主要使用"能力"的概念,但从对学生体育学习结果界定来看,已经表达了体育学科核心素养的意思。因此,可将运动认知与理解、运动知识与技能、健康监测与健康行为视为俄罗斯的体育学科核心素养。

(七) 日本

日本基础教育的《学习指导要领》相当于我国的课程标准,大约每10年修订一次。② 面对21世纪新的挑战,日本最近两次对《学习指导要领》的修订分别是1998年(面向2010年)和2008年(面向2020年)。目前,日本针对体育学科的《学习指导要领》已经分别于2011年(小学体育)和2012年(初高中保健体育)正式实施,由此拉开了日本新一轮体育课程改革的帷幕。《学习指导要领》中关于体育教育的内容,决定着日本近10年体育课程改革的基本走向和发展趋势。为持续提供高质量的学校教育,日本政府又于2017年3月完成《中小学体育科学习指导要领》的修订工作并告示全国。③

在日本的中小学学习指导要领中,贯穿整个中小学的总体指导方针是"培养学生终身增进健康、丰富运动生活的能力。加强对学生体育和保健知识的学习指导,促进学生身心健康发展。根据学生生长发育的不同阶段,合理培养学生在社会生活中实际运用所学知识的能力"④。由此可见,日本将"能力"已经完全贯穿于中小学体育课程之中,这种"能力"实际上就是素养的另外一种表达。总体而言,从日本中小学体育课程学习结果的表述来看,非常注重引导学生"热爱运动、增进健康、提高体力",而这可以看作是日本的体育学科核心素养。

(八) 韩国

自二战结束至今,韩国共进行了7次重大的基础教育课程改革,在历次基

---

① 李琳,周泽鸿,季浏.俄罗斯普通教育体育课程标准解读及其启示[J].成都体育学院学报,2015,41(1):42—47.
② 阎智力,王世芳,季浏.日本小学的体育学习指导要领[J].体育科研,2012,33(3):91—95.
③ 刘世磊,黄彦军.日本《义务教育体育科学习指导要领》运动技能课程内容设置对我国的启示[J].体育学刊,2020,27(2):103—109.
④ 季浏,尹小俭,尹志华,周亚茹.日本基础教育体育科《学习指导要领》评述[J].成都体育学院学报,2015,41(2):1—7.

础教育课程改革理念的指导下,韩国的体育课程方案已经历了7次修订。1988年,在韩国第五次课程改革中,体育、美术、音乐被合并为《愉快生活》课,1、2年级的体育教学融合在音、体、美综合教材中[①],并一直持续至今。因此,在之后韩国历次课程修订草案中,体育课程的目标、内容、标准、评价等均从小学3年级开始设置。1997年12月,第7次体育课程改革试图解决以往体育课程改革在课程设置和实施过程中存在的问题,为基础教育课程体系的构建和学生健全人格的发展做出贡献。[②] 2007年、2009年和2015年,韩国分别对第7次课程改革形成的体育课程方案进行了修订,韩国教育部分别将这三次称之为2007年修订时期、2009年修订时期和2015年修订时期。2015年,韩国教育部告示(第2015—74号)颁布了最新版《体育教育课程标准》,其整体课程结构与基础教育改革中的规定和要求一致,包括共同教育课程(3—9年级,即义务教育阶段)[③]和选修教育课程(10—12年级,高中阶段)。[④]

在韩国的体育课程标准中,提出了学生的体育学习结果性目标应该聚焦于健康管理能力、身体锻炼能力、竞技运动执行能力和身体表现能力四个方面,通过提升这四个方面的能力,从而不断提高生活质量。其中,健康管理能力是指谋求个人身体、精神和社会环境健康相协调的能力。身体锻炼能力是指在了解自身身体素质的基础上,通过持续积极地努力实现新目标的能力;通过身体活动提高身体素质,面对困难无所畏惧,以更加高涨的热情面对挑战,不断提高自身的能力和自信心。竞技运动执行能力是指在以游戏、体育等活动为基础的竞争中,以适当的战略和技能达成个人或团体共同目标所具备的能力,主要包括比赛所需的身体技能、策略以及解决相关问题的执行力和判断力。身体表达能力是指以身体和动作为媒介表达自身所想所感所需要的能力,即通过身体动作积极表达内在的感情和想法,使他人产生共鸣的能力,不仅包含以动作为媒介展示具有创意和审美情趣所需要的能力,还包括以身体表达审美、批判所需要的能力。韩国体育课程标准中对四种能力的表述,即可视作韩国体育学科核心素养的四个方面。

---

① 孙启林.韩国基础教育课程改革述评(上)[J].课程·教材·教法,1993(10):59—61.
② 孙启林,杨金成.面向21世纪的韩国基础教育课程改革—韩国第七次教育课程改革评析[J].外国教育研究,2001,28(2):4—9.
③ 朱春山,杨秋颖,崔洁,董翠香.韩国《体育课程标准》中共同教育课程解读及启示[J].北京体育大学学报,2016,39(12):99—111.
④ 杨秋颖,崔洁,朱春山,董翠香,季浏.韩国《体育课程标准》中选修教育课程解读[J].体育学刊,2017,24(1):115—120.

二、国际体育学科核心素养的特点分析

从主要发达国家的体育学科核心素养可知,这些国家在学生核心素养的基础上,提出了学生经过体育课程学习之后应该具备的学科核心素养。当然,不同国家对学科核心素养的称谓并不一致,如核心素养、核心能力、关键能力、基本能力等都存在。当然,并非每一个国家都在体育课程标准中明确提出了核心素养的概念,但根据核心素养主要是指"学生通过学习而逐步形成的正确价值观念、必备品格和关键能力"的表述来看,这些国家在体育课程标准中均蕴含了学科核心素养(见表4-11)。

表4-11 不同国家体育课程标准中的学科核心素养

国家	学科核心素养	备注	构成形态
澳大利亚	1. 学科通用核心素养:读写、计算、信息和通信技术、批判性和创造性思维、个人与社会、道德理解、跨文化理解 2. 跨学科核心素养:原住民与托雷斯海峡岛民的历史文化、亚洲及澳亚关系、可持续性 3. 体育学科核心素养:非常强调培养学生的健康素养	国家课程标准提出了学科通用核心素养和跨学科素养,体育领域使用"素养"的概念	三元
英国	1. 学科通用核心素养:全纳性教育、计算与数学、语言与读写 2. 体育学科核心素养:身体活动能力、体能、参与竞争、健康积的极生活方式	国家课程标准提出了学科通用核心素养,体育领域部分使用"能力"的概念	二元
新西兰	1. 学科通用核心素养:思考的能力、运用语言符号和文本的能力、自我管理的能力、与人相处的能力、参与奉献的能力 2. 体育学科核心素养:个人健康和身体发展、运动概念和动作技能、与他人的关系、健康的社区与环境	国家课程标准使用"关键能力"的概念,体育领域部分使用"技能"的概念	二元
美国	动作技能、知识、体能、个人与社会责任、价值认同	使用"素养"的概念	一元
法国	运动技能、个人德性	部分使用"技能"的概念	一元
俄罗斯	运动认知与理解、运动知识与技能、健康监测与健康行为	部分使用"能力"的概念	一元

续 表

国家	学科核心素养	备注	构成形态
日本	热爱运动、增进健康、提高体力	部分使用"能力"的概念	一元
韩国	健康管理能力、身体锻炼能力、竞技运动执行能力、身体表达能力	使用"能力"的概念	一元

首先,形成了多元化的学科核心素养构成形态。在学科核心素养的架构方面,八个国家体育课程标准中的学科核心素养构成有三种形式:一是三元架构,主要是指澳大利亚的体育课程标准,提出了学科通用核心素养、跨学科核心素养和体育学科核心素养,涵盖了三个不同的层次;二是二元架构,代表性国家包括英国、新西兰,均提出了学科通用核心素养和体育学科核心素养;三是一元架构,代表性国家包括美国、法国、俄罗斯、日本和韩国,即直接指向体育学科核心素养。由此可知,当前发达国家体育课程标准中的学科核心素养的构成形态呈现多元化状态。

其次,提出了凸显"健身育人+健康"特色但又各具特点的学科核心素养维度。从各国体育学科核心素养的维度来看,均提及了运动技能、运动能力、体能、体力、锻炼等极富有体育特色的概念。同时,还要求在促进学生运动的过程中培养学生的价值认同、认知理解、社会责任、社会交往等方面的素养,这充分说明了体育对学生核心素养的培养绝不仅仅局限在体育本身,而是指向人的培养。但这种指向是基于身体活动与锻炼,即"健身育人",很好地体现了体育学科的本质特征。同时,几乎所有的体育学科核心素养都与健康紧密关联。比如,澳大利亚健康与体育课程均指向健康素养的培养,英国强调学生形成健康积极的生活方式,俄罗斯强调学生进行健康监测和具备健康行为,新西兰强调个人、他人与社区的健康,日本强调增进健康,韩国非常重视学生健康管理能力的培养。由此可见,培养学生的健康意识、形成健康行为和健康管理能力,是当前各国体育学科核心素养的核心内容。

除了具备"健身育人+健康"的特色之外,不同国家的学科核心素养又具有不同的侧重点。比如,英国关注全纳性教育,希望能够将有特殊需求的学生纳入正常的教育体系之中;法国注重德性教育,强调学生通过体育学习养成良好的品性;澳大利亚注重原住民和欧亚关系等,都体现了各国体育课程标准中的学科核心素养的与众不同之处。

第五章

中国体育学科核心素养的构建

无论是从国际发展趋势还是从国内基础教育课程改革的现实情况来看，构建属于中国自己的核心素养体系是我国近年来的主要任务，这在2014年教育部颁布的《关于全面深化课程改革落实立德树人根本任务的意见》文件中已经进行了明确的阐述。这虽然是在官方文件中第一次如此清晰地提出工作任务，但实际上我国学者对具有中国特色的核心素养体系构建早已开始，在2014年之后开始进入规范化、系统化和全面发展阶段。体育学科作为学校课程体系的重要组成部分，跟随国家基础教育课程改革的大潮流，构建中国特色的体育学科核心素养体系也成为核心任务。2018年1月16日，教育部召开新闻发布会，正式印发了《普通高中课程方案和语文等学科课程标准（2017年版）》等文件，具体包括《普通高中课程方案（2017年版）》和体育与健康等20个学科的高中课程标准。[1] 在《普通高中体育与健康课程标准（2017年版）》中，明确提出了中国的体育学科核心素养。由官方公布的、具有中国特色的体育学科核心素养的提出，在外界看来更多是一份文件的颁布，是一项工作的实施，但实际上并非如此。中国体育学科核心素养的构建，绝不仅仅是国家对外发布的一份文件，其背后有着我国最顶级体育教育研究团队长期的理论探索与实证研究，严格遵循了科学研究的基本程序，具有非常强的科学性、规范性和统整性。体育学科核心素养的构建机制和相应的思路，展示了中国在以核心素养为导向的课程改革中的价值导向、实践路向与操作体系，体现了中国风格和中国特色。

---

[1] 中华人民共和国教育部. 教育部关于印发《普通高中课程方案和语文等学科课程标准（2017年版）》的通知（教材〔2017〕7号）[EB/OL]. http://www.moe.edu.cn/srcsite/A26/s8001/201801/t20180115_324647.html, 2018-1-16.

第一节 体育学科核心素养的构建机制

机制是指各要素之间的结构关系和运行方式,而体育学科核心素养的构建机制则是指如果要形成该学科的核心素养,应该要考虑的、与各类要素之间的关系和相应的运作原理。在构建体育学科核心素养的过程中,应主要从学校体育课程在人类全生命周期中应发挥什么作用,体育学科如何落实国家有关人才培养的各类教育政策,体育学科到底应该培养什么样的人,体育学科的核心素养与整体的核心素养体系是什么关系这几个问题出发分析其构建机制。

一、学校体育课程在人类全生命周期中的作用

随着社会的发展,全生命周期一词被频繁提及。例如,中共中央国务院印发的《"健康中国2030"规划纲要》多次提及全生命周期:"要覆盖全生命周期,针对生命不同阶段的主要健康问题及主要影响因素,确定若干优先领域,强化干预,实现从胎儿到生命终点的全程健康服务和健康保障,全面维护人民健康";"到2030年,实现全人群、全生命周期的慢性病健康管理,总体癌症5年生存率提高15%";"制定实施国家残疾预防行动计划,增强全社会残疾预防意识,开展全人群、全生命周期残疾预防,有效控制残疾的发生和发展";"全面建成统一权威、互联互通的人口健康信息平台,规范和推动'互联网+健康医疗'服务,创新互联网健康医疗服务模式,持续推进覆盖全生命周期的预防、治疗、康复和自主健康管理一体化的国民健康信息服务"。由此可知,在国家总体宏观战略层面对全生命周期给了高度关注。

所谓全生命周期,其有广义和狭义之分。狭义层面是指本义,即是生命科学术语,指生物体从出生、成长、成熟、衰退到死亡的全部过程;广义层面是本义的延伸和发展,泛指自然界和人类社会各种客观事物的阶段性变化及其规律。对于生活在社会中的人类个体而言,全生命周期的概念不仅要涉及生命科学层面的生老病死的全过程,同时也要涉及在各个生命阶段的身心成长与变化规律。因此,人类在一生发展的过程中,不仅包括多个阶段,而且每个阶段都会遇到不同的影响因素。如果要保持人类全生命周期高质量发展,就需

要不同阶段共同发力,综合各类因素发挥共同作用。

众所周知,教育在人类全生命周期成长中发挥着重要作用。著名教育人类学家李政涛教授指出:对于个体生命而言,无论如何,教育始终是需要他去承担的重负,换句话说,教育就是生命的重负。因为对这种重负的担当,"人"才称其为"人"。个人一生中所承受的教育总量往往不可测度。就教育的内容来说,教育所传递的知识、品德、态度情感、思维方式、智慧等一切人类积淀下来的精神能量,对于一个尚未成年的生命而言,都是一种"重负"。[①] 实际上,正因为教育是人类生命的"重负",才使得教育在人类生命成长中发挥着独特的作用。学校体育课程作为教育课程体系的重要组成部分,在人类全生命周期中到底应该发挥什么样的作用?对于这一本质问题的探索,长期未形成明确的答案。

个体从进入幼儿园开始,到接受并完成高等教育的时间区域内,基本上都要学习学校的体育课程。因此,体育课程作为一种兼具理论滋润与实践体验的要素,一定会在个体的成长中发挥作用。但是,在传统的观点中,体育课程无非就是跑跑跳跳的身体活动,难登大雅之堂,长期处于边缘化和极度尴尬的境地。造成这种状况的原因是多方面的,但从体育学的本体出发而从未将体育课程在人类全生命周期中的作用价值阐述清楚是关键问题。如果说体育工作者自己都未弄清楚这一问题,那又何谈"他者"意识到体育课程的重要价值?这不仅会造成"他者"对体育课程价值的忽视,甚至会造成长期的鄙视。基于此,从核心素养的本质出发,通过构建体育学科核心素养,理清体育课程的独特价值,回应在既短暂又漫长的人类全生命周期中应该发挥的重大作用,将会极大地凸显体育学科课程的生命意义。

二、体育学科应落实国家有关人才培养的各类教育政策

对于一国而言,宏观层面的国家教育政策实际上是国家意志的集中体现,是国家作为一种整体的治理机器所反应出来的价值取向,对国家教育发展起着明确的导向作用。对于教育政策而言,既关乎理论问题也涉及实践问题,但其最核心问题是教育政策的价值问题。教育政策价值是指教育政策的主体需要与客体属性在实践基础上统一起来的一种特定的效应关系。主体需要、客

---

① 李政涛.教育与生命的重负[J].人民教育,2010(12):10—11.

体属性和实践活动是教育政策价值概念的三个基本范畴,它决定了教育政策价值研究的基本思路。教育政策的主体需要是主体利益的一种外在形式,是教育政策主体追求教育政策价值的现实力量,是评价教育政策价值的内在尺度或"人的尺度"。教育政策的客体属性是教育政策价值的物质承担者或物质基础,是评价教育政策价值的外在尺度或"物种尺度"。[①] 教育政策的实践活动则指政策实施所关涉的各类具体行动,通过实践活动的过程使教育政策的主体需要和客体属性得以实现。

简单而言,教育政策的主体需要主要是指国家或政府希望通过该政策达到什么样的目的或目标,而教育政策的客体属性则主要是指社会对政策的政治性与公共性、合法性与合理性等的相应看法。政策的实践活动,则以落地的方式使政策得以实施。

在我国多年来颁布的各类教育政策中,不同时代的政策对国家希望培养什么样的人提出了带有明显时代烙印的要求。比如,1957年的最高国务会议提出要"让受教育者在德育、智育、体育几方面都得到发展,成为有社会主义觉悟的有文化的劳动者";1978年的《中华人民共和国宪法》提出"教育必须为无产阶级政治服务,同生产劳动相结合,使受教育者在德育、智育、体育几个方面都得到发展,成为有社会主义觉悟的有文化的劳动者";1995年的《教育法》提出要"培养德、智、体等方面全面发展的社会主义事业的建设者和接班人";2001年的《基础教育课程改革纲要》强调要"形成积极主动的学习态度,使获得基础知识与基本技能的过程同时成为学会学习和形成正确价值观的过程";2006年的《义务教育法》提出要"使适龄儿童、少年在品德、智力、体质等方面全面发展,为培养有理想、有道德、有文化、有纪律的社会主义建设者和接班人奠定基础";2007年的《未成年人保护法法》提出要"注重培养未成年学生独立思考能力、创新能力和实践能力,促进未成年学生全面发展";2010年的《国家中长期教育改革和发展规划纲要(2010—2020)》提出"坚持德育为先;坚持能力为重;坚持全面发展";2012年《党的十八大报告》提出要"把立德树人作为教育的根本任务,培养德智体美全面发展的社会主义建设者和接班人,并倡导'富强、民主、文明、和谐、自由、平等、公正、法治、爱国、敬业、诚信、友善'的社会主义核心价值观";2013年的十八届三中全会提出要"坚持立德树人,加强社会主义核心价值观教育,完善中华传统文化教育,增强学生社会责任感、创新精神、

---

① 祁型雨,李春光.我国教育政策价值的反思与前瞻[J].现代教育管理,2020(3):29—35.

实践能力";习近平总书记在2017年党的十九大报告中强调要"落实立德树人根本任务,发展素质教育",并在2018年的全国教育大会上进一步旗帜鲜明地指出"培养什么人,是教育的首要问题。我国是中国共产党领导的社会主义国家,这就决定了我们的教育必须把培养德智体美劳全面发展社会主义建设者和接班人作为根本任务,培养一代又一代拥护中国共产党领导和我国社会主义制度、立志为中国特色社会主义奋斗终身的有用人才"。

通过以上这些教育政策可以看出,党和国家的教育目标集中在规定学生完成基础教育之后所必须掌握的知识、技能,及情感、态度、价值观的状况,进一步说,党和国家的教育目标实质是对学生需要达到的能力和素养的规定,是核心素养的重要指导思想。然而,党和国家的教育目标较为宏观,缺乏结构性,而学生通过教育要达到的能力和具备的素养需要按学生发展规律,形成特定结构并逐步细化才能够被教育实践所应用,而落实到教育实践领域。学生的核心素养的建立就是要架起宏观教育目标与教育实践中培养学生能力的桥梁。① 换言之,即这些典型的教育政策虽然比较宏观,但却代表了国家对教育应该培养什么样的人的价值取向,而这些政策的实践落实则需要所有学科来共同承担。

对于体育学科而言,学生通过体育学习所获得的成长,与通过其他学科的学习所获得的成长共同构成了自身的全面发展。与其他学科一样,学科的课程实践不可能脱离国家的政策范畴,势必要基于国家教育政策而进行。换而言之,脱离了国家政策的课程实践是不科学的,是不被允许的。因此,包括体育学科在内的所有学科都需要在所有的实践活动中积极回应国家教育政策对人才培养的要求。在这一过程中,既要考虑国家教育政策的主体需要,即国家需要什么;又要考虑客体属性,即社会的期望是什么。构建体育学科核心素养,是在当今核心素养导向的教育改革大趋势下对国家政策关于人才培养的积极回应。

三、体育学科到底应该要培养什么样的人

自党的十八大提出要把"立德树人"作为教育的根本任务以来,我国教育

---

① 辛涛,姜宇,刘霞.我国义务教育阶段学生核心素养模型的构建[J].北京师范大学学报(社会科学版),2013(1):5—11.

改革与发展的任务已经非常明确,即落实"立德树人"的根本任务,所有学科的教育都应该围绕这一核心任务而开展。这一根本任务的确立,既是对我国古代优秀教育思想的继承与传扬,又是对党的十七大"育人为本、德育为先"教育理念的凝练和深化。①

立德树人由"立德"和"树人"两词合并而成,其基本内涵大致可以分为立德与树人两个层次,"立德"为确立品德、树立德业,"树人"为培植成长、培养成才。"立德"出自《左传·襄公二十四年》,书中立德、立功、立言被尊为"三不朽",即"大上有立德,其次有立功,其次有立言,虽久不废,此之谓不朽"。"树人"出自《管子·权修》中"一年之计,莫如树谷;十年之计,莫如树木;终身之计,莫如树人"。立德树人是偏正结构,立德是为了树人,树人需要立德,通过立德方能实现更高层次上的树人。②"立德树人"的理念,实际上在中国古代早已存在,这可从数千年中华民族史和人类文明传统中找到跌宕起伏的线索。教育部教育发展研究中心主任张力研究员认为"立德树人"是中华民族和人类教育理想的共同追求,是中国共产党对人民教育事业的一贯主张,是新世纪中国教育事业的崇高历史使命。而把"立德树人"作为教育的根本任务,充分体现了党和人民对教育的殷切期望,集中反映了中国特色社会主义教育理论与时俱进的创新。③

实际上,"立德树人"主要涉及到两个问题,即"培养什么样的人"和"如何培养人"。对前一个问题的回答,即意味着各个学科要非常清晰地知道本学科培养的人"应该长什么样",而对后一个问题的回答则意味着基于"所要培养的人才的模样"探索有效的培养路径。通过构建体育学科核心素养,能够真实地回答体育学科应该"培养什么样的人"的本质问题。之所以要回答这一问题,除了"立德树人"的教育改革的总体要求之外,也与我国体育学科的课程教学长期以来"只见物不见人"有着紧密的联系。在传统的观念中,学生体育课程的学习,对于教师而言是完成基本的教学任务,传授教材中安排的教学内容;对于学生而言,是上完课程表中安排的体育课,学习一些运动技术。但是,这些看似按部就班且合情合理的体育课程运行方式,只是在机械地完成一项工作,体育教师并不关注体育课程对人的培养,并且他们也不知道通过体育课程

---

① 刘娜,杨士泰.立德树人理念的历史渊源与内涵[J].教育评论,2014(5):141—143.
② 季浏,钟秉枢.普通高中体育与健康课程标准(2017年版)解读[M].北京:高等教育出版社,2018:76.
③ 张力.纵论立德树人——教育的根本任务[J].人民教育,2013(1):10—13.

学生应该成为什么模样,因为教学大纲和教材只是告诉教师应该教授哪些运动知识与技术,对人的关注极度缺乏使得体育学科课程缺乏"生命感"。在这样的情况下,学生只能被动的接受知识与技术,他们对体育学科课程的体验主要停留于身体的活动和技术动作的学习,他们很难感受到自己在体育课程中是"如何被塑造成完整的人"的。

在"立德树人"的理念引导下,通过构建体育学科核心素养,实实在在地提供了体育学科课程的"育人画像",即将党的教育方针进行了具体化表征,将领域化的教育目标转化为了具象的个体发展目标,明确了在体育领域社会主义建设者和接班人的基本特征。这一"画像"为学生对自己接受体育课程学习之后的成长提供了参照,为体育教师开展体育课程教学应达成的目标性结果提供了参考,为社会各界消除对体育课程的误解与偏见并正确理解体育课程对人的发展的多维价值提供了逻辑指引。

四、遵循核心素养体系形成的内在逻辑链

体育学科核心素养具有浓厚的中国特色,其脱胎于中国学生发展核心素养,是学生发展核心素养的学科化与具体化。也就是说,体育与健康和语文、数学等其他学科的核心素养一起,共同为培养学生的发展核心素养贡献出本学科独有的贡献。其来源遵从如图5-1所示的从上到下、从宏观到微观的过程。

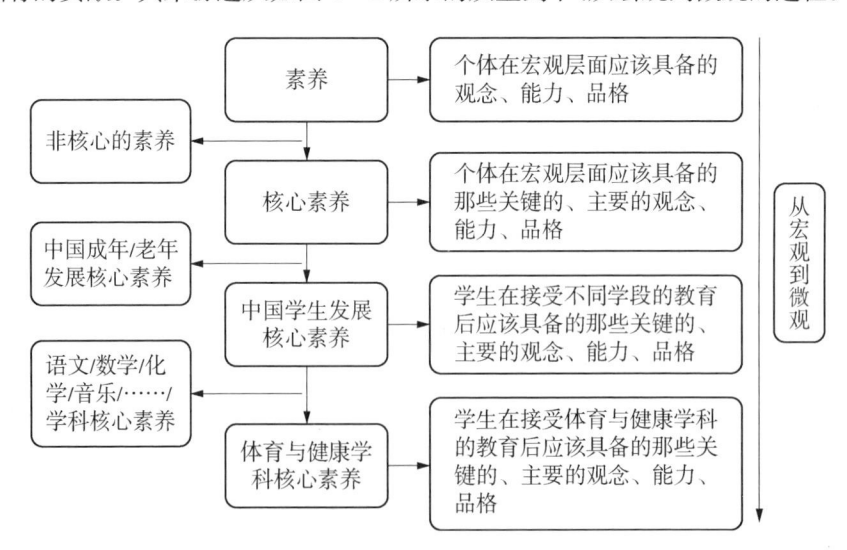

图5-1 体育学科核心素养的形成逻辑链

首先,在素养层面,素养是指个体在宏观层面应该具备的观念、能力和品格等。一个人在一生中如果要在社会上顺利地生存与发展,需要具备很多种不同类型的素养。但在众多的素养中,有的素养是相对而言更加重要的、基础的、关键的,如果缺少了这类素养,个体将无法顺利地完成某些任务,这类素养可以称之为核心素养。与之相对应,有些素养是否具备并不影响个体的生存和发展,因此可称之为非核心素养。但是,个体所具备的核心素养虽然有很多共性,但同时也因为职业等方面的差异存在很大的差异性。比如,对于科研工作者而言,敏锐的问题意识、流畅的文字写作能力和深邃的思考能力是基本的核心素养,但这些对于一个在公司从事销售的工作人员而言并不一定是必备素养,即不一定是销售员的核心素养。相反,对于一个公司销售人员而言,良好的口头表达能力、卓越的沟通交流能力和对顾客的细致服务能力是其在职场岗位上获得有效竞争力的基础,这类素养毫无疑问是他们的核心素养,但却不一定是科研工作者应该具备的核心素养。

其次,在核心素养层面,虽然核心素养是指个体应该具备的那些关键的、主要的观念、能力和品格,但人的一生要跨越几十年,在全生命周期中的不同阶段所需要具备的核心素养差别很大。换言之,在幼儿阶段、少年阶段、青年阶段、中年阶段、成年阶段和老年阶段,由于个体的身心发展、人生阅历、学习或动作需求、角色担当等存在很大差异,对核心素养的要求并不一样。比如,对于幼儿而言,必须要具备基本的爬行和滚翻能力等才能生存,但不一定要具备阅读、写作、听说等能力,但作为成人而言,如果缺少了读写听说的能力,在现代信息化社会根本就无法生存,所以他们的核心素养既有作为人的共性,也有较大的差异性。基于此,在人的一生的发展过程中,在学校接受教育时段内所形成的核心素养即为学生发展核心素养,但在学生发展核心素养之前和之后,还有相应的幼儿发展核心素养、成年人发展核心素养和老年人发展核心素养等,这些针对不同阶段的核心素养共同构成了人类的全生命周期核心素养体系。

最后,在学科核心素养层面,由于中国学生发展核心素养的形成需要依赖于具体的学科,即需要将学生发展核心素养学科化,从而形成不同学科的核心素养,这些不同学科的核心素养通过发挥本学科独特的育人价值,从而共同为学生形成中国学生发展核心素养做出贡献。因此,基于学科的差异形成了很多不同学科的核心素养,如语文学科核心素养、数学学科核心素养、英语学科核心素养、化学学科核心素养、美术学科核心素养、音乐学科核心素养、体育学科核心素养等。需要指出的是,不同学科的核心素养纵然有共性之处,但更多是依据本学科而形成的独特学习结果,因此具有唯一性和排他性。比如,体育学科对人的运动能力的培养是其他学科无法完成的,而语文学科对人的古文言文阅读素养的培养也是其他学科无法完成的。正是因为这种学科的独特性,从而彰显了学科核心素养存在的可能性和必要性。

第二节　体育学科核心素养的构建思路

基于体育学科核心素养的构建机制,随之而来的即是形成体育学科核心素养的构建思路。构建思路是研究、分析和形成中国体育学科核心素养的基本操作指向,思路是否全面和科学在很大程度上决定着所构建的体育学科核心素养是否被社会所接纳和认同。总体而言,中国体育学科核心素养的构建,既考虑到了理论指导,又考虑到了实践需求;既考虑到了历史经验,也考虑到了现实问题;既考虑到了宏观层面的顶层设计,又考虑到了中观和微观层面的操作路径;既考虑到了学生体育学习的内在发展规律,也考虑到了体育学科本身的特点。总之,中国体育学科核心素养的构建是一个科学、民主和反复的过程,是一个集思广益的集体结晶。

一、探寻体育学科核心素养的理论基础

理论在事物发展过重起着重要的指导作用,在体育学科核心素养构建的过程中,不仅要依靠经验的总结,而且更要高度重视理论基础的作用。实际上,关于理论的能动或指导作用,以及理论指导作用的重大意义,马克思主义经典作家做过许多精辟的论述,是我们正确理解理论指导作用的一把钥匙。先进的思想、观念和理论,反映先进的社会阶级的利益和社会发展规律的需要,对社会发展起着促进作用,加速社会的进程,帮助解决已经成熟的历史任务。所以,大力宣传新的先进的社会意识,宣传先进的思想、理论和观点,是发挥它的能动作用的重要条件。理论之所以具备能动作用,是因为它能够支配人的行动,能够掌握群众,变成他们的实践。因此,马克思就指出"批判的武器,当然不能代替武器的批判,物质力量只能用物质力量来摧毁;但是理论一

经掌握,群众也会变成物质的力量"①。对此,赵可金从国家崛起的角度进行了阐述,他认为一个国家的崛起,根本上是思想的崛起,特别是理论的发展完善程度,对于一个国家能否真正实现崛起具有决定性作用。比如,在美国的崛起过程中,思想动力和智力支持都是一个不可缺少的因素。② 因此,与指向实践操作的问题驱动相比较,重视本质和原理分析的理论驱动能够更加深入地理解事物的发展规律。基于此,探寻理论对体育学科核心素养构建的指导至关重要。

马克思主义理论是万物发展的理论基础,同样也对体育学科核心素养的构建产生理论指导作用。在此之下,综合国内外学者的典型观点,认为体育学科核心素养的理论基础主要包括一元论、存在主义与现象学,这在本书第三章做了详细的论述。

关于一元论,是相对于二元论而言的。二元论认为身心可以分离的观点遭到了批判,与之相反一元论则认为人在本质上是一个身心不可分割的整体。比如,斯特劳森就主张一元论,他认为把身体和心灵放在一起是没有问题的,因为它们是一个整体而复杂的两个元素。这一观点得到了萨特的支持,他写道:"对于人类现实来说,生存就是行动。"体育学科核心素养的构建以一元论为依托,强调素养内部各个要素之间是辩证统一不可分离的,实际上,以课程为依托的"体育学科核心素养",早在八十多年前就非常重视身心一元论,如在1933年出版的《体育原理》一书中,吴蕴瑞教授就对身心二元论提出了严厉的批评,他认为"体育之意义只限于身体方面的教育,或界定为身体之教育,即传统的身心二元论之遗毒,亦即以人之身体视为解剖台上尸体之见解也"③,这一现象必须要予以改变。

关于存在主义,其认为人通过与世界的互动来创造自己。换句话说,人的本质产生于与世界互动的经历。存在先于本质,人存在的本质是人在不同环境中积累的经验的结果。随着人们对周围世界的熟悉,开始意识到可以拥有各种各样的能力与世界互动。互动是生命的关键,是人类发展的动力。因此,人类本性中能够与世界互动的所有方方面面都是应该为实现充分发展的人类存在而培养的关键能力。存在主义的核心原则是具体化行动与环境之间在本

---

① 宋代恩,曹景田.正确认识理论的指导作用[J].辽宁大学学报(哲学社会科学版),1978(5):14—17.
② 赵可金.理论驱动与大国崛起——美国的经验[J].国际展望,2013(6):47—64+152.
③ 姚颂平,肖焕禹.身心一统 和谐发展——上海体育学院首任院长吴蕴瑞体育思想论释[J].上海体育学院学报,2005,29(5):1—5.

质上相互关联的关系,这意味着在任何教育活动中,环境应该为参与者提供有意义的体验。因此,应该通过鼓励在一系列体育环境中进行有意义的身体活动和互动来鼓励个人重视素养的养成。而"体育学科核心素养"的构建及其实施,应该要强调为学生创造良好的环境,促进物质环境和人文环境共同发挥作用。

在现象学方面,现象学家从一元论和存在主义出发,对感知的本质进行了质疑,他们认为感知是相互作用的重要因素。人类工作的一个重要基础是,我们是从过去的交互作用的背景下来感知世界的。由于我们每个人都将自己过去的互动经验带到了现在的情境中,我们每个人都会从个人独特的角度来看待这个情境。由于我们的具身体验在几乎每一次互动中都有内在的参与,因此我们的具身体验将会显著地影响我们的感知。具身体验是人类存在的一部分,我们从一个具身的人的角度看世界。因此,在我们对世界——有生命和无生命特征的世界——的理解中,具身性的经验与所有其他经验一样重要。现在的研究表明,在早期,实体交互是最重要的交互媒介,而且它的价值贯穿整个生命,因为实体交互为我们与他人和世界的大多数联系提供了背景。因此,现象学意味着在任何的身体活动中,我们都要考虑参与者的内在体验。因为每个参与者都应该被认为是独特的,具有个人的能力、偏好和经验。那么,这就意味着身体活动在设计时应该具有不同层次的复杂性,以满足所有参与者能够匹配他们以前的经验或身体能力。而"体育学科核心素养"的构建,强调"以学生发展为中心",强调满足学生的主观需求和感受,重视学生的个体差异,重视学生在体育运动中集合自身的感觉、知觉、思维、情绪等提高身体的自我认知,获得情感体验,磨练意志,达到完善个性、塑造人格的教育目的[1]。

二、了解体育学科核心素养的国际经验

构建有中国特色、中国风格和中国气派的体育学科核心素养,既要深挖中国体育课程改革的实际需要,同时也要保持开放包容的心态,学习国际上体育学科核心素养构建的先进经验。俗话说:"他山之石,可以攻玉。"西方发达国家在教育现代化改革和体育课程改革方面比中国起步早,相对而言积累了较

---

[1] 姜勇,马晶,赵洪波.基于具身认知的体育与健康学科核心素养意蕴与培养路径[J].体育学刊,2019,26(4):88—93.

为丰富的经验,这对于中国而言是可以考虑和借鉴的,从而实现中国在体育学科核心素养方面的"快速超车"。在分析体育学科核心素养国际经验方面,既包括大型研究团队对国外体育学科核心素养的系统研究,也包括部分学者对体育学科核心素养的零散研究。

在大型研究团队对国外体育学科核心素养的系统研究方面,为了更好地构建我国的体育学科核心素养,同时也为了给广大体育教育工作者提供国外的最新发展信息,学习和参考世界各国近些年来在体育学科核心素养构建方面的发展趋势,在教育部的指导下,以华东师范大学体育与健康学院季浏教授团队为主,组织了一批体育与健康课程和教学领域的理论与实践工作者,对美国、英国、法国、德国、俄罗斯、澳大利亚、新西兰、日本、韩国、中国台湾等十个主要国家或地区的体育与健康课程标准的最新版本进行了收集、整理、翻译、分析和比较,对其中体育学科核心素养形成的经验进行了深度分析。

在部分学者对体育学科核心素养的零散研究方面,无论是核心素养中有关体育成分的分析,还是国际体育学科核心素养的研究,都为中国体育学科核心素养的构建奠定了基础。比如,覃立等人运用文献研究法和逻辑分析法,梳理了目前国外各个组织和经济体,以及各个国家有关发展学生"核心素养"理念的研究成果和实践经验,对其中蕴含的"体育元素"进行了归纳、总结和分析。研究认为:发展学生"核心素养"理念已被当前世界普遍接受和重视,这也是我国教育改革的重点和方向之一。我国学校体育领域在践行发展学生"核心素养"理念时,一是要围绕"立德树人"发展学生的核心素养;二是要充分考虑和适应国情,形成具有本土文化特征的体育学科"核心素养"体系;三是要树立"整体体育教育观"。[①] 再比如,赵富学等人梳理与分析了三大国际组织对于核心素养所秉持的观点与理念,将美国、英国、加拿大、澳大利亚等国家体育学科核心素养框架体系的构建过程和特征,并与中国关于体育学科核心素养的研究现状进行比较。研究认为三大国际组织基于"人的完整发展"提出各自对核心素养的理解和要求,制定和规划核心素养的结构与范围,并确定和解释相应的组成要素。美国围绕"21世纪核心素养框架",提出体育学科核心素养的培育重心,形成以"核心技能"训练为导向的体育学科核心素养培育主导策略;英国强调设置体育课程改革成果的推行模式,优化体育学科核心素养培育内容,不断改进与完善学生体育学科认知能力;加拿大力求为学生构建全面的

---

① 覃立.国外"核心素养"理念中体育元素的解析及其启示[J].体育研究与教育,2019(2):28—31.

体育学科核心素养体系，促进学生形成积极的生活态度与行为；澳大利亚提出体育课程改革要与体育教学创新同步进行，主张为学生体育学科核心素养的形成提供多样化的选择。[①]

以上关于国际上体育学科核心素养构建经验的分析，帮助中国体育教育工作者更好地理解了体育学科核心素养的内涵与本质，知晓了体育学科核心素养的基本架构和构成要素，为中国体育学科核心素养构建提供了丰富的前瞻性经验。

三、梳理国内外体育学科核心素养研究文献

研究者基于个人兴趣对体育学科核心素养的研究虽然存在非系统化的问题，但其中所蕴含的观点在中国体育学科核心素养构建过程中应该引起重视。因此，当前国内外有关体育学科核心素养的研究文献，为构建中国体育学科核心素养奠定了文献基础。从国内的研究来看，我国关于体育素养的研究始于20世纪80年代末至90年代初，随着素质教育和学校体育改革的兴起，体育素养的研究应运而生。[②] 而从国外的研究来看，有研究者采用基于CiteSpace分析软件，以学界公认的最权威的"Web of Science核心合集"收录的文献为数据来源，以"physical literacy"为主题词，在"文献类型"选择中以"Article"进行英文文献检索，发现第一篇论文发表的时间为1991年。[③] 由此可见，国内外有关体育学科核心素养的研究启动时间比较接近，说明全世界体育教育改革虽然存在差异，但在问题聚焦方面存在一定的同步性。而梳理国内外这些有关体育学科核心素养的研究，是构建体育学科核心素养的基础性工作。

在国内有关体育学科核心素养的文献梳理方面，对中国知网、万方、维普、超星数字图书馆、人大报刊资料等中文数据库进行广泛搜索，通过图书馆对全国各地出版的有关核心素养的教材与著作进行查询。同时，通过直接前往国内《体育科学》、《中国体育科技》、《北京体育大学学报》、《上海体育学院学报》、

---

① 赵富学，程传银，储志东. 体育学科核心素养研究的国际经验与启示[J]. 体育学刊，2019，26（1）：89—100.
② 朱亚成，季浏. 关于提升我国青少年体育素养研究的文献综述[J]. 四川体育科学，2020，42（1）：81—88.
③ 王晓刚. 国际体育素养研究的前沿热点、主题聚类与拓展空间[J]. 北京体育大学学报，2019，42（10）：102—116.

《武汉体育学院学报》、《西安体育学院学报》、《体育与科学》、《首都体育学院学报》、《成都体育学院学报》、《体育学刊》、《天津体育学院学报》、《沈阳体育学院学报》、《体育学研究》、《体育文化导刊》、《山东体育学院学报》和《广州体育学院学报》等16本中文核心期刊的官方网站查阅与核心素养相关的文章。通过对获得的这些中文文献进行整理分析，了解国内有关体育学科核心素养的理论基础、主要观点、构成要素、发展现状、存在问题、未来趋势等，然后基于这些研究进展提出中国体育学科核心素养的初步构想。

在国外有关体育学科核心素养的文献梳理方面，不仅在Academic Search Complete、Education Full Text、Medline、PubMed、PsycINFO、SportDiscus、Eric等数据库查阅了大量的与学科核心素养主题相关的英文论文，而且还通过《运动与锻炼研究季刊》(Research Quarterly for Exercise and Sport，RQES)、《体育教学研究杂志》(Journal of Teaching in Physical Education，JTPE)、《欧洲体育教育评论》(European Physical Education Review，EPER)、《体育教育与教学法》(Physical Education and Sport Pedagogy，PESP)、《运动、教育与社会》(Sport、Education and Society，SES)、《探索》(Quest)、《运动科学评论》(Kinesiology Review，KR)《体育教师教育者》(Physical Educator，PE)、《体育教育、娱乐与舞蹈杂志》(Journal of Physical Education，Recreation and Dance，JPERD)、《运动与健康科学》(Journal of Sport and Health Science，JSHS)等当今国际体育教育的主流杂志官方网站，下载了大量与核心素养研究主题相关的文章并逐一阅读。

四、分析国家有关学校体育的政策文件

学校体育政策是党和政府处理学校体育领域相关问题的各种宏观或微观政策规划的总称，受社会环境等多种因素的影响，其总是处于不断发展变化之中。体育学科核心素养反映的是学生经过体育学科的学习之后应该具备的正确价值观、必备品格与关键能力，是一个综合性的构成体系，其中必然要体现国家层面学校体育政策对学生体育学习与锻炼的精神和要求。

比如，1999年颁布的《中共中央国务院关于深化教育改革全面推进素质教育的决定》中提出"健康体魄是青少年为祖国和人民服务的基本前提，是中华民族旺盛生命力的体现。学校教育要树立健康第一的指导思想，切实加强体育工作"；2002年颁布的《教育部关于加强农村学校体育卫生工作的几点意见》

中提出"学校体育是党的教育方针的重要方面,是素质教育的有机组成部分。缺少体育的学校教育是不完整的教育,也就谈不上全面贯彻党的教育方针和全面推进素质教育。为了加强学校体育,促进青少年学生的全面发展,教育部在九年义务教育课程改革中,增加了体育课的课时,更加突出了健康第一的指导思想";2005年颁布的《教育部关于落实保证中小学生每天体育活动时间的意见》中指出"中小学校要切实树立健康第一的指导思想,把保证学生每天一小时体育活动的工作纳入学校教育、教学内容中,认真落实";2006年颁布的《教育部 国家体育总局关于进一步加强学校体育工作 切实提高学生健康素质的意见》中提出要"贯彻党的教育方针,全面实施素质教育,培养德智体美等方面全面发展的社会主义建设者和接班人,必须始终坚持健康第一的指导思想";2007年颁布的《中共中央 国务院关于加强青少年体育增强青少年体质的意见》中提出"体育锻炼和体育运动,是加强爱国主义和集体主义教育、磨炼坚强意志、培养良好品德的重要途径,是促进青少年全面发展的重要方式,对青少年思想品德、智力发育、审美素养的形成都有不可替代的重要作用";2008年教育部印发的《中小学健康教育指导纲要》中提出"培养学生的健康意识与公共卫生意识,掌握健康知识和技能,促进学生养成健康的行为和生活方式";2012年《国务院办公厅转发教育部等部门关于进一步加强学校体育工作若干意见的通知》中提出"广大青少年身心健康、体魄强健、意志坚强、充满活力,是一个民族生命力旺盛的体现,是社会文明进步的标志,是国家综合实力的重要方面";2016年《国务院办公厅关于强化学校体育促进学生身心健康全面发展的意见》中提出要"进一步推动学校体育改革发展,促进学生身心健康、体魄强健";2016年中共中央印发的《"健康中国2030"规划纲要》提出要"将健康教育纳入国民教育体系,把健康教育作为所有教育阶段素质教育的重要内容。以中小学为重点,建立学校健康教育推进机制。构建相关学科教学与教育活动相结合、课堂教育与课外实践相结合、经常性宣传教育与集中式宣传教育相结合的健康教育模式"。

总之,在全面分析相关政策文件的基础上,通过深刻学习和理解社会主义核心价值观的内涵,体育学科核心素养的构建不仅积极贯彻党的十八大、十八届三中全会和十九大关于学校教育要落实"立德树人"根本任务与发展素质教育的精神,而且根据《"健康中国2030"规划纲要》、《国务院办公厅关于强化学校体育促进学生身心健康全面发展的意见》等文件提出要促进学生健康发展的明确要求,从促进学生身心健康、体魄强健,增强中华民族的旺盛生命力,促进社会文明进步,提高国家公民素养和综合实力的战略高度出发,旨在充分发挥体育与健康课程对学生全面健康发展的不可替代的重要作用。从党和国家对教育发展和学校体育发展的最新要求出发进行体育学科核心素养的构建。

五、遵循学生全面健康发展的内在规律

作为面向学生的体育学科核心素养,其构成必须要符合学生全面健康发展的内在规律,如果核心素养要求与学生的身心发展不匹配,就不会对学生的体育学习产生实际指导作用。身体的发展是指机体正常发育和体质的增强,其中机体发育正常使体质增强,而体质的增强又有助于机体的健全发育,两者互为作用;心理的发展是指认识能力和个性特征的发展。其中,认识包括感觉、知觉、记忆、思维等;个性包括需要、兴趣、情感、意志等,两者密不可分。认识的发展可以促进人的个性的形成与发展;而个性的发展又促使人在实践活动中加深自己的认识。

众所周知,每个年龄段的学生都有各自的身心发展特点,在体育与健康教学中,教师能否根据特定年龄段学生身体、心理等方面表现出的特点进行教学设计,对于能否促进学生健康发展有着至关重要的影响。比如,与小学阶段相比,中学阶段的学生正值青春发育期,其身体、心理等发展方面都较小学阶段的学生有了更大的变化。为此,体育教师在教学过程中,就有必要了解不同学段学生在身体、心理方面表现出的特点,有针对性地实施体育与健康教学,以促进学生身心健康发展。但前提是体育教师要知道不同身心发展阶段学生的体育学科核心素养有什么要求,才能在此基础上开展相应的教学设计与教学实施。

不同年龄段学生的身心发展规律存在很大的区别,体现在神经系统、运动系统、内分泌系统和生殖系统、氧运输系统、供能系统、认知水平、情感和意志、个性与社会性的发展等方面。比如,以情感发展为例,小学低年级学生时常表现出学前儿童那种容易冲动、外露、可控性比较差的情感特点,其情感带有很大的情境性,容易受具体事物、具体情境的支配,并且其喜、怒、哀、乐会明显地表露出来。总体而言,小学生的情感内容会随着年龄的增大而日益丰富和深化;初中生的情感特点表现为情绪高亢,充满热情和激情,活泼向上;情感活动两极性明显,表现强烈、转化迅速;情感社会性变得越来越深刻,道德感、理智感、美感的内容与水平日益丰富和提高;情绪活动比较外露,随着年龄的增长

会变得越来越复杂而且隐蔽;高中生的情绪表现更为丰富,情绪的变化幅度大,而且不稳定,容易走向极端,并且会让他们在很长的时间内停留在某种情绪之中。此外,高中生个人的性生理和性心理的需求与社会规范要求和个人自我约束机制出现了冲突,这容易导致他们情绪不稳定。①

以上学生在不同阶段的身心发展特点,不仅存在年龄差异,而且也体现出学科差异,即不同的身心发展特点对不同学科的影响并不一样,而体育学科的特点又与其他学科有很大差别,这便决定了对学生体育学习的期望值不仅存在年龄段差异,也存在学科差异。总之,通过分析学生的身心发展规律,为体育学科核心素养的构建提供了身心发展的依据,从而使得所构建的体育学科核心素养能够最大限度地符合学生的身心需求。

六、解析国家已有的体育教学大纲或课程标准

教学大纲或课程标准是国家课程的纲领性文件,是国家对基础教育课程的基本规范和质量要求,同时也是编写教材、教学、评估和考试命题的依据,是国家课程管理和评价的基础。它反映国家对不同阶段的学生在知识与技能、过程与方法、情感态度与价值观等方面的基本要求,规定了课程的性质、目标和内容框架,提出了教学和评价的建议。由于课程教学大纲或课程标准规定的是国家对学生在某个方面或某领域的基本素质要求,无论教材、教学还是评价,最终都是为这些基本素质的培养而服务的。② 基于此,探索国家已有的体育教学大纲或课程标准中所蕴含的核心素养要素,对于构建体育学科核心素养能够起到奠基作用。

从历史发展的维度来看,我国颁布与学生体育学习相关的纲领性文件可以追溯到清朝末年。1902年颁布的《钦定学堂章程》和1904年颁布的《奏定学堂章程》、1909年颁布的《学部奏变通中学堂课程分为文科实科折》、1912年颁布的《中学校令施行规则》等就对学生的体育学习提出了结果性的要求。而进入国民党统治时期之后,于1929年、1932年、1936年、1940年(小学1942年)、1948年分别进行了五次课程标准修订③,明确了该时期学生体育学习的相关

---

① 汪晓赞,田雷.中学体育与健康课程与教学[M].上海:华东师范大学出版社,2018:64—66.
② 林崇德.21世纪学生发展核心素养研究[M].北京:北京师范大学出版社,2016:183.
③ 王华倬.论我国近现代中小学体育课程的发展演变及其历史经验[D].北京:北京体育大学,2002:51.

要求。

　　进入新中国之后,国家先后进行了八次基础教育体育课程改革,颁布了多套体育教学大纲或课程标准。比如,1950年教育部颁布的《小学体育课程暂行标准(草案)》,明确了体育教学目标,规定了教材纲要的内容和时数比例,提出了教学工作的要点;1956年教育部颁布了《小学体育教学大纲(草案)》和《中学体育教学大纲(草案)》。以中学阶段为例,《大纲》提出中学体育课程目标在于促进人的全面发展,培养社会主义建设者和保卫者。中学体育教育的基本任务是"锻炼身体、增进健康,促进身体的正常发育;教授学生大纲中所规定的体操、游戏和各种主要竞技运动的知识和技能,并在教学过程中发展学生身体的素质(灵敏、迅速、力量和耐久力等);培养学生具有爱国主义思想、爱好劳动、集体主义精神、自觉的纪律及坚毅、勇敢、机敏、乐观等共产主义的品质;学校体育教育必须和卫生结合,逐渐养成学生在学习、生活和工作中个人与公共卫生的习惯;培养学生爱好体操、游戏、竞技运动的兴趣和经常自觉参加锻炼身体的习惯";1961年,教育部颁布了《小学体育教材》和《中学体育教材》;1978年教育部颁布了《全日制十年制学校小学体育教学大纲(试行草案)》和《全日制十年制学校中学体育教学大纲(试行草案)》;1987年,国家教委颁布了《全日制小学体育教学大纲(六年制)》和《全日制中学体育教学大纲(六年制)》,如针对中学阶段提出要"增强学生体质,促进身心发展,使学生在德育、智育、体育、美育几方面得到全面的发展,成为祖国社会主义的建设者和保卫者";1992年,国家教委颁布《九年制义务教育全日制小学体育教学大纲(试用)》、《九年制义务教育全日制初级中学体育教学大纲(试用)》和《九年义务教育体育与健康教育教学大纲(初审稿供试验用)》;1996年12月,国家教委颁发《全日制普通高级中学体育教学大纲(供实验用)》;2000年,教育部颁布《九年义务教育全日制小学体育与健康教学大纲(试用修订版)》、《九年义务教育全日制初级中学体育与健康教学大纲(试用修订版)》以及《全日制普通高级中学体育与健康教学大纲(试验修订版)》;2001年和2003年,教育部分别颁布《全日制义务教育普通高级中学　体育(1—6年级)体育与健康(7—12年级)课程标准(实验稿)》和《普通高中体育与健康课程标准(实验)》,2012年又颁布了《义务教育体育与健康课程标准(2011年版)》。以上这些不同时代的体育教学大纲或课程标准,都对学生经过体育学习之后应该达成的目标进行了详细描述,这与学科核心素养本质是相同的,可以看作是体育学科核心素养的雏形。

　　例如,根据北京师范大学林崇德教授团队的统计分析,在《义务教育体育与健康课程标准(2011年版)》中,与核心素养相关的要素提及频次如下:沟通与交流能力(1次)、团队合作(21次)、信息技术素养(2次)、学习素养(47次)、计划、组织与实施(3次)、自我管理(11次)、创新与创造力(1次)、问题解决能力(1次)、主动探究(3次)、社会参与和贡献(4次)、尊重与包容(4次)、科学素养(4次)、多元文化(6次)、健康素养(43次)、国际意识(1次)、自信心(3次)、反思能力(2次)、适应能力(2次)、情绪管理能力(11次)、环境意识(2次)、法律与规则意识(4次)、安全意识与行为(8次)、国家认同(3次)、实践素养(5次)、伦理道德(5次)、价值观(6次),总计共提及203次。在《普通高中体育与健康课程标准(实验)》中,与核心素养相关的要素提及频次如下:沟通与交流能力(4次)、团队合作(14次)、信息技术素养(2次)、学习素养(26次)、独立自主(2次)、计划组织与实施(7次)、自我管理(8次)、创新与创造力(4次)、问题解决能力(4次)、主动探究(5次)、社会参与和贡献(4次)、尊重与包容(1次)、科学素养(6次)、健康素养(22次)、国际意识(1次)、生活管理能力(2次)、自信心(2次)、生涯发展与规划(2次)、反思能力(1次)、适应能力(4次)、情绪管理能力(13次)、环境意识(8次)、法律与规则意识(2次)、安全意识与行为(2次)、国家认同(4次)、实践素养(3次)、伦理道德(2次)、价值观(3次),总计共提及158次。[①] 以上这些体育教学大纲或课程标准中所提及的核心素养要素,为构建完善的体育学科核心素养提供了启发。

七、调研当前中小学体育发展的现实需求

体育学科核心素养是为青少年学生的体育学习而服务的,因此在构建体育学科核心素养过程中也要充分考虑当前我国中小学体育发展的现实需求。而与中小学体育发展密切相关的人士主要包括主管领导、体育教师、学生、家长和其他社会人员等,通过对他们进行调研,能够从多维角度了解大量信息,从而为体育学科核心素养的构建提供直接依据。

针对主管领导,主要包括全国各省市教育行政部门体卫艺处的负责人,他们长期负责本地区学校体育工作的顶层设计和宏观指导工作,对学校体育应该培养什么样的学生能够进行准确的把握。基于此,主要调研主管领导对国家教育政策和学校体育政策中对学生体育学习相关要求的精神的理解、如何

---

① 林崇德.21世纪学生发展核心素养研究[M].北京:北京师范大学出版社,2016:191—194.

在各地区的学校体育中有效贯彻国家相关政策的精神、本地区对推进国家政策采取了哪些措施、本地区学生的体育学习存在哪些特殊要求、当前学生的体育学习效果如何、在新时代背景如何改进本地区的学校体育推进策略、如何通过体育课程与教学培养适应本地区经济社会发展需求的青少年学生等方面。

针对体育教师，主要包括全国各省市的体育教研员和各学校的一线体育教师，他们长期处于教学实践的最前沿，与学生紧密接触，对学生的体育学习情况有着充分的了解。基于此，主要调研体育教师对国家和地方学校体育相关政策的了解与执行情况、学校体育课程与教学的价值与基本理念、学校体育课程体系的整体设计与实施情况、学生体育学习效果（如运动技能水平、体质健康水平、体育学习兴趣、情意表现与合作精神、健康行为等）、学生在体育学习过程中所面临的典型问题和相应的解决策略、学生体育学习学业成就和评价方法手段等方面。

针对学生，应涵盖小学、初中和高中等不同学段接受过体育课程的在校学生，他们是体育课程的实施与服务对象，是体育学习效果的亲身实践者，对学校体育课程开展情况有着深刻的了解。基于此，主要调研学生对体育的基本认知、对学校体育课程与教学体系完善程度的整体感受、对学校体育环境的感知、对自身接受体育课程与教学之后的效果评估（如体能水平、运动项目的技战术水平、参与体育比赛的情况、健康知识与技能的掌握情况、体育锻炼习惯的养成情况、体育品性培养等）、学校体育课程与教学存在的典型问题与改进策略等方面。

针对家长和其他社会人士，他们是青少年学生的监护人，对于学生身心健康发展状况和存在的问题有着清晰的认知，是学校体育的监督者，他们的观点代表着全国广大普通民众对学生体育学习的广泛期待。基于此，主要调研家长对学校体育价值的基本认知、学校体育课程与教学的实施情况和改进策略、学生身心健康水平的情况与面临的问题、学生体育学习的开展状况与需要改进之处、学生在接受体育学习之后应该在哪些方面有所收获、不同学段的学生体育学习侧重点如何与身心健康规律实现有效匹配等方面。

八、形成并对体育学科核心素养进行测评

基于上述多个方面的整体考虑，教育部组织专家对体育学科核心素养进

行了整体构建，形成了包含运动能力、健康行为和体育品德三个方面的中国体育学科核心素养。《课程标准（2017年版）》提出的运动能力、健康行为和体育品德三个方面的学科核心素养，是本次课程标准修订最重要、最核心和最关键的成果之一。但在形成体育学科核心素养的过程中，也针对素养框架进行了多轮意见征求和测评。

在形成初步的体育学科核心素养框架之后，在教育部的指导下，体育与健康课程标准修订组在全国各地进行了大规模的意见征求，对象包括教育行政领导、高校从事体育教育研究的专家、中小学体育教研员和体育教师等几类人群。总体而言，他们认为基于中国学生发展核心素养而提出的体育与健康学科核心素养，这是对学科价值的根本认识。体育学科核心素养的提出让人眼前一亮，立意高，在调研对象看来是颠覆性的、革命性的变革。因为传统的体育与健康课程学习过于注重知识与技能的传授，虽然学生掌握了运动技术，但并不意味着具备了运动能力，也不等于具备了运动的素养。实际上，当前我国青少年学生缺乏的正好是体育的核心素养。通过循序渐进地培养学生的核心素养，将来一定会给体育与健康课程改革和发展带来重大的影响。同时，调研对象也对体育学科核心素养的名称、内涵与形式、五级水平划分等问题提出了相关意见，修订组则吸收这些意见对体育学科核心素养进行了完善。

在形成完善的体育学科核心素养之后，为了从测量学角度验证核心素养结构的有效性，在教育部的统一组织下对各个学科的核心素养进行了测评。各学科基于学科核心素养进行命题，并进行大规模的测试来获得学生实际表现的各类数据，用学生实际的表现来验证各学科课程标准中提出的学科核心素养的可测可评情况、各学科核心素养水平划分的适切性情况，评估核心素养内涵描述的精确性与合理性等，是为保证学科课程标准的科学性、适切性而进行的实证研究，是完善课程标准的坚实基础。通过对提出的体育学科核心素养进行测评，结果表明"体育学科核心素养不同维度均可评价、可测试；通过测试提取的体育学科核心素养特征与课程标准中的描述基本一致；体育学科核心素养各个维度、相应构成要素及水平的划分整体合理"。因此，经过严格的心理学测评，证明了运动能力、健康行为和体育品德三个方面的体育学科核心素养是科学严谨和符合实际需求的，整体上反应了中国对学生经过体育学习之后应该具备的正确价值观、必备品格与关键能力的期望，因而最终形成了中国体育学科核心素养。

第三节 体育学科核心素养的三个维度

体育学科核心素养的正式提出，为广大中小学体育教师开展体育与健康课程教学指明了方向。对于三个方面的学科核心素养，《课程标准（2017年版）》指出："三个方面的学科核心素养联系密切、相互影响，在体育与健康教育教学过程中得以全面发展，并在解决复杂情境的实际问题过程中整体发挥作用"[1]。上述表述主要是明确了三个方面学科核心素养之间存在紧密关系，但并未明确具体地提出三者之间的关系。当然，这与课程标准作为国家层面的宏观性指导文件的定位有关，国家文件不可能也无必要对某一个小问题进行详细地阐述。读者如果需要深入理解，则需要自行学习。但对于一线体育教师而言，清晰地理解三者之间的关系可能存在一定的难度，这样也可能会进一步导致在实践教学中出现偏差。因此，笔者根据参与《课程标准（2017年版）》修订工作的经历，结合修订组专家们的讨论意见，对运动能力、健康行为和体育品德三个方面学科核心素养的关系进行了明确的定位，即"运动能力是形成健康行为和体育品德的基础，健康行为是发展运动能力和体育品德的核心，体育品德是提高运动能力和改进健康行为的保证"。

一、运动能力是形成健康行为和体育品德的基础

《课程标准（2017年版）》明确指出："运动能力是体能、技战术能力和心理能力等在身体活动中的综合表现，是人类身体活动的基础。运动能力分为基本运动能力和专项运动能力。基本运动能力是从事生活、劳动和运动所必需的能力；专项运动能力是参与某项运动所需要的能力。运动能力的具体表现形式为体能状况、运动认知与技战术运用、体育展示与比赛。"由此可知，运动能力是个体进行身体活动的整体综合表现，其所具备的体能、技能、展示与比赛等表现形式，使得运动能力成为了三个方面学科核心素养中最具有体育和运动特色的核心素养。具体而言，运动能力的基础性主要体现在以下几个

---

[1] 中华人民共和国教育部制定.普通高中体育与健康课程标准（2017年版）[M].北京：人民教育出版社，2018：6.

方面。

1. 体育的身体练习特性决定了运动能力的基础性

在学校所有的学科课程中,"以身体练习为基本载体"的特性决定了体育与健康课程与其他课程的根本区别,当然这并不是说其他学科的课程就完全没有身体练习,也不是说体育与健康课程除了身体练习就不需要任何的智力性活动,只是说身体练习是体育与健康课程的内在特性。从这个角度而言,诸如电子竞技、围棋、桥牌等项目,即使目前将其纳入了体育的范畴,但从本质上来讲,并不属于真正的体育运动,更不属于体育与健康课程。虽然当前在很多学校开设了上述课程内容,但那充其量只能说是学校综合实践活动课程的一种,而不能说是体育课,因为这些活动缺乏以能量消耗为特点的身体活动练习。

从运动能力核心素养的具体表现形式"体能状况、运动认知与技战术运用、体育展示与比赛"可知,这些都以身体练习为基础。比如,就体能而言,通常将其划分为与健康密切相关的体能和与运动技能密切相关的体能,前者包括身体成分、心肺耐力、肌肉力量和肌肉耐力、柔韧性,后者包括灵敏性、平衡性、协调性、爆发力、速度和反应时,如果个体要提高上述任何一种体能的水平,都必须要以长期的特定身体练习和身体活动为基础,否则就不可能提高体能水平。对于提高体能水平的身体练习,还表现出身体练习的专业性,因为有的人长期从事农活但未必能够提高体能,这是因为农活即使有身体练习,但并不专业,反而会带来身体的损害与人体运动能力的降低。再比如,对于体育展示与比赛而言,如果要完成高水平的体育竞赛活动,则必须要以大量的身体练习为基础,比赛中的对抗与超越,在给人们带来惊险刺激和感官享受的同时,也将身体练习的特性凸显无疑。试想,如果体育与健康课中缺少了身体练习,那还能称之为体育与健康课吗?由此可见,体育的身体练习特性从多方面促进了运动能力的提升,而这又凸显了运动能力的基础性。

2. 运动能力是其他核心素养培育的基本载体

由上述可知,运动能力核心素养的培育主要是通过身体练习而获得,那么健康行为和体育品德核心素养的培育则需要借助运动能力这样的载体而实现。首先,就健康行为而言,我国自2001年开始第八次基础教育课程改革将过去的"体育"改为"体育与健康",这实际上凸显了健康的重大意义。对于"体育与健康"的学科课程名称,虽然过去存在一些争议,但目前已经基本达成共识,即一方面是因为"体育为了健康",即体育能够促进健康。当然,个体的健康受到遗传、卫生、饮食、营养、医疗卫生水平等多方面因素的影响,但不可否认体育是所有学科课程中与健康关系最为密切的一门课程。也就是说,我们不可能期望通过语文、数学、外语等学科课程的学习来促进学生的健康,即使这些学科也存在着这样的功能,但这并不是这些学科的主要功能;另一方面,也是因为体育融合了大量的健康教育知识,尤其是在高中阶段还专门设置了18学时的健康模块。在"体育与健康"学科课程名称的引领下,通过体育运动的学习而促进健康行为素养的培育既符合国家政策,也符合学科特性。

其次,对于体育品德核心素养,则必须经过大量的体能练习、高超的运动技能学习和技战术应用、频繁的体育竞赛活动才能获得。如以勇敢顽强为例,如果学生没有经过大量的身体练习和体育活动而在运动竞赛中体会到身体的运动负荷和心理的巨大压力,没有体会到必须要经过坚持和克服困难才能取得胜利,没有体会到必须要学会赢得对手的尊重而体现自身的强大,那么学生就不可能变得勇敢顽强。而所有的这些活动体验,都必须要以参加体育运动和提高运动能力为载体,否则体育品德核心素养的提高终将是"空中楼阁"。

3. 运动能力使得核心素养的培育能够真正落地

体育与健康学科核心素养的培养,最后必须要落实到学生身上,扎扎实实地落实到学生的体育与健康课堂教学中。学生的体育与健康学习过程就是核心素养培养的过程,体育的学习与其他学科有着本质的区别,其以缄默性知识学习为主,以"具身认知"为特色,即知识、技能和方法的学习始终离不开身体的动作操练,甚至在很多时候不可言传只可意会,需要通过动作的表达来起到示范的作用。对于体育学习中的体验,旁人很难用语言精确地描述这种感觉,也需要学习个体通过自身的运动认知和感觉来感受。体育学习的这种特性给予外部他人的具体印象就是必须要有身体的运动才像体育学习,否则就不是真正的体育学习。

在这样的背景下,在体育与健康学习的过程中只有学生将运动能力表现出来之时,才能被外人真正认可为体育学习。在这一过程中,健康行为和体育品德核心素养也可能会随之落实,但这两个方面的学科核心素养落实并不是最直接的外部表现,甚至稍微有些隐含。也就是说,学生只有掌握了运动能力、具备了良好的体能水平、得到了较高的运动认知和技战术水平、拥有强大的展示和比赛能力,才能从最直接的感官上落实体育与健康学科核心素养。当然,体育课程教学的开展状况并不以他人的感官所感受到的外部现实为基础,但如果脱离了社会中他人的肯定,恐怕只会更加举步维艰。由此可知,当运动能力核心素养落地之时,才是三个方面学科核心素养落地的最直接的表现。

二、健康行为是发展运动能力和体育品德的核心

《课程标准(2017年版)》明确指出:"健康行为是增进身心健康和积极适应外部环境的综合表现,是提高健康意识、改善健康状况并逐渐形成健康文明生活方式的关键。健康行为包括养成良好的锻炼、饮食、作息和卫生习惯,控制体重,远离不良嗜好,预防运动损伤和疾病,消除运动疲劳,保持良好心态,适应自然和社会环境的能力等。健康行为的具体表现形式为体育锻炼意识与习惯、健康知识掌握与运用、情绪调控、环境适应。"由此可知,学生通过体育与健康学习的过程,应该要具备良好的锻炼意识和习惯,学会健康知识的运用,能够自如地调控自己的情绪和适应多种环境,最终形成健康文明的生活方式,而这是所有学科核心素养达成中最核心的素养。

1. 健康行为养成是体育与健康学习的核心追求

纵观我国基础教育课程发展的目标,从过去的基础知识和基本技能的"双基"转向"基础知识、基本技能和基本方法"的"三基",进而过渡到"知识与技能、过程与方法、情感态度价值观"的"三维课程目标",再到当前的"三个方面学科核心素养",体现了教育界对学生体育学习终极追求的认识在不断深入。当我们审视体育与健康课程的目标时,就离不开对学生为什么要学习体育与健康课程的思考。当然,原因是多方面的,但当前学生存在的大量健康问题是最需要关注的核心问题。当前学生所面临的健康问题是非常严重的,众所周知从1985年开始,国家体育总局、教育部等部委每5年1次,共6次实施了全国大样本量的学生体质健康测评工作,一直到2010年的调研结果公示,大部分指标都呈现持续下滑的趋势,即使教育部等部委2010年全国学生体质健康调研结果显示,学生的发育水平、肺活量、营养状况、身体素质等一些指标出现了一定的好转(如立定跳远、坐位体前屈成绩出现好转,耐力素质呈现"止跌"状况),但总体情况仍然非常不乐观。在心理健康方面,我国青少年有严重心理问题的比例高,其中17.5%的青少年存在心理问题,3.1%的青少年有严重心理问题;63.3%的青少年心情低落,29.1%常紧张不安,31.7%有较多的愤怒感。此外,我国青少年抑郁问题普遍,超过3成的青少年有不同程度的抑郁,其中23.4%存在轻度抑郁,13.1%存在严重抑郁。在13—15岁之间,青少

年的抑郁每年以10%的速度增长。①

针对这些健康问题,通过体育与健康课程的学习力求得以解决是最基本的路径。作为体育工作者,我们都知道要彻底解决健康问题,最重要的不是让学生不出现某类影响健康的行为,而是要让学生养成良好的健康行为,因为只有具备了健康行为,才能形成良好的健康习惯和掌握健康管理的能力,也才能持久性地保持健康水平,从而消除学生所面临的健康问题。因此,从这个角度而言,健康行为养成是体育与健康学习的核心追求,也是永恒的追求。

2. 健康行为养成进一步提升了运动能力核心素养的价值

如前所述,运动能力是三个方面学科核心素养培育的基础,但运动能力养成并不是最终目的。在现实生活中,也存在着很多运动能力很强但并不健康的个体,比如在足球、篮球、拳击等职业竞赛领域,存在着大量的高运动能力的运动员但身心都极其不健康的情况。因此,学生通过体育与健康课程的学习需要提高运动能力,但仅仅提高运动能力还不够,更需要养成健康行为。此外,由于普通学生的体育与健康学习主要不是为了取得高水平的竞技运动成绩,更多是为了学生的全面健康成长,所以与更多聚焦于运动能力提升的竞技运动有着本质区别。也就是说,当体育教师仅仅将学生体育与健康学习的目标定位于运动能力提高时,这是不够全面也是层次不高的体现。

通过养成健康行为,可以进一步提升运动能力核心素养的层次。实际上,在过去多年的实践教学中,体育学科总是处于边缘地位,这正是因为体育课程的技术化和操作性,使得体育学科不够被重视,体育教师往往被无情地排除在教师群体之外。受到根深蒂固的社会文化价值观影响,与科学、数学等那些获得高自尊的学术性学科被认为是有效知识相比,体育等边缘性学科被认为缺少学术性的知识。② 之所以出现体育学科被边缘化的现象,这与过去学校体育课程过于注重运动技术等的学习有着密切的关系,从而矮化了体育课程的价值与意义。运动能力核心素养的培养,更多起着载体和基础作用,而只有在运动能力的基础上提高了健康行为素养,才能使得人们看到体育课程对人的全面发展的独特价值,因为健康行为的养成和健康文明生活方式的形成是其他学科很难达成但又是非常关键的素养。

---

① 季浏. 中国健康体育课程模式的思考与构建[J]. 北京体育大学学报,2015,38(9):72—80.
② 尹志华,毛丽红,孙铭珠,汪晓赞,季浏. 20世纪晚期社会学视域下体育教师研究的热点综述与启示[J]. 北京体育大学学报,2014,37(5):98—105.

3. 健康行为养成为体育品德奠定了基础

品德即道德品质，是指个体依据一定的社会道德准则和规范行动时，对社会、他人和周围事物所表现出来的稳定的行为特征或倾向。体育品德指的是人们在体育活动中表现出来的道德品质，是体育活动的重要组成部分。社会所强调的道德品质在体育运动中都会关联，通过体育活动可以培养学生优秀的道德品质，在体育运动中培养起来的道德品质对社会的道德观念和行为规范也会起到积极的促进作用。[①] 从体育品德的特点可以看出，该核心素养更多是精神和观念层面的表现，这与健康行为能够实实在在被感知的特点相比，体育品德具有隐晦性。正是体育品德的这种特性，决定了体育品德必须要以实实在在的运动能力和健康行为为依托，尤其是健康行为起着非常重要的基础作用。

一个人品德的养成需要良好的行为进行指引。比如，一个长期睡懒觉、不讲卫生、不喜欢锻炼身体、毫无健康意识可言的人，我们很难期望该个体能够养成积极进取、挑战自我、追求卓越的精神。再比如，缺乏了良好情绪调控能力的个体，就会导致乱发脾气、对他人缺乏包容心，甚至产生严重的仇视他人的心理，这样的个体我们也不奢望他能够养成遵守规则、文明礼貌和尊重他人的素养。这绝不是危言耸听，因为过去已有的研究已表明，约29.8%高中生有胆怯、自卑、害羞、固执、忧郁、易怒、自责、孤僻不合群等不良性格，约31.7%左右的高中生有骂人、说脏话、好斗、作弊、说谎逃学等不良行为；无上进心（23.1%）、逃避困难（41.5%）、不能受委屈（52.4%）、遇挫一蹶不振（23.1%）等现象也频繁出现。因此，缺乏了良好的健康行为所奠定的基础，体育品德可能会陷入空谈。基于此，健康行为的养成不仅仅是将体育与健康课程的运动能力养成价值进行了提升，更重要的是为个体通过体育与健康学习而养成良好的体育品德奠定了基础，从而使得我们所处的这个社会能够更加充满正能量，能够多一份阳光，少几份阴霾，青少年学生人人都能够拥有正确的价值观，这才是真正的健康个体。

三、体育品德是提高运动能力和改进健康行为的保证

《课程标准（2017年版）》明确指出："体育品德是指在体育运动中应当遵循

[①] 季浏，钟秉枢. 普通高中体育与健康课程标准（2017年版）解读[M]. 北京：高等教育出版社，2018：74.

的行为规范以及形成的价值追求和精神风貌,对维护社会规范、树立良好的社会风尚具有积极作用。体育品德包括体育精神、体育道德和体育品格三个方面:体育精神包括自尊自信、勇敢顽强、积极进取、超越自我等;体育道德包括遵守规则、诚信自律、公平正义等;体育品格包括文明礼貌、相互尊重、团队合作、社会责任感、正确的胜负观。体育品德的具体表现形式为体育精神、体育道德、体育品格。"由此可知,体育运动不仅仅是身体上活动,更是心理和社会的活动,不仅能够促进学生的身体发展,更能培养学生的精神意志,帮助学生在社会中更好地进行社会化。如果现在还停留在体育只是让学生增强体质、掌握运动技术的认识层面,那是典型的狭隘体育观,也大大降低了体育对学生健康、全面发展的意义和价值,更不可能落实"立德树人"的根本任务。当学生养成了良好的体育品德后,就会对其运动能力和健康行为产生正确的引导,起到保障作用。

1. 良好的体育精神有利于个体自觉提高运动能力和改进健康行为

在《课程标准(2017年版)》中,体育精神所提及的"自尊自信、勇敢顽强、积极进取、超越自我等",更多体现为个体的自律。自律是指行为主体的自我约束、自我管理,是以事业心、使命感、社会责任感、人生理想和价值观作为基础的一种个体特质。古往今来,凡成功者都是高度自律之人,而缺乏自律的人,大多会虎头蛇尾、半途而废,使得美好的愿望往往只存在于幻想之中。对于处于价值观逐渐形成阶段的青少年学生而言,养成自律的好习惯非常关键,不仅有助于他们的体育与健康学习,更有助于他们的全面健康成长。

对于体育课程而言,学生会经常感受到不断挑战的身心极限、不断对抗的激烈场景、不断超越自我或者被他人超越的情境等,而这些对于培养学生的自律提供了绝佳的机会。比如,清华大学是我国体育开展最好的学校之一,该校毕业的校友每当回忆起在校期间的生活时,总是绕不开在清华大学学习期间参与的各种体育运动。其中,清华大学原副校长施一公院士的说法就具有很好的代表性,他认为在清华大学期间有规律的长跑磨炼了他勇敢顽强、敢于拼搏的意志,使得他能够带领团队立于世界生命科学研究的巅峰。[①] 因此,当学生通过体育活动获得高度自律的体育精神时,反过来会促使他们不怕苦、不怕累地长期坚持进行体能锻炼、运动技战术学习、参与体育展示和竞赛活动等,进而在此基础上不断提高健康行为,并在生活工作和学习中取得更大的成功。

---

① 李江涛.施一公:喜欢跑步追战争剧的院士[J].今日科苑,2015(2):18—19.

2. 高尚的体育道德能够促使个体在核心素养养成中遵循良好的行为规范

道德伦理是维系中国几千年社会发展的重要因素之一,其对个体的行为规范所产生的作用甚至超过法律约束。中国是一个崇尚道德的国家,道德被放到了极其重要的位置,这也是中华民族的优秀传统之一。近些年来,随着中国的高速发展,一些不道德的行为如欺诈等逐渐增多,年轻人所受到的道德约束在逐渐减少,这并不是一个好的社会发展趋势,帮助青少年学生养成良好的道德行为规范仍然是学校教育的重要任务之一。其中,通过体育活动而让青少年学生养成良好的道德规范具有先天的优越性,这是因为体育活动天然地具备了让学生"遵守规则、诚信自律、公平正义等"的丰富和复杂的情境。学生在体育学习的过程中,必须要学会遵守规则,否则违反规则就将受到裁判的处罚;当社会在披露一些体育运动中如赌球、兴奋剂滥用等不够公平正义的现象时,也能够对学生产生警醒作用。从这个角度来讲,只有当学生具备高尚的体育道德之后,才能在体育与健康学习过程中遵守规章制度、诚实待人、敢于主持公平等,也才能促进学生更好地进行运动而提高运动能力。当学生在若干年之后进入社会时,这些良好的行为规范也将会对他们的事业产生极大地促进作用。

3. 积极的体育品格能够帮助个体正确对待核心素养养成中的社会互动

对于普通个体的体育学习和体育活动而言,大部分都是带有一定社会互动性质的团体性体育运动项目,这与竞技体育中大量的以获取奖牌的个人运动项目并不一样。人是群居的个体,而群居的特性则凸显了人与人之间进行社会互动的必然性和必要性。当前的青少年学生,大多是独生子女,成长的环境决定了其比较独立和以自我为中心,使得其在社会互动方面的意愿和能力都有所欠缺,这不利于青少年学生的全面发展。体育品格中所提及的"文明礼貌、相互尊重、团队合作、社会责任感、正确的胜负观等"素养,对于个体在社会中更好地生存至关重要。比如,社会责任感是当前社会普遍欠缺的一种品质,大到国家、小到班集体,责任感的缺失使得个体的"自私自利心"加重,培养的学生也变成了如北京大学钱理群教授所言的"精致的利己主义者"。而通过体育学习,学生一方面能够学会礼貌对待他人和尊重他人,愿意与人合作,具备正义感和敢于面对输赢等,同时,良好的体育品格又为学生更好地提高运动能力和健康行为素养中的社会互动奠定了基础。

总之,体育精神、体育道德和体育品格等体育品德素养,将学生体育与健康学习的结果从"运动能力的操作层面"和"健康行为的行为层面"提升到了精神层面,这对于体育与健康课程健身育人价值的发挥,"立德树人"目标的达成具有决定性的意义。

综上所述,运动能力、健康行为和体育品德三个方面学科核心素养的提出,在我国基础教育体育与健康课程历史上具有划时代的重大意义,这不仅是体育与健康课程目标的跨越式发展,更体现了课程改革更加重视对"完整的人"的培养。三个方面的学科核心素养并不是独立的关系,而是相互联系、相互影响、相互促进、共同发展的关系。广大体育教育工作者除了要理清核心素养之间的关系之外,更要清醒地意识到在今后的体育实践教学中,绝不能将三个方面的学科核心素养分裂开来进行教学,而应该将其作为一个整体,让学生在体育与健康学习的过程中得到全面发展。

第六章

运动能力核心素养的内涵阐释

运动能力是《课程标准(2017年版)》中提出的三个方面学科核心素养之一,而《课程标准(2017年版)》又明确指出:"运动能力的具体表现形式为体能状况、运动认知与技战术运用、体育展示与比赛。"[①]由此可见,运动能力核心素养本身并不是明确指向人所具备的某一种单独的能力或者素养,而是指向一个综合的概念,因为这一核心素养体现在多个方面,只不过这一综合概念相比较于健康行为、体育品德这两个其他方面的学科核心素养有一定的侧重点。运动能力核心素养带有鲜明的体育色彩,在整个体育与健康学科核心素养体系中处于关键地位。如果要很好地达成整个运动能力核心素养,就必须要理清运动能力和其相应素养表现之间的关系。因此,本章将主要对核心素养下的体能、运动认知、技战术运用、体育展示与比赛的内涵及其与运动能力的关系进行分析。

第一节 体能的内涵阐释

体能是运动能力核心素养中的第一个构成要素,在运动能力形成中起着最基础的奠基性作用。但当前体育界不同研究领域对体能的理解存在较大差别,通过对学校体育领域体能构成要素的解构与内涵阐释,有利于体育教育工作者正确地理解体能。

---

① 中华人民共和国教育部制定. 普通高中体育与健康课程标准(2017年版)[M]. 北京:人民教育出版社,2018:5.

一、体能的内涵

1. 个体自身的体能水平

关于体能,国内一些中小学体育教师认为主要指的是"力量、速度、耐力、协调、柔韧、灵敏"等6项身体素质,这一观点在学校体育领域可能存在问题。竞技体育领域之所以认为体能指的是6项身体素质,这是因为竞技体育的目的主要是追求运动成绩,而运动成绩又主要与这些身体素质关系密切。但对于学校体育而言,其主要目的还是在帮助学生掌握体育与健康的基本知识和技能的基础上,养成良好的体育锻炼习惯,形成健康的生活方式,增进身心健康。虽然学校体育也需要重视运动成绩,但不是主要的目的。正是因为学校体育和竞技体育的价值取向存在差异,所以学校体育领域对体能的定义和划分应该要体现本领域的特色。

在学校体育领域,国内外有非常成熟的体能划分方法,即体能包括与健康密切相关的体能(简称健康体能)和与运动技能密切相关的体能(简称运动体能)。其中,健康体能包括身体成分、心肺耐力、肌肉力量、肌肉耐力、柔韧性等,这些体能与健康关系较为密切,如果丧失这些能力,就难以维持最基本的生活;运动体能则包括速度、力量、灵敏性、协调性、平衡、反应时等,这些体能与运动技能密切相关,如果这些能力不高,就难以提高运动水平。当然,需要指出的是,健康体能和运动体能的划分,并不意味着两种体能下面所包含的体能种类是截然分开的,实际上其中一些体能成分既是与健康相关的体能,又是提高运动技能水平所需要的体能,只是侧重点有所不同。关于学校体育领域中的体能定义,在《课程标准(2017年版)解读》中有非常明确的论述:

首先,关于健康体能中的体能成分,身体成分是指组成人体各组织器官的总成分,包括脂肪成分和非脂肪成分两大类。前者重量称体脂重量,体脂重量占体重的百分比称体脂率(F%);后者包括内脏、骨骼、肌肉、水分、矿物盐等各种成分的重量,又叫瘦体重或去脂体重。这两类身体成分应保持在合理的比例,其中任何一类成分过多或过少都会对健康造成极为不利的影响;心肺耐力是指呼吸和循环系统在活动时提供氧气及营养,以满足长时间身体活动需要的能力,是评定人体健康体能的重要指标之一;肌肉力量是指肌肉所能发挥出的最大力量,而肌肉耐力是指肌肉持续工作的能力;柔韧性是指身体各个关节的活动幅度以及跨过关节的韧带、肌腱、肌肉、皮肤和其他组织的弹性和伸展能力,是一种重要的体能成分。①

其次,关于运动体能中的体能成分,灵敏性是指人体迅速改变体位、转换动作和随机应变的能力,灵敏性练习有助于提高大脑皮层神经传导过程的灵活性、发展快速反应的能力、提高速度和动作的准确性和协调性,能够更快地掌握多种多样的动作技能;平衡性是一项复杂的、综合的体能,体育锻炼不仅可以保持平衡系统原有的功能,还有助于提高平衡能力;协调性是身体各部分在时间和空间上相互配合,准确、合理、有效地完成动作的能力,主要反映一个人的视觉、听觉、平衡觉和动作技能相结合的能力;爆发力是指在最短时间内,以最大的加速度克服一定阻力的能力;速度是指身体或身体某部位在短时间内快速运动的能力,包括对外界信号刺激快速反应的能力、人体快速完成动作的能力以及快速移动的能力;反应时是指人体从接受刺激到开始做出反应所需要的时间,是衡量神经-肌肉组织兴奋性高低和评价人体反应速度快慢的一个常用生理和心理指标。②

核心素养中上述11种体能的表现,主要是指学生所表现出来的不同种类体能的水平,如身体成分的多少、肌肉力量和肌肉耐力的大小、速度和反应时的快慢等等。个体的健康体能水平越高,那么健康生活的质量可能就越高;个体的运动体能水平越高,那么运动技能的水平可能就越高。对于11种体能的具体测量方法,在我国中小学都有非常成熟的体系,基本依照《国家学生体质健康标准》执行,在此不再赘述。

2. 个体促进体能发展的水平

一是个体测试和评价体能的水平。《课程标准(2017年版)》指出,学生要"掌握并运用测试与评价体能水平的科学方法,如用心率来测试和评价运动强度,用《国家学生体质健康标准》评价体能水平"。由此可知,学生能否熟练地对体能水平进行测试和评价,是自身素养的一个重要方面。当前,评价体能的方法越来越多,比如在评价运动强度时,通过心率对强度进行间接推算就是一个非常常用的方法。一般而言,个体的最大心率为"220—年龄",我们主要采用最大心率的百分比来表示不同的运动强度,50%—60%的最大心率一般指的是中等偏小运动强度,60%—70%的最大心率一般指的是中等运动强度,而

---

① 季浏,钟秉枢. 普通高中体育与健康课程标准(2017年版)解读[M]. 北京:高等教育出版社,2018:107—109.
② 季浏,钟秉枢. 普通高中体育与健康课程标准(2017年版)解读[M]. 北京:高等教育出版社,2018:107—109.

70%—80%的最大心率则指中等偏大的运动强度。根据最大心率的百分比，还可以进一步计算出具体的心率区间，但与年龄有着密切的关系。再比如，学生要学会用12分钟跑测试、台阶测试来评价心肺功能；重复最大负荷的方法测试肌肉力量，用俯卧撑、仰卧起坐、仰卧起身来测试肌肉耐力；用坐位体前屈测试躯干柔韧性等。[1] 学生只有学会用科学的方法测试和评价自己的体能水平，才能快速地知晓自己准确的体能状况，才能根据体能状况进一步改进锻炼手段和方法，学会管理自己的体能。此外，掌握科学的体能测试和评价方法，不仅可以帮助自己改善体能，还可以帮助他人，如家人、同学、朋友、同事、邻居等进行体能的快速测量和评价，这也是对自身所掌握的体能测试与评价方法的一种运用，也是体育与健康学科核心素养所强调的方面之一。

二是个体所掌握的体能练习方法的情况。在《课程标准（2017年版）》体能模块的"内容要求"中，11条内容要求中有10条对各种体能的练习方法提出了建议。比如，采用耐力跑、游泳、跳绳、有氧健身操、自行车长距离骑行和登山等种练习方法发展心肺耐力；采用坐位体前屈、压腿、静态拉伸和动态拉伸等多种练习方法发展上肢、下肢、肩部、腰腹和躯干柔韧性；采用十字象限跳、六边形跳、"Z"字形跑、折返跑、变向跑、"8"字绕环跑和移动躲闪等多种练习方法发展灵敏性；采用固定信号源单一信号或选择信号练习、移动信号源单一信号或选择信号练习等各类信号刺激练习法，根据口令快速变换动作练习，两人一组相互模仿对方动作的练习，足球、篮球、排球中两人一组的对抗练习等发展反应时。但需要指出的是，《课程标准（2017年版）》中所列出的体能练习方法仅仅只是举例，体育教师在引导学生学习或学生自练时可以采用更多练习方法，不能停留在简单的操场跑圈，而要将一些形式新颖、内容丰富多样的体能练习方法引入到课堂之中。实际上，对于学生而言，仅仅依靠18课时的体能模块和每节课进行的10分钟体能练习，要达到提高体能水平的目的非常困难。课堂上主要是掌握常见的体能练习方法，方法掌握后就可以在课外进行体能练习。学生掌握的体能练习方法越多，就越有可能提高体能水平。

三是个体制订和实施体能锻炼计划的水平。《课程标准（2017年版）》指出，学生要"掌握体能锻炼计划制订的程序与方法，学会根据自身情况确定锻炼方式、频率、强度和持续时间等"。关于这一点，涵盖了计划制订和实施两个

---

[1] 季浏，钟秉枢.普通高中体育与健康课程标准（2017年版）解读[M].北京：高等教育出版社，2018：107—109.

方面。首先,要掌握体能锻炼计划制订的能力。在制订锻炼计划时,需要考虑到个体的体能基础、锻炼兴趣、身体状况、锻炼环境、器材设备等多个方面的因素,尤其是对那些患有先天性心脏病、遗传性疾病、其他不适合高强度运动的疾病等情况,在制订锻炼计划时要给予重点考虑。在具体的锻炼计划制订过程中,主要遵循FITT原则,即体能锻炼的频率、锻炼强度、锻炼时间和锻炼方式,但同时也要根据实际情况对锻炼计划进行及时调整。良好的计划是顺利完成某项任务的基础,完善的体能锻炼计划应该是个性化且科学有效的。其次,具备体能锻炼计划的实施能力。很多学生可能具备体能锻炼计划的制订能力,但却不一定具有实施体能锻炼计划的能力,主要原因在于坚持性较差,三天打鱼两天晒网,长此以往就将制订的计划抛到了脑后。因此,体育教师应该要引导学生坚持实施锻炼计划,在此基础上,还要引导学生学会影响身边的人,尤其是父母和爷爷奶奶等,带领他们一起实施体能锻炼计划,因为家庭环境是影响个体实施体能锻炼计划的非常关键的因素。只有将锻炼计划中的目标真正落到了实处,才能有效提升个体制订和实施体能锻炼计划的素养水平。

二、体能与运动能力的关系

1. 体能是运动能力的外在表现之一

张华教授指出,"素养"是一种将知识与技能、认知与情感、创造性与德性融为一体的复杂心理结构,它遵循的基本原则是"心灵"(mind)原则;而"表现"是在特定情境和条件下的外部行为呈现,它遵循的基本原则是"行为"(behavior)原则。[①] 由此可见,我们可以将素养理解为一种内在的特质,而表现则是这种内在特质的外部行为呈现,即素养是表现的内在源泉与基础,表现则是素养的一种外在"出口"。对此,布鲁纳指出:"素养需要拥有表现'出口'(a performance outlet),教师的任务是发现该'出口'。"[②] 也就是说,当我们要从外部窥见内部的素养时,我们很难直接看见一个人的素养,而更多是通过个体对外部所呈现出来的具体表现这个"出口"来了解个体素养的。

具体到运动能力,即使对于体育工作者而言运动能力是一个耳熟能详的

[①] 张华. 论核心素养的内涵[J]. 全球教育展望,2016,45(4):10—24.
[②] Doll, W. E. Developing Competence. In Doll, W. E. Pragmatism, Post-Modernism, and Complexity Theory. Edited by Donna Trueit [M]. New York:Routledge, 2012:67.

词语,但我们很难说我们可以直接看见运动能力呈现什么形态,这就是因为运动能力作为体育与健康学科核心素养的一个方面,是一种内在的复杂结构。如果要清楚地了解运动能力,则需要通过具体的外在行为表现来呈现,而个体的体能状况则是运动能力的这种具体表现之一。或者,我们也可以将体能看作是运动能力的具体化,它将宏观的运动能力细化为能够"看得见和摸得着"的体能状况。但需要指出的是,运动能力并不仅仅只有体能这一种具体表现形式,还有其他的几种表现形式,如运动认知与技战术运用、体育展示与比赛。

2. 体能是评判运动能力的一种方式

如果要判断一个人运动能力的高低,那么体能则是非常重要的方式之一。《课程标准(2017年版)》在"体育与健康学科核心素养水平划分"中,呈现了运动能力、健康行为和体育品德三个方面学科核心素养的五级水平,而这些水平划分的目的之一就是为了判断某个学生到底处于核心素养的什么水平。其中,运动能力中"体能"部分的5级水平划分如下表6-1所示:

表6-1 运动能力核心素养(体能)5级水平划分表

学科素养	水平	学科素养表现
运动能力（体能）	1	• 了解体能对于个人学习和生活的重要性。 • 在教师的指导下制订体能锻炼计划并实施。
	2	• 认识体能对于个人学习与生活的重要性。 • 制订和实施体能锻炼计划,并对锻炼效果做出评价,体质健康测试成绩合格。
	3	• 表现出对于体能重要性的正确认知,并积极参与练习,体质健康测试成绩良好。
	4	• 运用科学锻炼原理设计和实施个人体能发展计划,体质健康测试成绩优秀。
	5	• 根据个人特点设计和实施个性化的体能发展计划,体重适宜、体格强健、体态优美、体力充沛。

由上表可知,一个学生的体能在核心素养表现上可以呈现出不同的水平,如在体能重要性认知方面,水平1要求"了解体能对于个人学习和生活的重要性",水平2要求"认识体能对于个人学习与生活的重要性",水平3要求"表现出对于体能重要性的正确认知",而水平4和水平5则对体能重要性认知不再做要求,这是因为认知相对而言要求较低,在水平3阶段即可完全完成。再比

如，在体能锻炼计划与评价方面，水平1要求"在教师的指导下制订体能锻炼计划并实施"，水平2要求"制订和实施体能锻炼计划，并对锻炼效果做出评价"，水平3要求"积极参与体能练习"，水平4要求"运用科学锻炼原理设计和实施个人体能发展计划"，而水平5则要求"根据个人特点设计和实施个性化的体能发展计划"，这一要求则在五个水平都有所呈现。另外，在体能水平方面，水平1没有要求，水平2要求"体质健康测试成绩合格"，水平3要求"体质健康测试成绩良好"，水平4要求"体质健康测试成绩优秀"，而水平5则要求"体重适宜、体格强健、体态优美、体力充沛"。

根据上述分级要求，体育教师就可以从"体能重要性认知、体能锻炼计划和评价、体质健康水平"三个方面来评价学生的体能素养，且这三个方面的侧重点不一样，分别侧重于"知""行""测量成绩"三个角度，从而构成了完整的体能表现评判维度。五级水平的划分，更是清楚地刻画了学生所处的层级，从而为教师了解学生体能水平，并有针对性采用多种手段提升学生的体能综合素养提供了科学依据。在此基础上，整体的体能水平又为进一步评判学生的运动能力核心素养奠定了基础。

三、体能是提升运动能力的基础

1. 改善体能有助于提升青少年学生的体质健康水平

国民体质健康监测中的绝大部分体质健康指标，主要也是学校体育中所提及的体能指标，即学生的体质健康测试实际上主要是测评学生的多种体能水平。[1] 因此，大力提升青少年学生的体能水平，是改善体质健康水平的关键。与2003年版的《课程标准（实验）》相比，《课程标准（2017年版）》将过去的"田径必修必学模块"调整为"体能模块"，共18学时，这一调整存在多方面的原因，而为了提升学生的体质健康水平则是最重要的原因之一。在《课程标准（实验）》时代，因为没有专门的体能模块，所以学生缺乏足够的掌握"体能发展的基本原理与方法、测量与评价体能水平的方法、体能锻炼计划制订的程序与方法、有效控制体重与改善体形的方法等内容"的机会，使得学生既没有时间练习体能，也没有能力练习体能，这在很大程度上降低了学生的体能水平，进而导致了体质健康水平的降低。另外，《课程标准（2017年版）》还提倡"每节课

---

[1] 季浏.我国《普通高中体育与健康课程标准（2017年版）》解读[J].体育科学，2018，38（2）：3—20.

最好安排10分钟左右的体能练习,包括一般体能和专项体能的内容;应高度重视体能练习手段和方法的丰富多样、实用有趣;在一般体能练习中尽量安排一些补偿性体能练习,如学习跳远运动项目,下肢和躯干的运动负荷较大,一般体能练习尽量安排上肢运动练习或是提高心肺耐力和灵敏性等其他体能练习,促进学生体能协调和全面发展",这为学校体育与健康教学进一步加强体能练习提供了强大的政策基础。

总之,虽然个体的体质健康水平不纯粹是体育与健康课程能够解决的问题,但体育与健康课程作为与学生体质健康关系最为密切的课程之一,也应该要承担起提升学生体质健康水平的重任。学生的体能水平提升了,随之而来体质健康水平提升了,也就为运动能力的整体提高打下了扎实的基础。

2. 良好的体能是学好运动技能的前提条件

如果仔细分析运动能力核心素养,就会发现除了体能之外,运动认知与战术运用、体育展示与比赛基本都和具体的运动项目有着密切的关系,而要达成这几个方面的要求,都必须要以高水平的运动技能为前提条件。在《课程标准(实验)》中之所以设置"田径必修必学模块",就是认为"田径是运动之母",认为田径运动技能是掌握其他各项运动技能的基础,而今天我们再审视这一观点时就发现这可能是错误的。对此,教育部基础教育体育与健康课程标准研制组和修订组组长季浏教授多次指出"体能才是运动之母",其理由有几条:

一是根据多年的实践经验来看,各项运动技能掌握好的个体,未必是田径运动技能学得好的人,但一定是体能水平很高的人。一个人具备了高超的体能水平,掌握绝大部分运动项目技能的速度都很快,这充分体现了体能在运动项目学习中的基础性。

二是体能水平越高,受伤的可能性会降低,也更容易学习运动技能。在运动项目的学习中,尤其是速度、力量、灵敏性、协调性、平衡、反应时等运动体能水平高的个体,其速度更快、力量更大、更加灵活、身体的协调性和平衡能力更强、反应速度更快,那么就更容易保持良好的身体状态。比如,在学习体操运动时,力量和平衡性等体能越强的学生,就越不可能从器械上摔倒或者出现骨折等运动损伤的情况,那么这就为体操运动技能的深度掌握创造了充分的条件。再比如,在学习篮球运动时,速度和反应时越好的学生,就越容易掌握篮球运动技能。

三是国外在体能学习方面非常重视。在国外的中小学体育与健康教材中,有大量的专门针对体能练习的内容,既包括健康体能练习也包括运动体能练习。绝大部分西方国家学生的整体运动能力强于中国学生是公认的事实，这大概与其中小学非常注重体能学习有着密切的关系。虽然西方国家的经验并不一定完全适合我国，但这些优秀的经验完全可以借鉴。

由上述可知，良好的体能是学好各项运动技能的前提条件。因此，广大体育教师要重视体能练习在运动技能学习中的基础性，开展多种形式的体能练习，打好基础，为运动技术和战术水平的提高、为参与高水平的体育展示和比赛奠定坚实的基础。

第二节　运动认知的内涵阐释

与体能状况、技战术应用和体育展示与比赛等表现形式具有明显的"身体实践"外显行为特征相比，运动认知这一运动能力的核心素养具体表现形式具有内隐的特点。在体育领域，虽然认知或者运动认知是一个耳熟能详的词语，但如果要让体育教师们进行准确的定义却又并不那么容易，这种模糊的理解并不利于核心素养导向下体育与健康教学的开展。因此，理清核心素养下运动认知的内涵及其与运动能力核心素养的关系，对于广大体育教师通过多种方式促进学生运动认知的发展并进而促进运动能力的提升至关重要。基于此，本节将主要对核心素养下的运动认知的内涵与运动能力的关系进行分析。

一、运动认知的内涵

1. 对于运动认知的理解

在《课程标准（2017年版）》中，并未直接对运动认知给出明确的定义，也很少直接提及运动认知，这说明运动认知可能是一个非常宽泛的概念。一般而言，体育科学领域中的认知主要有体育认知和运动认知两种表述，前者侧重于对体育概念、定义、价值、现象、经验等的感知和理解，而后者则更加注重具体运动行为中的认知过程，如运动中的各类知觉，运动的瞬时、短时和长时记忆，运动中的决策等。也就是说，前者所言的体育认知可能发生在体育运动之前、之中和之后的任何时间段，未必与具体的运动实践紧密联系，比如有的人即使从不或很少参加体育运动实践，但对体育现象的认知却很深刻和到位；而后者所言的运动认知更多发生在真实的运动实践之中，要以具体的运动体验为依托。

结合当前体育科学领域对运动认知的两种不同的理解,以及根据《课程标准(2017年版)》中"体育与健康学科核心素养水平划分表"有关运动能力的相关表述,认为《课程标准(2017年版)》所提及的运动认知涵盖了通常所讲的体育认知和运动认知两大范畴,是一个较为宽泛的概念。所以,在我们通常所言的体育运动中运动认知与《课程标准(2017年版)》中所言的运动认知是有区别的。因此,经分析认为《课程标准(2017年版)》的运动认知主要包括体育认识、运动知觉、运动记忆和运动思维四个方面。

2. 运动认知四个方面的具体内涵

(1) 体育认识

焦宗元指出,在传统观念里,体育认知是作为一种被心理、意识、思维、记忆等感知的知识,是一种思维活动。思维成为了体育认知的主体,身体是通过思维的命令传导而完成习得知识的[1],这说明传统的体育认知侧重于思维层面。傅健通过总结贾齐教授观点认为,学生在学校的各门课程的学习中主要包括的认知形式有三种:其一是概念性认知,也就是借助言语、符号对世界的认知,这是数学、语文等主要学科中广泛采用的认知形式;其二是形象性认知,这是借助一定的形象或对一定形象的想象对世界的认知,书法、绘画、音乐等的学习主要采用这种认知形式;其三是运动性认知,它是借助身体与外界发生直接的运动关系时的认知形式,它主要运用于体育以及其他的以掌握操作技能为主的课程学习中。[2] 结合上述两位学者对体育认知的定义,可以得知运动认知中有一部分认知主要发生在思维层面,如前述提及的概念性认知和形象性认知,而这都可以归结为本文所提及的体育认识之中。比如,在概念性认知中,借助语言、符号、文本等对体育的定义,理论价值和实际价值,体育思想,体育与政治、经济、文化、社会、教育等关系进行理解;在形象性认知中,通过图片、视频、影像等对体育动作、身体姿态、运动表现等形成具体的认识。

关于体育认识,涉及到大量的与体育概念、体育本质、体育目的、体育过程与规律、体育途径、体育手段、体育评价、体育科学、体育文化、体育体制和体育发展趋势等相关的内容。如我国对体育的本质的认识就经历了真义体育观、

---

[1] 焦宗元.身体视域下体育认知的转向研究[J].沈阳体育学院学报,2017,36(5):65—69.
[2] 傅健.体育认知形式与体育学习方式转变[J].体育与科学,2007,28(4):79—81.

大体育观和人文体育观等几个阶段①,而学生只有具备了对体育本质等相关知识的较为深刻的认识,才有可能真正深入体育和爱上体育课。当然,在现实中也存在着对体育认识较浅但运动技战术水平很高的人,但这毕竟是少数,而且仅仅只掌握停留在身体层面的操作性技能,是很难称之为懂体育之人,那么也不能被看作是体育核心素养水平高的个体。比如,在《课程标准(2017年版)》的课程内容之中,也有大量的与体育认识相关的内容。以足球模块为例,诸如对足球动作技术原理的理解、对足球运动发展简史和发展特点的理解、对足球文化内涵与价值的认识等,都可以看作是体育认识的范围,只是这些体育认识与具体的运动项目有关。此外,还有一些与具体运动项目没有紧密关系的体育认识,如体育的重要性等,这些更多在义务教育阶段已经掌握,而高中阶段因为侧重于运动专长的学习,所以体育认识与运动项目的关系更加密切。

(2) 运动知觉

《心理学词典》的定义指出:"所谓运动知觉,也叫物体移动知觉,是对物体的空间位移的知觉。它跟空间知觉及时间知觉有不可分割的关系。运动知觉决定于对象运动的快慢、对象距观察者距离的大小、观察者本身所处的运动或静止状态。因此,对于物体位移的知觉,与视分析器、运动分析器、前庭分析器等活动有关。"②运动知觉需要视觉、听觉、肤觉、平衡觉、机体觉、运动感觉等多系统的参与,一般包括本体运动知觉、客体运动知觉和专门化运动知觉三类。

所谓本体运动知觉,是人脑对自身运动速度或幅度的反映。人对自身运动状况的知觉与本体运动感觉、平衡觉和触觉系统有关,而视觉、听觉也参与本体运动知觉的形成。③ 学生在体育学习中如果具备了本体运动知觉,那么就能够感知到动作的变化,躯干的弯曲和伸直、四肢的动作、头部的位置等;能够感知到运动形式的变化,如是直线运动、曲线运动还是圆周运动等;能够感知到运动方向的变化,如向左、向右、前进和后退等;能够感知到运动时间的长短变化和速度大小的变化;能够感知到运动用力的变化等。

所谓客体运动知觉,是人脑对外界运动物体或对象,如球、对手的动作、击剑的剑身等的反映。客体运动知觉受到物体的运动方向、运动物体离观察者的距离、运动物体的大小和形状、运动物体所处的空间位置大小、照明条件、观

---

① 孙晨晨.我国体育认知研究述评——由"何为体育"到"为何体育"的转变[J].体育成人教育学刊,2014,30(1):79—81.
② 宋书文,孙汝亭,任安平.心理学词典[M].南宁:广西人民出版社,1984:119.
③ 唐征宇.运动心理学[M].上海:上海教育出版社,2018:36.

察者自身的位置与姿势等因素的影响。① 学生在体育学习中如果具备良好的客体运动知觉,就能对他人如对手、伙伴的运动行为有清醒的认知,同时也能够对各种球、铁饼、标枪等运动物体有着快速的反应。比如,在足球运动比赛中,学生的客体运动知觉如果很强,那么在面对高速前行的足球和对方队员时,就能够做出快速的判断和反应,从而为成功抢断奠定了良好的基础。

所谓专门化运动知觉,是运动员长期从事某一运动项目而形成的一种特殊的运动知觉,它由一系列运动感觉组成,能为运动员提供动作状况的信息,包括动作的顺序性和协调性、方向和幅度、频率和节奏、强弱和久暂等。它反映某种动作技能的各个部分之间的联系,以及其与器械或环境之间的关系是一个有机整体。常见的专门化运动知觉有球感、速度感、水感和平衡感等。② 专门化的运动知觉需要长期的训练才能形成,运动员水平越高则专门化运动知觉越高。对于学生而言,如果在体育学习中具备了高水平的专门化运动知觉,那么就基本上具备了高水平的运动技能水平。尤其是对于强调运动专长培养的高中阶段而言,形成专门化的运动知觉对于培养学生体育与健康学科核心素养非常关键。

(3) 运动记忆

记忆包含了信息编码、信息存储和信息提取三个阶段,按照信息加工过程的差异性,可以将运动记忆分为瞬时记忆、短时记忆和长时记忆三种类型。学生在体育学习中的运动记忆越深刻,就越有可能形成高度分化的运动技能水平。

所谓瞬时运动记忆,又称感觉登记或感觉记忆,当外界信息首先经过眼、耳等感觉器官进入瞬时记忆,并按照感觉输入的原样在此登记下来。此类记忆具有鲜明的形象性、信息保持时间短暂(图像记忆保持时间约为 1 秒、声像记忆保持时间不长于 4 秒)、记忆容量较大等特点。③ 比如,学生在篮球场上,当他人传球的时候,眼睛能够感觉到球的整体动态和周围的情境,球场中的各种声音也能够在记忆中储存下来,但这种记忆时间非常短,当学生面临下一个传球时,前一个传球的这些信息可能就已经遗忘了。因此,学生在体育学习中所接受到的运动瞬时记忆信息量非常大,但最后只有很少的信息能够长期存储下来,所谓"过眼烟云"即是如此。

---

① 唐征宇.运动心理学[M].上海:上海教育出版社,2018:36.
② 唐征宇.运动心理学[M].上海:上海教育出版社,2018:36.
③ 唐征宇.运动心理学[M].上海:上海教育出版社,2018:44.

所谓短时运动记忆,是指运动信息在头脑中储存和保持的时间超过1分钟的记忆,它被视为信息通往长时记忆的中间环节或过渡阶段,是记忆对信息加工的核心之一。在短时记忆中,输入的刺激信息主要是以语言的形式被编码的。短时记忆中包含两个成分:一是直接记忆,即输入的刺激信息没有经过进一步编码,只在头脑中短暂存储;二是工作记忆,即输入的刺激信息再一次进行加工和编码,从而与长时记忆建立起联系。① 在学生的体育学习中,短时运动记忆处于记忆的中间段,因为已经过滤掉了瞬时记忆阶段的大量庞杂的信息,保留了一些相对关键的信息,同时又为长时记忆奠定了基础。比如,学生在学习篮球、体操、游泳等项目的过程中,新学的一些动作技术会在头脑中存储下来,但当教师在教授下一个动作时,学生前面学过的部分动作又遗忘了,那么这部分前面已学过且暂时存储下来但又迅速遗忘的动作就是短时运动记忆。

所谓长时运动记忆,是指人脑中存储的运动信息在一分钟以上,几天、几个月、几年甚至终身的记忆。长时记忆有不同的分类方式,包括情景记忆和语义记忆、陈述性记忆和非陈述性记忆、外显记忆和内隐记忆等。② 学生在体育学习的过程中,长时记忆越多,那么其所存储的体育学习信息就越多,就越能够为其体育学习提供更多的信息。对于以身体练习为特点的体育而言,如果要促进长时记忆的发生,就必须要增加练习时间和频率,强化学生头脑中信息的编码与储存,以形成更多的长时运动记忆。

(4) 运动思维

运动思维在模拟、预测运动进程,接受反馈、调节和控制动作形成,促进新的动作技能形成中发挥着重要作用。运动思维主要包括操作思维、运动战术思维和运动直觉。

所谓运动操作思维,是指反应肌肉动作和操作对象的规律,以及他们之间相互关系的思维过程。③ 操作思维与抽象的运动概念联系较少,主要借助于直接的动作操作来完成。在运动中,操作思维多与预测对手和同伴采取的行动有关,如对抗性的球类项目以及武术等一对一的项目,当他人采取行动时,个体就要通过操作的形式采取相应的行动。

所谓运动战术思维,是指在运动竞赛前和运动竞赛过程中,预测比赛进

---

① 唐征宇.运动心理学[M].上海:上海教育出版社,2018:44—45.
② 唐征宇.运动心理学[M].上海:上海教育出版社,2018:46—47.
③ 唐征宇.运动心理学[M].上海:上海教育出版社,2018:55.

程、确立战术意图、制定各种战术方案、规划和动用各种战术手段的思维过程。[1] 在高水平的运动竞赛中,对于运动技术水平相差无几的个体而言,战术就在其中发挥着关键作用。战术思维的形成既需要了解对手的情况,还需要根据各种临场情况和主客观条件对信息进行精准分析,在及时做出判断的情况下迅速改变自己和本组的战术方案,这对于培养学生的临场应变能力具有很好的促进作用。

所谓运动直觉,是指个体在复杂的运动情境中,根据有限的信息,不依据某一固有的逻辑规则,迅速而直接地对运动情形进行分析,从整体上识别、判断和估计运动现象和规律的运动思维。[2] 直觉在体育运动中非常常见,比如在网球比赛中,当对方将球击打过来时,运动者不会有太多时间去思考如何应对,而主要是根据直觉做出反应;再比如,足球守门员在比赛中面临快速飞来的足球时,必须要在非常短的时间内做出应对决策,包括方向、位置等。一般而言,运动技能越复杂的项目,运动者在其中所表现出来的运动直觉越多,尤其是那些开放式运动技能项目,对于参与者运动直觉的要求更高。

二、运动认知与运动能力的关系

1. 运动认知对运动能力形成起着奠基作用

首先,从运动认知中体育认识的角度而言,学生对体育的认识在某种程度上对核心素养的培育起着决定作用。在当前社会,社会上重文化教育轻身体教育的"重智轻体"的风气还较重,不仅很多家长对学生的体育学习不重视,甚至认为学校体育非常不重要,而且部分学生也将体育视为边缘性学科,对体育课采取非常随意的态度。在这些现象的背后,凸显了家长和学生甚至部分其他学科教师对体育的认识非常不到位。自古以来,"劳心者治人,劳力者治于人"的观点根深蒂固,中国传统文化中对身体的教育不够重视,尚武与崇文相比较处于低等地位,使得在中国古代史上饱受外族的入侵和欺辱。试想,如果个体从内心对某件事情不重视,那么我们就很难奢求个体能够在此事上有所作为。因此,应该要大力促进学生对体育认识水平的提升,让学生正确理解体育的意义和重大价值,深刻意识到体育在促进自身健康水平提升、促进社会发

---

[1] 唐征宇.运动心理学[M].上海:上海教育出版社,2018:58—59.
[2] 殷克明.试论运动直觉[J].武汉体育学院学报,2002,36(6):63—65.

展与和谐、促进国家认同感提升等方面的独特作用。只有学生形成了正确的体育观,才有可能产生主动的体育实践行为。此外,对于家长和其他学科的教师,也同样需要加强其体育价值观的培养,避免对体育形成误解,从而为学生进行体育学习提供支持。只有具备了正确的体育认识,即具备了思想基础,才有可能提升运动能力。

其次,在运动知觉、运动记忆和运动思维方面,则更多与学生的系列心理活动和部分生理活动有关。如果我们将体育认识比作运动认知的"软基础",那么运动知觉、运动记忆和运动思维则可以看作是运动能力的"硬基础"。比如,以运动知觉为例,如果学生的运动知觉很弱,那么其在运动技能的学习过程中,就很难对自身的运动方向、幅度、力量大小形成正确的认知,也很难对场地、器材、对手的位置和距离等有着清晰的认识,那么就更不可能形成我们经常所言的"球感""水感"等高度自动化的专门运动知觉。在这样的背景下,学生就很难提升运动能力。再比如,如果学生的运动记忆功能很差,总是无法形成运动动作、方位、习惯等方面的长时记忆,那么就很难形成连贯的动作技术,这不仅很难提升运动水平,甚至会在比赛中造成重大失误,如在体操类运动的比赛中忘记了动作,或者将动作顺序混淆颠倒等,这对于学生运动表现与成绩的获得是致命性的打击。长此以往,就会持续打击学生体育学习的自信心和勇气,造成习得性无助感。

2. 运动认知是运动能力的一种相对隐晦的表现形式

在传统的观念中,判断一个人运动能力水平高低,主要是指该个体运动技术水平的高低,而较少涉及到运动认知。但在现实中,不可能每个人都具备非常高水平的运动技术,对体育完全不感兴趣的那部分人除外,在这两个极端之间还存在着大量的对体育有着较好的认知但未必是运动技术水平很高的人。比如,各大体育比赛的解说员,他们大多属于运动认知水平较高的个体,但未必全部都是运动技术水平很高的人。当然,运动技术水平高反过来能够促进个体运动认知水平的提升,这就是为什么一些高水平的退役运动员能够成为优秀的体育解说员的原因。再比如,在现实社会中存在着很多球迷,他们是某项球类运动的发烧友或者铁杆粉丝,他们谈起体育头头是道,能够深入分析体育在国家外交中的重大作用、体育比赛对经济发展的重大影响等,但他们未必是高水平的运动技术拥有者。所以,从这个角度而言,传统的仅仅用运动技术水平高低来评判一个人运动能力高低的做法是错误的。所以,当我们从运动认知或者将运动认知作为一个重要评判指标时,我们发现对运动能力的评价就会发生变化。

因此，可以说运动认知是运动能力的一种表现方式，但与体能、技战术运用、体育展示与比赛相比，运动认知的表现具有一定的隐晦性，这主要体现在两个方面：一是除了纯粹与体育运动项目无关的一些基本认识之外，运动认知基本都融合到了具体的运动项目之中，对外呈现整体表现。所以，我们通常只能看到个体具备较高的运动技能水平，但实际上在这背后个体的运动认知起着重要作用，因为低水平的运动知觉、运动记忆与运动思维是很难产生高水平的运动能力的；二是对体育的普适性价值、意义等的认识，大部分都在小学和初中阶段已经学习，到了高中阶段主要以学习运动项目为主，学生需要通过10个模块的专项运动技能学习形成高水平的运动专长，为终身体育奠定基础。所以，从这个角度来讲，高中阶段对体育基本认识的内容相对较少，但却又不可或缺，因为高阶的体育思维认知对于个体运动能力水平提升起着引领和导向作用。所以，在基层的一线体育教学中，体育教师要善于挖掘学生的运动认知表现，这不仅是评价体育与健康学科核心素养的表现性指标之一，而且也有助于教师从运动认知的角度出发来培养学生的核心素养。因此，如何进一步挖掘运动认知的学业水平表现和设计指向运动认知培养的课程内容，是今后体育教师需要考虑的问题之一。

3. 运动认知的提升需要从运动能力整体层面进行统筹设计

首先，在课程标准实施的层面，运动认知作为运动能力的构成部分，不仅无法分割，而且更应该要从顶层设计的角度予以重视。在《课程标准（2017年版）》中，虽然提出了运动认知的说法，但其中很少直接提及运动认知。之所以出现这种情况，除了上述所言的隐晦性之外，还与课程标准作为国家层面的纲领性文件有关系。课程标准不是教科书或者教学指南，不可能也无必要详细地阐述每一个方面，而是以核心和关键的部分为重点，但这并不意味着否定了运动认知的重要性，相反更加突出了教师在学生运动认知的培养中需要发挥更大的作用。在这样的情况下，各省市和各地区在制定课程实施方案和课程实施计划时，应该要突出运动认知的重要性，要从顶层设计的角度予以考虑。

其次，在教师教学的层面，体育教师在教学时要突出运动认知在运动能力核心素养培养中的地位。比如，教师在设计教学目标、选择教学内容、确定教学方法、实施学习评价时，都要从顶层设计的角度考虑到运动认知这一关键要素。其中，学习评价尤其起着导向作用，在当今指向体育与健康学科核心素养培育的课程实施导向下,如果在对学生的学业质量进行评价时关照到了运动认知,那么就必然促使教师反过来去检查教学的多个环节中是否涉及到运动认知。对于教师而言,如何细化学业质量水平描述,突出运动认知在其中的地位,是对体育教师统筹设计指向三个方面学科核心素养培育的教学计划的一种考验。在这一过程中,一线体育教师在整体考虑方面或许存在一定的难度,因此体育教研员应该要发挥自身的引领作用。

最后,在学生发展的层面,如果要从运动能力整体层面来统筹设计运动认知,也要积极地从认知结构改变的角度来撬动学生发生变化,从而达到"自下而上"的改变的目的。韩盛祥指出,学生认知结构的改变可以从四个方面着手,包括优化学生原有的运动认知结构、引发学生的运动认知冲突、构建新的运动认知结构、应用和迁移新的认知结构。① 任何一个学生在进入某个阶段的体育学习之前,都具备了一定的运动认知,只是水平有高有低,体育教师则需要将学生原有的运动认知进一步结构化、系统化而达到优化的目的。在这一过程中,有些时候还需要考虑将原有学生的运动认知结构打乱,引起认知冲突,引导学生发现差距或问题,激发学生的体育学习求知欲,从而提升原有体育运动认知水平,实现迭代式发展。此外,体育教师还可以通过对学生进行引导,帮助学生形成新的运动认知结构,比如通过创新性的教学提升长时运动记忆的能力而形成新的认知结构;或者是通过引导学生将其他学科、其他场景中形成的运动认知结构迁移和应用到体育学习之中,同样也能够形成新的运动认知。但需要指出的是,即使学生运动认知结构的改变始于"底层",但仍然需要从运动能力发展的整体角度进行统筹规划,否则会影响运动能力其他表现形式在整体中的地位和作用。

第三节　技战术运用的内涵阐释

在基础教育阶段所有学科课程中,体育与健康学科课程与其他学科课程的最大区别之一就在于身体练习,因此《课程标准(2017年版)》明确指出:"普通高中体育与健康课程是一门以身体练习为主要手段,以体育与健康知识、技能和方法为主要学习内容,以培养高中学生的体育与健康学科核心素养和增

---

① 韩盛祥.对体育认知结构的认识和应用[J].体育文化导刊,2003(10):36—37.

进高中学生身心健康为主要目标的课程。"①由此可见,离开了身体练习,体育与健康课程就失去了主要手段,也就是失去了本学科的特色。在身体练习的过程中,动作技术和战术的习得以及其运用,使得身体练习走向规范化和系统化,这对于培养学生的体育与健康学科核心素养至关重要。因此,《课程标准(2017年版)》将技战术运用、体能状况、运动认知、体育展示与比赛一起列为运动能力核心素养的具体表现。相比较而言,技战术运用这一表现形式具有强烈的"体育色彩",无论是在传统的体育教学大纲时代,还是在当前的课程标准时代,技战术尤其是技术总是占据中心地位。但与过去相比,在《课程标准(2017年版)》实施背景下,对于技战术的理解已经远远超出了传统的身体动作的范畴。因此,正确认识技战术运用的内涵,了解核心素养背景下对技战术运用的要求,对于广大体育教师开展技战术教学并大力提升学生的运动能力核心素养非常关键。基于此,本节将主要对核心素养下的技战术运用内涵及其与运动能力的关系进行分析。

一、技战术运用的内涵

在《课程标准(2017年版)》中,技战术运用并不仅仅只是对技术和战术的运用,其真实含义指的是"技战术及其运用",实际上涵盖了技术、战术和运用三个方面。

(一)动作技术

1. 理解动作技术的内涵

在提及体育运动中的技术时,通常使用"运动技术"一词,但在《课程标准(2017年版)》中,使用的是"动作技术"一词。实际上,在中文语境中二者在本质上并无多大区别,一般情况下可以看作是同义词互换使用。但之所以《课程标准(2017年版)》选择使用"动作技术"一词,更多考虑到了学生在体育与健康学习过程中的动作学习、发展与控制,这在内涵上更加符合国际趋势。这主要是一种称谓上的区别,与运动技术可以等同使用。动作技术具有非常强的客观性特点,即运动项目中的动作技术是客观存在的,并不以个人意志为转移,

---

① 中华人民共和国教育部制定.普通高中体育与健康课程标准(2017年版)[M].北京:人民教育出版社,2018:1.

也不具有个性特征。

关于动作技术的本质,在我国过去的一些比较权威的出版物中,基本都认为体育运动中的技术主要是指"充分发挥人体机能能力,合理有效地完成动作的方法"①。实际上,这只是从外观上去理解动作技术,即只看到了动作技术的外在表征。从国际公认的动作技术的本质来看,可以将动作技术看作是一种知识,只不过这种知识不是我们传统观念中的语言文字等,而被称之为"默会知识"。关于"默会知识",英国学者迈克尔·波兰尼(Michael Polanyi,1891—1976)早在1958年出版的《个体知识》(*Personal Knowledge*:*Towards a Post-Critical Philosophy*)一书中就提出了"默会知识",并阐述了"我们所知道的要比我们所能言传的多"的命题。波兰尼认为,人类的知识除了以书面文字、图表和数学公式加以表述的"明言知识"(explicit knowledge,又译为明示知识、显性知识等)之外,还有一类未被表述的知识,即"默会知识"(tacit knowledge,又译为意会知识、隐性知识等)。这种知识即是所谓的"行动中的知识"(knowledge in action),或者"内在于行动中的知识"(action inherent knowledge)。② 相比较于明言知识,默会知识具有高度个人化、难以形式化等特点,如主观的洞察力、直觉、预感等属于此类知识。③ 一些学者将波兰尼的默会知识论看作是继笛卡尔和康德之后知识论发展史上的"第三次哥白尼式的革命",给予了高度的评价。④ 实际上,只要是从事过体育运动的人都有这样的体验,即在运动中有大量的动作技术概念、要点描述、动作技术的学习经验(如协调配合、动作发力)等很难用语言明确的阐述清楚,而需要学习者通过长期的感受、揣摩和体验才能掌握。⑤

因此,可以明确的是动作技术的确是一种知识,但不是一种"明言知识",而是"默会知识"。弄清楚这一点,有助于体育教师们理解动作技术的实质并对本学科"只有动作而缺乏知识"的误解给予澄清。之所以要澄清动作技术的本质,这是因为在国内外的研究中,基本都认为核心素养是"关于学生知识、技

---

① 中国体育科学学会,香港体育学院.体育科学词典[M].北京:高等教育出版社,2000:40.
② 王作为,张汝波.基于意会知识的机器人仿生体系结构研究[J].计算机工程与应用,2010(1):34—36+41.
③ 贺斌.默会知识研究:概念与启示[J].全球教育展望,2013(5):35—48.
④ 张一兵.科学、信仰与价值[M].南京:南京大学出版社,2004:2.
⑤ 覃立,李珏.高尔夫技术教学中"关键帧"法的运用探究——基于默会知识的视角[J].体育成人教育学刊,2017,33(3):65—68.

能、情感、态度、价值观等多方面要求的结合体"[1]，但如果我们没有理清体育运动中动作技术的本质，则就很难弄清楚动作技术与核心素养的关系。因此，从"默会知识"的角度可知，动作技术也是核心素养中知识的一部分。

2. 动作技术的范围

（1）基本动作技术

基本动作技术很多时候被称之为单个动作技术，主要是指构成某一个运动项目的基本动作。在《课程标准（2017年版）》中，虽然提出要"避免在课堂上孤立、静止地进行单个知识点或单项技术的教学"，但这并不意味着学生在体育课堂教学中不需要学习基本动作技术，而是指不能一节课只学单个的基本动作技术。实际上，《课程标准（2017年版）》对基本动作技术的学习和掌握给予了高度的重视，在每个模块的内容要求和阶段性学业质量水平中都提出要学习和掌握基本动作技术。比如，在足球模块1的内容要求1.2中，就提出要"基本掌握行进间脚内侧传接地滚球，接球转身，原地的脚背内侧传空中球，脚内侧接空中球和脚底接反弹球，正面头顶球，行进间脚内侧及脚背内、外侧变向运球，脚内侧、脚背外侧变速运球，行进间运球、传接球射门等动作技术"；在防身术模块1的内容要求1.2中，要求"基本掌握防身术的基本姿势与站位，长拳中的直拳、抄拳、勾拳以及防身手法中的抓、勾、抓拉、闪躲等基本技法"；在跳远、健身健美操、蛙泳、花样跳绳等模块的内容要求中也有相应的基本动作技术学习要求。由此可见，《课程标准（2017年版）》高度重视基本动作技术的学习，因为这些动作技术具有很强的基础性。

（2）组合动作技术

组合动作技术是指在体育学习或锻炼的过程中，将运动项目的单个基本动作技术按照项目本身的内在逻辑串联在一起，形成一个相对完整的运动过程。比如，在跳远中利用踏跳板起跳并做出助跑与起跳、腾空与落地的动作而完成了跳远的过程，这就是一个组合动作技术。组合动作技术是《课程标准（2017年版）》中非常重视的学习内容，因为在传统的体育教学中，过于重视单个基本动作技术的学习，导致学生虽然学习了很多单个动作技术，但因为缺乏组合动作技术学习与实践的经历，使得学生并不会一项完整的运动，无法在多个动作技术之间形成连接关系。比如，在健身健美操模块2的内容要求2.3中，要求学生"配合音乐规范地完成2组4个8拍的初级动作组合。在比较熟

---

[1] 林崇德.21世纪学生发展核心素养研究[M].北京：北京师范大学出版社，2016：29.

练掌握模块1和模块2的4组动作后,将4组动作串联起来进行初级成套动作练习";在花样跳绳模块2的内容要求2.3中,要求学生"基本掌握两人摇绳一人跳、同时跳和间隔跳,一人带一人或一人带两人的正摇、反摇、双摇跳,长绳的单脚跳、加垫跳等组合动作技术"。学生通过学习这些组合动作技术,在认知层面可以形成该项运动组合动作的印记,形成一些相对完整的关于该项运动的知识链,从而为在运动中运用动作技术打下良好的基础。

但需要指出的是,不同项目的组合动作技术类型和数量差别很大,比如类似于跳远这种小项目,组合动作技术类型和数量都很少,而对于篮球这种大项目,组合动作技术的类型和数量丰富多样。比如,王梅珍和于振峰等人[①]就将篮球组合动作技术划分为投篮组合技术、传球组合技术、配合中的个人有球组合技术、防无球进攻队员的组合技术、防有球队员的组合技术、防守配合中的个人组合技术和抢防守篮板球的组合技术等。由此可见,项目越大,组合动作技术越丰富,学生可学习的内容也就越多。

(二) 战术

体育比赛中的战术,通常是指运动者在实战与比赛过程中,合理使用技术动作,并运用智慧,快捷顺利地获取有效技术分的方法。战术的掌握与运用在任何体育竞赛中都占据非常重要的地位。[②] 对于学生而言,掌握运动项目的战术对参与比赛非常重要。在《课程标准(2017年版)》,对于学生学习战术非常重视,不仅在各个模块的内容要求中提及对战术的学习,如足球模块3的内容要求3.5中,要求学生"进行边路、中路局部进攻与防守战术配合练习和定位球攻防战术练习";而且在教学提示部分,尤其强调教师在教学时要注重训练学生的战术思维与战术素养,如足球模块1的教学提示5中,"在进行个人战术、局部战术的教学时,要让学生在对抗的情境下进行练习,如一对一练习中,进攻时如何突破过人,防守时如何盯人、压迫;在进行二对一练习前,先指导学生掌握基本的两人配合,如直传斜插、斜传直插、交叉掩护等局部配合,然后指导学生练习如何跑位与制造空当以及接应和支援配合等,逐步提高学生在比赛中主动观察和快速决策的能力"。由此可见,战术学习贯穿于整个《课程标准(2017年版)》之中。

[①] 王梅珍,于振峰,李经.篮球组合技术[M].北京:人民体育出版社,1994.
[②] 万仲兵.国际自由式摔跤中的战术运用[J].体育成人教育学刊,2017,33(6):92—94.

之所以《课程标准(2017年版)》重视学生学习战术,这是因为我国的中小学体育课长期以来不重视战术的教学。季浏教授指出,"无运动量、无战术、无比赛"的"三无体育课"已经严重制约了学生体育与健康学习的效果。尤其是"无战术"的体育课,使得学生不了解战术的重要性,不知道所学运动项目中有哪些战术,更谈不上对战术的运用,也就无法体会到团队配合的重大作用。所以,加强战术的学习,有利于学生掌握比赛中克敌制胜的战斗方法,从而达到扬长避短的目的。

(三) 对技战术的运用

仅仅掌握动作技术和战术的基本知识、原理和方法还远远不够,如果不会在实践中运用技战术,即不会将客观的技战术转化为主动实践的过程,那么学生在体育学习和锻炼中也很难获胜。

1. 技战术运用的思维与时机选择

对于每一项运动而言,学生可以学习和掌握的动作技术和战术很多,但在何时何地使用这些技战术,则是一门大学问。也就是说,学生即使掌握了大量的技战术,但如果没有经过专门的技战术运用训练、没有学会选择正确的运用时机,不但无法取得好的学练效果,甚至会产生反作用。

在技战术运用中,首先必须要具备思维意识,即学生在头脑中要有时刻准备选择合适的技战术进行运用的想法。如果不具备这种思维,则学生在运动场上很可能是完全按照自己所会的技战术进行实践,即想到什么用什么,而不是根据实际情况来选择。实际上,技战术的思维可以理解为一种敏锐感,甚至是一种高度自动化的思维意识。从认知的角度来看,当学生接收到外部的刺激时,就会产生认知失调状态,那么认知操作就会产生调节作用,最后形成一个满意的对刺激的应答。如果学生的技战术运用思维很强,则会迅速对认知失调产生调节并应答;但如果学生技战术运用思维较差或没有,则刺激产生的认知失调就很难调节甚至无法调节。

其次,是技战术运用的时机选择。比如,在足球运球过程中,学生可能掌握了很多运球的基本动作技术,但到底何时采用行进间脚内侧及脚背内、外侧变向运球,何时采用脚内侧、脚背外侧变速运球,何时采用行进间运球等,则需要学生根据实际的运动情境进行判断。再比如,在篮球全场紧逼人盯人防守战术运用时机选择方面,如果学生整场比赛都运用全场紧逼人盯人防守战术则"既不经济,又不合理",但如果学生选择在比赛关键时期、在对手预料不到时、在对方队员中远投篮命中率较高而内线进攻较弱时、运用常规战术难以取得比赛胜利时[1]运用全场紧逼人盯人防守战术,那么取得篮球比赛胜利机率就会更大。技战术运用时机的选择能力并非一朝一夕可以形成,需要体育教师有意识地引导和长时间的实践学练。

2. 技战术运用效果的考量

技战术运用的效果是指学生在运动项目的学习和比赛中通过合理地使用技战术而取得的成效,如果从总的方面来考虑,技战术运用最明显的效果主要体现在比赛是否获胜。但由于比赛结果受到多方面因素的影响,比如主客场、队员实力、情报工作等,因此要从多方面进行考量。

对于动作技术的运用而言,主要考量的是学生在运动实践中使用动作技术的时机、动作的规范性等。比如,学生在完成体前变向运球时变向的突然性、动作连贯性、侧身探肩的速度、蹬跨的力度等;在运球急停投篮时节奏的变化是否干净利落、急停时机选择是否合适等。对于战术运用而言,则主要考量的是比赛中战术运用的合理性、与队友配合的默契程度和有效性。如果学生技战术的运用效果很好,则完成整项运动的质量就越高。但不论是技术还是战术的运用,其最终目的都是指向运动实践中问题的解决,而不仅只是技战术本身的使用。

二、技战术运用与运动能力的关系

1. 技战术运用是运动能力最典型的外在表现

按照《课程标准(2017年版)》对运动能力核心素养表现形式的定义,可知技战术运用是运动能力最典型的外在表现,这是由体育学科的本质所决定的。《课程标准(2017年版)》指出,"普通高中体育与健康课程贯彻和落实立德树人根本任务,以健康第一为指导思想,强调健身育人功能,高度重视培养学生的学科核心素养",而健身育人作为体育学科不同于其他学科的本质特征,其核心就在于技战术运用,即通过技战术运用的过程来达成健身育人的目的,而不是通过让学生在教室内进行理论知识学习的过程来进行健身育人。也就是说,离开了技战术运用,体育课程将不再是真正意义上的体育课,而学生所学习的内容也不再是真正意义上的体育。因此,从这个意义上来讲,技战术运用

---

[1] 王秋杰.简析在篮球比赛中运用全场紧逼人盯人防守战术时机及要求[J].运动,2016,8(16):19—20.

使运动能力具有典型意义的外在化。

由此可知,通过技战术运用来体现运动能力的过程中,身体练习起着基础性的中介作用。当前,诸如电子竞技运动、围棋等运动项目虽然也被国家体育总局列为体育运动项目,并且也有其自身的"技战术",但需要指出的是,此类运动项目并不具备身体练习的特点,即不以身体练习为载体,其技战术运用更多是通过思维的控制而体现在"手的动作",而不是体现在全身的肌肉活动。通过这些运动虽然也会形成能力,但并不是运动能力,只能被称之为"赢得电子竞技运动比赛的能力"或"下围棋获胜的能力"。因此,技战术运用作为运动能力的典型外在表现,将体育与其他学科进行了区分;而反过来,运动能力又区分了体育运动的技战术运用和其他活动的技战术运用,二者相辅相成,将体育运动的特点体现得淋漓尽致。

2. 技战术运用是评判运动能力的客观指标

包括运动能力在内的三个方面的体育与健康学科核心素养的掌握情况,是判断学生学习效果好坏的重要依据。而对运动能力的评判,则需要进一步细化到对体能、运动认知与技战术运用、体育展示与比赛等几个方面。与其他几个方面相比,技战术运用是非常客观的运动能力评判指标。也就是说,学生所掌握的技术水平、战术水平和运用技战术的水平,评判起来清晰可见、一目了然。实际上,在过去传统的体育教学中,评判学生体育学习效果也主要是聚焦于技战术,尤其是动作技术的掌握情况。在新时代课程改革的背景下,虽然倡导体育学习评价的多元化,但技战术及其运动能力评价仍然占据着非常重要的地位。在通过技战术运用来评判运动能力时,需要进一步落实到具体的运动项目之中,这样才具有可操作性。基于此,《课程标准(2017年版)》在各运动项目模块的学业质量水平中,将技战术运用放在最首要的位置,具体案例可见表6-2中的足球运动模块第一学年阶段性学业质量。

表6-2 足球运动模块阶段性学业质量(技战术运用)5级水平划分表

水平	质量描述
1	● 了解足球运动的一些基本原理和规则,初步掌握足球动作技术,参加小场地足球竞赛活动,对足球运动有一定的体验。
2	● 进一步了解足球运动的基本原理和规则,基本掌握足球动作技术和战术,运用所学的基本原理、技术和战术参与足球游戏和四对四、五对五的足球比赛,对足球运动的体验进一步加深。

续 表

水平	质量描述
3	• 理解足球运动的基本原理和规则,并能运用于实践中,在五对五、七对七的足球比赛中能够运用所学的技战术。面对足球比赛变化的情境具有一定的应对能力,对足球运动有比较完整的体验和一定的理解。
4	• 将所学的较复杂的动作技术、组合动作技术和战术运用于足球五对五、七对七的实战比赛情境中,初步具有运用综合知识和技能分析问题和解决问题的能力,对足球运动的完整体验和理解进一步加深。
5	• 较熟练地将所学的较复杂的动作技术、组合动作技术和战术运用于足球七对七的实战比赛情境中,具有较强的运用综合知识和技能分析问题和解决问题的能力,表现出较强的实战能力,对足球运动的完整体验和理解进一步加深。

备注:本表中的表述并非完全是技战术运用,也涉及到了一些比赛的表现,这是因为技战术的运用过程很难与比赛进行分离。

如果要了解学生的足球技战术运用水平,则可以根据阶段性学业质量的 5 级水平来进行判断。比如,在水平 1 中主要是要求"初步掌握足球动作技术,参加小场地足球竞赛活动",水平 2 主要是要求"基本掌握足球动作技术和战术,运用所学的基本原理、技术和战术参与足球游戏和四对四、五对五的足球比赛",水平 3 主要是要求"在五对五、七对七的足球比赛中能够运用所学的技战术",水平 4 主要是要求"将所学的较复杂的动作技术、组合动作技术和战术运用于足球五对五、七对七的实战比赛情境中,初步具有运用综合知识和技能分析问题和解决问题的能力",而水平 5 则是要求"较熟练地将所学的较复杂的动作技术、组合动作技术和战术运用于足球七对七的实战比赛情境中,具有较强的运用综合知识和技能分析问题和解决问题的能力,表现出较强的实战能力"。由此可见,从水平 1 到水平 5,对于技战术及其运用的要求逐步提升,从初步掌握到基本掌握再到难度越来越大的多种不同类型比赛中的运用。尤其是到了高水平阶段,非常强调学生运用技战术来解决运动实践中所面临的问题,这进一步说明技战术运用不是最终目的,最终目的在于解决学生体育学习中存在的问题,并提升学生发现、分析和解决问题的能力,这是一种典型的学科核心素养要求,也是判断学生运动能力非常客观的指标。

3. 技战术运用是运动能力提升的关键核心载体

首先,与体能、运动认知、体育展示与比赛等其他几个运动能力核心素养的表现相比,技战术运用在提升运动能力的过程中起着关键作用,具有核心地位。这是因为,体能主要是为运动能力的提升打下了最基本的基础,运动认知则更多是从心理学的角度提供了思维认知基础,而体育展示与比赛的开展则必须要借助于技战术的运用。也就是说,离开了技战术的运用,体能和运动认知虽然可以存在,但却会缺乏核心支柱,体育展示与比赛更是无法进行。因此,学生只有具备了高水平的技术、战术和对技战术的运用能力,才能在良好体能和高水平认知的支持下进行高水平的体育展示和比赛。技战术运用在提升运动能力中的这种承上启下的关键作用,是其他几个方面无法替代的。

其次,技战术的运用需要丰富的情境做载体。在技战术运用的过程中,如果离开了丰富的运动情境,则很难开展技战术运用,也很难发挥他们对运动能力提升的核心作用。体育学习和锻炼中的情境载体主要是指各种比赛的应用情境或展示情境。比如,对于篮球、足球、排球等对抗性项目而言,技战术的运用情境主要是指双方的对抗性比赛;而对于武术套路、体育舞蹈等这些非对抗性的项目而言,技战术运用的载体主要是指展示活动。离开了情境提供的平台和载体,学生就无法进行运用,那么也就很难将客观的技术和战术转化为技战术运用的能力,那么学生所掌握的技术和战术则都将沦为"一文不值的花架子"。

最后,技战术的运用需要均衡。如前所述,技战术运用实际上包含了技术、战术和运用三个方面,但在传统的体育教学中,重视技术的掌握,忽视战术的学习和对二者的运用,这实际上是技战术运用的不均衡表现。如果仅仅只有技术,只能说学生学会了客观的"默会知识",但学生的运动能力很难得到全面提高。因此。在今后发展学生运动能力核心素养的过程中,要注重技术、战术和运用三个方面的均衡发展,尤其是要破除"无战术"的体育课,培养学生的战术意识。通过均衡的学习,不仅可以全面提升学生的运动能力,而且还可以迁移到学生的生活之中,提高他们在面对生活中各种问题时的解决能力,达到"举一反三"的目的,这对于传统的"四肢发达、头脑简单"的体育学习者刻板印象将是有力地还击。既全面培养了学生,又有助于提升体育课程的地位。

第四节 体育展示与比赛的内涵阐释

与运动能力核心素养的其他表现相比较,体育展示与比赛将体育运动的魅力展现得淋漓尽致,如健美操运动展示中的优美身姿、篮球运动比赛中速度与力量的对抗等,因而对广大人民参与体育运动产生了强大吸引力。从美学的角度而言,体育展示与比赛的吸引力在本质上是"美的体现",包括身体美、运动美和精神美等多个方面。① 但可惜的是,体育展示与比赛在传统的体育课堂教学中未受到足够的重视,却又是培育和展现学生体育与健康学科核心素养最关键的途径之一。因此,在《课程标准(2017年版)》实施背景下,正确认识体育展示与比赛的内涵,了解核心素养培育对体育展示与比赛的要求,对于广大体育教师在体育课堂教学中积极引导学生进行展示和比赛以大力提升学生的运动能力核心素养非常必要。基于此,本节将主要对核心素养下的体育展示与比赛的内涵及其与运动能力的关系进行分析。

一、体育展示与比赛的内涵

(一) 体育展示与比赛的项目针对性

《课程标准(2017年版)》中所提及的体育展示与比赛,实质上是学生对所学运动项目的综合运用过程,但由于球类运动、田径类运动、体操类运动、水上或冰雪类运动、武术与民族民间传统体育类运动、新兴体育类运动等六大运动技能系列中所包含的具体运动项目数量庞大,且技战术特点千差万别,所以学生在学习过程中对这些运动项目的综合运用的侧重点有所区别,即有的运动项目侧重于展示,而有的运动项目侧重于比赛。正是基于这种不同运动项目的特点和差异,我国著名的运动训练学研究专家田麦久教授提出了项群训练理论,其重要成果之一就是建立了运动项目的分类标准,分别从"决定运动员竞技能力的主导因素、运动项目的动作结构和运动成绩的评定方法"三个一级标准的角度进行划分。尤其是当以运动项目所需竞技能力的主导因素为一级分类标准时,对理清本节所言的哪些运动项目的综合运用侧重于展示,而哪些运动项目的综合运用侧重于比赛具有很好的借鉴意义。

在项群训练理论中,根据"运动项目所需竞技能力"的分类标准,田麦久教授将运动项目分为体能主导类、技能主导类、技心能主导类和技战能主导类4个大类。在此基础上,以各种能力的主要表现形式为二级分类标准,又将体能主导类项目分为快速力量性项群、速度性项群与耐力性项群3个亚类,将技战能主导类项目分为隔网对抗性项群、同场对抗性项群、格斗对抗性项群以及轮

---

① 万星,李冬勤,唐建忠.体育美的内涵释义与魅力展现[J].体育文化导刊,2018(11):147—152.

换攻防对抗性项群 4 个亚类,技能主导类即为表现难美性项群,技心能主导类即为表现准确性项群。[①] 从这一分类体系可知,在学校体育教学中,除了"技能主导类表现难美性项群"项目在综合运用过程中侧重于学生的动作展示之外,其他项群均侧重于比赛,其对应关系可见下表 6-3。

表 6-3 学生学习不同项群运动项目时综合运用的侧重点

大类	亚类	运动项目举例	综合运用的侧重点
体能主导类	快速力量性	跳跃、投掷、举重	侧重比赛
	速度性	短距离跑(100 m、200 m、400 m)、短游(100 m)、短距离速度滑冰(500 m)、短距离赛场自行车	侧重比赛
	耐力性	竞走、中长距离跑、中长距离速滑、中长距离游泳、越野滑雪、长距离自行车、划船	侧重比赛
技能主导类	难美性	体操、艺术体操、技巧、跳水、花样滑冰、花样游泳、冰舞、自由式滑雪空中技巧、单板滑雪空中技巧、U型槽滑雪技巧、武术(套路)	侧重展示
技心能主导类	准确性	射击、射箭、弓弩	侧重比赛
技战能主导类	隔网对抗性	乒乓球、羽毛球、网球、排球、藤球、毽球	侧重比赛
	同场对抗性	足球、手球、冰球、水球、曲棍球、篮球、橄榄球	侧重比赛
	格斗对抗性	摔跤、柔道、跆拳道、空手道、拳击、击剑、武术(散打)	侧重比赛
	轮换攻防对抗性	棒球、垒球、板球、台球、冰壶	侧重比赛

由表 6-3 可知,在"技能主导类表现难美性项群"中,体操、艺术体操、技巧、跳水、花样滑冰、花样游泳、冰舞、自由式滑雪空中技巧、单板滑雪空中技巧、U型槽滑雪技巧、武术(套路)等这些项目的共同特点都是评分标准非常倚重学练者的动作表现与展示质量,即这些都属于评分类运动项目。对于其他项群的运动项目而言,学练者自身的动作表现与展示水平不是关键要素,只要

[①] 田麦久.项群训练理论的创立与科学价值[J].中国体育教练员,2016(3):6—9.

能够尽量命中、投准或制胜而取胜即可。当然,需要指出的是,这并不是说"技能主导类表现难美性项群"运动项目的综合运用不需要进行体育比赛,也不是说其他项群运动项目的综合运用不需要动作展示,只是因为在《课程标准(2017年版)》中提出了"展示"和"比赛"这两个概念,所以我们需要在理论层面解释清楚。

(二) 体育展示与比赛的表现维度

1. 展示与比赛的意愿

意愿通常是指个体对事物所产生的看法或想法,并因此而产生的个人主观性思维。在体育学习过程中,学生参与体育展示与比赛的意愿体现为一种欲望,如展示欲、表现欲、对抗欲等,是发自内心的想对所学运动项目进行综合运用的动机和内驱力,这是激发、引导和保持行为的内部过程。一般而言,如果要让学生具有强烈的参与体育展示与比赛的意愿,至少要具备两个方面的基础:一是学生对所学运动项目有着强烈的兴趣,如果学生对所学运动项目缺乏兴趣,将会在学习过程中缺乏内在动力,大多会表现出敷衍了事的状态,那么就更谈不上具有强烈向他人展示所学运动项目的动作或与他人进行比赛的欲望了。当然,由于高中阶段的运动项目学习是选项教学,学生基本上都能够选择自己感兴趣的运动项目进行学练,所以在兴趣方面不会存在问题;二是在学习中体会到了成功感。学生对运动项目的学习会经过初步接触、深入了解、逐步掌握、综合运用的过程,如果他们在前面几个阶段的学习很有成效,不断体会到成功的感觉,那么学生就希望能够进行更深一步的运用,从而愿意开展体育比赛。比如,在学习篮球的过程中,如果学生对篮球基本知识、技战术等掌握很好,体会到了学习篮球的成功感,那么他就会产生与他人"真刀实枪"地进行篮球比赛的强烈欲望。

2. 展示与比赛的状态

在体育展示与比赛中,学生体现出来的状态包括身体状态和心理状态两个方面。所谓身体状态,是指学生在身体形态、身体机能、身体功能等方面体现出来的外在表现。其中,身体形态状态主要是指个体在身高、体重、体脂率、BMI、脂肪体重、腰围、臀围、大腿围[①]等常见指标上的表现水平,虽然说个体的

[①] 郭吟,陈佩杰,陈文鹤.4周有氧运动对肥胖儿童青少年身体形态、血脂和血胰岛素的影响[J].中国运动医学杂志,2011,30(5):426—431.

身体形态在短时间之内很难发生改变,但学生如何将自己的这些身体形态指标以最快的速度和最好的状态对外呈现也是至关重要的因素。比如,在健身健美操运动中,学生进行动作展示时身体形态的整体状态是决定打分的关键要素之一;身体机能是指个体的心血管系统、免疫系统、内分泌系统、神经系统、呼吸系统、骨骼肌系统和物质能量代谢[1]等在运动时所表现出来的状态,对身体参与展示和比赛起着基础性的作用,在运动生理生化中有专门的测试指标。当然,对于普通学生的体育学习而言,不太可能也不需要对身体机能状态进行准确测试,但其机能状态好坏却起着关键作用;身体功能状态则指个体在身体的关节灵活性、身体稳定性、速度、力量、灵敏和耐力等方面对身体运动所起支撑作用的水平。因此,身体形态、身体机能和身体功能分别从外部、内部和作用三个方面构成了个体的身体状态。所谓心理状态,主要是指学习者在参加体育展示与比赛过程中所体现出来的"精气神",具体与兴趣、动机、情绪、气质、性格等因素密切相关。由此可知,学生在进行体育展示与比赛过程中,如果在上述身体和心理指标方面处于好的状态,那么就为高质量的展示和比赛获胜打下了坚实的基础。

3. 展示与比赛的表现力

在前述的"技能主导类表现难美性项群"运动项目中,学生参与体育展示所体现出来的表现力就是核心竞争力,主要体现在与环境要素的配合表现力、情绪表现力和动作表现力三个方面。以体育舞蹈为例,学生在跳舞过程中与环境要素的配合表现力主要包括着装的恰当程度、身体动作与音乐的配合程度、舞蹈动作的节奏控制、在特定环境中对舞蹈礼仪的展现等;情绪表现力主要是体现在个体的面部表情上,如是否在舞蹈动作展示的过程中始终面带微笑、充满自信等。个体的情绪表现力越强,则在运动过程中越具有感染力,也越是容易打动他人,所以在表现难美性这类运动项目中保持高亢的情绪至关重要;动作表现力是指个体的舞蹈动作是否张弛有度、步伐是否正确、动作是否充分表达了舞蹈编排时所蕴含的深层意蕴等。

与综合运用时侧重于展示的运动项目相比,表现力对那些综合运用时侧重于比赛的项目影响较小,因为人们关注的更多是胜负或者分数的高低。但与竞技运动相比,普通学生的体育学习也需要在比赛中注重表现力,如在篮球比赛中,眼花缭乱的假动作、潇洒的运球过人、高高跃起的扣篮等动作所产生

---

[1] 冯连世.优秀运动员身体机能评定的方法及存在问题[J].体育科研,2003,24(3):49—54.

的吸引力,在很多时候甚至超过了人们对是否进球得分的关注度,而这就是比赛表现力的体现。再比如,在跳远比赛中,从助跑、起跳、腾空到落地的整个过程中,一连串流畅连贯的动作所产生的冲击力甚至强于跳的距离更远但动作不好看的个体。因此,虽然表现力并不能为那些在综合运用时侧重于比赛的项目获胜加分,但却可能给观众留下深刻的印象,而观众的喝彩又进一步增强了个体的自信心,这非常有助于学生体育学习的开展。

4. 展示与比赛的结果

对于在综合运用中侧重于体育展示的项目而言,结果主要体现在裁判的打分高低上,那么这就与打分指标有着密切关系。比如,在健身健美操的展示活动中,对展示结果的打分可以涵盖队列队形、服饰服装、技术技巧、动作的一致性、团队默契度、动作的准确度、动作力度、动作节奏、动作的整齐度、精神风貌、艺术气质等多个方面,具体情况则取决于评分标准。对于在综合运用中侧重于体育比赛的项目而言,结果主要体现在胜负上。比如,田径、游泳等测量类运动项目主要关注距离、时间等长短,篮球、足球等项目则关注是否命中,网球、排球等项目关注是否得分,摔跤、拳击、柔道等项目则主要关注是否制胜等。

(三) 体育展示与比赛的特征

1. 完整性

中国学生学了12年的体育课为什么不会一项完整的运动?关键在于学生的体育学习缺少体育展示与比赛。因此,从展示与比赛的属性上来讲,首先必须要具备项目的完整性,因为要完成真正的展示与比赛,就必须要从整个运动项目的角度展开,而不仅仅只是项目中的单个技术或者某几项技术的组合。以篮球运动为例,学生在完成篮球比赛的过程中,传球、运球、过人、配合、投篮等动作都需要进行应用,只有这样才能形成完整的比赛。如果缺少了完整性,虽然表面上仍然可以进行体育展示与比赛,但这不是真正意义上的展示与比赛。

通过在体育运动中参与完整的展示与比赛,非常有助于学生掌握完整的运动:一是从意识思维层面给予了学生整体的感觉。在体育运动实践中,虽然外部表现出来的是肢体动作,但在背后仍然是信息的认知加工过程。如果在学生的思维意识中只有单个的动作技术,而缺乏完整运动的意识,那么学生就不可能真正对这项运动形成完整的认知;二是可以在操作上给学生提供完整的实践机会。体育学习的最大特点是实践性,是对"默会知识"的体验与掌握,因此也就不可能像部分文化课的学习那样主要停留在思维层面。学生即使在思维层面具备了对某项运动的完整认知,但如果没有机会进行运动实践练习,那始终只是"空中楼阁"而已。通过参与实实在在的体育展示与比赛,让学生在运动中切身体验,就可以将思维层面的意识转化为实践能力。

2. 结构化

结构化通常与完整性联系在一起,即体育展示与比赛不仅在形式上是完整的,而且在内在本质上应该是结构化的学习过程,只有这样才能形成真正的展示与比赛。缺少了结构化的知识与技能的学习,则展示与比赛的过程只是在形式上具备而已。因此,形式的完整并不一定意味着知识与技能学习的必然结构化,还需要教师带领学生进行有意识的学习。关于结构化,季浏教授认为"是指体育与健康知识与技能具有层次性和关联性特征。知识和技能的层次性是指它们相互之间具有由简单到复杂、由易到难的递进关系,关联性是指各个知识和技能之间相互联系、相互促进。要努力改变长期以来'知识中心论'和'运动技术中心论'的深刻影响,导致一节体育课只孤立地教一个运动技术,学生只会单个技术,而不会一项完整运动的奇怪现象;每堂体育课只孤立地教单个技术,不但不能使学生学会一项完整的运动,而且学生的学科核心素养根本不可能形成和发展;应该让学生尽早体验完整的运动,不断提高完整运动的水平;单个技术水平应该更多地在完整的运动中提高,同时也提高了单个技术的运用能力"[①]。从季浏教授的解释可以看出,即使在体育展示与比赛中涵盖了某个运动项目所有的知识与技能,但如果这些知识与技能只是毫无逻辑的堆砌与简单叠加,而没有注重知识与技能之间的层次性与关联性,不仅对学生的学习无益,而且甚至还会对学生掌握某项运动产生负面影响。

3. 复杂性

相对于固定的知识与技能学习相比,体育展示与比赛的魅力就在于结果充满未知性,而这与展示和比赛本身所蕴含的复杂性密切相关。与侧重于特定动作(如武术套路)展示的体育运动项目相比,侧重于体育比赛的运动项目的复杂性更强。尤其是对于技战能主导类项群的隔网对抗性、同场对抗性、格斗对抗性、轮换攻防对抗性等项目,因其比赛过程与对手密切相关,所以复杂性前所未有。比如,以同场对抗性的足球运动比赛为例,是否能够取得比赛的

---

① 季浏. 我国《普通高中体育与健康课程标准(2017年版)》解读[J]. 体育科学,2018,38(2):3—20.

胜利与对手的技战术、天气、教练的临场指挥水平、球迷的支持程度、场地的适应性等多种因素密切相关,当这些因素交织在一起时,导致足球运动比赛呈现出高度的复杂性。如果说在足球比赛中还有队友可以产生协助作用,那么在网球和乒乓球等隔网对抗性的单打运动项目中,一对一的对抗使得学练者在比赛中必须要时刻应付对手的攻击,没有喘息的时间,稍有不慎就会被对手压制,甚至此时还要应付体能消耗过快、心理疲劳、天气突变、球拍损坏等各种意外情况的发生,那么就需要个体必须对瞬息万变的比赛场景进行精准的预判并随之形成快速的反应。实际上,越是复杂程度高的运动项目比赛,越是能够激发参与者的兴趣和吸引住观众的眼球,也越是能够提高参与者的综合能力。

二、体育展示与比赛和运动能力的关系

1. 体育展示与比赛实现了运动能力几个表现的串联

在运动能力核心素养的表现中,与体能状况、运动认知、技战术运用等侧重于某个方面相比,体育展示与比赛是对运动能力素养下面各个表现的综合运用过程。比如,就体能而言,即使学生的身体成分、心肺耐力、肌肉力量与肌肉耐力、柔韧性、灵敏性、平衡能力、协调性、爆发力、速度和反应时等各种体能水平再高,也只能说为体育运动实践提供了体能基础,如果不通过展示和比赛的过程,无法全面体现出体能在运动能力核心素养形成中的价值。再比如,即使学生的运动认知水平和技战术运用能力很高,但如果没有展示和比赛的机会,也会和体能一样无法发挥其最大价值。如果我们将会开车作为一项核心素养,那么即使个体的交通规则知识水平再高、对驾驶的理解再深、驾驶技术再强,但如果没有在马路上发生真正的驾驶行为,则体现不出个体所具备的驾驶素养。而驾车的过程,则是将上述驾驶知识与技能进行综合运用的过程,也是发挥这些知识与技能价值和功能的过程。

在体育展示与比赛过程中,运动能力核心素养几个表现的综合运用相互联系。首先,体能状况为体育展示与比赛的进行提供了体能基础,包括一般体能和专项体能。其中,一般体能的基础性作用更强,为展示与比赛的顺利进行起奠基性作用;专项体能与运动项目密切相关,对特定运动项目的展示与比赛起支撑性作用。也就是说,离开了体能提供的基础,体育展示与比赛都将面临"塌陷"的危险。其次,运动认知为体育展示与比赛提供了思维基础。诸多运动项目的展示与比赛,并不只是纯粹的身体活动,而是由思维起着控制作用。

如果个体对运动项目的认知水平较低,可能可以进行简单重复的展示和比赛,但在面对复杂情况的完整展示和比赛时,将会陷入缺乏思维支撑的困境。最后,技战术运用是体育展示与比赛中的核心,也正是因为学生通过运用运动技战术,使得体育展示和比赛变得丰富多彩。综上所述,虽然体能状况、运动认知与技战术运用和体育展示与比赛都属于运动能力核心素养的表现,但实际上体育展示与比赛和其他几个表现并不在一个层次,更多起着串联和为其他几个表现提供运用平台的作用。也就是说,正是通过体育展示与比赛的过程,将运动能力核心素养的几个表现实现了串联式的综合运用。

2. 体育展示与比赛是不断直面问题的过程

引导学生直面问题是《课程标准(2017年版)》的鲜明特点,因此也在多个地方提及要提高学生发现问题、分析问题和解决问题的能力。比如,在"运动能力课程分目标"中,就提出要"增强发现问题、分析问题和解决问题的能力";在各个模块课程内容的"教学提示"中多次提出要"培养学生运用综合知识和技能解决问题的能力";在"教学建议"中也提出要"使学生在活动和比赛情境中提高运动技能水平以及分析问题和解决问题的能力"。实际上,在运动能力核心素养的几个表现中,因为体育展示与比赛是综合运用的过程,所以就是一个不断直面问题的过程。

首先,体育展示与比赛为学生提供了全面发现问题的机会。进行展示与比赛本身就是一个问题情境,即学生要思考如何取得展示与比赛的胜利,而实际进行展示与比赛的过程就是分析问题和解决问题的过程。当然,如何获胜这个问题还过于庞大,可以进一步分解为很多小问题。比如,如何在健身健美操运动的成套动作展示中提高艺术表现力。对于学生而言,重要的是能够学会发现这些存在的小问题,这就对学生敏锐的洞察力提出了相应的要求。

其次,体育展示与比赛激发了学生分析问题的需求。学生在体育展示与比赛过程中,要学会对发现的问题进行分析,挖掘出背后隐藏的深层次原因。实际上,即使学生发现问题之后,如果体育展示与比赛进展顺利,那么他们大多不会对这些问题进行分析,因为缺乏激发学生分析问题的外部驱动力。只有当体育展示与比赛进展不顺利时,现实的需要迫使学生开始不断分析导致问题的原因并寻找相应的解决方法。比如,在开展防身术运动时,当学生多次发现自己无法"一招制敌"地成功制服对自己产生威胁的人时,他才会分析自己失败的原因,如防身术的动作技术不规范、力量不够、反应速度过慢等原因就会逐渐被分析出来。

最后,体育展示与比赛为学生提高解决问题的能力提供了实践土壤。为了保证展示和比赛顺利进行并最终获得好的成绩,学生在发现问题和分析问题的基础上,必须要尽全力解决问题,而展示和比赛又为问题解决能力的提升提供了实践平台。也就是说,即使没有展示和比赛,发现问题和分析问题也可以进行,但如果没有真实的展示和比赛发生,解决问题的过程则无法开展。如学生在网球比赛中只有在与对手不断开展"拉锯战"的过程中,才能发现对手的发球规律,也才能找到破解之道。离开了真实发生的展示与比赛情境,问题解决能力的提升将无从谈起。

3. 体育展示与比赛是运动能力提升的终极载体

如前所述,体育展示与比赛是对运动能力综合运用的过程,那么也可以说只有通过展示与比赛,才能完整全面地提升运动能力核心素养。因此,体育展示与比赛的这种终极作用使得整体提升学生的运动能力成为了可能。因此,体育教师在教学实践中要高度重视体育展示与比赛的进行。西方国家的青少年体育之所以开展得好,与其中小学体育课重视运动竞赛密切相关。比如,澳大利亚的中小学生有着非常高的体育竞赛参与率,这不仅激发了学生的体育兴趣、提升了学生的运动能力,而且也为澳大利亚国家队和职业体育输送了大量后备竞技人才。[①] 实际上,我国的一些主管领导早就认识到学校体育中体育展示与比赛的重要性,如 2018 年 3 月,国务院副总理孙春兰到国家体育总局调研时指出:"要厚植青少年体育根基,促进体教结合,既让学生能动起来,有一技之长,也可以发展专业体育的明日之星。"教育部体育卫生与艺术教育司司长王登峰指出:"体育竞赛是最好的激发学生参与体育锻炼内生动力的渠道。"然而目前我国学校体育竞赛却存在着竞赛评价理念偏激、学生参赛比例低、竞赛水平无法满足后备竞技人才输送需要等问题。[②]

因此,为了全面提升学生的运动能力核心素养,体育教师在教学中必须要在思想上高度重视体育展示与比赛的开展,要坚决破除传统的认为学生掌握了动作技术就算学会的陈旧思维,如果学生缺乏在展示与比赛过程中的实践运用,掌握再多的动作技术也没有价值。实际上,《课程标准(2017 年版)》频繁提及开展体育展示和比赛,尤其是学业质量在每个运动项目模块的不同水平中均提出了展示与比赛的要求。比如,在蛙泳模块第一学年的阶段性学业质

---

① 李欣玥. 澳大利亚中小学体育竞赛体系研究及启示[J]. 体育成人教育学刊,2019,35(2):74—77.
② 李静波,杨波. 我国学校体育竞赛八大问题与对策分析[J]. 体育文化导刊,2010(4):89—91.

量中,从水平一到水平五,分别要求学生要"每学期通过现场或多种媒介分别观看 4 次、6 次、8 次、10 次和 12 次高水平蛙泳比赛","要结合所学运动项目每周分别进行 1 次、2 次、3 次、4 次和 5 次的课外体育锻炼或比赛"[①],即水平越高,则学业质量的要求越高。在重视开展展示与比赛的基础上,体育教师还要注重开展形式的多样化,如小组展示与比赛、班级内展示与比赛、班级间或年级间展示与比赛、校内或校际展示与比赛等。只有丰富了形式,才能更好地激发学生参与展示和比赛的兴趣,也才能更好地达成学业质量水平所提出的要求。

---

① 中华人民共和国教育部制定. 普通高中体育与健康课程标准(2017 年版)[M]. 北京:人民教育出版社,2018:68—70.

第七章
健康行为核心素养的内涵阐释

健康教育是体育与健康课程的重要组成部分,学生经过健康教育学习之后的结果主要体现在健康行为核心素养上。对此,《课程标准(2017年版)》明确指出:"健康行为是增进身心健康和积极适应外部环境的综合表现,是提高健康意识、改善健康状况并逐渐形成健康文明生活方式的关键。"[①]作为体育与健康学科核心素养之一,健康行为的具体表现形式为体育锻炼意识与习惯、健康知识掌握与运用、情绪调控、环境适应。也就是说,当评价一个学生的健康行为核心素养水平高低时,应该要从上述四个方面的表现进行评价。

第一节 体育锻炼意识与习惯的内涵阐释

在《课程标准(2017年版)》实施背景下,正确认识体育锻炼意识与习惯的内涵,了解核心素养背景下对体育锻炼意识与习惯的要求,对于广大体育教师帮助学生养成良好的锻炼意识与习惯并大力提升学生的健康行为核心素养非常关键。基于此,本节将主要对核心素养下的体育锻炼意识与习惯的内涵和健康行为的关系进行分析。

一、体育锻炼意识与习惯的内涵

在《课程标准(2017年版)》中,体育锻炼意识与习惯的内涵不仅包括锻炼

[①] 中华人民共和国教育部制定.普通高中体育与健康课程标准(2017年版)[M].北京:人民教育出版社,2018:5.

意识和锻炼习惯,还包含了意识与习惯之间的中介变量,即锻炼行为。

1. 体育锻炼意识

(1) 锻炼意识的内涵理解

意识(consciousness)虽然是哲学史上最古老的话题之一,但却是一个典型的心理学话题。关于意识的内涵,早期的心理学家进行了细致深入的探讨,也产生了不同的理解。我国著名心理学家、吉林大学车文博教授曾经总结了心理学上对意识的五种说法:一是"等同说",即认为心理和意识是同一回事;二是"副现象说",即认为意识是一种副产品;三是"意识流说",即认为人的意识就像河流一样是一种斩不断的"流",而不是片断的衔接,故把它称之为"思想流""意识流",或"主观生活之流";四是"分泌说",即认为意识是人脑的分泌物,把思维过程简单归结为物理、化学和生理的过程;五是"觉醒说",即认为意识是人在觉醒时的心理状态。清醒的时候就有意识,睡着的时候就没有意识。对此,他对这五种学说进行了批判,认为意识应该是"人与动物心理区别的根本标志,是人脑最高级最主要的反映形式,是人所意识到的一切心理活动的总和,是主体对客体自觉认识、情感和意志的统一"[①]。本书对车文博教授有关"意识"的概念界定较为认同,认为这一界定比较恰当地论述了意识的内涵。

体育锻炼是人的一种社会活动,根据上述对意识的定义,则可知体育锻炼意识是人们在锻炼过程中,人脑最高级最主要的反映形式,是人所意识到的体育锻炼中一切心理活动的总和,是人作为锻炼主体对锻炼活动的自觉认识、情感和意志的统一,具有先导性、主体性和变动性的特征。关于对锻炼的自觉认识,主要是指参与锻炼的个体对体育锻炼的重要性、作用、意义和价值等的认知。青少年学生如果对体育锻炼的重要性缺乏自觉地认识,就不太可能积极地参加体育锻炼。当前,受到重智轻体、不正确的成才观等各种因素的影响,学生普遍缺乏对体育锻炼的正确认识,也不愿意主动去了解体育锻炼的重要性,因此便导致了锻炼活动的缺乏;关于锻炼的情感,则指锻炼个体对锻炼是否满足自己的需要而产生的态度体验,涉及喜怒哀乐等各个方面。让学生在体育锻炼中体会丰富的情感体验,不仅有利于学生正常情感能力的培育,更重要的是可以让学生感受到体育锻炼对人的情感所产生的丰富多彩的影响;关于体育锻炼的意志,则主要体现在个体参与体育锻炼的坚持性方面。青少年学生参与体育锻炼是否可以坚持下去,与锻炼所产生的生理、心理和社会效应

[①] 车文博.试论意识[J].心理学探新,1981(3):1—6.

密切相关。比如,锻炼所产生的良好心理效应与氨基酸类神经递质的变化、单胺类神经递质的变化、脑内神经肽的变化等都有着紧密的关系①,这些在生理心理学中已经得到了广泛的研究和证实。

(2) 锻炼意识的特征

所谓先导性,即学生锻炼意识的产生先于具体的锻炼实践活动。学生只有在思维层面对锻炼产生了自觉认识、情感和意志等,才有可能产生持久性的锻炼行为。当然,个体很可能在无意识的情况下也会进行体育锻炼,但这种体育锻炼只是临时性和短暂性的,更多表现为身体的活动,并不是真正意义上的体育锻炼,因为并不在锻炼频率、锻炼强度、锻炼时间和锻炼类型等方面具有非常明显的特征。因此,锻炼意识的先导性使得个体产生了一定的认识,才会引导出后期的具体锻炼活动。

所谓主体性,即学生锻炼意识的产生是他们在锻炼实践过程中表现出来的能力、作用、地位,即体现出一种自主、主动、能动、自由、有目的的活动的地位和特性。个体的锻炼虽然也有大量的客观因素产生影响,但主要还是基于个体的内在需求而产生的,因为客观因素的影响虽然在短时间内会使个体的锻炼意识发生变化,但不会持续太久,只有在主体内在需求的驱动下,才会产生合乎自身的锻炼意识。

所谓变动性,即学生锻炼意识的产生具有波动性,这与个体所处的社会网络有着紧密的关系。学生对锻炼的认识、情感与意志受到政治、经济、文化、教育等多重因素的影响,社会网络的变革将对学生的锻炼意识产生冲击。比如,在战争时代与和平时代,学生锻炼意识的产生有着巨大的区别,因为社会对个体功能的需求有着很大的差异。此外,锻炼意识的变动性还与个体的选择性有关系,当代社会的急剧变化和资源的增多,使得学生的体育锻炼具备了更多的选择余地,而这又进一步可以满足他们的个性化需求。

2. 体育锻炼习惯

(1) 锻炼习惯的内涵理解

党的十八大和十八届三中全会颁布的《中共中央关于全面深化改革若干重大问题的决定》明确要求深化教育领域综合改革,指出要"强化体育课和课外锻炼,促进青少年身心健康、体魄强健"。由此可见,促进青少年进行体育锻炼是当前党和国家的基本要求,而有规律的体育锻炼则必须要以养成良好的

---

① 季浏.体育锻炼与心理健康[M].上海:华东师范大学出版社,2006:184—201.

锻炼习惯为基础。如果不能够养成锻炼习惯,则青少年学生的体育锻炼就很难持续下去。关于锻炼习惯的内涵,不同学者的理解有一定的差异,而这种差异更多源自学科视角的差别。总结起来,当前对锻炼习惯的内涵理解主要从生理学、心理学、行为学和社会学等学科的角度展开[①],各有侧重(见表7-1)。

表7-1 不同学科视角下对锻炼习惯的内涵理解

序号	学科视角	具体释义
1	生理学	锻炼习惯是在体育锻炼过程中经过反复练习、多次重复刺激逐渐形成的"稳固的条件反射"[②]、"固定化的行为方式"[③]或基于个体需要的"自动化的行为方式"[④]。
2	心理学	锻炼习惯是"在不断的健身实践中逐渐形成的,能够满足主体需要的一种自觉、经常、稳定的身体锻炼行为、行为倾向或心理定势"[⑤];是一种"不需要意志努力和监督的自动化行为模式"[⑥],"能够促进身体发展并达到愉悦情感的行为方式"[⑦]。
3	行为学	锻炼习惯是"人们在后天的健身实践中逐渐形成的、比较稳定的行为模式"[⑧],是"主动、自觉地以体育运动为健身手段的有一定规律的生活行为"或"比较稳定、自觉的身体锻炼行为"[⑨]。
4	社会学	锻炼习惯是"逐渐养成的、一时不易更改的高度自觉和生活化了的行为取向或社会风尚"[⑩]。

从表7-1可知,不同学者对锻炼习惯的理解都有一定的合理性,区别只是从不同的学科视角出发,使得在定义上有所侧重。基于此,本书认为锻炼习惯是个体在不断的体育锻炼实践过程中,逐步形成的一种指向个体身心健康发展的固定模式,其变化体现在生理、心理、行为和社会等多个方面,是一种综合性的行为,具有自觉性、稳定性、持久性的特征。当然,锻炼习惯的形成有一

---

① 乔玉成.青少年锻炼习惯的养成机制及影响因素[J].体育学刊,2011,18(3):87—94.
② 王红,王东桥,孙鲁.论养成锻炼习惯是奠定学生终身体育基础的关键[J].北京体育大学学报,2001,24(4):540—541.
③ 吴维铭.影响体育锻炼习惯形成的因素探析[J].中国学校体育,1992(2):61.
④ 尹博.影响大学生体育锻炼习惯形成的因素[J].体育学刊,2005,12(1):139—141.
⑤ 钟振新,姚蕾.大学生体育锻炼习惯调研[J].中国体育科技,2003,39(3):27—29.
⑥ 王则珊.试论体育兴趣、爱好与习惯[J].体育科学,1992,12(4):16—18.
⑦ 顾民.体育锻炼习惯形成的心理学因素分析[J].赤峰学院学报:自然科学版,2009,25(6):148—149.
⑧ 解毅飞,房宜军,王洪妮.体育锻炼习惯研究概况及展望[J].山东体育科技,2004,26(2):42—44.
⑨ 颜军.体育锻炼习惯形成的心理学思考[J].上海体育学院学报,1999,19(4):77—81.
⑩ 姒则彦,段艳平.少年儿童锻炼心理学研究述评[J].武汉体育学院学报,1995,19(2):64—66.

个长期的过程,颜军①的研究表明,体育锻炼习惯的形成由"吸引—活动意向的形成—锻炼欲求的产生—动机的确定—锻炼习惯的形成"五个阶段组成。

(2) 锻炼习惯的特征

所谓自觉性,即个体在形成锻炼习惯之后,所发生的一切锻炼行为主要是自觉进行的,并不需要他人的督促或者强迫。奥维德说:"没有什么比习惯的力量更强大。"习惯在某程度上是一种生活方式,是发自内心的、指向个体内在需求的一种稳定性行为。比如,养成了良好体育锻炼习惯的个体,每天在固定的时间都会自觉地进行体育锻炼,即使与其他事情发生冲突时,这类个体也会提前调整方案,尽量不影响正常体育锻炼活动的开展。当前我国青少年学生的体育锻炼缺乏自觉性,他们进行锻炼主要源自于外部因素,自觉锻炼意识淡薄,锻炼习惯难以形成,体质状况逐年下滑,不仅严重影响了他们的身心健康,对我国今后的人力资源储备也产生了严重威胁,是目前急需解决的问题。

所谓稳定性,即指个体的锻炼习惯将不会轻易发生改变。个体一旦养成了锻炼习惯,那么就与偶然性的身体活动行为具有本质的区别,在锻炼频率、锻炼强度、锻炼时间和锻炼类型等方面具有明显的规律性。从科学锻炼的角度出发,有规律的体育锻炼有特定的要求:在锻炼频率方面,要求每周锻炼3—5次;在锻炼强度方面,一般至少要求进行中等强度的运动;在锻炼时间方面,要求每次进行30—60分钟的中等强度运动或20—30分钟的高强度运动;在锻炼类型方面,可选择有氧运动、无氧运动或有氧和无氧的混合运动,这也就是体育锻炼的FITT原则。以高中生为例,参与体育学习或锻炼的目的是形成运动专长,因此在高中期间主要学习1—3项运动,而这种选项学习的模式也为体育锻炼的稳定性奠定了良好的基础。试想,当一个成年人进入社会之后,如果形成了稳定的锻炼习惯,其运动项目的选择基本上是固定在某项运动上面,绝不会今天去游泳,明天去打篮球,后天去踢足球,然后又去跳舞或者打太极。由此可见,稳定性是良好锻炼习惯的典型特征。如果要保持稳定性,个体通常还要学会制订合适的体育锻炼方案,这样才能进一步提升锻炼的科学性和规范性。

关于持久性,主要是指一旦形成锻炼习惯,这一习惯就会持续下去。锻炼习惯的持久性来源于几个方面,一是内心对锻炼的热爱与喜欢,而不是出于外在的强迫或干预;二是形成了一种健康的生活方式,即锻炼已经融入了个体的生活之中,成为生活中不可或缺的重要组成部分,少了锻炼就会感觉到生活缺

---

① 颜军.体育锻炼习惯形成的心理学思考[J].上海体育学院学报,1999,19(4):77—81.

少了什么;三是锻炼所形成的一些生理或心理反应,如体育锻炼所产生的成瘾性。研究指出,锻炼成瘾是指对有规律的锻炼生活方式的一种心理生理依赖,包括积极的锻炼成瘾和消极的锻炼成瘾。对于个体而言,重要的是形成积极的锻炼成瘾行为,从而产生对锻炼的适度依赖性,以保持锻炼的持久性。例如,德国著名长跑选手西尔宾斯基曾经说过:"我从婴儿期就已经开始跑步了,这是我所酷爱的生活,运动是我生命中的一部分,若没有跑步我将无法活下去。"个体只有形成了锻炼习惯的持久性,才会进行终身体育锻炼,也才为获得终身健康提供了可能性。

3. 从意识到习惯的中介变量:锻炼行为

虽然《课程标准(2017年版)》提出健康行为的表现之一是"体育锻炼意识与习惯",但实际上从锻炼意识产生到锻炼习惯的形成,并不是直接的过程,中间还存在中介变量,即锻炼行为。所谓锻炼行为,指的是个体根据锻炼目的而产生的具体活动行为。邱梅婷等人[1]研究表明,体育锻炼习惯形成的机制是生理、心理和社会需求所产生锻炼行为的结果符合行为的动机目标,并在一定的条件保障下,就会促使锻炼行为不断重复、强化,从而形成习惯。影响体育锻炼习惯形成的主要因素为体育认识水平、体育的兴趣爱好、锻炼效果和情感体验。由此可知,个体所产生的实际锻炼行为将锻炼意识和锻炼习惯串联在了一起。

个体锻炼意识的产生,并不意味着锻炼习惯的形成,因为意识只是在思维层面具备了可能性,但还未转化为实际的锻炼行动。对于一个完整的体育锻炼而言,锻炼意识、锻炼习惯和起中介作用的锻炼行为缺一不可。如果只有锻炼意识,则永远停留在理论层面,如果想要形成锻炼习惯,则必须要有较强的锻炼意识做铺垫,但二者中间还需要实实在在的锻炼行为将意识转化为实践,然后经过长期的实践才能形成良好的锻炼习惯。研究表明,体育锻炼行为的产生动因是多方面的,其中个体锻炼动机的激发是关键原因,包括内部动机和外部动机。[2]对于学生而言,锻炼行为的产生不能局限于课内,因为每周几节体育课的时间非常有限。体育教师要充分利用有限的体育课堂教学实践时间,最大限度地激发学生的锻炼意识,帮助学生掌握常见的锻炼途径与方法,引导学生在课内课外、校内校外产生具体的锻炼行为。如果学生长期产生某

---

[1] 邱梅婷,贾绍华,陈琼霞,蔡瑞广,王留东.体育锻炼习惯的形成机制和影响因素研究[J].首都体育学院学报,2005,17(6):87—89.
[2] 易铭裕.体育锻炼行为动因分析——基于自我决定理论的视角[J].体育成人教育学刊,2018,34(3):81—84.

一种行为,那么时间长了就形成了关于这种行为的习惯。

二、体育锻炼意识与习惯和健康行为的关系

1. 体育锻炼意识与习惯在健康行为素养的表现中与运动项目最紧密

在 21 世纪初我国第八次基础教育体育与健康课程改革启动时,有不少人对"体育与健康"的这一课程名称表示了质疑,认为个体健康受到多方面因素的影响,体育无法承担全部责任。这一质疑在某种程度上具有一定的道理,体育确实无法承担健康的全部责任。但是,由于目前我国中小学没有设置专门的健康教育学科课程,所以开展健康教育的重任就只能落在体育和生物等几个与之密切相关的学科身上。此外,与其他学科相比,体育确实在健康方面的效应要更加明显和直接。因此,在我国中小学的体育与健康课程中,健康教育包含了两大块,即"纯粹的健康教育"和"与运动密切相关的健康教育"。以高中为例,健康教育模块的学习目的主要是为了让学生养成健康行为,但从健康行为的 4 个表现我们可以看出,与健康知识掌握与运用、情绪调控、环境适应相比,体育锻炼意识与习惯和运动项目的联系最为紧密,也更加体现了体育本身的特点。即个体体育锻炼意识与习惯的形成,离不开具体的运动项目,否则锻炼只是空中楼阁。但健康知识掌握与运用、情绪调控、环境适应这三个方面却有所区别,离开了运动项目仍然可以存在,学生也可以单独学习。

当然,需要指出的是,在体育与健康学科课程中,并非只有健康教育模块才能形成健康行为,体能和运动技能系列的学习也能够形成健康行为。而学生体育锻炼意识与习惯的形成,在学生学习运动项目而达成健康行为素养之间搭建了一座桥梁。我们知道,学生学习运动项目而达成运动能力素养是直截了当之事,但形成健康行为素养则并非直截了当,中间需要个体以运动项目为载体形成体育锻炼意识与习惯,然后在长期的体育锻炼中培养个体的健康行为。由此可见,健康行为的形成,既有学生学习"纯粹的健康教育"后所产生的结果,也有学生学习"与运动密切相关的健康教育"后所产生的结果,而体育锻炼意识与习惯则是学生学习"与运动密切相关的健康教育"之后形成健康行为素养的载体。因此,体育锻炼意识与习惯虽然是健康行为素养的表现,但其的形成却渗透在整个体育与健康课程之中。

2. 体育锻炼意识与习惯是评判健康行为水平的指标

如何评判学生的健康行为素养水平,需要从 4 个表现进行评价。体育锻

炼意识与习惯是评判健康行为水平的指标之一,而《课程标准(2017年版)》在健康教育模块的学业质量标准中对体育锻炼意识与习惯划分了五级水平,以方便体育教师进行学习评价(见表7-2)。

表7-2 健康教育模块学业质量(体育锻炼意识与习惯)5级水平划分表

水平	质量描述
1	● 认识体育锻炼对健康的重要性,参与课外体育活动。
2	● 理解生活方式对健康的重要性,积极参与校内外体育锻炼。
3	● 自觉主动地进行科学的体育锻炼,初步养成锻炼习惯,努力学会积极休息、劳逸结合、动静结合,初步形成健康文明的生活方式。
4	● 积极主动地参与课内外和校内外的体育活动,根据锻炼效果调整自己的体育锻炼方案。
5	● 自觉坚持有规律的体育锻炼习惯,形成健康文明的生活方式,并能组织和指导他人进行体育锻炼。

由表7-2可知,如果要了解学生的体育锻炼意识与习惯水平,则可以根据学业质量的5级水平来进行判断。比如,在水平1中主要是要求学生"认识体育锻炼对健康的重要性,参与课外体育活动",水平2主要是要求学生"理解生活方式对健康的重要性,积极参与校内外体育锻炼",水平3主要是要求学生"自觉主动地进行科学的体育锻炼,初步养成锻炼习惯,努力学会积极休息、劳逸结合、动静结合,初步形成健康文明的生活方式",水平4主要是要求学生"积极主动地参与课内外和校内外的体育活动,根据锻炼效果调整自己的体育锻炼方案",而水平5则是要求学生"自觉坚持有规律的体育锻炼习惯,形成健康文明的生活方式,并能组织和指导他人进行体育锻炼"。由此可见,从水平1到水平5,对于体育锻炼意识与习惯的要求逐步提升,从认识体育锻炼对健康的重要性,逐步提升到自觉进行科学的体育锻炼,养成良好的体育锻炼习惯,并学会调整自己的体育锻炼方案,从而达到形成健康文明生活方式的最高目标。此外,还要求学生能组织和指导他人进行体育锻炼,即将自己所形成的关于此方面的素养能够应用到其他情境之中,充分发挥作用。

但需要指出的是,如果要基于体育锻炼意识与习惯的角度来评判学生的健康行为素养水平,首先要对学生的锻炼意识与习惯进行评价。实际上,体育锻炼意识与习惯的评价很难直接看见,也不能仅仅用每周参加几次体育锻炼来进行简单的衡量。对此,《课程标准(2017年版)解读》明确指出:"体育锻炼意识与习惯的评价常与具体的运动项目相联系,体现在日常的学习和生活之中,无法通过一次测试或评价就能够完成,因而更多采用的是过程性评价。在评价学生的体育锻炼意识与习惯时,需要通过一段时间去观察学生自主锻炼的主动性和频率才能得到一个相应的评估。因此,可以采用档案袋评价或者学生日志的方式,持续不断地对学生的行为进行跟踪评价,效果比较好。"①因此,课程标准解读中的建议为体育教师们评价学生的体育锻炼意识与习惯并进而评判健康行为素养提供了具有积极意义的指导方向。

3. 体育锻炼意识与习惯的养成需要"全域"助力

学生体育锻炼意识与习惯的养成如何,在很大程度上决定着其健康行为素养水平的高低,也影响着学生的体质健康水平。改革开放四十多年来,初中生和小学生持续25年体质健康下降出现了拐点,但大学生和高中生的体质健康仍在下滑②,而这与学生缺乏良好的体育锻炼意识与习惯密不可分。因此,包括体育教师在内的全社会都应该为学生体育锻炼意识与习惯的培养而助力。因为学生的体质健康水平的提升绝不仅仅只是学校的事情,而需要学校、家庭、社区、个体等从"全域"的角度进行助力。③

对于学校层面而言,应该首先要意识到学生健康行为养成的重要性,意识到锻炼意识与习惯形成对青少年学生健康促进的关键性,利用有限的体育课堂教学时间,创设合适的体育教学目标,精选体育教学内容,采用丰富多彩的体育教学方法和多元的体育学习评价,搞好课堂教学,激发学生的锻炼意识。在此基础上,引导学生在课外和校外努力进行体育锻炼,逐步形成锻炼习惯。对于家庭层面,要改变不正确的成才观,意识到健康的身体才是健康个体的基础,不仅要重视学生的体育锻炼,更要给予学生在体育锻炼方面更多的陪伴、参与和支持,为学生创造良好的家庭环境,让体育锻炼在家庭中常态化。对于社区层面而言,应从小区设施规划、社区活动开展、健康意识宣传等多个角度,既要从意识层面对学生产生正面的引导作用,又要为学生创造体育锻炼的良

---

① 季浏,钟秉枢.普通高中体育与健康课程标准(2017年版)解读[M].北京:高等教育出版社,2018:193.
② 王登峰.推进新时代学校体育卫生艺术和国防教育改革创新[J].课程·教材·教法,2018(5):4—10+43.
③ 王先亮.全域视角下青少年体育锻炼行为促进模型的构建[J].体育成人教育学刊,2019,35(3):65—72.

好条件,甚至还可以积极发挥社区的力量,开展各种体育活动比赛,吸引整个家庭的参加。对于学生个体而言,关键还在于发自内心产生实实在在的锻炼行为,因为这才是激发锻炼意识和形成锻炼习惯的核心枢纽。从四个方面进行"全域"助力,还需要行政部门从顶层积极引导,对四个方面进行整体协调,理顺相互之间的关系,构建"学校—家庭—社区—个体"的青少年学生体育锻炼复合系统,从多维角度帮助青少年学生形成自主的锻炼行为,从而为提升健康行为素养打下坚实的基础。

第二节 健康知识掌握与运用的内涵阐释

健康知识掌握与运用作为《课程标准(2017年版)》中提出的健康行为核心素养的四大表现形式之一,很好地凸显了"体育与健康"中的健康教育部分。实际上,党和国家领导人对健康教育非常重视,习近平总书记在党的十九大报告中就明确指出要重视人民健康。有研究表明,《课程标准(2017年版)》在贯彻十九大精神方面效果显著,着重突出了对"健康中国"相关精神的落实。[①] 健康知识掌握与运用是健康教育的核心部分,学生只有掌握了扎实的健康教育知识,在此基础上形成了健康教育信念和态度,并将健康教育知识运用到实践中去,才能养成良好的健康行为。因此,在《课程标准(2017年版)》实施背景下,正确认识健康知识掌握与运用的内涵,了解核心素养背景下对健康知识掌握与运用的要求,对于广大体育教师帮助学生学习和实践健康知识并大力提升学生的健康行为核心素养非常关键。基于此,本节将主要对核心素养下的健康知识掌握与运用的内涵和健康行为的关系进行分析。

一、健康知识掌握与运用的内涵

(一) KAP 理论:理解健康知识与运用的理论框架

在健康教育领域,知信行理论模式(Knowledge,Attitude/Belief,Practice,简称 KAP)是用来解释个人知识和信念如何影响健康行为改变的最常用和最经

---

① 尹志华,汪晓赞.国家意志与体育新课标表达:论《课程标准(2017年版)》对十九大精神的落实[J].武汉体育学院学报,2019,53(3):81—88.

典的模式。① 在KAP理论中,将人类行为的改变分为获取知识、产生信念/态度及形成行为三个连续的过程,即知识—信念/态度—行为。在该理论中,知(知识和学习)是基础,信(信念和态度)是动力,行(促进健康行为)是目标。比如,以吸烟有害健康为例,健康教育工作者通过多种方法和途径把吸烟有害健康、吸烟引发的疾病以及与吸烟有关的死亡数字等知识传授给群众;群众接受知识,通过思考,加强了保护自己和他人健康的责任,形成信念;在信念支配下,逐步建立起不吸烟的健康行为模式。②

由以上可知,KAP理论是理解健康知识与运用的内涵的一个很合适的理论框架。学生首先需要学习健康教育的相关知识,在此基础上形成健康信念和态度,之后对健康教育知识进行实践应用,最终形成整体的健康行为。因此,基于KAP理论,我们认为健康知识掌握与运用涵盖了"健康知识掌握、健康信念与态度形成、健康知识实践应用"三个方面。

(二) 对健康知识掌握与运用的内涵理解

1. 健康知识掌握

健康知识是人类在实践中认识客观世界(包括人类自身)的成果,它包括与健康教育相关的事实、信息的描述或在教育和实践中获得的技能。学生只有掌握了扎实的健康知识,才能形成对健康比较全面的认识,同时也才能为形成健康的个体奠定基础。基于此,世界各国最新的体育与健康课程标准都非常重视学生对健康知识的学习和掌握。以澳大利亚健康与体育课程标准为例,该国的课程标准包括"个人、社会和群体健康"以及"运动和身体活动"两大主线,很明显健康教育在澳大利亚的国家课程中占据着重要地位。澳大利亚学生需要学习酒精及其他药物、食物和营养、身体活动的健康益处、心理健康与幸福、性与人际关系、安全等各类健康知识,贯穿于中小学各个学段。③④ 再比如,在美国中小学生必修课程《健康与幸福》教材中,学生应该学习的健康知识涵盖了心理和情绪健康、家庭和社交健康、生长和发育、营养、个人健康与体

---

① 李维瑜,刘静,余桂林,徐菊华.知信行理论模式在护理工作中的应用现状与展望[J].护理学杂志,2015,30(3):107—110.
② 杨柯君.知信行模式[J].上海医药,2013,34(10):42.
③ 季浏,尹志华,董翠香.国际体育与健康课程标准解读[M].上海:华东师范大学出版社,2018:163—166.
④ 李欣玥.澳大利亚《F-10体育与健康国家课程标准》解析及启示[J].体育成人教育学刊,2018,34(6):65—67+75.

育活动、暴力与伤害预防、烟酒烟草与其他药物、传染病与慢性病、消费者健康和社区健康、环境健康等模块内容。① 由此可见,掌握健康知识是世界各国健康教育的重要内容。

关于健康知识的掌握,《课程标准(2017年版)》提出了具体的要求,主要是指健康教育模块部分,包括健康的基本知识与技能,合理营养和食品安全,常见传染性和非传染性疾病的预防和控制,环境、健康与体育锻炼的关系,安全运动和安全避险,常见运动损伤的预防和处理,提高心理健康水平和社会适应能力等方面的内容,共1个模块,18个课时,具体内容要求见表7-3。

表7-3 《课程标准(2017年版)》对健康知识掌握的要求

序号	板块	具体要求
1	健康基本知识	2.1 掌握健康的基本知识和增进健康的原则与方法,培养自我健康管理的技能,形成良好的锻炼习惯和健康文明生活方式。
2	饮食和营养	2.2 掌握与健康相关的饮食和营养知识,了解常见食物的营养价值与合理的膳食结构,养成科学、健康的饮食习惯;了解食品选购和辨识食品标签等知识和方法。 2.3 理解不同强度运动和学习对营养的不同需求,认识不良饮食习惯对身体的危害,如长期大量饮用碳酸饮料、偏食、不吃早餐等,掌握食品安全和预防食物中毒的基本知识与方法。
3	疾病防控	2.4 养成良好的卫生习惯,提高疾病防控的意识与能力;掌握艾滋病、性病、结核病等传染性疾病和糖尿病、癌症等非传染性疾病的起因和预防措施等相关知识。
4	环境健康	2.5 掌握环境与健康的相关知识,并在日常生活中予以运用,如避免在雾霾、灰尘、噪声等不利于身体健康的环境中进行体育活动,学会选择在适当的时间和环境中进行体育锻炼,掌握在有害环境中自我保护和降低危害程度的方法等。
5	伤病与健康	2.6 掌握并运用安全运动、预防常见运动损伤和突发事故、消除运动疲劳的知识和方法,如心肺复苏、溺水救护等知识与技能;预防和简单处理骨折、扭伤、肌肉拉伤、运动性晕厥、运动性哮喘、运动性腹痛等知识与方法。
6	安全避险	2.7 掌握并运用安全避险的知识和方法,如拥挤、暴恐等紧急情况下的避险和急救常识;提高在社会交往中的防范意识和自我保护能力,如了解网络交友的风险性,在与异性交往中避免遭受性侵犯与性暴力,避免婚前性行为等。

---

① 潘建芬.教什么健康知识和健康技能——解读美国中小学生必修课程《健康与幸福》[J].体育教学,2018(4):16—19.

续 表

序号	板块	具体要求
7	心理健康	2.8 提高增进心理健康的意识和能力，理解心理健康与身体健康同等重要，知道心理健康的内容和特征，掌握和运用提高心理健康水平的方法；懂得不良情绪对健康的危害，了解自己在日常学习和生活中的情绪变化特征，掌握调控情绪的方法；了解抑郁、焦虑、恐惧等心理障碍产生的原因和调节方法，认识和体验体育活动对预防和消除心理障碍的作用等。
8	社会适应	2.9 增强社会适应能力，提高人际交往技能，具有和谐的人际关系；关心和尊重他人，在遇到矛盾和冲突时能够克制自己，宽容和理解对方；正确处理合作与竞争的关系；具有积极的社会责任感等。

但需要指出的是，《课程标准（2017年版）》只是从宏观层面提出了健康教育知识学习与掌握的要求，但教师在课堂教学中具体教什么内容，还应该根据学习目标、所选择版本的教材和本校学生的实际情况进行选择。原则上来讲，只要在上述基本范围之内且能够达成健康教育学业质量标准要求的内容均可。

2. 健康信念与态度形成

首先，关于信念问题，哲学家休谟曾经发出过这样的感叹："信念似乎从来是哲学中最大的神秘之一"[1]，由此可见信念在哲学界中的重要性。作为第一个认真考虑信念问题的哲学家，休谟认为从本质上来讲，信念是对人类经验知识的认识；信念在根源上是源于"印象"而来的东西。印象，特别是重复的印象构成了信念的基础，或者换个角度说，印象构成了信念产生的原因。在心理能力方面，是"想象"的能力使信念得以形成。不过对于休谟来说，这种"想象"属于习惯性的联想，因此休谟特别把"习惯"称为信念的"根源"。此外，对于信念的作用，休谟的基本看法是信念强化了我们的有关观念，使之变得更加强烈、生动，这有助于在因果的推论中，使我们能够从原因的"印象"中，通过"相信"这一因果联系的存在，借此推移到结果的"观念"。[2] 哲学家休谟对于信念的深刻认识具有一定的权威性，如果从休谟的认识出发，我们可以认为健康信念是指学生"基于人类对健康相关经验知识的认识，通过学习和掌握这些健康知识而产生的深刻印象，当这种印象成为一种习惯性联想时，学生对这些健康

---

[1] 休谟. 人性论[M]. 关文运，译. 北京：商务印书馆，1980：115.
[2] 陈嘉明. 信念、知识与行为[J]. 哲学动态，2017(10)：53—59.

知识的相信程度就会不断加深,从而就不断强化了他们关于健康知识的某种观念"。但是,信念本身也存在正确和错误,如果学生对健康知识的认识存在错误,那么就会导致错误的信念。比如,如果学生相信少量的吸烟有助于提神,那么这就是一种错误的信念。因此,学生在掌握健康知识的基础上,应该要形成正确的健康信念。

与信念主要强调"确信"相比,态度更加强调对某种事物的"倾向性"。也就是说,个体即使对某个说法非常相信,但也未必一定会产生行动上的意向。关于态度,其定义最早是斯宾塞和贝因在1862年提出,即认为态度是一种先有主见,是把判断和思考引导到一定方向的先有观念和倾向,即心理准备。目前比较流行的是Freedman提出的态度三成分学说,认为态度是由认知、情感、意向组成。对此,马先明等人对态度的三成分学说的定义进行了总结,认为态度就是以主体对特定对象的肯定或否定的评价为特征的心理反应倾向,是行为的准备状态,分为内隐态度和外显态度两种。[①] 即使不同学者对态度的定义不一,但可以肯定的是,态度体现为一种带有意向性的心理倾向。由此可知,健康态度主要是指学生对健康相关问题所体现出来的带有一定"倾向性"的心理活动,包括对健康本身的态度以及对健康知识学习的态度。前者是指学生对健康的功能、健康的重要性和必要性等基本问题的认识,后者是学生在学习健康知识时的认识层次、努力程度、理解深度等。态度本身是一个中性词语,存在着积极与消极之分。对于学习而言,积极的态度意味着成功了一半,而消极的态度则可能意味着敷衍与失败。因此,学生应该要形成积极的健康态度。

3. 健康知识实践运用

如前所述,学生掌握了健康知识,形成了正确的健康信念和积极的健康态度之后,还需要将健康知识运用到生活、工作、学习等实践情境中去,从而产生真正的健康行为。学生对健康知识的实践应用过程,就是一个发现健康问题、分析健康问题和解决健康问题的过程,也是运用能力逐渐提升的过程。

首先,学生要善于通过所学的知识发现健康问题。在学生的日常生活中,存在着很多与健康相关的问题,如:对健康的理解停留于身体强壮层面;三餐不正常进食、选购食品时不知道如何识别标签及其营养成分、长期在口渴后喝碳酸饮料;在运动中出现痉挛、扭伤、拉伤、挫伤等问题时不知所措;长期沉溺于网络聊天无法自拔;看黄色录像而一时冲动对她人造成性侵犯或性暴力;在

[①] 马先明,姜丽红.态度及其与行为模式述评[J].社会心理科学,2006,21(3):7—10.

球场上面对众人时感到恐慌和焦虑;不知道如何与同学和老师交往等。这些健康问题的存在,一方面源于学生缺少健康知识的学习,没有意识到这些问题,甚至认为这些问题是正常现象;另外一方面,即使意识到了有些现象不正常,也无法识别出是哪些问题。因此,学生对健康知识的实践运用,首先要能够根据自己所掌握的健康知识发现问题。比如,根据学习的营养膳食的相关知识,能够识别诸如"将水果的腐烂部分削掉之后继续吃"不是节约,而是存在着巨大健康风险。

其次,学生要能够通过所学的知识分析所发现的健康问题背后存在的原因。以高中生家庭中存在的健康问题为例,由于高中生父母的年龄通常在四十到五十岁之间,该年龄段是"亚健康"高发的时段,他们的父母在工作、生活、赡养老人和抚育小孩等方面存在着巨大的压力。比如,父亲在工作中可能会经常感到疲惫、精力不足、休息不够;母亲在生活中可能会感到脾气暴躁、睡眠质量差、容易生气等;而弟弟妹妹可能存在着龋齿、肥胖、爱喝碳酸饮料、不爱运动等问题。[1] 根据这些现象,学生要能够帮助家人对这些健康问题进行原因分析,如父亲出现的问题可能与精神压力过大、长期外出应酬吃饭、加班频繁导致的身体免疫力下降等原因有关;而母亲可能与缺乏体育锻炼、夫妻关系紧张、精神高度紧张等原因有关;弟弟妹妹的问题可能与爱吃甜食且不爱刷牙、营养摄入量超过消耗量等原因有关。通过分析这些问题的原因,则将健康知识的运用又提升到了新的层次。

最后,学生要能够针对健康问题对症下药,提出具体的解决问题的方案。还是以上述家庭健康为例,通过发现问题和分析原因,学生可以运用自己所学的健康知识为家人提出相应的解决方案。比如,父亲要学会减压,在工作之余培养自己的兴趣爱好适当放松,戒烟限酒减少应酬,并尝试帮助父亲制订一份科学的健身计划;对于母亲的问题,可以通过参加体育运动,如瑜伽、舞蹈等转移注意力,学会冥想和放松,多站在父亲的角度思考问题,改善夫妻关系等;对于弟弟妹妹,要帮助他们认识到牙齿保健的重要性,并督促和帮助他们养成刷牙的好习惯,同时要根据自己的身体发育情况合理进食,既不能暴饮暴食也不能饥不择食等。通过解决健康问题,学生不仅加深了对健康知识的巩固程度,而且也将理论性的健康知识学习转化成了实际的健康行动。

---

[1] 季浏. 体育与健康(普通高中教科书必修全一册)[M]. 上海:华东师范大学出版社,2019:161—162.

二、健康知识掌握与运用和健康行为的关系

(一)健康知识掌握与运用为健康行为养成奠定了三维基础

1. 健康知识是健康行为养成的认识基础

人类会产生很多行为,但有些行为是有意识产生的,而有些行为是无意识产生的。其中,有意识产生的行为需要建立在认识的基础上,否则如果缺乏认识,则会导致行为偏差或者行为错误。健康行为是人类一种有意识的行为,其产生必然要以对健康知识的正确认识为基础。比如,如果学生在跑步过程中能够产生正确处理"极点"的行为,那么前提是学生对跑步过程中的氧气供应、乳酸堆积等问题有正确的认识。如果缺乏认识,学生只会感到呼吸困难、肌肉酸痛、动作迟缓、情绪低落,甚至不愿意再继续运动下去,而不会及时地进行调节,更不会形成健康科学的运动习惯。

因此,掌握扎实的健康知识是健康行为养成的认识基础。但研究表明,目前我国中小学生对健康知识的掌握存在整体水平不高、地区不平衡等问题。[①]因此,急需加强学生对健康知识的学习。学生如果要掌握健康知识,不仅要在课堂上认真学习教师所传授的相关知识,更要在课外通过阅读书刊、网上查阅资料、观看视频、参观展览等方式学习健康知识,因为课堂学习的时间非常有限,18课时的时间很难有足够的时间支撑《课程标准(2017年版)》中提出的健康教育知识学习要求。此外,还需要注意的是,根据建构主义学习理论,认为学生学习的过程不是学习者被动地接受知识,而是积极地建构知识的过程。因此,学生在学习和掌握健康知识的过程中,教师不能够局限于"灌输式教学"而将学生变为健康知识的机械接受者,而应该要采用自主、合作、探究等多种方式引导学生学会举一反三,结合个人生活经验在学习过程中学会建构属于自己的健康知识。

2. 健康信念和态度是健康行为养成的意向基础

知识不等于信念和态度,从知识到信念和态度以及到行为的转变面临着很多复杂因素。如前所述,健康信念和态度是指学生对健康知识的"确信性"和"倾向性",它在健康知识和具体的实践运用之间起着桥梁作用。即使

[①] 余小鸣,张芯,杨土保,等. 中国中小学校健康教育研究(1):学生健康知识态度行为现况[J]. 中国学校卫生,2007,28(1):7—9.

学生掌握了健康知识,但如果他未在信念层面产生确信,对所学的知识持怀疑态度,那么不仅不会进行实践运用,还会从内心产生反作用;同时,即使学生确信了自己所掌握的健康知识,但如果没有积极的学习态度,也很难产生运用的"欲望"。因此,健康信念与态度是学生健康行为养成的意向基础。

对于正确的健康信念和积极态度的培养,教师一方面要进行正面引导,体现榜样示范的力量。比如在学习健康的生活习惯相关知识时,教师在学生面前吸烟,那么对学生将会产生巨大的负面影响。因此,以身作则非常关键。另外一方面,教师要结合学生的生活经验,多采用案例的方式让学生在学习健康知识的过程中产生信念和态度。例如,列举现实中存在的长期沉迷于网络而耽误自己前程的案例,引导学生一起分析这些案例背后的原因,让学生意识到网络的风险,产生身临其境的感受,从而帮助他们积极调整自己的上网时间,形成健康的网络行为。

3. 健康实践是健康行为养成的行动基础

让学生对健康知识进行实践运用是健康行为养成最关键的环节,因为再扎实的健康知识基础,再好的信念和积极态度,如果没有产生具体的健康实践行动,一切都只是纸上谈兵,并不能产生任何实际的健康效果。研究表明,学生是否产生具体的健康实践行为,与多种因素密切相关,如学校的健康教育模式、家庭背景,特别是父母文化程度、对学校健康教育的态度、对子女健康状况的关注程度、对子女健康问题的认识程度等方面。[①] 由此可见,学生健康实践开展情况的好坏并不只是自身的原因,与学校和家庭密切相关。因此,要促进学生进行健康实践,除了进一步巩固学生的健康知识基础,提升健康信念和态度之外,学校还要积极开展多样化的健康教育模式,尤其是家长要对学校健康教育给予积极的支持,密切关注子女的健康状况,在生活中给学生更多的健康关爱并形成良好的榜样示范。此外,行政部门也要加强健康教育的宣传,营造良好的舆论环境,促使学生意识到健康实践不仅对自己有益,而且也是一件在国家层面意义重大的事情。2019年以来,教育部体卫艺司结合"师生健康 中国健康"主题活动,在北京各大公交站台投放公益广告而加大健康教育宣传的做法就值得借鉴。

---

① 余小鸣,张芯,朱广荣,等.中国中小学校健康教育研究(2):学生健康知信行相关影响因素[J].中国学校卫生,2007,28(2):107—108+110.

（二）健康知识掌握与运用是评判健康行为水平的重要指标

如果要评判学生的健康行为素养水平，那么健康知识掌握与运用和其他3个表现形式就一起构成了完整的评判指标。基于此，《课程标准（2017年版）》在健康教育模块的学业质量标准中对健康知识掌握与运用划分了五级水平，以方便体育教师进行学习评价（见表7-4）。

表7-4　健康教育模块学业质量(健康知识掌握与运用)5级水平划分表

水平	质量描述
1	• 了解和运用营养、卫生保健、环境、疾病预防、心理健康、人际交往、安全避险等方面的知识。
2	• 理解膳食和营养均衡的作用，将所学的卫生保健、环境、疾病预防、心理健康、人际交往、安全避险等方面的知识运用于学习和生活中。
3	• 知道常见的运动损伤和一些突发伤病事故的处理和急救方法。
4	• 对自己的健康状况作出正确评价。 • 将所学的健康知识综合运用到自己的生活中，基本形成健康文明的生活方式。
5	• 较为深刻和全面地了解膳食平衡对健康的影响，并能够指导自己和家人合理膳食。 • 全面了解常见疾病的成因、危害和预防方法，并能指导自己、家人和周围人群采取合理措施预防常见疾病。

由表7-4可知，如果要了解学生的健康知识掌握与运用水平，则可以根据学业质量的5级水平来进行判断。比如，在水平1中主要是要求学生"了解和运用营养、卫生保健、环境、疾病预防、心理健康、人际交往、安全避险等方面的知识"，水平2主要是要求学生"理解膳食和营养均衡的作用，将所学的卫生保健、环境、疾病预防、心理健康、人际交往、安全避险等方面的知识运用于学习和生活中"，水平3主要是要求学生"知道常见的运动损伤和一些突发伤病事故的处理和急救方法"，水平4主要是要求学生"对自己的健康状况作出正确评价，将所学的健康知识综合运用到自己的生活中，基本形成健康文明的生活方式"，而水平5则是要求学生"较为深刻和全面地了解膳食平衡对健康的影响，并能够指导自己和家人合理膳食；全面了解常见疾病的成因、危害和预防方法，并能指导自己、家人和周围人群采取合理措施预防常见疾病"。

从上述五级水平的描述可知，虽然每一级水平之间还存在不平衡的现象，但总体而言有几个特点：一是总体的要求呈现逐步提高的螺旋式上升状态。水平1的要求是了解和运用，而水平2则要求理解和运用到学习与生活中去，很明显在认知层面和运用的宽度和广度方面有所提升；水平3主要强调对运动损伤和突发伤病事故的处理，这与前两个水平和后两个水平在描述方面出现了不协调的情况，这说明《课程标准（2017年版）》在学业质量描述方面还有待改进。但是，如果仅从要求方面来看，层次仍然在前两个水平上有所提升；水平4强调在对健康状况做出评价的基础上对健康知识进行综合运用，更加突出了运用过程中的科学性；水平5在强调全面了解的基础上，突出了学生在疾病预防与膳食营养方面对自己、他人的指导，运用的要求进一步提升。二是无论哪个水平，对健康知识的掌握与运用都是从整体的角度展开，即强调了知识运用的结构化，避免了碎片化。即使是在水平1，在知识学习的基础上仍然强调了运用，而并没有按照传统的"低水平先学习，然后再掌握，到了高水平再运用"的逻辑思维展开。实际上，这体现了《课程标准（2017年版）》的新思想，即要避免人为地将知识的学习与运用割裂开来，不同水平只是掌握和运用的层次有高有低，但都是整体的思维。这对于体育教师开展健康教育教学和健康行为核心素养学业质量评价都是很好的启发。

第三节 情绪调控的内涵阐释

情绪调控作为《课程标准（2017年版）》中提出的健康行为核心素养的四大表现形式之一，是个体心理健康的典型表现，而心理健康则又为整个健康行为核心素养的形成奠定基础。情绪在日常生活中极为常见，每个人每天都会产生各种各样的情绪，主要是指人对客观事物是否符合自己的需要而产生的各种态度，可以是体验、反应、冲动和行为[①]。上述情绪表现在体育运动中也同样会出现，因此有必要对情绪进行调控，以促使情绪对个体的运动产生积极的促进作用。在《课程标准（2017年版）》实施背景下，正确认识情绪调控的内涵，了解核心素养背景下对情绪调控的要求，对于广大体育教师引导学生进行情绪调控并大力提升学生的健康行为核心素养非常关键。基于此，本节将主要对核心素养背景下的情绪调控的内涵和健康行为的关系进行分析。

---

① 马启伟,张力为.体育运动心理学[M].杭州：浙江教育出版社,1998：166.

一、情绪调控的内涵

《课程标准(2017年版)》指出,学生应"懂得不良情绪的危害,了解自己在日常学习和生活中的情绪变化特征,掌握调控情绪的方法"[①]。因此,经分析可知情绪调控涵盖了对情绪的认识、不同情绪识别和情绪调控方法三个方面。

(一) 对情绪的认识

1. 对情绪定义的认识

关于情绪的定义,不同学者有不同的界定。罗铮等人[②]梳理了情绪的定义,认为比较有影响的包括生物学观点、机能主义观点、认知观点、组织观点和社会文化观点,它们从不同的角度对情绪进行了界定。其中,生物学观点强调情绪活动的生物基础或离散的情绪系统的机能模型,即认为每一种情绪都有自己的神经生理基础,情绪独立于认知和其他心理过程,并与认知相互作用;机能主义观点认为情绪是在有个人意义的事件中,行使适应机能的多成分多过程的有组织的总和;与生物模型同时出现的认知模型强调情绪机能的认知基础,即情绪被建构为认知的结果或者是一种认知建构;组织观点受系统理论和人性学的影响,尤其是依恋研究的影响,提出了一个明确的结构—发展框架,认为情绪发展是以结构转化作为特点的;社会文化观点强调社会或文化对情绪发展和机能的贡献,认为情绪是社会或文化建构的综合特性。

由上述有关情绪定义的各种观点可以看出,不同观点对情绪的定义在于关注的侧重点不同,如生物学观点和机能主义观点更加关注情绪的生理基础,而认知观点更加关注情绪的心理基础,组织观点和社会文化观点则注重于情绪的社会基础。由此可知,如果从单一的角度去对情绪进行界定,都无法涵盖情绪的所有方面。尤其是体育运动中的情绪,与日常生活中的情绪相比有其生理、心理和社会特性,特别是参与体育运动所产生的生理和心理变化非常显著。因此,体育教师需要引导学生在体育学习或锻炼中对情绪进行深刻认识,理解情绪的定义并不是一个单一现象,而是一种涉及生理、心理和社会等多个

---

① 中华人民共和国教育部制定.普通高中体育与健康课程标准(2017年版)[M].北京:人民教育出版社,2018:17—18.
② 罗峥,郭德俊.当代情绪发展理论述评[J].心理科学,2002,25(3):310—313.

方面的多维现象,且这些因素相互之间会产生交叉的效应。

2. 对情绪作用的认识

著名情绪心理学家 Lazarus 曾说过:"我难以相信,在研究心理现象或人与运动的适应行为时,能够避而不谈情绪的重要作用。那些忽视了这一点的理论和实践心理学是落伍的,应该被淘汰。"[1]因此,认识情绪的激发、组织、维持和导向[2]功能,对于体育教师引导学生积极发挥情绪的作用至关重要。

首先,所谓情绪的激发功能,是指个体产生的体验能够刺激自身在思想或行动上产生某种倾向或行为。比如,在体育学习中,某个学生被另外一个学生眼花缭乱的篮球运球和百发百中的投篮命中率所吸引,这种视觉的刺激便使得该学生产生了兴奋的感觉,因而便激发了该学生要努力学练篮球的动机和行为,包括购买篮球、安排学练时间、向高手请教等。再比如,双方在足球比赛中,某位同学作为后卫但却被对方前锋连续突破射门得分,并且还被该前锋用表情或手势羞辱。在这样的情境下,该同学发誓要练好足球,提高运动水平的动机被激发,迫使他利用一切时间勤学苦练,希望有朝一日能够打败曾经羞辱他的对手。情绪的激发功能犹如一根导火索,使得个体从一种状态转向另外一种状态。

其次,所谓情绪的组织功能,是指个体所产生的体验能够起到组织某项活动或产生某种组织行为的作用。在实践中,优秀的体育教师或体育教练员在教学、训练和比赛中,能够通过各种手段激发学生对集体的热爱与自豪。比如,通过讲述故事的形式,告诉学生某位同学曾经运动基础很差且体重严重超标,但经过刻苦训练,成绩进步明显,甚至还获得了省级比赛的名次等。在具有煽动性的语言渲染下,学生备受鼓舞,热血沸腾,深深地被该同学的经历所折服,从而产生了这样一种局面:即不用体育教师或教练员指挥或引导,学生会自发地进行努力学习或训练,而这就是一种典型的情绪所产生的组织功能。

其次,所谓情绪的维持功能,通常是与组织功能联系在一起的。学生因情绪产生的组织行为如果不能够长时间维持下去,则很有可能会半途而废。因此,作为教师或教练员,一方面要想方设法继续激发学生的情绪而让学生的组织行为持续下去;另外一方面,学生可能也会自发性地通过各种最有效的手段继续维持组织行为。而维持时间的长短,与情绪的强烈程度和所产生的附属效应大小密切相关。对于体育教师而言,要把握好学生在体育学习中所产生

---

[1] 王力.情绪心理学——从日常生活到理论[M].北京:中国工业出版社,2006.
[2] 唐征宇.运动心理学[M].上海:上海教育出版社,2018:70.

的情绪的强烈程度,如果情绪不高,则产生的维持时间较短;如果情绪过于高涨,则有可能会导致学生头脑发热,甚至会产生过激行为。

最后,所谓情绪的导向功能,是指个体所产生的体验能够在理念、价值观、目标等层面产生引导作用,从而促使个体向着某个方向发展。导向功能更多与认知层面的观念有关。比如,当学生在学篮球时体会到了两种不同的学习方法,一种是单个篮球技术的逐步学习,而一种是注重比赛的完整篮球运动学习,因为这两种学习方法的体验是完全不一样的。前一种方法所产生的体验是枯燥、乏味和对完整比赛的无尽期待,而后一种方法则是时时刻刻都在体验完整的比赛,即使初始阶段的比赛层次较低,但这并不妨碍比赛的发生。学生在感受到完整的篮球学习所产生的愉快体验之后,将在认知层面发生颠覆性的转变,即认为体育学习应该是注重整体的结构化学习,那么就会将其对体育学习的价值观导向完整学习,从而产生持续性的学习行为。

(二) 不同情绪识别

情绪到底有哪些具体的形式,不同学者分类有很多。例如,中国学前教育百科全书认为人类有 9 种基本情绪,即愉快、惊奇、悲伤、愤怒、厌恶、惧怕、兴趣、轻蔑和痛苦;而 Ekman 提出的 6 种基本情绪包括喜、惊、悲、厌、怕和怒;唐征宇则认为情绪包括心境、激情、紧张、焦虑等几种形式。实际上,不论情绪包括哪几种,体育运动中所产生的情绪都可以从正面和负面的角度划分为积极情绪和消极情绪。相对而言,目前体育领域对消极情绪的关注较多,而对积极情绪的关注则较少[1]。因此,体育教师应该在体育教学中要加强对学生积极情绪的关注,引导学生学会识别不同类型的情绪。此外,不仅要引导学生学会识别自身的情绪状态,还要学会识别他人的情绪状态,因为很多运动项目属于团体项目,同伴或对手的情绪通常会对学习或比赛的结果产生很大的影响。

1. 积极情绪

积极情绪(positive emotion)是指具有正面效应的情绪,通常体现为一种积极的状态。比如,罗素(Russell)曾认为"积极情绪就是当事情进展顺利时,你想微笑时产生的那种好的感受"[2]。Fredrickson 则认为"积极情绪是对个人

---

[1] 洪晓彬,刘欣然. 体育运动领域情绪研究述评[J]. 山东体育学院学报,2011,27(9): 66—70.
[2] Russell J. A, Feldman B. L. Core affect, prototypical emotional episodes, and other things called emotion: Dissecting the elephant [J]. Journal of Personality and Social Psychology, 1999, 76: 805 - 819.

有意义的事情的独特即时反应,是一种暂时的愉悦"①。情绪的认知理论则认为"积极情绪就是在目标实现过程中取得进步或得到他人积极评价时所产生的感受"②。郭小艳等人则概括性地提出"积极情绪即正性情绪是指个体由于体内外刺激、事件满足个体需要而产生的伴有愉悦感受的情绪"③。总之,积极情绪是一种正面的体验,是一种让人感到愉快的状态,如逗趣、敬佩、感激、希望、激励、兴趣、快乐、爱、自豪、宁静等词语都可以用来形容积极情绪。

在体育学习中,学生也能够经常体验到积极情绪的产生。比如,在健身健美操运动中,当学生成功地完成一套 3 分钟以内的、连续 6—8 个简单组合的健身健美操基础成套动作,而其他同学报以热烈的掌声时,该学生会体验到开心、愉快、自豪等状态,那么这就是一种积极的情绪状态。国外也有大量的研究证明,积极兴趣常常与良好的社会行为和操作成绩相关,如可导致乐于助人和慷慨大方的行为,可以成为提取记忆中自己内容的线索,进而对人的判断和决策过程产生积极影响。在团体运动项目中,同伴积极的情绪状态对个体的体育学习会产生巨大影响,如在校园集体舞中,如果同伴面带笑容、情绪高涨、信心满满,那么这种积极情绪就会感染其他人,从而共同在积极情绪的氛围中完成高质量的舞蹈动作,以展现舞蹈之美。

2. 消极情绪

愤怒、焦虑、紧张、困惑、疲惫、羞愧、厌恶、嫉妒、悲伤和沮丧等词语经常出现,这是典型的消极情绪表现。很显然,消极情绪是指具有负面效应的情绪,体现为一种消极状态。与积极情绪相比,目前人们更加关注消极情绪,这是因为消极情绪所产生的健康危害更大,这就是为什么《课程标准(2017 年版)》特别强调学生要学会"识别不良情绪对健康的危害"的原因。学生在体育学习中也能够经常体验到消极情绪,如在刚开始学习游泳阶段,对水环境所产生的恐惧感使得个体感到极度焦虑;刚下水时总是往下沉而产生的慌张感,会使得个体打起了游泳学习的退堂鼓等。

当前,情绪识别的方法有很多,比如,可通过心电信号(ECG)、肌电信号(EMG)、呼吸信号(RSP)、皮电信号(SC)等测试个体的生理信号,从生理信号中抽取出特征模式来识别情绪。但生理信号识别需要专门的仪器,因此在普

---

① Fredrickson B. L. The role of positive emotions in positive psychology: The Broaden-and-Build Theory of positive emotions [J]. American Psychologist,2001,56:218-226.
② Lazarus R. S. Emotion and adaptation [M]. New York: Oxford University Press,1991:114.
③ 郭小艳,王振宏.积极情绪的概念、功能与意义[J].心理科学进展,2007,15(5):810—815.

通学生的体育学习中可操作性不大。对于体育学习而言,学生更多可以通过表情识别的方式来识别情绪,如面部表情识别,观察表情痛苦还是愉悦;身段表情识别,观察动作是浑身颤抖、四肢僵硬还是身段灵活、姿势优美;语音情绪识别,倾听语音语调是响亮平缓还是急促等。[1] 总之,学生不仅要学会识别体育学习中所产生的消极情绪,更要学会分析消极情绪产生的背后原因和变化特征,从而避免消极情绪对学习产生太多的负面影响。

(三)情绪调控方法

在心理学中,情绪调控可以从不同角度进行划分,如内部调节和外部调节;修正调节、维持调节和增强调节;原因调节和反应调节等。但对于普通学生的体育学习而言,从何种角度来进行情绪调控不是关键,关键在于掌握情绪调控的常用方法。我国著名的体育运动心理学家马启伟教授和张力为教授总结了体育运动中常见的一些情绪调控方法,共12种(见表7-5)。这些方法可供体育教师在体育教学中帮助学生调控情绪或引导学生自主进行情绪调控,从而帮助学生在体育学习中保持积极的情绪状态。

表7-5 体育运动中常见的情绪调控方法[2]

序号	调控方法	具体释义
1	表象调控	即在体育比赛前或比赛中,头脑中清晰地重现自己过去获得成功时的最佳表现,体验当时的身体感觉和情绪状态,以增强自信心而提高运动成绩。
2	表情调控	是有意地改变自己面部和姿态的表情以调控情绪的方法。如在运动中感到紧张焦虑时,可以有意识地放松面部肌肉,不要咬牙,或者用手轻搓面部,使面部肌肉产生放松感。
3	活动调控	是指利用不同速度、强度、幅度、方向和节奏的动作练习,调控个体在运动中的临场兴趣状态。如在情绪低沉时,可通过采用幅度小、强度大、速度快和节奏快的变向动作练习,通过反复的练习可以提高情绪的兴奋性。
4	音乐调控	是指通过情绪色彩鲜明的音乐来调控兴趣状态。如个体在比赛前如果有过分紧张等异常的情绪表现时,听一段轻音乐或喜爱的歌曲,往往能够起到调控情绪的良好效果。

---

[1] 唐嵩潇.情绪识别研究述评[J].吉林化工学院学报,2015,32(10):109—114.
[2] 马启伟,张力为.体育运动心理学[M].杭州:浙江教育出版社,1998:178—187.

续 表

序号	调控方法	具体释义
5	呼吸调控	通过深呼吸可使个体的情绪波动稳定下来。如在情绪兴奋时,可通过采用缓慢的呼气和吸气练习使情绪的兴奋性下降;而在情绪低沉时,可通过采用长吸气与有力的呼气练习提高情绪的兴奋水平。
6	颜色调控	颜色是视觉刺激物,可以同时引起其他感觉,如使人感到冷暖、重量、味道等的不同,称为联觉。而在锻炼或比赛中可通过联觉现象借助颜色调节个体的心理状态。如在过分紧张时,采用绿色毛巾擦汗、饮用带绿色的饮料、到蓝色的环境中休息等可使过度兴奋得到缓解。
7	暗示调控	是指用语言对心理活动施加影响的方法,也可以用手势、表情或其他暗号来进行。包括自我暗示和他人暗示,前者如在比赛前用"我站得很稳"代替"我千万别摔倒";后者如体育教师在课上用"今天大家都很愉快"来激发学生的热情。
8	气味调控	气味能够影响情绪,如苹果的香味对肾上腺有调节作用,能使激动、焦虑和发怒等情绪得到控制。因此,可在擦汗巾上洒些香水,在运动或比赛间隙用擦汗巾擦汗时就能通过淡淡的香味在一定程度上调节自己的情绪状态。
9	饮食调控	食物和情绪有一定的关系,食物会影响人的情绪和行为方式,因此可通过食物来调控情绪。如食用碳水化合物能起到镇静作用,因为它能刺激大脑产生一种神经递质,使个体感到平静和松弛。
10	宣泄调控	是指以适当的方式及时和充分地宣泄自己内心的痛苦、忧愁、委屈和遗憾等以控制情绪的方法,包括倾诉、痛苦和写日记等方式。如体育教师倾听学生在运动中所受的委屈。
11	转移调控	是指情绪不快或过度紧张时,有意识地强迫自己把注意从应激刺激转移到其他事物上。如在紧张的比赛间隙通过看演出、逛商店、游公园、打扑克等方式暂时缓解不快情绪或紧张情绪。
12	激化调控	是指通过采用"激将法"让学生清醒地意识到自己在运动或比赛中存在的问题,并采取实际行动予以解决。如严肃地对学生说"你为什么改变不了这个毛病,否则你永远无法进步",以激发学生。

除了上述情绪调控方法本身之外,也有研究表明,体育学习或锻炼的地点也对情绪调控至关重要。如与室内运动相比,室外运动可以调节紧张、困惑、气愤和抑郁等负面情绪,增强活力、满意感和幸福感,但同时也发现,减少户外运动可以使个体获得平静感。[①] 因此,这便启示体育教师们要注意上课地点对学生情绪调控所产生的影响。

---

① 高淑青,张连成. 锻炼心理学研究的生态化运动[J]. 体育成人教育学刊,2018,34(3):75—80.

二、情绪调控与健康行为的关系

1. 情绪调控为健康行为养成提供了心理保障

人类对健康的认识经历了不断变化的过程,从最早的仅限于躯体健康到当前的多维健康观,人类对心理健康、社会适应、道德健康等方面越来越重视。但大量的研究表明,虽然躯体健康是整体健康的基础,但实际上心理健康的关键性可能更大。比如,身体残疾肯定会对健康产生负面影响,但并不意味着个体的生活不幸福,很多残疾人的幸福指数甚至远高于躯体健全的人。但是,心理不健康的个体,即使躯体很完整,他们生活幸福的可能性也微乎其微。医学上也有一些研究表明,很多慢性疾病病人最终的死亡,并不完全是因为疾病在生理层面使得这类个体到了生命的最终点,而是因为他们长期处于心理恐惧和消极情绪之中,加速了个体的生命死亡。因为不良情绪可使神经内分泌系统功能紊乱,影响机体的物质能量代谢;不良情绪还可通过神经内分泌系统影响细胞内 DNA 自然修复、DNA 转录、蛋白质合成,出现 DNA 变异、细胞癌变、蛋白质产生障碍而致组织再生修复及生长发育异常,及酶活性降低物质代谢异常而致病。据统计,门诊约有 1/3 的患者是在情绪不安的状况下发病的。[①] 如果这些病人能够保持良好的心态,那么延长寿命的可能性非常之大。由此可见,心理健康在个体生活质量中的作用非常关键。而在心理健康中,情绪是一个非常重要的要素,在某种程度上很多负面的心理现象都是由消极情绪所引起的。因此,从这个角度来讲,通过适当的情绪调控而提升个体的心理健康水平,对健康行为形成起着保驾护航的作用。

大量的研究表明,作为心理健康的典型指标,情绪状态可以通过体育学习或锻炼得到有效调控。因为人生活在错综复杂的社会中,经常会产生忧愁、紧张、压抑等情绪反应,体育学习或锻炼则可以转移个体不愉快的意识、情绪和行为,使人从烦恼和痛苦中摆脱出来。尤其是高中生,面临高考的压力、升学的竞争以及对未来发展的担忧而产生的持续焦虑反应,经常参加体育学习或锻炼可使这种焦虑反应降低。[②] 但遗憾的是,我国青少年有严重心理问题的比

[①] 何菊平,刘晓芳. 心理与疾病关系的研究进展——兼论心理护理的重要性[J]. 齐鲁护理杂志,1995,1(4):23—24.
[②] 季浏. 体育与健康[M]. 上海:华东师范大学出版社,2001:148.

例偏高,其中 17.5% 的青少年存在心理问题,3.1% 的青少年有严重心理问题;63.3% 的青少年心情低落,29.1% 常紧张不安,31.7% 有较多的愤怒感。此外,我国青少年抑郁问题普遍,超过 3 成的青少年有不同程度的抑郁,其中 23.4% 存在轻度抑郁,13.1% 存在严重抑郁。在 13—15 岁之间,青少年的抑郁症每年以 10% 的速度增长。[①] 因此,体育教师应该更加重视对情绪调控的关注,在体育教学中从目标设置、内容选择、方法选用、评价开展等多角度有意识地关注学生在体育学习中的情绪反应,及时地引导学生进行情绪调控,帮助他们减少消极情绪的产生,提高心理健康水平,从而为健康行为养成提供心理保障。

2. 情绪调控是评判健康行为水平的指标

评判学生的健康行为素养水平,需要从 4 个表现进行评价。情绪调控是评判健康行为水平的指标之一,《课程标准(2017 年版)》在健康教育模块的学业质量标准中对情绪调控划分了五级水平,以方便体育教师进行学习评价(见表 7-6)。

表 7-6 健康教育模块学业质量(情绪调控)5 级水平划分表

水平	质量描述
1	● 在体育活动、学习和生活中关注情绪变化。
2	● 在运动、学习和生活中保持较好的情绪稳定性。
3	● 在运动、学习和生活中面对困难和挫折时,能调控自己的情绪,保持良好的心态。
4	● 心胸开阔、乐观开朗、充满活力、积极向上。
5	● 热爱生活、尊重生命、精力充沛、积极向上、乐观开朗,对于自然和社会环境的适应能力强。

由表 7-6 可知,如果要了解学生的情绪调控水平,则可以根据学业质量的 5 级水平来进行判断。比如,水平 1 主要是要求学生"在体育活动、学习和生活中关注情绪变化",水平 2 主要是要求学生"在运动、学习和生活中保持较好的情绪稳定性",水平 3 主要是要求学生"在运动、学习和生活中面对困难和挫折时,能调控自己的情绪,保持良好的心态",水平 4 主要是要求学生"心胸开阔、乐观开朗、充满活力,积极向上",而水平 5 则是要求学生"热爱生活、尊

---

① 尹志华. 论运动能力、健康行为和体育品德三个方面学科核心素养的关系[J]. 体育教学,2019(1):13—16.

重生命、精力充沛、积极向上、乐观开朗,对于自然和社会环境的适应能力强"。由此可见,从水平1到水平5,对于情绪调控的要求逐步提升,但不同水平的要求明显不一样。水平1只要求学生能够关注情绪变化,水平2则提高到能够保持情绪稳定性;与前两个水平相比,水平3则要求学会调控并且能够保持;水平4和水平5则对情绪的要求很高,已经超越了情绪调控的要求,要求学生能够在积极的情绪中生活、工作和学习,成为日常生活状态的一部分,这对于学生而言难度较大,对于教师同样也提出了很高的要求。上述水平划分,为教师通过情绪调控的角度来评判学生的健康行为水平提供了参照标准。此外,随着科技越来越发达,体育教师在参照情绪调控的学业质量对学生的健康行为水平进行测评时,可以考虑在表情观察等定性测评的基础上,引入一些定量的测评手段,如心率信号、呼吸信号等,从而提升测评的精确性。

3. 应该发挥情绪的主动调控在健康行为形成中的作用

情绪调控应该是被动防御过程还是主动调节的过程?这是一个毫无悬念的问题,即大家都会认为情绪调控是主动调节的过程。但实际上在现实中并非如此,绝大部分情绪调控都是一种被动防御的过程,即在某种情绪状态已经产生之后才开始进行调节,但这就像"有病之后再进医院治疗"一样是一种"马后炮"的处理方式。在体育教学中,情绪调控大多发生在某种情绪已经产生之后,比如学生在体操中练习支撑跳跃类动作时,很多学生害怕收腿时触碰跳箱导致摔跤,一直不敢收腿,同时也产生了紧张和焦虑的心理。但很多体育教师在教学中都是等到学生出现了这种消极情绪之后才进行被动处理,而并没有在学习之前就主动意识到学生可能在此内容学习中产生会产生消极情绪,因而也没有提前主动对紧张情绪进行调控。如果体育教师总是处于情绪调控的被动防御状态,实际上主要是在尽量弥补消极情绪产生的负面作用,而不是在发挥积极情绪所产生的正面作用。

因此,从培育学生学科核心素养的指引下,体育教师应该要从健康行为核心素养形成的角度出发,在体育教学中变被动的情绪调控为主动的情绪调控,提前预估学生在不同运动项目学习中可能出现的消极情绪,并主动进行预调控。实际上,这对体育教师的教学设计提出了更高的要求,即要在课前的备课中花大量时间思考学生可能出现的各种情绪和调控方法,摸清这些情绪的变化特征。体育教师还应该引导学生将体育课所掌握的情绪调控方法迁移到生活中去,为提高生活质量打下基础。此外,还需要注意的是,体育教师在学生体育学习中主动进行情绪调控时,不能仅仅只关注消极情绪的调控,更要关注积极情绪的主动调控,如将某些同学的喜悦、兴趣等积极情绪以恰当的方式分享给更多的同学,使积极情绪所产生的正面效应发挥最大效用。

第四节 环境适应的内涵阐释

环境适应作为《课程标准(2017年版)》中提出的健康行为核心素养的四大表现形式之一,主要包括学生在体育学习和锻炼过程中对自然环境的适应和社会环境的适应两个方面。人类的群居特点决定了个体的各种行为都无法与周围所处的环境相剥离,而环境的类型与复杂程度会对个体的行为产生很大的影响。因此,个体在进行体育学习与锻炼时,必须要学会适应环境,否则就会对学习效果产生负面影响。实际上,良好的环境也是国家发展的基础,十九大报告就非常重视各种环境的建设,涉及生态环境、国际环境、社会环境、人居环境、全球环境、安全环境、执政环境、生活环境等[①]。其中,生态环境被提及的次数最多。具体到体育领域,生态环境可以理解为影响学生在开展体育学习与锻炼过程中各种因环境要素而产生的作用和力量的总和。对此,《课程标准(2017年版)》将"为学生体育学习营造美好环境"作为落实十九大精神的八个方面之一[②],这充分凸显了环境对学生体育学习的重要性。在《课程标准(2017年版)》实施背景下,正确认识环境适应的内涵,了解核心素养背景下对环境适应的要求,对于广大体育教师引导学生进行适应环境并大力提升学生的健康行为核心素养非常关键。基于此,本节将主要对核心素养背景下环境适应的内涵与健康行为的关系进行分析。

一、环境适应的内涵

(一)自然环境适应

1. 合适的自然环境选择能力

自然环境指的是由水土、地域、气候等自然事物所形成的环境。中国古代

---

① 央视新闻.一图读懂党的十九大报告[J].中国民政,2017(20):11.
② 尹志华,汪晓赞.国家意志与体育新课标表达:论《课程标准(2017年版)》对十九大精神的落实[J].武汉体育学院学报,2019,53(3):81—88.

追求人和自然环境的和谐、环境与环境之间的和谐、人和人之间的和谐。认为和谐就会吉祥。但这种和谐思想是建立在承认自然环境对人类的制约作用的观念基础之上的,即《老子》中所讲的"人法地,地法天,天法道,道法自然"[①]。由此可见,人类在长期的进化与繁衍过程中,在很多方面都受到自然环境的制约,如洪水泛滥导致的淹没之灾、地域阻隔造成的观念与贫富差距、气候变化无常造成的农作物欠收等,人类在自然环境的制约下只能选择适应,尤其是在科技不发达的古代更是如此。

　　实际上,人类在适应自然环境的过程中,除了完全被动的被适应之外,更多是主动选择的过程。比如,人类从土地贫瘠或战乱频发地区迁徙至生活安宁与富饶之地,就是主动选择合适的自然环境的过程。从某种程度上而言,学生体育学习的过程中,也是被动适应自然环境的过程中,这是因为在特定的时间和空间内,体育课堂教学的环境在绝大部分时间是固定的,学生很难去自己选择体育课堂学习的场所等自然环境。但就像人类适应自然环境时可以进行选择一样,学生在体育学习过程中为了更好地适应自然环境,也具有一定的选择合适的体育学习自然环境的机会,而且学生也应该要具备这种选择能力。但需要指出的是,在课堂教学中,学生体育学习的自然环境选择基本上由体育教师代替其完成,即体育教师在上课之前,对上课的场地、器材、所处地理位置、天气变化等已经做了预先的安排,这实际上就是一种自然环境选择。而此处所言的学生自己选择体育学习的自然环境,更多指的是课外体育锻炼。体育课堂学习的时间有限,学生在课外和校外还有大量的时间进行自主的体育锻炼,此时他们就需要选择合适的地理位置,如尽量远离马路、建筑工地、环境污染很严重的地方等;在气候选择方面,学生可以选择在阳光明媚、空气清新、温度适宜的天气进行锻炼,从而避免在光线暗淡、空气混浊、雾霾严重的地方锻炼等。基于此,《课程标准(2017年版)》也要求学生"避免在雾霾、灰尘、噪声等不利于身体健康的环境中进行体育活动,学会选择在适当的时间和环境中进行体育锻炼"[②]。学生所具备的自主选择合适的自然环境进行体育学习和锻炼的能力,是最直接最常见的适应自然环境的体现。

[①] 方修琦,牟神州.中国古代人与自然环境关系思想透视[J].人文地理,2005,20(4):110—113.
[②] 中华人民共和国教育部制定.普通高中体育与健康课程标准(2017年版)[M].北京:人民教育出版社,2018:17.

2. 对特殊自然环境的适应能力

如前所述,虽然学生可以在一定程度上自主选择体育学习和锻炼的自然环境,但更多是对特殊自然环境的适应,这些特殊的自然环境主要包括场地、器材、气候等。与主要在教室内进行学习的其他学科相比,体育教学不仅具备一般教学工作的复杂性,更由于其教学环境的开放性导致教学情境的多变性[①],这种多变性需要学生进行积极的适应,并做好自我保护和掌握降低由环境所产生的危害程度的方法。

在场地方面,虽然随着国家经济的发展,国家和各地区对教育的经费投入越来越多,但学校体育所获得经费投入仍然有限,不少地区的体育场地受到限制。对于城市中小学而言,虽然经费相对比较充足,但由于空间的限制使得一些学校的场地狭小,甚至缺乏标准的运动场地。对于农村偏远地区的中小学而言,虽然学校空间充裕,但体育场地的质量却有待提升,甚至有的学校还是煤渣跑道等。这些场地所存在的问题,对学生而言实际上就是一种特殊的体育学习自然环境。在这样的情况下,体育教师和学生能够做的事情就是尽量去适应目前的场地情况,因地制宜地在有限的场地上开展体育学习和锻炼。在此基础上,可以通过充分利用学校走廊、地下停车场、教学楼屋顶等,对体育场地资源进行开发,这也是提高适应能力的途径。

在器材方面,不同地区的中小学生面临的环境并不一样。对于城市学生而言,器材充足,但关键问题在于可以放置器材的空间有限,拥挤的学校空间导致不能够充分利用体育器材。对于农村中小学而言,面临的问题是缺乏一些常见的体育器材,或者器材老旧破乱,学校未进行有效管理和维修,学生可以实际使用的体育器材并不多。学生在面临这些因为器材而产生的体育学习自然环境时,要么是只开展有器材的那些体育运动,要么就是充分挖掘这些有限的器材的使用效率,适应当前的情况。

如果说场地和器材还可以随着经济的发展和硬件条件的改善而可能有所改观,那么气候所产生的自然环境则很难改变。比如,在不同地区的中小学,学生在体育学习过程中可能会遭遇高温、寒冷、干燥或潮湿、高海拔导致的空气稀薄等气候环境,而这些气候被改变的可能性很小,学生只能不断提升自己的适应能力。比如,在高温的环境下运动,可以通过穿着透气、宽松和易散发

---

① 尹志华,毛丽红,汪晓赞,季浏,Phillip C. Ward. 对话、规训与权力:一个分析体育教师专业发展的三维框架[J]. 北京体育大学学报,2013,36(2):100—104.

热量的衣服而更好地适应高温环境;在北方漫长的寒冷天气中,学生需要充分做好热身活动,降低肌肉的粘滞性,从而更好地适应寒冷的环境。与场地和器材相比,学生通过适应因气候问题所产生的体育学习自然环境,对于培养他们的刻苦耐劳、勇敢顽强、积极进取的意志品质非常有帮助。

3. 对自然环境的保护能力

当前,我国一些地方和部门对自然环境保护认识不到位,责任落实不到位;经济社会发展与自然生态环境保护的矛盾仍然突出,资源环境承载能力已经达到或接近上限,这要求我们所有人都要结合自己的行为做好自然环境的保护。《课程标准(2017年版)》提出学生要提高自然环境适应能力,同样也蕴含了学生在体育学习和锻炼过程中要做好自然环境保护的要求。

如果要在体育学习过程中提高对自然环境的保护能力,首先要具备环境保护意识。在传统的观念中,大多数人认为体育学习与自然环境保护没多大关系,环境保护通常都是企业家、工厂老板、地方政府官员的事情,提及自然环境保护就一定想到大气污染、水污染、土地污染和光污染等。所以,学生会理所当然地在体育学习过程中缺乏自然环境的保护意识。因此,体育教师要引导学生意识到体育学习与自然环境保护之间的关联性。其次,不主动不刻意地在体育学习过程中破坏自然环境。比如,不随意践踏和破坏人工草坪、不随意丢弃和乱扔体育器材、在观看大型体育赛事时不乱扔垃圾等物品。实际上,如果每个学生在体育学习中都能做到文明守纪,那么就能够对体育学习的自然环境产生最小的破坏。此外,学生还应该要做好对体育学习自然环境的主动保护与修复。比如,看到体育场地出现破损时,主动向体育老师或相关负责人汇报以做好修缮工作;看到体育器材在雨雪天气中被风吹雨淋时,主动将器材搬运到安全之处;在进行野外生存、拓展训练、攀岩运动、登山运动、岩降、山地自行车、山地爬涉赛、山地越野跑、丛林越野、丛林定向等户外运动时,不刻意破坏树木和花草等植被,将他人丢弃的垃圾主动回收;在观看体育赛事结束后,主动带走周围的垃圾等。学生只有保护好了体育学习的自然环境,才能获得更好的学习环境。

(二) 社会环境适应

1. 人际交往环境的适应

在体育学习与锻炼的过程中,学生除了要面对变化较小的自然环境之外,更要面对复杂多变的社会环境,这比自然环境的适应难度更大。在社会环境中,人与人之间的交往构成了最核心的表达方式,而交往的过程则是互动的过程。德国著名的社会学家齐美尔认为,社会并非一个实体,而是一个过程,一种具有意识的个体之间互动的过程,正是人与人之间的互动才构成了现实的社会。在这里,齐美尔强调的是人与人之间的互动以及在此基础上形成的社会关系。他认为,社会首先是社会化的个人的复合体,是社会性的人类物质,他构成了整个真实的历史;其次,社会也是各种关系形式的总和,正是由于这种力量便形成了第一种意义上的"社会"。① 当人们之间的交往达到足够的频率和密度,以至于人们能够相互影响并组成较为固定的群体时,社会便产生和存在了。② 在齐美尔的观点中,指明了人与人之间的交往对社会形成的关键作用。体育学习与锻炼也是如此,其核心在于运动中个体之间的交往过程,只不过这种交往既可能是语言的有声交往,也可能是纯粹肢体语言之间的无声交往,后者是由体育运动动作技术的"默会性"所决定的。③

比如,在篮球场上,个体如果要与队友合作共同完成本队比赛场上各个位置分配,就必须要提前做好沟通,同时还要对同伴的运动表现进行提醒和鼓励,形成良好的合作精神与意识。在健美操的编排与排练过程中,个体需要主动与其他队友交流编排思路与动作要求,为编排出优质的组合动作形成良好的编排与教学互动环境和氛围。再比如,为了获得比赛的胜利,个体需要与队友互相鼓舞、主动交流,以完成体育比赛。所有发生在运动场上的这些人与人之间的交往,既是顺利完成任务的前提,也是在运动过程中所产生的具体表现。因此,个体必须能够对体育运动中的这种无时不在的人际交往环境快速适应,并主动地与同伴进行交往,以提高社会环境的适应能力。

2. 遇到矛盾与冲突时的解决

体育学习以身体练习为主要手段,具有非常明显的实践性特征,而身体练习的实践性在很大程度上意味着身体的对抗与碰撞。因此,在体育活动或比赛中,因为身体发生的碰撞而导致的矛盾与冲突比比皆是。当然,除了身体本身导致的矛盾与冲突之外,还可能与裁判判罚不公、场地器材使用纠纷、球迷辱骂与喝倒彩等其他原因有关,矛盾和冲突既有可能发生在运动过程中,也有可能发生在运动过程的间隙,还有可能发生在运动场之外。按照德国社会学

---

① 贾春增. 外国社会学史(修订本)[M]. 北京:中国人民大学出版社,2000:85.
② 周建国. 人际交往、社会冲突、理性与社会发展——齐美尔社会发展理论述评[J]. 社会,2003(4):8—11.
③ 尹志华. 论核心素养下技战术运用与运动能力的关系[J]. 体育教学,2019(4):4—7.

家齐美尔的观点,矛盾与冲突本身也是一种人际交流形式,只是这种交流形式可能会产生负面影响。

由此可见,体育学习和锻炼中遇到矛盾和冲突不可避免,因此学生对社会环境适应的另外一种表现就是能够解决体育中的矛盾与冲突。首先,应该尽量避免矛盾和冲突的发生,在活动或比赛前做好充分的准备工作,将矛盾和冲突扼杀在摇篮之中。比如,能够在比赛前做好动作技术的准备练习,适应赛场的环境。尤其是在客场比赛的过程中,由于场地、器械不熟悉,如果不提前适应环境则很有可能在比赛过程中因此而出现失误,并与对手产生纠纷而导致矛盾与冲突的发生。在活动或比赛中,也要尽量避免出现矛盾和冲突。比如,在足球比赛中对抗积极但适度,不刻意做危及他人安全的伤害性碰撞,在对手或者队友尝试有一定难度和危险性动作时能够及时给予保护,与队友和对手共同营造一个竞争激烈但安全的赛场环境。在赛后同样也要避免因为比赛胜利沾沾自喜或比赛失利而满腹怨气导致的矛盾与冲突,尽量克制自己的情绪。其次,当矛盾和冲突已经出现时,学生应该要在应对变化和复杂矛盾与冲突时表现出随机应变的能力。除了要尽量克制自己的冲动之外,体育教师应该要引导学生掌握一些常见的矛盾与冲突化解方法,保证有理有据有节,绝不能煽风点火、火上浇油而导致矛盾更大。个体对体育活动中的矛盾与冲突的解决能力越强,说明其对体育社会环境的适应能力就越强。

3. 对合作与竞争关系的处理

对抗性是体育学习的魅力所在,对抗使得人的身体摆脱了被压制或是约束的状态,是对身体的解放。[①] 这就是为什么越是对抗激烈的运动越是吸引观众观看的原因,因为每个人都在内心渴望身体得到解放,但并不是每个人都有机会上场对抗,而通过观看对抗性运动的过程就是完成自我寄托的过程。实际上,激烈的对抗则又蕴含着大量的合作与竞争,如果个体要想在对抗中获胜,就必须要和同伴通力合作,同时又必须要和对手积极竞争。在运动过程中,攻守转换、不断轮回的竞争与合作发生在一瞬间,个体对于合作与竞争关系的处理,也是对社会环境适应的表现。德国社会学家齐美尔认为,在一个复杂和分化的社会或群体中,社会冲突与合作总是同时存在的,任何一个合作过程都同时伴随着与之相伴的冲突过程,而此处的冲突更多指的是竞争的意思。他甚至认为"冲突"和"合作"在社会交往的诸多形式中是两种最为值得注意的

---

① 李丽君.体育教育中身体美学的理论诠释[J].体育成人教育学刊,2018,34(6):23—26.

形式。由此可见,合作与竞争是相伴而生、相辅相成的关系。

要正确处理好合作与竞争的关系,一方面要树立正确对待胜负的意识,即不要将比赛的胜负看得过重,而是要将体育比赛的过程看作是锻炼身体、愉悦身心、锤炼自我的过程。在一场比赛中,胜利者只有一方,有人获胜就一定有人失败。在结果上输掉比赛的一方并不意味着完全都是失败的,在竞争过程中的收获与成长更值得珍惜。如果能够正确对待胜负,那么对合作与竞争的理解就不会狭隘。另一方面,在体育活动与比赛中也要在遵守规则的前提下主动积极地进行合作与竞争,因为这是体育运动本身的特性,失去了合作与竞争的体育就不再是真正意义上的体育,顶多只能算是肢体的活动而已。因此,个体在体育活动或比赛中要积极地与队友互相鼓舞、主动合作,同时也要在竞争的过程中给予对手应有的尊重,以表现出良好的合作行为和公平竞争的意识。

二、环境适应与健康行为的关系

1. 环境适应为健康行为养成奠定了基础

人类体育由一粒萌芽中的种子发展为星火燎原并点亮了全世界,其中的变化过程神秘而充满张力。从人类在地球环境上进化的那一刻开始,"自然体育"就始终伴随着人类的左右,自然环境赋予人类生命的能力最原始的就表现为运动。[①] 实际上,远古人类对环境的适应要求远比现代社会要求要高,在生产力低下的年代,他们只有适应环境才能保持生命的延续。在这其中,"善于奔跑"是一个非常重要的核心能力,奔跑能力在那个时代被看作是个体健康的重要方面。由此可见,人类延续并保持健康的基础就是适应环境,这是亘古不变的真理。无法适应环境的那些古人类,早已消失在历史的尘埃之中。当代的体育起源之一便是古人类为适应环境而产生的身体运动行为,因此对环境的适应也是当代体育运动开展的基础。对于不是以取得竞技成绩为目的的普通学生而言,参与体育运动更多是为了获得健康,从这个角度而言,只要适应了体育学习的环境,就为健康行为养成奠定了基础。

试想,在体育运动领域,如果学生不能够适应夏天的高温和冬天的寒冷,那么体育运动连发生的可能性都没有,更就不能存在健康效益的获得。在高

---

① 郭芳,张强,王贵成,孟令滨. 论体育文化与自然环境[J]. 体育文化导刊,2010(12):144—148.

海拔的西部高原上,如果学生不能够适应稀薄的氧气环境,他们不仅无法开展体育运动,甚至连生命都有可能面临着威胁,这是在低海拔地区生活的群体无法想象的场景。再比如,如果一个学生内向害羞、不愿意和他人交流合作,那么他也不太可能去参加团体性的体育运动项目,因为他很难融入其中。即使可以参加个体性的运动项目,但也仅仅只是停留在自我体验的阶段,也很难和他人分享运动的精神愉悦感和心理效益,更无法体会到我们生活在这个社会中时时刻刻面临的竞争、合作、冲突等各种环境适应过程中所产生的现象。环境适应的过程,实际上也是个体生活世界建构的过程,而生活世界的建构目的是为了更好更健康地在社会上生存下来。[①] 因此,可以说如果学生无法适应体育学习的环境,就谈不上体育运动实践的发生,也就在一定程度上缺失了健康行为的基础。

2. 环境适应是评判健康行为水平的指标

环境适应是评判学生的健康行为素养水平的指标之一,在《课程标准(2017年版)》的健康教育模块学业质量标准中,对环境适应进行了五级水平划分,以方便体育教师进行学习评价(见表7-7)。

表7-7　健康教育模块学业质量(环境适应)5级水平划分表

水平	质量描述
1	● 愿意与同伴在体育活动中进行交流与合作。 ● 知道如何适应自然环境的变化。
2	● 较好地处理人际关系,积极与他人交流合作。 ● 学会积极适应自然环境变化的方法。
3	● 具有一定的协作能力和团队精神,对于自然环境变化的适应能力较强。
4	● 具有较强的自制力、良好的团队意识和合作能力。
5	● 热爱生活、尊重生命、精力充沛、积极向上、乐观开朗,对于自然和社会环境的适应能力强。

由表7-7可知,如果要了解学生的环境适应水平,则可以根据学业质量的5级水平来进行判断。比如,在水平1中,在社会环境适应方面要求学生"愿意与同伴在体育活动中进行交流与合作",而在自然环境适应方面要求学

---

① 姚站军.生存美学意义建构与境界追求——立足生活实践的生存论哲学内在走向[J].深圳大学学报(人文社会科学版),2012,29(3):77—83.

生"知道如何适应自然环境的变化";在水平2中,在社会环境适应方面要求学生"较好地处理人际关系,积极与他人交流合作",而在自然环境适应方面要求学生"学会积极适应自然环境变化的方法";在水平3主要是要求学生"具有一定的协作能力和团队精神,对于自然环境变化的适应能力较强",水平4主要是要求学生"具有较强的自制力、良好的团队意识和合作能力",而水平5则是要求学生"热爱生活、尊重生命、精力充沛、积极向上、乐观开朗,对于自然和社会环境的适应能力强"。由此可见,随着水平的不断提升,对于学生在环境适应方面的要求也越来越高,水平1主要是要求学生具备环境适应的意愿,水平2则要求学生产生环境适应的行为和学会基本的方法,水平3和水平4则要求学生体现出不断提升的环境适应能力,水平5对学生环境适应能力的要求达到了较高的水平,要能够为良好生活质量的获得做出贡献。

由健康教育模块学业质量(环境适应)5级水平划分表可知,当我们从环境适应方面来评判健康行为素养时,5级水平的要求提供了很好的参照标准,学生至少要达到水平2的要求,即至少要表现出环境适应的行为和掌握一些方法。因此,教师在开展健康行为核心素养测评时,应该要采用观察、自我报告、行为测量等多种方法和工具,依据学业质量的5级水平,精准地测量学生的环境适应水平。

3. 应注意自然环境适应和社会环境适应在健康行为形成中的均衡发展

如前所述,学生如果在体育学习和锻炼中不能够适应环境,那么其体育学习行为则不能够很好地发生,甚至有可能会中途而废。正如个体在社会中的适应一样,很多人进入到新的学习或工作环境中,因为无法很好地适应和融入环境,而导致自我与他人冲突的发生,使得人际关系紧张,最后甚至无法继续在该环境中继续下去。因此,加强学生环境适应能力的培养是体育学习的重要任务,但目前我们更多关注的是体育学习所面临的自然环境,在一定程度上忽视了体育学习的社会环境,即越来越重视体育场地、器材等硬件条件的建设,而没有对学生在体育学习中的人际交往、关系处理等引起足够重视。尤其是当代学生以自我为中心的倾向严重,在交往频繁的体育运动中强调自我需求的满足,而忽视与他人的配合等。这些情况很可能会导致自然环境适应和社会环境适应在健康行为形成中的非均衡发展,这是所有体育教育工作者需要引起重视的问题。

基于此,体育教师在引导学生适应自然环境的同时,更要积极引导学生适应社会环境。一方面,要积极提高学生在体育运动中的人际交往技能,营造良好的人际心理环境。人际心理环境是指学校体育中的人际关系状况,它是由学校内部的各种人际关系构成的一种特殊的社会环境。建立良好的人际关系是创建学校体育社会心理环境的重要前提,同时也是体育教学成功的关键。体育运动中最主要的人际关系包括:教师与学生的关系、学生与学生之间的关系等,它们可以通过影响人的情绪、认知和行为,从而影响教学效果和课外活动。[①] 学生过去的家庭背景、自身认识水平、情感兴趣等因素都会对其人际关系处理产生影响,体育教师要因势利导,做好引导工作。另一方面,就是要注重培养学生对他人的关心意识和尊重意识,尤其是在遇到矛盾与冲突时,要培养学生的自我克制能力以及对问题的解决能力,这是新一轮课程改革尤其强调的。通过提升学生体育学习的社会环境适应能力,再加上对自然环境的适应能力,二者相辅相成,均衡发展,从而共同为健康行为的养成发挥作用。

---

① 张在宁,王霞.培养学生体育社会心理环境适应能力的研究[J].北京体育大学学报,2007,30(5):623—625.

第八章
体育品德核心素养的内涵阐释

体育品德是《课程标准(2017年版)》中提出的三个方面的学科核心素养之一,其含义是指在体育运动中应当遵循的行为规范以及形成的价值追求和精神风貌,对维护社会规范、树立良好的社会风尚具有积极作用。[①] 与运动能力和健康行为相比较而言,体育品德更多体现为一种无形但却存在的状态。体育品德包括体育精神、体育道德和体育品格三个方面。

第一节 体育精神的内涵阐释

体育精神作为体育品德核心素养的表现之一,可以说无处不在,比如自20世纪80年代开始且长盛不衰的"女排精神",激励了一代又一代的中国人,不仅是体育领域应该学习的体育精神,也是各行各业人们信仰的时代精神。[②] 在《课程标准(2017年版)》实施背景下,正确认识体育精神的内涵,了解核心素养背景下对体育精神的要求,对于广大体育教师引导学生形成体育精神并大力提升学生的体育品德核心素养非常关键。基于此,本节将主要对核心素养背景下的体育精神的内涵和体育品德的关系进行分析。

---

① 中华人民共和国教育部制定. 普通高中体育与健康课程标准(2017年版)[M]. 北京:人民教育出版社,2018:6.
② 李佳宝. 竞技体育与民族国家的共建:"女排精神"产生和传播的历史[J]. 体育成人教育学刊,2018,34(3):44—48.

一、体育精神的内涵

(一) 对体育精神的认识

1. 对体育精神定义的理解

体育精神这一固定概念的核心在于精神,限定范围在于体育。也就是说,体育所限定的范围将"体育精神"区别于其他类型的精神。因此,对于"精神"一词的理解至关重要。黄莉是国内较早研究体育精神的学者,她首先系统地对"精神"的定义进行了梳理。[①] 如马克思主义哲学认为,所谓精神是指"同物质相对立、和意识相一致的哲学范畴,是人的意识、思维活动和一般心理状态的总称"[②];《辞海》解释,"精神"是"哲学名词,指人的意识、思维活动和一般心理状态。宗教信仰者和唯心主义者所讲的精神,是对意识的神化。唯物主义者常把精神当作和意识同一意义的概念来使用,认为它是物质的最高产物"[③];张岱年先生指出:"何谓精神?精神本是对形体而言,文化的基本精神应该是对文化的具体表现而言。就字源来讲,'精'是细微之义,'神'是能动的作用之义。"[④]在总结这些对"精神"的典型定义的基础上,黄莉指出"精神"就是指文化的精粹和精髓,属文化的核心层。由此可见,"精神"既涵盖了作为意识和思维活动的心理状态,也囊括了作为人的一种外在表现。

关于体育精神的定义,目前尚未达成一致,不同学者对体育精神的定义及其构成要素有不同的观点。总结而言,对体育精神的理解有宏观和中观两个层次。在宏观层次,主要是从"人的角度"出发,认为体育精神是人的精神或人类精神,如费孝通、李力研和黄莉等人的观点。在中观层次,认为体育精神是一种文化的意识形态,如张立顺认为体育精神是体育活动的最高级产物,属于体育文化意识形态范畴。其他一些学者如王增鑫、周永奇和刘艺芳等人虽然未对体育精神进行明确定义,但从其对体育精神所包含的要素来看,也属于中观层次。不同学者对体育精神的理解见表8-1。

---

① 黄莉.中华体育精神研究[D].北京:北京体育大学,2006.
② 李淮春.马克思主义哲学全书[M].北京:中国人民大学出版社,1996.
③ 辞海编辑委员会.辞海[M].上海:上海辞书出版社,1988.
④ 张岱年.中国文化的基本精神[A].张岱年哲学文选(上)[M].北京:中国广播出版社,1999.

表8-1 不同学者对体育精神的理解

序号	学者名称	具体释义
1	费孝通	体育精神就是人类精神,就是公平竞争、运动家风度、团队精神。①
2	胡小明	体育精神包括竞争意识、规则意识、协同意识。②
3	李力研	体育精神就是人的精神。③
4	黄 莉	体育精神是人类优秀品格和崇高理想的生动映现。体育精神主要由人本精神、英雄主义精神、公平竞争精神、团队精神4大要素构成。④
5	王增鑫	通过不同时期的思想意识形态对西方体育的推动作用的梳理和比较,总结出最主要的5种体育精神:自由和平等精神、公平竞争精神、追求卓越精神、运动家精神、契约精神,并分析了5种体育精神的思想来源。⑤
6	张立顺	体育精神是体育活动的最高级产物,属于体育文化意识形态范畴。体育精神通过体育运动而形成,汇集了人类力量、智慧和拼搏进取心理的积极意识总和。体育精神的影响力早已超越体育领域,成为人类精神和道德文明建设中最高层次的组成部分,影响着人类个人层面、社会层面和国家层面。⑥
7	周永奇	体育精神包括为国争光、无私奉献、科学求实、遵纪守法、团结协作、顽强拼搏。⑦
8	刘艺芳	体育精神包括人本主义精神、公平竞争精神、英雄主义精神、团队协作精神、拼搏进取精神、开拓创新精神等。⑧

恩格斯认为,"每一个时代的理论思维,连同我们时代的理论思维,都是一种历史的产物,它在不同的时代具有完全不同的形式,同时具有完全不同的内容"⑨。这就是说,在时代环境不断变化背景下,对体育精神的理解应该要注入

---

① 费孝通.美国与美国人[M].北京:三联书店,1984.
② 胡小明.体育精神与改革开放[J].华南师范大学学报,2002,9(3):109—113.
③ 李力研.奥林匹克精神与体育文化:一种东西方文化比较的哲学文化学视角[J].天津体育学院学报,2002,17(2):14—18.
④ 黄莉.体育精神的文化内涵与价值建构[J].体育科学,2007,27(6):88—96.
⑤ 王增鑫,于涛.西方五种主流体育精神探析[J].体育学刊,2011,18(1):42—45.
⑥ 张立顺.体育精神与社会主义核心价值观培育路径的探索[J].山东体育学院学报,2016,32(3):59—62.
⑦ 周永奇.中华体育精神与社会主义核心价值观认同[J].思想教育研究,2016(4):57—60.
⑧ 刘艺芳,张志刚.论中国体育精神涵养中国精神[J].体育文化导刊,2018(3):8—12.
⑨ 夏立平,云新雷."上海精神"新内涵与构建人类命运共同体[J].上海交通大学学报(哲学社会科学版),2019,27(4):26—35.

新的内涵。表8-1中不同学者对体育精神的理解,都带有特定时代的鲜明烙印。基于此,我们认为体育精神是一种体现时代需求的,具有内在思维意识形态和外在表现相结合特征的高级产物。

2. 体育精神的特性

一是体育精神的历史性。体育是一项跨越种族和国别的活动,虽然世界各国各民族有其独特的民族传统体育,但体育运动本身所体现的身体练习本质并无差别。虽然体育一词的出现时间并不太长,但在几千年的人类发展历史中,蕴含体育本质的各种活动无处不在,如中国古代的蹴鞠、斯巴达人的角力等,其中所体现出的挑战自我、勇敢拼搏等精神是相通的。这些体育精神不仅在当时激励着人们奋勇向前,而且还一直流传到现在,这种稳定性恰好说明了体育精神所具有的历史价值。

二是体育精神的时代性。时代在发展,社会需求正在不断改变,对体育精神的认识也在发生变化。体育就像一面镜子一样,随着时代的发展而折射出中华民族的精神气节。从近百年前"一个人的奥运"到改革开放初期"学习女排,振兴中华",再到里约奥运会"用尽洪荒之力",一代代体育健儿在赛场上奋勇争先,向世界证明了"中国人能行"。由此所反映出来的自强不息的中华体育精神,体现出了随着时代发展而从追赶到平齐到领先的民族精神。只有坚守体育精神的时代性,才能确保我国体育运动的发展取得新成绩和新作为,始终走在时代前列。

三是体育精神的传承性。习近平总书记多次强调,要加强对中华优秀传统文化的传承,具体到体育领域,实际上很大部分是对优秀体育精神的传承。为国争光、奋勇争先等带有鲜明中国特色的体育精神,需要全社会一代代传承下去,不断激励下一代。实际上,体育精神的传承性体现在两个方面,一是对优秀体育精神的完全传承,即每一代都要充分发挥传带作用,保证体育精神的延续性;二是对不适应当前时代需求的体育精神的适应性改造,从而使其更好地契合现代社会需求,这也是对体育精神的传承。

四是体育精神的结合性。如前所述,大部分学者将体育精神理解为一种意识、思维层面的心理状态,确实如此,体育精神更多是一种看不见摸不着的内在体验。但是,如果我们不能将这种内在体验转化为外在表现,则很难发挥体育精神的作用。比如,个体虽然内心对自己在体育运动中的能力非常自信,但外表看上去"不动声色",那么这种所谓的体育精神除了在一定程度上能够激励自身之外,对同伴或者他人很难产生感染和影响作用。因此,体育精神不仅要体现内在的"心潮澎湃",也要在外表上呈现出积极进取的"精气神",因此具有内在心理和外在表现的结合性。

(二) 体育精神的构成

虽然不同学者认为体育精神的构成并不一样,但《课程标准(2017年版)》结合中小学生的特点,明确提出体育精神包括自尊自信、勇敢顽强、积极进取、超越自我等方面。但需要指出的是,这并非说体育精神只包含这几个方面,而是说对于中小学生尤其是高中生而言,这几个方面的体育精神更加关键。

1. 自尊自信

自尊是一种对自己人格的重视和肯定的情感,而自信是一个人相信自己的能力的心理状态,即相信自己有能力实现自己既定目标的心理倾向。自尊自信是相对于自卑自责、犹疑彷徨、焦虑迷茫、信心不足等问题而言的。在体育学习中,自尊自信主要表现在几个方面:一是自觉维护自己的尊严,不向他人卑躬屈膝,也不允许别人对自己产生歧视和侮辱。比如,当自己在输掉体育比赛而遭到他人的耻笑时,应积极分析失利的原因,绝不向他人认输,即使在运动技术方面不如他人,但在其他"精气神"方面不能示弱,从而维护自己的尊严,赢得他人的尊重。因为一项体育比赛的胜负,运动技术的高低仅仅只是其中一项影响因素,还与战术运用、心理状态、临场应变等其他因素密切相关;二是要在正确认识自己的基础上,对自己的运动实力予以正确的估计和积极肯定,不轻视自己,不消极对待比赛或运动,即使只有一线希望也要充满信心。在体育学习中,既要能够在被动遭遇困难时积极面对,也要在预想到困难时主动迎战。比如,在防身术运动的比赛中,临场时自信豁达,击打时的动作干净利落,表现出良好的精气神和强烈的争胜意识。应避免表现出怯场的精神状态,能够表现出勇猛顽强的精神气势,并且始终用良好的心态支撑自己的行为。

2. 勇敢顽强

勇敢顽强要以坚强的意志品质为支撑,是意志力的一种外在表现,指个体为了完成某项任务或者达成预定目的,在遭遇各种困难、危险和阻碍时仍然能够按照原定计划毫不迟疑地采取行动,信心十足地去严格执行原来的方案。当前我国学生的整体意志力较差,尤其是作为独生子女的一代,从小习惯被宠爱,在遇到困难时有他人帮助或者有退路,因此在体育学习中遇到身体、心理等方面的困难时,很容易产生退缩行为。在体育学习中,勇敢顽强应该体现在几个方面:一是要敢拼敢打,不畏强手。在开展体育运动时,部分学生在遇到身材高大威猛的对手时,首先就感觉自己技不如人,产生惧怕恐慌心理,从而在进攻、对抗时不敢直面对手,这不仅会影响本队的士气,同时也是在间接地帮助对手。例如,在篮球比赛中,面对激烈对抗或者紧张的比赛形势应做到不胆怯,奋勇拼搏、不轻言放弃。二是要坚持到底、顽强拼搏、绝不后退。在体育学习或比赛中,经常会遭遇这样的场景,即对手获胜已成定局,部分队员觉得此时继续坚持是浪费精力,因此本方很容易出现泄气而一败涂地的情况。面对这种情况,应该要顽强地抗争到底,即使最后比赛输了,但拼搏到底的精神不能丢,这是一支球队的灵魂,此时虽败犹荣。比如,在健身健美操运动比赛中,当前面出场的对手表现非常出色时,此时绝不能放弃,而应该要能够自我激励完成更高难度的成套动作,以积极的精神风貌坚持到底。

3. 积极进取

如果说勇敢顽强更多指的是遭遇困难时的坚持,那么积极进取则是一种主动向前的精神。在现代社会,人与人之间的差别主要不在于智力高低,而在于勤奋程度,这里所言的勤奋其实主要指的是积极进取的精神。不思进取、得过且过,做一天和尚撞一天钟的状态很难取得成功。在体育学习中,积极进取体现在两个方面:一是要有良好的心态。曾经有这样一个故事:古代有两名学子准备参加科举考试,在途中发现有人家出殡。其中一人想的是"真倒霉,碰上这种晦气的事,今年的科举考试一定没戏了",而另一人则想的是"棺材棺材,有官有财,今年考试必中无疑"。科举考试结果出来之后,这两人的考试结果果然如自己所料,前者名落孙山,后者金榜题名。因此两人都觉得自己的预料很准确。实际上,这个故事的背后体现了心态的重要性,前者被消极心态所暗示,而后者被积极的心态所引导,因此二者的行为也会发生相应改变,前者可能消极应对,而后者则积极进取。二是要有积极主动的进取行为。意识决定行为,但只有真正的产生实践行动才能获得好的结果。因此,在体育学习中无论面对什么情况,都应该要主动进取,积极实践,唯有如此才能取得进步。比如,在蛙泳运动中,因为水环境的特殊性容易发生安全事故,因此应该积极主动地表现出科学救护同伴的体育精神,善于分析问题和解决问题,这样就能实现蛙泳运动能力的积极提升。

4. 超越自我

人生最大的敌人就是自己,因此人生就是不断超越的过程,体育学习的过程同样如此。记者在一次采访 NBA 著名球星科比时,询问他为何如此强大,科比笑着给出的反问是"你见过凌晨 4 点的洛杉矶吗?"从运动能力的角度来讲,科比在篮球项目上的能力已达到顶峰,但他却在一次次地超越自我,从而保持好的状态而战胜他人,这种精神让无数人心生敬佩。在中小学体育学习中,很多学生容易产生一种认知偏差,即觉得自己以后并不会从事体育工作,体育成绩只要及格即可,不愿意在满足基本要求的基础上实现超越。实际上,他们在体育运动中所养成的这种超越自我的精神,同样也会迁移到他们的生活、工作和学习之中;反过来,在体育运动中所养成的不思进取的心态,也会对他们的生活、工作和学习产生负迁移的影响。因此,不断给自己树立更高的目标,超越自己的身体、心理极限,跑得更快、跳得更高、投得更远,是青少年学生参与体育学习的基本要求。比如,在枯燥的跑步运动中,一次次冲击更快的速度和更短的时间,激励自己完成更高难度的目标,表现出更加顽强的意志品质。

(三)体育精神的作用

首先,体育精神具有导向作用。无论是国家的发展,还是社会和个体的发展,价值观都起到非常重要的引导作用。就中华民族而言,刻苦勤奋、努力进取的价值观使得当代中国的发展取得了举世瞩目的成就,而世界上其他一些落后国家之所以发展迟滞,与整体偏向于享乐和不思进取的价值观有着紧密的关系。体育精神也是一种价值观,也具有正面的导向作用,但需要体育教师等体育工作者予以发挥。比如,借助体育精神中的爱国主义价值观和利益观,引导民众摆正价值观念、端正学习态度。针对个人而言,体育精神能塑造个人完整、独立、健康的人格;针对社会而言,体育精神起到整合动作、指引规范、确立目标的作用;针对国家而言,体育精神可以引导和整合社会。[1] 因此,如果要发挥体育精神的导向作用,就应该要引导学生在积极参与体育学习和锻炼的过程中,塑造正确的价值观,形成正确的体育认同,引导他们向着积极、正能量的方向发展。

其次,体育精神具有激励作用。在中国体育发展历史上,凡是在国内外取得好成绩的运动项目,比如乒乓球、排球等,其所体现出来的体育精神时时刻

---

[1] 张立顺.体育精神与社会主义核心价值观培育路径的探索[J].山东体育学院学报,2016,32(3):59—62.

刻都在激励着年轻的队员和广大普通民众。比如,20世纪80年代,国门初开,国人感慨外部世界的飞速发展,意识到理想与现实之间的差距,而国境之外的诸人也对这个国度充满着好奇,中国人也面临着诸多困难。而当时恰逢中国女排取得五连冠,可以说中国姑娘用自己的球技和精气神撕下了长久以来贴在中国人身上的落后与屈辱的标签,这种作为"国家英雄"而展示的"女排精神"的强大影响力之源①,对广大国人产生了极大地激励作用。即使是在几十个人的班级中,如果本班队员在篮球比赛中艰难地获得胜利,那种勇敢拼搏的精神也会久久回荡在班上每一个同学的心中,这就是体育精神所产生的巨大激励作用。

最后,体育精神具有调节作用。调节作用主要体现在向善、规约和整合三个方面。关于体育精神的向善功能,是指通过在学生中弘扬体育的积极进取、顽强拼搏等正能量,从而创设良好的精神风貌,改变学生萎靡不振、退缩不前的负面状态,引导整个班级向好向善的方向发展。关于体育精神的规约功能,是指体育精神的这些正能量能够在一定程度对自暴自弃、敷衍塞责、听天由命等负能量产生制约作用,从而减少这些负能量所产生的负面作用和对班集体建设的不确定性。所谓体育精神的整合功能,是指通过观看体育比赛或参与体育运动,能够将零散、不同的精神动力进行整合和协调统一,从分化走向融合,形成合力,从而最大限度激发群体的凝聚力,产生强大的精神动力。

二、体育精神与体育品德的关系

1. 体育精神为体育品德养成提供了强大的牵引动力

在我们的生活中,存在着太多这样的案例,即某人靠着顽强的精神支柱完成了在常人看来不可完成的任务,这充分说明精神需求对于个体生存和发展的重要性。比如,一些有身体病痛或残疾的个体,靠着坚强的意志品质,竟然顽强地生存下来,甚至具有较高的生活质量。而一些即使肢体健全但精神虚无的个体,却感到萎靡不振,生活陷入一团糟,感到生活无趣甚至对生命产生了影响。之所以出现这种情况,这是因为人是身心智力的整体,精神生活是人

---

① 李佳宝.竞技体育与民族国家的共建:"女排精神"产生和传播的历史[J].体育成人教育学刊,2018,34(3):44—48.

区别于其他生物的重要标志。由此可见,一个人的精神境界将对其生活状态产生很大影响。著名哲学家杨国荣教授指出,在同样的社会境遇中,具有不同精神境界的个体,往往会形成不同的心态。当外部环境不尽如人意时,一些人可能会产生消沉、不满的心态,另一些人则可能进一步坚定改良社会的信念,形成积极乐观的心态。心态的以上差异,关乎精神境界的高下。与之相联系,如何通过个人的自我涵养、自我修养不断提升自身的精神世界非常关键。① 而体育精神,作为个体赖以提高精神境界的重要手段,其作用是毋庸置疑的。

如前所述,在三个方面的学科核心素养中,体育品德是指向价值、规范和社会风尚的素养,即更偏向于体育在精神层面对人的塑造的结果。在体育品德中,与注重伦理规则的体育道德和注重品性的体育品格相比,体育精神的价值凸显无疑。学生通过参与体育学习和锻炼,不仅是满足学校对体育与健康课程设置的硬性规定,更是在精神层面满足了他们在社会发展过程中自我的觉醒。体育是面向人的发展的活动,体育精神对人的浸润具体表现在能够帮助个体形成或加深对完整生命的认知,对人世间的美善与丑恶,还有竞争和合作等方面的认知,从而进一步拓展了人的精神世界,甚至改变了人的心态和境遇。因此,从这个角度来讲,个体如果具备了良好的体育精神,可能在某种程度上就具备了良好的生活世界和精神支柱,这不仅是彰显了体育的魅力,更会对个体体育品德的形成产生强大的牵引动力。也就是说,体育精神在体育品德的养成中起着先导性的牵引作用,如果体育精神缺乏了,则体育品德的养成就失去了动力。因此,体育教师首先应该要重视学生体育精神的培养和塑造,让学生具备丰富的、正能量的精神世界,从而让学生在体育精神的浸润中不断成长,为良好体育品德的形成奠定坚实的动力基础。

2. 体育精神是评判体育品德水平的指标

体育品德由体育精神、体育道德和体育品格三个方面构成,如果要评判学生的体育品德素养水平,那么则需要从3个表现进行评价。体育精神是评判体育品德水平的指标之一,《课程标准(2017年版)》在体育与健康学科核心素养水平划分中将体育精神划分成了五级水平,以方便体育教师进行学习评价(见表8-2)。

---

① 杨国荣.作为精神取向的心态[N].光明日报,2016-6-22(第014版).

表 8-2 体育品德(体育精神)核心素养 5 级水平划分表

水平	学科素养表现
1	• 在体育运动中能够面对困难、不怕困难。
2	• 在体育运动中敢于面对困难、克服困难,具有积极进取的意志品质。
3	• 在体育运动中积极克服内外困难,具有抗挫折能力,表现出勇敢顽强的精神。
4	• 在体育运动中具有迎难而上、挑战自我、顽强拼搏的精神,胜不骄、败不馁。
5	• 在体育运动中表现出主动迎接挑战、战胜困难、坚韧不拔、追求卓越的精神。

由表 8-2 可知,如果要了解学生的体育精神水平,则可以根据学科核心素养的 5 级水平来进行判断。比如,水平 1 主要是要求学生"在体育运动中能够面对困难、不怕困难",水平 2 主要是要求学生"在体育运动中敢于面对困难、克服困难,具有积极进取的意志品质",水平 3 主要是要求学生"在体育运动中积极克服内外困难,具有抗挫折能力,表现出勇敢顽强的精神",水平 4 主要是要求学生"在体育运动中具有迎难而上、挑战自我、顽强拼搏的精神,胜不骄、败不馁",而水平 5 则是要求学生"在体育运动中表现出主动迎接挑战、战胜困难、坚韧不拔、追求卓越的精神"。由此可见,从水平 1 到水平 5,对于体育精神的要求螺旋式提升,但不同水平的要求明显不一样。水平 1 只要求学生能够面对困难,不对困难感到害怕,具备一定的心理品质;水平 2 则要求能够敢于面对和克服困难;水平 3 则要求不仅要积极克服困难,还要能够抗挫折,勇敢顽强;水平 4 和水平 5 则提出了很高的要求,希望学生能够积极主动地迎战困难,在正确面对胜负中成为卓越之人。上述水平划分,为师生通过体育精神的角度来评判学生的体育品德水平提供了参照标准。

但需要指出的是,体育精神不像体能和运动技战术那样外显,因此在通过体育精神来评价体育品德核心素养时,应该要通过创设复杂的情境而让学生表现出体育精神。比如,在跳远运动中,可通过团体跳远挑战赛的形式,从自信心和意志品质两个方面评价学生的体育精神,并给予不同表现水平相应的分值。如在跳远自信心方面,对于"表现欲强,竞技状态好,对自己的每次试跳充满信心,沉着冷静,对自己存在的问题,不断改进"的学生记 5 分,对于"表现从容,动作自然,能够根据自己存在的问题,如踏板不准,进行改正"的学生记 3 分,对于"犹豫不决,行为拘谨,动作易出现失误"的学生记 1 分。通过赋予相应的分值,从而将体育精神进行量化,以减少体育品德核心素养评判的模糊性,进一步提高其科学性和精确性。

第二节 体育道德的内涵阐释

体育道德作为《课程标准(2017年版)》中提出的体育品德核心素养的表现之一,凸显了对学生经过体育与健康课程学习之后应该形成行为准则与规范的关注。中国作为传统的儒家社会,几千年来浸润在道德的规制之中,可以说恪守道德是中国文化的深层内核,是区别于西方文化的典型特征之一。人类生活在社会网络之中,很多行为需要法律来约束,但更需要道德的约束,因为法律很难成为人的生活组成部分,而道德却可以深度融入个体的生活。体育作为人类生活的组成部分,不仅需要道德的指引,更基于本身的特点形成了不同于其他活动的独特道德特性。基于此,在国内外重大体育比赛中,不仅要根据比赛胜负评出各类奖项,同时还会评出"体育道德风尚奖",这足以说明了体育道德的重要性。学生体育道德的形成需要培养,因此在《课程标准(2017年版)》实施背景下,正确认识体育道德的内涵,了解核心素养背景下对体育道德的要求,对于广大体育教师引导学生形成体育道德并大力提升学生的体育品德核心素养非常关键。基于此,本节将主要对核心素养背景下体育道德的内涵及其与体育品德的关系进行分析。

一、体育道德的内涵

(一)对体育道德的认识

1. 对体育道德定义的理解

道德在中国具有悠久的历史,"以德服人"是一个在中国文化语境中屡次出现的词语。从古至今,各朝各代被人敬重者,最起码在道德上是很少有瑕疵之人。古代之所以如此重视道德的社会功能,是因为道德的确对维系稳定的社会形态起着关键作用。因此,在中国历史上形成了一系列的传统美德,比如"忠孝、仁义、礼智、公平、诚信"等传统道德观,这就是中华民族在长期的历史进程中对人们应该形成的道德所作出的思考与总结,并且一直在践行之中。因此,道德的确存在于我们身边,但到底什么是道德呢?如果提及道德,我们总会将之与伦理学联系起来。确实如此,道德是伦理学中的一个重要问题,且在伦理学中有着较大的争议,一些著名哲学家或伦理学家纷纷给出了自己的定义。比如,罗国杰认为道德既是一种行为规范,也是一种意识形态;[①]唐凯麟认为道德是一种社会调节方式,是一种价值观念,也是人和社会的特殊价值形态;[②]杨国荣认为道德是人的存在方式;[③]宋希仁则认为道德是一种精神,是社会的、个人的意识和观念形式。[④] 由此可见,道德的定义在伦理学界并未形成一致的共识。对此,吴瑾菁对道德的定义进行了全面梳理,提出道德"是人们头脑中关于人与人、人与社会、人与自然之间关系的思想观念,是调节人们行为的特殊行为规范的总和,是人们思想品质中的一项特殊内容"[⑤]。应该说,这一论述综合了各方的观点,比较全面地总结和阐述了道德的定义。

体育作为人类的重要活动方式,同样存在着体育道德问题。大家对体育道德的定义认识基本比较一致。比如,贾文彤等认为"体育道德是指体育工作者以及一切体育活动爱好者,在从事体育竞赛和参与体育活动时所应遵循的行为规范和准则,属于职业道德范畴"[⑥];曾玲华认为"体育道德是体育运动中各种社会角色行为规范的总和"[⑦];张玉超认为"体育道德作为一种行业道德,是指在体育活动中,从业人员需要共同遵守的行为规范以及调整和制约人们相互关系的行为准则。它是整个道德体系中不可或缺的有机组成部分,在塑造人的理想、规范人的行为、强化人的内心信念、形成健康的生活方式上起不可替代的作用"[⑧];于英认为"体育道德是一种职业道德,是体育从业人员和体育团体组织在体育活动中需要共同遵循的行为规范以及调整和制约人们相互关系的行为准则"[⑨]。由部分体育学者对体育道德的界定可知,均认为体育道德指向行为规范和行为准则。可见与对道德定义的认识不一致相比,体育工

---

① 罗国杰.伦理学[M].北京:人民出版社,1989:7.
② 唐凯麟.伦理学[M].北京:高等教育出版社,2001:38.
③ 杨国荣.伦理与存在——道德哲学研究[M].上海:上海人民出版社,2002:11.
④ 宋希仁.伦理与人生[M].北京:教育科学出版社,2000:12.
⑤ 吴瑾菁.论"道德"——道德概念与定义思路[J].江西师范大学学报(哲学社会科学版),2011,44(1):36—42.
⑥ 贾文彤,黄志辉,洪亮.体育道德建设若干问题研究[J].山东体育学院学报,2006,22(3):4—6.
⑦ 曾玲华.体育道德失范与人文奥运的冲突及其对策[J].北京体育大学学报,2007,30(8):1019—1021.
⑧ 张玉超,栗丽,王朝军.我国体育道德失范成因及预防对策研究[J].体育文化导刊,2007(6):52—54.
⑨ 于英,戴红磊.体育道德失范的表现及伦理救援[J].体育学刊,2013,20(3):33—36.

作者对体育道德的定义相对比较统一,这为在体育领域形成良好的道德奠定了基础。基于此,我们认为体育道德是基于思想观念的行为规范和制约关系的行为准则。

2. 体育道德的特性

一是体育道德的存在性。人类社会之所以能够在整体上实现和谐发展,是因为人存在的方式为人类发展提供了某种担保。从这个角度来讲,道德就是人存在的一种方式,这一点在体育领域非常明显。无论是受到全球关注的奥林匹克运动会,还是体育课堂教学中班级小组间的体育比赛,顺利开展的前提就是公平公正。也就是说,当公平公正在体育中缺失时,即使可以进行比赛,这也并不是大家真正所承认和认可的体育比赛,这样的比赛结果会被观众嗤之以鼻。因此,体育道德的存在性是真正意义上的体育开展的基础。虽然随着现代社会的商业化、职业化等趋势加剧,在体育比赛中存在着大量的"赌球、假摔、冒名顶替、金钱交易、贿赂裁判"等现象,但我们需要意识到这些现象并不正常,正好说明了当代社会还没有完全达到道德要求,所以存在这种现象的体育不是真正意义上的体育。因此,体育道德是体育之所以存在的基本方式。

二是体育道德的社会性。马克思主义伦理学认为,道德是一种现象,是指人类现实生活中由经济关系所决定,用善恶标准去评价,依靠社会舆论、内心信念和传统习惯来维持的一类社会现象。[①] 体育活动与比赛中的现象非常之多,在这些现象中到处可以看到道德的成分。比如,在班级足球对抗赛中,一个小组为了战胜另外一个小组,便怂恿几个关系要好的同学在对方拿球时通过各种带有刺激和侮辱性的话语来刺激对方,使其产生压力而导致分神丢球,最终本方趁机进球。这种现象可以说是一种战术,但这种战术渗透了不道德成分在其中,而对外表现出一种社会现象。此时,体育教师或裁判员通过批评与纠正的方式向同学们展示应该如何才是合适的,那么此时对外所展示出来的体育道德即是另外一种社会现象。

三是体育道德的目的性。在体育学习和比赛中,之所以我们始终要向学生强调遵守规则、诚信自律、公平正义等的重要性,是因为我们期望通过这些具有正面导向作用的话语能够更好地引导尚处于价值观逐渐成熟中的学生个体,希望能够对他们产生启发和引导,让他们具备合乎我们期望和目的的行为

---

① 罗国杰. 伦理学[M]. 北京:人民出版社,1989:7.

规范。因此，体育道德具有目的性，这种目的性是一种向善、变好的美好愿望。在教师心中，都希望学生能够在体育学习中表现出友善、公正与诚实的品质，而不希望学生表现出罪恶、偏私与虚伪的品质，这就充分说明了体育道德的目的性。

四是体育道德的个体性。虽然前述的道德更多是一种公共的和共性的准则，但这并不意味着道德没有个性。相反，在体育领域中，体育道德个体性体现得非常明显，这种个体性带有浓厚的"个体的理解和行为"的烙印，或者也可以说是个体在体育中所体现出来的一种德性与品性。以遵守规则为例，有些人对遵守规则的理解和外显行为体现为严格按照"白纸黑字"的规则进行体育活动，但有些人的理解则是"只要不破坏规则"即可。这两种方式看似差不多，但实则不一样，前者似乎显得呆板，而后者又似乎存在着在体育活动中"钻空子"的嫌疑。我们经常说张三在体育比赛中品德不好，而李四在体育比赛中品德很好，虽然这种评判有一定的公共标准，但一定也是基于主体的个人理解而做出的评判，这在背后就凸显了另外一种意义上的体育道德的个体性。

（二）体育道德的构成

关于体育道德构成，不同学者的观点有所差异，比如有人认为包含体育一般道德、体育次道德和体育元道德，有人认为包含社会体育公德和体育职业道德。更多人则将体育道德的范畴无限扩大，将一些属于体育精神范畴的表现也纳入了体育道德之中。虽然对体育道德构成的认识有所差别，但《课程标准（2017年版）》结合中小学生的特点，明确提出体育道德包括遵守规则、诚信自律、公平正义等方面。当然，这样并非是指体育道德只包含这几个方面，而是认为这几个方面在学生的体育学习与锻炼中具有较为核心的地位。实际上，如果在竞技体育比赛中，可能体育道德的构成范畴又会有所区别。

1. 遵守规则

"无规矩不成方圆"，这句话被我们每个人所熟知，充分说明了遵守规则在社会秩序构建中的重要性。遵守规则是社会运行的前提，大到国家小到家庭均是如此。比如，在美国长盛不衰的洛克菲勒家族就拥有自己的家族规则，即要求每个个体在18岁时必须要实现经济独立，不能依靠自己以外的人。所以，在历史上就出现了这样的描述，"在美国纽约繁忙的曼哈顿巷口上，一个光着膀子，皮肤黝黑的青年人在搬运集装箱，他是哈里，其祖父是洛克菲勒集团的董事长，父亲是曼哈顿公司总经理，但哈里并没有因为祖父和父亲身居高位而懒惰,他们同样在遵循家规"。如果不是如此坚持规则,恐怕洛克菲勒家族也不会如此兴盛。在体育学习中,如前所述,运动规则作为体育道德的一种,是一种基本的体育存在方式,缺失了规则就不会有真正意义上的体育存在。

在《课程标准(2017年版)》中,任何一个运动技能模块的内容要求都非常强调学生对比赛规则的学习和掌握。以踢足球为例,如果我们把足球踢进球门作为比赛的终极目标,那么实际上达到这个目标的路径是有很多条的。但是,在一个相对公平的范围内,只允许参与者遵守共同的统一规则,否则规则不一样就将陷入混乱。因此,对于学生而言,在体育学习中遵守共同的规则就好像是一条"合法的路径",参与者朝着这条路径往前走才是正确的选择,否则就会被判为犯规而失利。比如,在防身术运动的比赛中,如果学生能够尊重裁判,不做违规动作,服从评判结果,那么则被视为遵守规则。但如果学生在击打练习中,不遵守规则,不听从老师安排,则被视为违规。因此,遵守规则是体育运动开展的共同前提,形成了一种约定俗成的"共识"。

2. 诚信自律

诚信自律实际上涉及到了两个方面,诚信主要指诚实守信,自律则指自我的规范与约束。当前,在竞技体育中不诚信的现象频繁出现,如运动员通过谎报年龄的方式以大打小,通过弄虚作假的方式冒名顶替,通过假摔的方式让对手受到裁判的责罚等;如教练员通过辱骂或欺骗运动员达到自己的私人目的,通过恐吓的方式骚扰或性侵女运动员等;如观众在比赛中掀起球场暴力,乱扔东西,引起赛场发生暴乱等,这些不诚信的表现虽然让他们获得了短暂的利益或暂时宣泄了心中的不快,但他们终究会因为自己的不诚信而受到惩罚,这种惩罚很多时候会超出道德的范畴而上升到法律层面。在体育学习中,不诚信的现象也经常出现,比如学生因为不想参加体育锻炼而谎称自己受伤或者身体处于生理期,足球比赛中通过假摔并进一步用夸张的痛苦表情来获得同情,健美操成套动作表演中故意缺失小的动作细节等,这些都要体育教师予以规制和正确引导。

与诚信相对于他人而言相比,自律更多与个体自身有关。常言道,人最难战胜的敌人就是自己,不够自律可以随时毁掉之前积累的一切。在国际体育界,一些不够自律的但却天赋异禀的运动员虽然在短时间内能够昙花一现,但他们却很难长久保持良好的竞技状态,这样的案例比比皆是。对于普通学生的体育学习而言,自律更多体现为一种坚持性,是个体的信仰、自省、自警、觉悟等多种要素构成的混合体。自律的学生能够坚持进行体育锻炼,在饮食方面保持合理的能量摄入,通过长期的良好体育行为而形成自我健康管理能力。实际上,学生在体育学习中养成的自律习惯,会非常明显地迁移到日常生活中而形成一种良好的行为规范。但令人担忧的是,在当前我国重智轻体的思维影响下,家长希望学生在文化课学习上养成自律的习惯,而不注重学生的体育锻炼上形成自律的品质。长此以往,"东亚病夫"的羞辱可能会再次引发,应该要引起高度警惕。

3. 公平正义

公平正义是人类社会前进的动力源之一,是人类追求理想社会的重要目标。公平正义体现着人们对社会关系的一种认识和评价,表达着人们对社会关系的一种价值认定。公平正义既有其客观性的一面,也有主观性的一面。[①]公平正义涉及到公平和正义两个方面,就公平而言,从早期的"效率优先、兼顾公平"到现在强调"公平和效率有机结合",体现了国家对公平的认识逐步加深。在体育领域,无论是古代奥运会还是现代奥运会,都将公平放在首位。在古希腊,人们甚至认为通过不公平的手段取得比赛的胜利是对神圣事业的亵渎。但随着现代社会的发展,一些不公平的因素在体育中逐渐出现,如通过各种不正当手段提前获知对手比赛准备信息、裁判判罚没有"一碗水端平"、在主场故意给客队制造一些隐性的阻碍等,这些不公平的现象严重阻碍了体育比赛的公正,甚至呈现出越来越隐匿的趋势。

就正义而言,更多是体育参与者在面对一些不良现象时能够挺身而出,勇于指出问题并制止。正义是人类普遍认可的普适性价值观,当一个社会缺乏正义时,必将走向混乱甚至灭亡。在竞技体育中,裁判保持正义感是保证竞技体育开展的基础,但目前裁判收受贿赂等现象屡见不鲜,甚至在一些圈内明知此种现象存在却缺乏有正义感的人予以揭露和制止,当然这是一个复杂的利益问题。对于学生的体育学习而言,保持正义感并不难,比如在面对以强欺弱时,体育教师应该引导学生进行正确处理,勇敢地指出存在的问题,要培养学生的正义感意识。比如,有些同学自我优越感很强,输不起比赛,比赛失败之后辱骂同学,此时作为有正义感的学生面对这些丑陋现象时应该坚决予以制止,从而营造良好的体育学习风气与氛围。

---

① 夏文斌.走向公平正义之路——中国共产党对公平正义的不懈追求[J].北京大学学报(哲学社会科学版),2011,48(4):24—28.

（三）体育道德的作用

著名伦理学家万俊人教授曾提出"人为什么要有道德"这个问题，他认为这是每一个具有道德意识并进入道德生活世界的人都会产生并需面对的问题。个体在儿时虽然不会意识到这个问题，更不会意识到这个问题有多么重要。但一旦我们开始感觉到生活世界的意义，感受到各种人际关系和社会关系的相互牵涉，或者是自觉或不自觉地意识到我们的生活经验中存在着如此众多而严重的意义（价值）选择问题，以及遭际到各种形式的相互性利益冲突，我们就会发现"道德问题"是如此重要。[1][2] 同样，学生参与体育学习也是生活世界的一部分，我们同样需要思考"人为什么要有体育道德"的问题。对于这个问题的回答，我们大体可以从体育道德的作用中可以寻找到答案。

一是体育道德能够塑造人的体育理想与信念。理想与信念是人生对美好事物的想象和希望，是人们对某一事物最完美境界的原初追求，集中体现了人在某一领域的人生观、价值观和奋斗观。如前所述，体育道德是体育的基本存在方式，也就是说，人们参与体育从本质上讲应该是参与一件美好的事物。比如，学生在进入学校进行正规的体育学习之前，对体育有着美好的憧憬，他们期望通过体育能够提高自己的运动技能水平，具备良好的体育锻炼意识和健康管理能力，形成良好的体育品德等，有的学生甚至从小就希望能够成为优秀的运动员，有朝一日也能站在奥运会的舞台上为国家争光，这是一种对未来体育参与的理想与信念。纵然在参与体育学习的过程中有很多不道德的现象出现，也会对个体最初形成的体育理想与信念产生侵蚀，但指向未来美好境界的体育道德所产生的对内心追求的向往作用是存在的。

二是体育道德能够规范人的体育行为。在体育运动中，人的行为不可能肆意妄为，大家清楚地知道哪些行为可以而哪些行为不行。之所以参与者有这样的思维，主要不是法律所产生的规约作用，因为也几乎没有法律对如此微观的体育行为提出要求，主要是体育道德所产生的规范作用，对人的体育行为进行了约束。参与者都知道，在体育运动中一旦发生了有违背道德的事情，那么不仅要承受各方面的舆论压力，甚至还会毁掉自己的体育前途甚至同伴的前途。比如，学生在足球比赛中，不会用脚去随意攻击对手的要害部位，因为

---

[1] 万俊人. 人为什么要有道德？（上）[J]. 现代哲学, 2013(1): 65—75.
[2] 万俊人. 人为什么要有道德？（下）[J]. 现代哲学, 2013(2): 46—58.

一旦发生就会受到教师、同学的道德谴责,甚至还会受到责罚,从而使其产生的体育行为合乎规范。当学生长期拥有合乎规范的体育行为时,就会形成一种长久的习惯,这不仅有助于自身不会产生不道德的体育行为,还会对同伴产生潜移默化的影响作用,从而在团队或班级内形成共同的体育道德氛围。

三是体育道德能够形成"向善的体育"。当代美国伦理学家弗兰克纳(William K. Frankena)在其著作中曾经提到"道德的建立是为了人,但不能说人的生存是为了体现道德"①。前半句的意思是道德是人存在的基本方式,后半句的意思是仅仅指向道德的生存是狭隘的,容易陷入道德绑架的困境。实际上,人的生存是为了过上"向善的生活",这使得道德对人的行为规范又提升了一个层次。同理,通过在体育学习或锻炼中形成良好的体育道德,也有助于形成"向善的体育",这里所言的"向善的体育"不仅仅只是合乎规则的体育,也是指向一种能够帮助个体形成善良的品性,愿意在体育运动中帮助他人,可以为健康幸福生活奠定基础的体育。当然,这是体育道德所产生作用的一种高级境界。

二、体育道德与体育品德的关系

1. 体育道德为体育品德养成奠定了"生活实践经验"

体育道德在个体体育参与过程中的重要作用毋庸置疑,但体育道德形成并非天生,而主要是后天形成的。正如我国著名的道德教育研究专家鲁洁教授所言:"道德不是先在的、固定的、一成不变的,道德存在于它自身的形成、发展的过程之中,体现在它自己的历史进程中,道德是生成性的存在。道德的生成性源自于它的生活实践性。和动物的预成、封闭、被决定的生命活动不同,人的生活实践的内在法则就是生成的、开放的、创造的。"②这段话向我们陈述了一个关键的问题,即道德不仅是生成的,而且与生活实践无法剥离。回到体育领域,道理同样如此,体育道德的形成必须植根于个体具身的体育运动参与,而且与个体所处的特定情境密切相关,这就是为什么马克思和恩格斯指出"一切以往的道德论归根到底是当时的社会经济状况的产物"③的原因。虽然

---

① 威廉·K·弗兰克纳.善的求索——道德哲学引论[M].黄伟合,等译.沈阳:辽宁人民出版社,1987.
② 鲁洁.生活·道德·道德教育[J].教育研究,2016(10):3—7.
③ 马克思恩格斯选集第三卷[M].北京:人民出版社,1995:435.

马克思和恩格斯的话语似乎聚焦于道德生成的经济基础,但从经济基础决定上层建筑的角度出发,我们就可以予以充分理解。比如,在体育课堂教学中,学生体育道德的水平有高有低,甚至对健美操运动中的公平正义的理解各异,原因也是因为其体育道德的形成必须肇基于个体的具体运动或生活体验。

由《课程标准(2017年版)》可知,体育道德是体育品德的重要组成部分,而品德作为一个宽泛的概念,必定无法脱离于具体的生活情境。因此,从这个角度来讲,体育道德为体育品德的形成奠定了生活实践经验,即体育道德源自于个体运动生命的体验,从而将体育品德从抽象的概念引向了具体的实践,以使得体育品德不再悬于空中。正是因为如此,所以习总书记在2017年8月27日第十三届全运会开幕会见全国体育先进单位和先进个人代表时就强调要"弘扬体育道德风尚"[①],体现了体育道德在整个体育思想建设中的基础地位。作为体育教师,应该要深刻思考如何基于课堂实践培养学生的体育品德。

2. 体育道德是评判体育品德水平的指标

体育品德由体育精神、体育道德和体育品格三个方面构成,如果要评判学生的体育品德素养水平,那么则需要从3个表现进行评价。体育道德是评判体育品德水平的指标之一,《课程标准(2017年版)》在体育与健康学科核心素养水平划分中将体育道德划分成了五级水平,以方便体育教师进行学习评价(见表8-3)。

表8-3 体育品德(体育道德)核心素养5级水平划分表

水平	学科素养表现
1	● 按照比赛规则与要求参与体育学习和比赛。
2	● 按照运动规范和比赛规则参与体育学习和比赛,诚实守信。
3	● 理解和运用选学运动项目的比赛规则,形成规则意识,具有公平竞争的意识和行为。
4	● 在体育展示或比赛中自觉遵守运动规范和比赛规则,服从裁判,尊重对手,积极处理比赛中的问题。
5	● 在体育运动中自律自制,遵规守纪,有效应对和正确化解运动中的冲突。

由表8-3可知,如果要了解学生的体育道德水平,则可以根据学科核心

---

① 屠萍.论儒家思想中的民族精神在运动员思想道德教育中的作用[J].体育成人教育学刊,2018,34(4):77—79.

素养的 5 级水平来进行判断。比如，水平 1 主要是要求学生"按照比赛规则与要求参与体育学习和比赛"，水平 2 主要是要求学生"按照运动规范和比赛规则参与体育学习和比赛，诚实守信"，水平 3 主要是要求学生"理解和运用选学运动项目的比赛规则，形成规则意识，具有公平竞争的意识和行为"，水平 4 主要是要求学生"在体育展示或比赛中自觉遵守运动规范和比赛规则，服从裁判，尊重对手，积极处理比赛中的问题"，而水平 5 则是要求学生"在体育运动中自律自制，遵规守纪，有效应对和正确化解运动中的冲突"。由此可见，从水平 1 到水平 5，对学生在体育道德方面的要求呈螺旋式上升的状态，从基本的理解规则到能够按照规则参加比赛和运用规则，从简单的诚实守信到具备公平竞争的意识和行为，再到有效化解运动冲突等体现体育道德的问题，凸显了《课程标准（2017 年版）》对学生体育道德水平逐渐提高的明确要求。

但需要指出的，与体能和运动技能等相对外显的行为相比，在通过体育道德的角度而评判学生的体育品德素养水平时，目前仍然缺乏非常科学有效的工具，更多依靠师生的主观感觉。对此，祝大鹏等人总结了针对运动员体育道德水平的评价工具，提出目前对于运动员体育道德的测量主要有 3 类工具：体育道德量表、体育比赛中的亲社会行为与反社会行为量表和多维体育精神定向量表。[①] 由此可见，目前即使在相对比较科学的运动心理学领域，对体育道德的评价仍然主要依靠量表，而量表则主要依靠个体的自我报告，可能会产生期待效应和主观偏差。这些量表可以被体育教师运用到学生的体育道德测评之中，但今后通过观察、表现性的描述，甚至结合运动生理学的手段来科学评价体育道德，是广大体育教师可以探索的问题。

第三节　体育品格的内涵阐释

体育品格作为《课程标准（2017 年版）》中提出体育品德核心素养的表现之一，着重强调了学生在完成体育与健康课程的学习之后应该具备的良好品性。[②] 人作为社会存在的个体，无论是普通生活中的与人相处，还是在体育运

[①] 祝大鹏.运动员体育道德：概念、测量、影响因素与展望[J].武汉体育学院学报，2013，47(7)：64—70.
[②] 尹志华.论核心素养下体育精神与体育品德的关系[J].体育教学，2019(10)：46—49.

动情境中的与人交往,都带有浓厚的个人品格特征。与日常生活相比,体育运动体现出较为独特的激烈和快节奏等特点,因此个体在面对这种情境时所表现出的带有个人内核的品性,如在遇到激烈对抗而产生身体碰撞时是否能够保持冷静而又不失礼貌的修养,彰显了个体的基本素养。在体育运动中,我们强调"更快、更高、更强",但前提是要保证参与运动的个体有良好的品格,否则就会导致辱骂、打架、斗殴、藐视他人等一系列问题的出现。学校体育教学作为"培养人的教育活动",帮助学生养成良好的体育品格更加关键。学生体育品格的形成需要塑造,因此在《课程标准(2017年版)》实施背景下,正确认识体育品格的内涵,了解核心素养背景下对体育品格的要求,对于广大体育教师帮助学生塑造体育品格并大力提升学生的体育品德核心素养非常关键。基于此,本节将主要对核心素养背景下体育品格的内涵及其与体育品德的关系进行分析。

一、体育品格的内涵

(一)对体育品格的认识

1. 对体育品格定义的理解

与中文语境中品格一词对应的英文是 character,而 character 来源于古希腊语 karacter,其原意是烙印,即在硬币上刻下标记或印盖的封印等。[1] 在古英语中,character 具有"不朽的符号或痕迹"的意思;而在当代语言学中,对 character 作为名词的含义与用法高达17种。[2] 但不论如何解释,目前学界基本上统一将 character 翻译为品格。关于品格的具体定义,从哲学、心理学和教育学等不同学科视角出发的观点有所区别。

比如,在哲学角度,布贝尔认为"品格是介于一个人的本质与他的外表之间的特殊纽带,介于他为人的统一性与他的一连串行动与态度之间的特殊联系,都是在他这个实体还具有可塑性的时候在他身上形成的烙印"[3],斯坦利·哈弗罗斯认为品格是"通过其信念、意向和行动的人的自我能动机制的资格,人是借助它获得与其作为自我决定的存在者的本性相一致的道德历史"[4],迈

---

[1] 郑富兴. 现代性视角下的美国新品格教育[M]. 北京:北京人民出版社,2006:35.
[2] 李华驹. 21世纪大英汉词典[M]. 北京:中国人民大学出版社,2002:433.
[3] 任钟印. 世界教育名著通览[M]. 武汉:湖北教育出版社,1994:1315—1316.
[4] Stanley Hauerwas. Character and the Christian Life [M]. San Antonio:Trinity University Press,1985:11-18.

克尔·诺瓦克则认为品格是"普遍确认的那些美德的和谐统一体"[1]。而在心理学角度,品格"一般指人对现实的态度和行为方式中比较稳定的、具有核心意义的个性心理特征"[2],认为品格是后天培养的,可以改变的部分,属于人的"第二禀赋"[3]。在教育学角度,爱德华·怀恩认为品格是指"采取与道德相关的行为和发表某些与道德相关的言语,或者说是不采取某些行为或发表某些言语"[4],凯文·瑞恩则认为品格"是人们的理智习惯和道德习惯,即知道什么是美好的事物,并去热爱这些美好的事物,同时尽量去做美好的事情"[5]。由此可知,不同学科对品格的定义有所区别,哲学强调品格的正面表现,心理学强调品格的稳定与个性心理特征,教育学则更强调品格的规范性。[6] 实际上,上述三个主要学科对品格定义的差别,并不是观点的冲突,只是看问题的视角有区别,或者说都强调站在本学科的角度进行定义。基于此,综合各方观点,我们认为品格是个体在与外界互动的过程中,体现出来的一种正面向上的稳定特征或表现。

与各学科对品格的关注相比,体育领域对体育品格的关注不多,这可能与学界将体育品格与体育道德、体育精神等词混淆或者混用有着密切关系。实际上,这三者并不一样,《课程标准(2017年版)》认为体育精神、体育道德和体育品格是体育品德的三个方面的表现。其中,体育精神侧重于对人的精神塑造,体育道德侧重于伦理规则,而体育品格则侧重于品性。本文认为,体育品格是品格在体育运动这一社会现象中的具体体现,其定义应该遵循品格的定义,即是指个体在参与体育运动的过程中,通过与多方互动而体现出来的一种正面向上的稳定特征或表现。

2. 体育品格的特性

一是体育品格的可塑性。个性与品格是比较相近的概念,但二者最关键的区别在于是否具有可塑性。个性通常是与生俱来的,在成长过程中很少受到后天教育的影响,不具有可塑性和受教性,如我们通常所说某人个性倔强,

---

[1] 袁桂林. 当代西方道德教育理论[M]. 福州:福建教育出版社,1995:235.
[2] 朱智贤. 心理学大辞典[M]. 北京:北京师范大学出版社,1989:798.
[3] 孙英. 品德与德性:概念辩难[J]. 上海师范大学学报(哲学社会科学版),2001(2):25—31.
[4] Edward A. Wynne. Developing Character: Transmitting knowledge [J]. Educational Leadership,1984(4):15-21.
[5] 墨菲. 美国"蓝带学校"的品性教育——应对挑战的最佳实践[M]. 周玲,张学文译. 北京:中国轻工业出版社,2002:8.
[6] 蔡春. 德性与品格教育论[D]. 上海:复旦大学,2010:69.

是指其不仅在生活中可能不愿倾听别人的意见,在体育运动中可能也会一意孤行。品格则没有定型,具有较强的可塑性,是一些"需要经过后天教育而加工的东西"。比如,个体在体育竞赛中面对比赛对手是否礼貌问好,并不是固定不变的,原来不懂礼貌的体育选手可能在经过后天的教育之后变得非常有礼貌。换句话说,个性主要是先天的遗传素质所决定的,而品格则主要是由后天塑造而来的。体育品格的可塑性,为学生经过中小学的体育课堂学习和课外竞赛训练而养成良好的品性提供了理论上的可能性。

二是体育品格的主体性。人是主体存在物,不存在抽象的人。如前所述,布贝尔认为品格是指"介于这个人的为人与他的一连串行动和态度之间的纽带",即表明了品格的主体性,而李泽厚先生又进一步解释了主体性所蕴含的"双重性",即是它具有外在的(工艺—社会的)结构面和内在的(文化—心理的)结构面①,这与品格是行动与态度之间纽带的解释不谋而合。比如,在跆拳道运动中,当对手在击靶练习前、后未主动与持靶配合的同学行抱拳礼,不主动承担任务并且不通过语言与同学相互激励,面对这种情况时,学生首先会在内心中产生反应,认为对手不具备良好的体育品格。但是,这并不意味着个体在此时会产生外部的不良行为,如对这种对手进行语言或肢体上的攻击,具备良好体育品格的个体都会选择从自身做起,在跆拳道练习中讲文明讲礼貌,与同学相互鼓励合作,用自己的行为去影响他人。这种在体育运动中可以自我控制、超越冲动的品性将行动与态度实现了联结。

三是体育品格的积极性。Ryan指出,良好的品格是知善、爱善、行善。知善即了解良知和邪恶;爱善即发展道德感觉和情感,包括喜爱和认同心理,选择正确与喜欢的事情来做;行善即自我的意志行动。② 当学生具备良好的体育品格之后,会在群体或班级中形成良好的氛围,并对他人产生好的影响。比如,在高中足球专项班,如果学生在各种比赛前能够相互问好、握手致敬;比赛中尊重裁判的判罚结果,与本队其他同学积极合作;在比赛后无论是失败还是获胜都不感到沮丧,将足球比赛当作成一种享受运动的过程中,那么学生所具备的这种"善的品性"不仅会迁移到日常生活中去而成为优良品格的人,还会对同学产生潜移默化的积极影响,大家共同将提高足球运动水平当作一件美

---

① 张法.主体性、公民社会、公共性——中国改革开放以来思想史上的三个重要观念[J].社会科学,2010(6):101—107.
② [美]R·赫斯利普.美国人的道德教育[M].王帮虎,译.北京:人民教育出版社,2003.

好的事情来做,这种积极向上的环境也会影响学生的内在修养。

(二) 体育品格的构成

关于体育品格的构成,目前相关的研究并不多。《课程标准(2017年版)》结合中小学学生的特点,明确提出体育品格涵盖了文明礼貌、相互尊重、团队合作、社会责任感、正确的胜负观等方面。但需要指出的是,这并非是说体育品格只包含这几个方面,而是认为这几个方面在学生的体育学习与锻炼中具有较为核心的地位。

1. 文明礼貌

中国是有着五千年悠久文明的历史古国,也是闻名于全世界的礼仪之邦。可以说礼仪文明是中国优秀传统文化的重要组成部分,对人民生活和社会历史发展产生了广泛深远的影响。但不可否认的是,随着现代社会的发展,节奏越来越快,人与人之间越来越陌生,不仅文明礼貌在逐渐被冷漠所替代,而且因为一些文明礼貌缺失而导致的秩序混乱,甚至造成人际关系紧张的情况屡见不鲜。文明礼貌是一个很大的范畴,而体育运动中文明礼貌的范围相对较窄,指的是在具备基本的做人的礼仪基础上,参与体育学习和锻炼的个体应该要关注体育运动中的礼仪,体现出文明礼貌的素养。比如,在篮球运动比赛开始和结束时,主动与对方握手致意;在比赛开始前,场上队长主动与执行裁判握手;在比赛进行过程中不随意与场外人员(除教练员、队友外)搭话、聊天、争论等;在比赛结束时,队员主动上前与裁判员握手,双方场上球员互相握手或者击拳致意,并且能够对现场观众表示感谢等。通过文明礼貌的行为,不仅能够给参与比赛的双方营造和谐的气氛,缓解比赛的紧张,更重要的是彰显了个体的修养。

2. 相互尊重

相互尊重是共存的根本,尊重是与他人进行交往的基础,是人际交往中最起码的要求。尊重别人的同时也就意味着尊重自己,这样在交往的双方之间架起了一座沟通的桥梁。对于学生的体育学习和锻炼而言,相互尊重涉及到几个方面:一是尊重自己,要看得起自己,不要因为自己的运动技术水平低而感到自卑而看低自己,因为普通学生的体育学习和锻炼不是竞技运动比赛,主要目的不是为了拿成绩,积极参与运动而促进身心健康发展才是目的;二是要尊重队友或对手。不管是对抗性比赛还是个人表演,体育运动中都有队友或大量的对手存在,尽管暂时存在竞争的关系,但在公平竞争的基础上对他们表达尊重是基本的要求,绝不能因为自己水平高而看不起水平相对较低的队友或对手;三是要尊重裁判。裁判是比赛规则具体化的执行者,不管裁判的判罚是否完全正确,即使存在判罚失误之处,个体也要在场上保持足够的尊重,如果存在异议可以在赛后进行申辩,但绝不能辱骂甚至打骂裁判;四是要尊重工作人员,比如体育场馆的守门员、器材收发员、场地清洁工等,他们虽然不直接参与比赛,但却默默无闻地在比赛保障中发挥着重要作用。学生很容易对这部分个体产生忽视甚至轻视,教师应该要引导学生对他们形成尊重的意识。

3. 团队合作

俗话说"独虎不敌群狼",这非常形象地体现了团队合作的重要性。每个个体的力量总是有限,而当多个个体集合在一起就形成了一股强大的力量。体育运动中充满激烈的对抗,尤其是那些团体性项目,如果不依靠团队合作根本就不可能顺利完成,就更谈不上获胜了。在体育学习或锻炼中,如果要促进学生积极参与团队合作,就需要教师能够激发学生的主体意愿、提供可供分解的任务、设置可以共享的规则,让学生获得互惠的效益。当然,更重要的还是需要学生主动参与合作,比如在健身健美操运动学习中,体育教师布置给小团队一个编排作业时,就需要每一位同学共同参与编排任务,积极主动承担分工,尤其是针对自己负责的部分,要创造性地高质量完成编排任务。如果团队成员一旦出现"浑水摸鱼"的想法或者行为时,对于团队目标达成会产生很大的负面影响。因此,培养学生在体育学习团队合作中的契约精神至关重要。

4. 社会责任感

关于社会责任感,主要体现在两个方面,一是学生在体育学习中要具备良好的责任感;二是能够将体育学习中具备的责任感迁移到日常生活中去,从而产生良好的社会行为。对于前者,学生如果自身要具备责任感,则需要坚持正确的价值观,能够积极实践正义的原则,始终愿意为他人作出奉献和牺牲。比如,在足球比赛中,树立正确的价值观意味着学生要正确认识足球运动的意义和秉持公平正义的踢球方式,不在背后搞小动作等。与此同时,遵循自己的想法努力实践,而不是想一套做一套,将整个足球运动引向正义的方向,敢于同"假球、假摔"等不正义的现象做斗争;始终愿意为他人奉献和牺牲则意味着要将团队利益放在首位,只要能够赢得比赛,牺牲自己带球或射门的机会并不可惜,愿意为团队的胜利贡献自己的力量。对于责任感的迁移,在某种程度上超出了体育学习或锻炼的范畴,但却是学生参与体育运动的重要目的。社会是一个复杂的网络,存在着很多黑暗和丑恶的现象,学生带着在足球运动中培养的责任感进入社会,面对这些现象时敢于制止,义务承担一些事情,可以为优化社会风气做出贡献。

5. 正确的胜负观

在体育运动中赢得比赛的胜利是每个参与运动的个体的基本权利,但这并不意味着比赛就只有胜利。伴随着比赛的过程,会收获友谊,赢得尊重,学会顽强拼搏、勇攀高峰的精神等。在目前的中小学体育学习或比赛中,存在着一些为了赢得胜利而不择手段的事情,如在场上故意伤害对手,背着裁判而小动作不断,金钱贿赂裁判,故意在主场设置一些障碍而导致客场队员适应环境的难度增加等,这些手段可能会暂时赢得比赛,但却会输掉民心。因此,每个学生都应该要树立正确的胜负观,将输赢当作是体育运动中的正常现象,不将比赛结果看得太重,而是重在分析比赛结果背后获胜或失利的原因,为后续比赛做好准备。比如,在篮球运动中,学生如果具有正确的胜负观,就不会为了追求篮球比赛胜利而违背体育品格,也不会因为比分落后、比赛失利而采取不正当的竞争行为。

(三)体育品格的作用

一是体育品格能够帮助个体判断对错与好坏。体育品格具备这样一种功能,即能够判断对还是错、好还是坏、正当还是不正当等,从而帮助个体在体育运动中指明正确的方向。个体参与体育运动的过程需要面对复杂的环境,尤其是未成年的学生在还不完全具备辨别能力时,很容易模仿他人的一些行为。比如,在足球运动中,如果一位教师或教练的风格极度粗暴,长期用粗鲁的语言大声呼叫或者辱骂队员,那么随着时间的推移,学生会理所当然的认为这种方式是合适的,就会有意或无意识地进行模仿。在篮球队中,如果队长喜欢通过各种小动作让和自己走得近的队员上场而排斥和自己不够亲近的队员,那么也会对其他队员产生负面影响。当其他队员在未来当上队长之后,也会随之采取同样的操作方式。长此以往,在这种环境中成长的队员或者学生就会失去判断能力,不知道什么是好的品格,甚至将不好的品格当成好的品格。反过来,如果体育教师能够以身作则展现良好的体育品格,或者是积极培养学生的体育品格,让学生知晓何种行为表现是正确的、积极的、向上的,这对于提高学生的是非判断能力至关重要。实际上,即使在强调比赛成绩的奥林匹克领域,也在逐渐将"社会责任"等体育品格作为奥林匹克工作的核心①,因为他们意识到让青少年一代具备是非判断能力并养成良好的行为也是奥林匹克教育的职责。判断力在某种程度上体现为一种是非观,学生通过体育品格而形成的准确是非观,对于其以后成为一个正直、高尚的社会人具有重要的影响作用。

二是体育品格能够激励个体养成好的行为。榜样的力量是巨大的,在体育运动中他人良好的品格表现对于参与个体是一种非常好的激励。比如,在现实生活中,我们都有这样的体验,即一个素质很高,尤其是谦虚有礼、文明高尚的人会让你心生羡慕之感。这是因为人在本质上是希望体现自我价值的,而自我价值的体现有时候并不是每个人都能够真正实现,所以当看到他人的行为体现出自我向往的价值时,就会产生学习和靠近的冲动。马克思主义认为,人的本质是一切社会关系的总和,一个人的发展取决于和他直接或间接进行交往的其他一切人的发展,人的价值是自我价值和社会价值的统一。而个体在体育运动中所体验到的优良品格,将会激发个体的内在潜能,使个体在认知、情感和行为三个层面产生共振,而这种共振效果又将通过体育运动实践而外在表现出来。因此,体育品格的这种"导引性"有助于激励个体良好行为的养成,对于降低体育运动场上的冲突,提高管理效率,维护安定和谐具有关键的作用。

二、体育品格与体育品德的关系

1. 体育品格为体育品德养成奠定了"作为人的基本素养"

做事是一个短暂的过程,但做人是一个跨越人生全过程的事业,但我们经常却说"做事之前先学会做人"。由此可见,在人们心中成为一个具备美德的个体比完成一件事情重要得多,培育学生同样如此。学生参与体育学习和锻炼的过程,外在体现为掌握了一项或多项运动技能,体能水平提高,在比赛中获得胜利等,但取得这些成绩的前提是具备基本的"作为人的素养"。但实际上,在当今社会或体育界中,取得辉煌成绩但却不具备基本素养的人比比皆是。比如,在比赛中态度傲慢强横,甚至有谩骂、吼叫和打架斗殴的现象,或者态度冷漠,不愿与队友交流等情况出现,背后凸显了个体的基本素养低下,即

---

① 沈翔.奥林匹克运动的社会责任研究[J].体育成人教育学刊,2018,34(1):82—85.

使他们获得了比赛的胜利,但仍然不具备完整个体的基本要求。试想,一个对他人冷漠相待、高高在上、从不高看普通人一眼的运动员,即使获得奥运会冠军,那也仅仅只能证明其运动技能水平较高,但有良知的人们在内心都不认为这类个体值得模仿和学习。因此,为了提高学生的体育品格,世界各国都非常重视在体育教学中进行渗透以培养学生"作为人的基本素养"。比如,美国在通过体育培养学生的社会责任感方面非常重视,有着较好的经验可供借鉴。由美国伊利诺伊大学芝加哥分校 Don Hellison 教授经过几十年的不断试验而研发出来的个人与社会责任体育课程模式(Teaching Personal and Social Responsibility,TPSR),在培养学生不同水平的责任感方面做出了巨大贡献。该模式按照循序渐进的原则,通过针对性的活动设计,将学生的社会责任感从水平一逐渐提升至水平五[①](见表 8-4)。

表 8-4 TPSR 模式对学生不同水平责任感的培养目标要求

级别	目标	具体要求
水平一	尊重他人的权利和感受	控制脾气、不冲动等;包容其他人;和平解决冲突
水平二	自我激励	参加所有活动;努力学习;面对困难时不放弃
水平三	自我指导	独立工作;设置目标并向着目标努力;做出最好的选择
水平四	关怀	帮助他人;引导或教导他人;考虑他人的利益
水平五	将责任感迁移到"体育馆之外",运用到日常生活中去	能够理解这些技能在其他日常生活中的价值,与日常生活中其他事情的紧密联系;能够在日常生活的其他情景中运用这些技能

由此可知,无论个体的整体体育品德水平如何,如果他在做人方面存在问题或瑕疵,都不能够被原谅,因为这是体育学习个体或运动员"成为人"的基本要求,再成功的运动个体首先都应该是"合乎人的基本素养要求的人",然后才是其他身份。如果学生能够具备文明礼貌、相互尊重、团队合作、社会责任感和正确的胜负观,那么他就成为了一个具备"基本素养的人",进而为提高其他方面的核心素养打下了基础。

2. 体育品格决定了个体回应运动处境的基本方式

个体生活在社会中,其处世方式非常关键,而处世方式的差异可能导致截

---

① 李卫东,汪晓赞主编.体育课程教学模式[M].北京:高等教育出版社,2018:140—141.

然不同的人生态度和境遇。比如,美国总统罗斯福早年外出学习期间,家中来信告诉他被盗了,不久接到罗的回信:"没什么,第一小偷只偷我的财产,没有杀我家之人;第二他只偷了我财产的一部分,而没有偷我的全部;第三他是贼,而我是受害者。"①从该案例可知,罗斯福具有非常积极的处世态度。实际上,学生参与体育学习和锻炼的过程,就是一个面对运动处境的过程,而这一过程也需要个体予以回应,这实际上就是个体在运动情境中的处世方式。比如,在面对运动场上出现一些冲突等不和谐现象时,具备良好责任感的个体选择的回应方式是劝解并化解矛盾,而不具备责任感的个体可能则是"事不关己高高挂起";在团队创编健身健美操套路时,具备团结合作精神的个体积极参与,不仅高质量完成自己所承担的任务,而且还主动帮助组内其他同学,但缺乏团队合作精神的个体则可能是想方设法偷懒。

体育课堂或比赛场上也是一个小型社会,个体不可能对其中发生的很多事情视而不见,选择的回应方式可能千差万别。好的回应方式与良好的体育品格如影随形,也体现了个体良好的品格,这种品格可能受到父母、教师、同伴、媒体等多方面的影响。因此,在今后的体育教学中,体育教师应该要注意培养学生的体育品格,让学生具备积极回应运动处境的有效方式。学生所养成的这种品格,不仅对于完成体育学习至关重要,更关键的是为他们成长为热心、善良、乐于助人的个体并在今后的社会生活中获得他人的认可奠定了坚实的基础。

3. 体育品格是评判体育品德水平的指标

体育品格和体育精神、体育道德一起构成了体育品德的三个方面,体育品格是评判体育品德水平的指标之一。《课程标准(2017年版)》在体育与健康学科核心素养水平划分中将体育品格划分成了五级水平,以方便体育教师进行学习评价(见表8-5)。

表8-5 体育品德(体育品格)核心素养5级水平划分表

水平	学科素养表现
1	• 在体育运动中关注同伴和关注对手,认识到自己所担当的运动角色。
2	• 在体育运动中尊重同伴、尊重裁判。 • 了解运动角色的职责,并体验不同的运动角色。

---

① 马誉炜.处世的学问[J].中关村,2019(4):115.

续 表

水平	学科素养表现
3	• 在体育运动中能够正确对待比赛的胜负结果,胜任运动角色,表现出负责任的社会行为。
4	• 在体育运动中表现出负责任、敢担当、善担当的社会行为。
5	• 将在体育运动中形成的良好品德迁移到学习和日常生活中。

由表8-5可知,如果要了解学生的体育品格水平,则可以根据学科核心素养的5级水平来进行判断。比如,水平1主要是要求学生"在体育运动中关注同伴和关注对手,认识到自己所担当的运动角色",水平2主要是要求学生"在体育运动中尊重同伴、尊重裁判;了解运动角色的职责,并体验不同的运动角色",水平3主要是要求学生"在体育运动中能够正确对待比赛的胜负结果,胜任运动角色,表现出负责任的社会行为",水平4主要是要求学生"在体育运动中表现出负责任、敢担当、善担当的社会行为",而水平5则是要求学生"将在体育运动中形成的良好品德迁移到学习和日常生活中"。由此可见,从水平1到水平5,对学生在体育品格方面的要求越来越高,从基本的关注与认识到将良好品德迁移到学习和日常生活中,这对于学生的应用能力要求越来越高。实际上,《课程标准(2017年版)》本身就强调学生在体育学习中应用能力的培养,这符合整个课程改革的基本方向。

当然,核心素养的五级水平划分只是为体育教师的评价提供了参照标准,具体的评价操作还需要体育教师进行实践。与体育精神和体育道德一样,体育品格很难直接被看到,需要依托具体的情境才能评价。因此,体育教师在评价时要针对体育品格的表现设置相应的情境,如健身健美操套路合作编排、足球场上裁判判罚产生异议时的处理、篮球比赛中大比分落败时对胜负结果的正确看待等,通过采用观察、自评、互评、情境模拟等多种方法进行综合评价。

第九章
体育学科核心素养的未来展望

　　体育学科核心素养的构建及其相应的体育课程改革的实施,将中国第八次基础教育体育课程改革推向了纵深阶段,进一步深化了基础教育体育课程改革的深度与广度,这在我国课程改革历史上具有划时代的意义。自2018年年初教育部对外公布各学科的课程标准以来,基于学科核心素养的体育课程改革已经实施了一段时间,广大体育教育工作者对体育学科核心素养的概念与体系,基于核心素养的体育课程目标设置、内容选择、教学实施、学习评价、教材编写与教师成长等方面都有了较为深刻的理解,同时也创生和积累了相应的经验。这些经验抑或已逐渐转化为理论建构,抑或还处于粗放的发展阶段,但无论如何这都为核心素养导向的体育课程改革奠定了坚实的基础。当前正处于中国体育课程深度改革的历史转型阶段,党和国家对青少年健康发展的高度重视、系列有关体育改革与发展的政策文件出台、一线教师对体育课程的理解逐步加深、地方对学校体育资源投入越来越多、以国培计划为代表的教师培训蓬勃开展,这些都为核心素养时代体育课程改革提供了机遇,但同时也带来了更多的挑战。基于此,关照未来社会的变革趋势,分析和预测未来可能遭遇的各种难题,提出今后我国体育学科核心素养的发展展望非常必要。总体而言,体育学科核心素养的未来发展展望主要包括核心素养本身的发展和完善,基于学科核心素养的体育课程目标、课程内容、教学实施、学习评价、教材编写和教师成长等几个方面。

第一节　体育学科核心素养自身的发展和完善

　　在《课程标准(2017年版)》中,虽然构建了运动能力、健康行为和体育品德三个方面的体育学科核心素养,且对每个素养的内涵、形式与表现进行了明确界定,并划分了体育学科核心素养的五级水平,形成了相对完善的体育学科核心素养体系。但是,无论是从国内需求还是国际趋势来看,未来仍然需要对体育学科核心素养进行大力完善,具体可从理论基础、横向拓展和纵向衔接三个方面展开。

首先,从体育学科核心素养的理论基础来看,虽然国际上普遍认为一元论、存在主义和现象学是核心素养的三大哲学基础,但这只是国际流行的观点。中国有着悠久的历史文化和教育传统,对体育的理解和感知与西方有着明显的区别。比如,中国的传统体育文化"注重道德修养,修身与立德并行;注重兼容并蓄,精神与物质同构;注重身体观念,身形与心智合一"[①],这些带有中国烙印的体育文化到底可以为体育学科核心素养的完善提供什么样的启发和滋养,基于传统体育文化的体育学科核心素养的理论基础是否可以突破国际上普遍认同的三大理论等。未来还需要对这些有关体育学科核心素养本质的"元问题"进行深入探究,以形成兼具国际趋势但又能体现中国风格、中国精神和中国特色的体育学科核心素养理论体系。

其次,关于体育学科核心素养的横向拓展,即要拓宽素养的体系构成,形成更加完善的体育学科核心素养体系。完善的学科核心素养体系不仅仅包含体育学科本身的核心素养,还要涵盖通用学科核心素养、跨学科核心素养和体育学科核心素养三个方面,关于这一点澳大利亚走在世界的前列,目前已经在体育课程标准中形成了"通用学科核心素养+跨学科核心素养+体育学科核心素养"的体系。之所以在体育课程标准中强调通用学科核心素养和跨学科核心素养,这是因为体育课程虽然有自身独特的特点,但始终是国家课程的一部分,而通用学科核心素养的提出,有助于在顶层设计的角度进一步明晰体育课程的地位,最大限度地发挥体育课程在培养"完整的人"方面的作用,有利于国家从整体角度思考人的培养问题。跨学科核心素养的提出,与各学科课程相互割裂的困境有关,当前各国在制定各学科的课程标准时,学科与学科之间处于相互隔离的状态,很少考虑与其他课程标准之间的衔接。虽然国家教育行政部门也会从顶层设计的角度进行统领,但十几门学科的课程标准各自为政,经常会出现相互之间重复、隔离、缺乏跨学科关联性等问题,这便进一步导致了学科的分裂。而跨学科核心素养的提出,有利于各个学科之间的融合与跨学科

---

① 赵富学.体育学科核心素养的内涵及其生成维度[J].体育文化导刊,2019(6):53—57+87.

关联知识与技能的学习。对于体育与健康课程而言,这有利于加强体育课程和其他学科课程的关联性,更好地发挥体育课程的功能,提升体育课程的地位。

此外,随着现代社会生活方式的改变,人们的身体活动量大幅度下降,由此引发的肥胖、心血管疾病、糖尿病等慢性疾病正在威胁着人类健康。最新研究显示,世界各国体育活动参与水平的下降幅度触目惊心。仅仅在过去的44年,美国人的身体活动就下降了32%,照此趋势,到2030年下降率将达到46%;英国人的身体活动在过去44年也下降了20%,照此趋势,到2030年下降率将达到35%[①],而中小学学生是健康受到危害的最大群体之一。尤其是随着新型冠状病毒肺炎等大规模急性传染病所引发的全球健康危机[②],健康问题解决将越来越成为全球面临的共性问题。与其他学科课程相比,体育课程与健康天然存在的关联性使得其未来将承担越来越多的健康教育和健康促进重任。[③] 虽然各国当前也很重视体育课程的健康效益,但相信未来会更加重视,因此与健康相关的素养将会在体育学科核心素养体系中占据越来越重要的地位。

最后,在体育学科核心素养的纵向衔接方面,未来应考虑到学校教育中不同学段对体育学科核心素养的需求。《课程标准(2017年版)》所构建的体育学科核心素养,目前主要针对高中阶段。虽然不同学段学生体育学习的结果性目标在总体上应该保持一致,但在具体要求上仍然存在较大差别。以高中阶段为基点,向下可拓展至幼儿阶段、小学阶段和初中阶段,向上可拓展至大学阶段甚至研究生教育阶段,这些阶段体育学科核心素养具备什么样的内在需求,需要体现出什么样的本质特点,都是未来需要进一步解决的问题。总之,未来应该在纵向上形成涵盖幼儿园、小学、初中、高中、大学、研究生等全学段的体育学科核心素养体系。

第二节 基于体育学科核心素养的体育教育展望

在形成更加完善的体育学科核心素养体系的基础上,还需要更加深入地

---

① 季浏,钟秉枢.普通高中体育与健康课程标准(2017年版)解读[M].北京:高等教育出版社,2018:26.
② 郭清.2019冠状病毒病疫情防控的流行病学策略与启示[J].健康研究,2020,40(2):1—5.
③ 尹志华,张古月,孙铭珠.关照健康:重大疫情下体育与健康课程面临的挑战、责任与未来转向[J].体育成人教育学刊,2020,36(2):20—25.

推进基于体育学科核心素养的体育课程目标、体育课程内容、体育教学实施、体育学习评价、体育教材编写和体育教师成长等方面的发展。

一、基于学科核心素养的体育课程目标展望

（一）形成更加系统的体育课程目标体系

《课程标准（2017年版）》中所提及的目标，实际上包含了三种类型，即育人目标、课程目标和学习目标，分别对应宏观、中观和微观三个层次，每个层次的内涵有所区别。[①] 其构成体系如下表9-1所示。

表9-1 《课程标准（2017年版）》中的目标体系

层次	类型	具体名称	呈现方式	指向
宏观层次	育人目标	体育与健康学科核心素养	标准制订	所有学生接受体育与健康学科课程教育后应达成的目标
中观层次	课程目标	课程总目标	标准制订	所有学生在高中三年的体育与健康课程学习中应该达成的目标
		课程分目标	标准制订	所有学生在高中三年体育与课程学习中在运动能力、健康行为和体育品德三个方面分别达成的目标
微观层次	学习目标	学段学习目标	教师制订	某校学生学完高中三年的体育与健康课程之后达成的目标
		模块学习目标	教师制订	某个选项班级学生学完18课时的模块后应该达成的目标
		课时学习目标	教师制订	某个选项班级学生在学完一节课后应该达成的目标

由表9-1可知，由于学科核心素养、课程目标由国家课程标准确定，所以体育教师在目标制订时主要是根据核心素养和课程目标的要求，从上到下逐级制订基于学科核心素养的学段学习目标、模块学习目标和课时学习目标。因此，未来需要广大体育教育工作者要做好学科核心素养和课程目标的分解，

---

① 尹志华,孙铭珠,付凌一.论核心素养下体育与健康课程中的目标体系及制订原则[J].体育教学，2020(1)：10—12.

将目标要求细致落实到不同学段、不同模块和不同课时之中，形成更加系统的体育课程目标体系，从而帮助体育教师树立目标意识。需要指出的是，目标体系的建立，需要高校从事体育教育的学者和体育教研员发挥更大的作用，需要在更高站位的基础上进行目标体系构建。

（二）制订指向学科核心素养的体育课程目标的原则

1. 任何层次的学习目标都应该涵盖三个方面的学科核心素养

《课程标准（2017年版）》强调在制订学习目标时要基于学科核心素养而考虑目标的整体性，即"在设计教学计划时，应将运动能力、健康行为和体育品德三个方面的学科核心素养有机地融合在教学设计中，并细化为不同教学阶段的具体学习目标，树立目标引领教学内容和教学方法的思想，通过选择和组合有效的教学内容和教学方法，促进学习目标的整体实现，帮助学生形成体育与健康学科核心素养"。由此可知，在制订任何层次的学习目标时，都应该涵盖三个方面的学科核心素养。之所以必须要覆盖核心素养的三个方面，《课程标准（2017年版）》做了明确的说明，即"三个方面的学科核心素养联系密切、相互影响，在体育与健康教育教学过程中得以全面发展，并在解决复杂情境的实际问题过程中整体发挥作用"。这就提醒广大体育教师，在制订学习目标时，绝对不能出现只针对核心素养的某一个方面的情况。

为了保证学习目标的制订涵盖三个方面的学科核心素养，体育教师要具备目标意识，即要从传统的"学科中心观"和"内容中心观"的桎梏中走出来。如果体育教师首先思考的还是教什么内容，那么就极有可能被教学内容所牵制，出现教的内容无法达成三个方面学科核心素养的情况。因此，只有树立了目标意识，在开展教学时首先思考如何制订目标，才能获得主动性，才能保证目标的整体性和全面性。此外，虽然说不同层次的体育与健康学习目标都要涵盖三个方面，但在某个模块或某节课中，并不一定意味着必须要面面俱到，可以针对三个方面的核心素养有所侧重。尤其是在课时学习目标中，一节课的时间有限，有所为和有所不为是正常现象，但前提是不能缺失某个方面的核心素养。

2. 要保证学习目标之间呈现逐级落实的关系

从学生培养的角度来看，学科核心素养、课程目标和学习目标形成了一个严密的相互衔接的体系，使得学科核心素养最后可以落实到每一节体育与健康课中。但在实际的体育教学设计中，很多一线体育教师缺乏整体意识，将自己的目光仅仅聚焦于课堂中学习目标的设计,更多从方便自己教学的角度出发,至于制订的课时学习目标能否有效达成学段学习目标和模块学习目标,则很少考虑。实际上,作为一线体育教师,既要有"扎根一线"的精神,即制订学习目标时应该基于课堂中的学生,但也要有"向下看"的视野,即能够从国家课程标准的高度出发,从上到下梳理学习目标体系,了解下一级的目标是否能够全面和有效支撑上一级的目标。只有这样,才能保证将学科核心素养通过不同层次学习目标而逐级落实。

基于此,体育教师首先应该学会的就是分解学习目标,即采用框架图的形式,按照学科核心素养—课程目标—学段学习目标—模块学习目标—课时学习目标的层级框架,以某一个运动项目为例,先学会构建层次清晰的学习目标,从而提升自己的学习目标分解能力。例如,《课程标准(2017年版)》在体育品德中提出了"……具有勇敢顽强、积极进取、挑战自我、追求卓越……"的目标,那么最后落实在课时教学计划中的课堂学习目标时,就应该结合本堂课的主要教学内容和方法,把上述的目标进一步具体化,如可以提出"在1500米的长跑学练时勇于克服'极点'状态,坚持跑完全程,在原来的基础上成绩有所提高"[①]。但需要指出的是,作为一线体育教师,受到传统思维限制或能力有限等因素的影响,可能在学习目标的逐级分解方面感到力不从心,此时体育教研员应该要做好引导和培训工作,通过采用工作坊或培训班的形式,带领本地的体育教师掌握学习目标逐级分解的技巧和关键,尤其是培养体育教师们这种逐级分解落实的意识,从而在体育课堂教学中予以落地。

3. 要从学生的角度出发制订学习目标

学习目标是学生学习的期望值,主要不是教师教学的目标,教师教学的目的是为学生提供服务,不是为了完成教学任务。因此,从这个角度而言,学习目标的制订一定要从学生的角度出发,要站在学生的立场思考学生的学习需要什么、能够达成什么、如何达成等。长久以来,体育教师们习惯了从自己的角度出发思考教什么,至于学生学习了什么则不是思考的关键。实际上,体育教师教了什么并不等于学生学习了什么,二者之间存在着较大的距离。一名成功的教师,应该是通过自己的教学让学生掌握知识、技能与方法,能够达到国家课程标准的要求。当前,"以学生发展为中心"的理念已经深入人心,世界

---

① 季浏.好的顶层设计等于成功了一半——关于《课程标准(2017年版)》教学计划建议的解读[J].中国学校体育,2018(8):17—20.

各国在制订学习目标时也围绕学生而展开,这是我们应该努力的方向。比如,以美国个人与社会责任教学模式的课时计划目标为例[①],该课时计划的目标在技战术与比赛能力、认知、情感、身体活动等方面的学习目标均从学生的角度予以阐述(见表9-2)。

表9-2 美国个人与社会责任教学模式课时计划目标示例(第10次课)

学习目标领域	具体阐述
技战术与比赛能力的学习目标	1. 在练习中,学生能够执行一名防守者做"V"字形切入,接球并投篮。 2. 在练习中,学生能够执行一名防守者做底下切入,接球并投篮。
认知方面的学习目标	学生能够说出无球运动的重要性,让自己和同伴有得分的机会。
情感方面的学习目标	1. 学生能够在课堂所有活动的互动中,通过语言或非语言的形式强调尊重。 2. 学生能够在整节课的所有活动中,通过高度的注意力和参与来展示努力的程度。 3. 学生能够在自我指导时间和选择任务上,坚持独立工作以展现自主性。 4. 学生能够在领导他人或被同伴领导的教学活动中,与其他同学配合,展现良好的社会责任感。
身体活动方面的学习目标	学生能够达到适度水平的运动量,在课堂中步数达到2500步。

因此,体育教师在基于学科核心素养和课程目标从学生角度出发制订学习目标时,首先要充分了解国家课程标准的要求,因为国家课程标准的要求是底线,是所有学生都应该达到的。其次,要深入了解学生的情况,包括所教班级学生的运动基础、学习兴趣、身体状态、个性化需求、课堂学习期望等,以制订符合学生实际情况的学习目标。最后,在撰写具体的学习目标时,一定要使用"学生能够……"的方式。针对此问题,有些体育教师提出疑问,认为是不是从学生角度出发撰写学习目标不重要,因为在实践操作中并无多大区别。这是一种误解,实际上教学设计体现了一名教师的价值观,尤其是学习目标体现了教师的操作路向,所以首先必须要在价值观层面保证从学生的角度出发。

4. 制订的学习目标要可达成和可测量

虽然制订的学习目标是对学生体育与健康学习结果的预设,但这种预设

---

① 李卫东,汪晓赞主编.体育课程教学模式[M].北京:高等教育出版社,2018:166.

不能好高骛远,至少要考虑可达成和可测量两个方面的问题。所谓可达成,即制订的不同层次的学习目标是学生"跳一跳够得着"的,靠近学生的"最近发展区",而不是经过努力无法达成的;所谓可测量,即要能够对学生的学习目标进行评价,尽量通过显性和定量的指标测量达成程度,从而体现出学生在体育与健康学科核心素养方面的达成程度。

关于学习目标的可达成问题,包含了两个方面的意思,即学习目标既不能难度太大,也不能要求太低,前者会导致学生"达不成目标",后者会导致学生"因为太简单而不需要达成目标"。因此,这就要求体育教师既要充分了解国家课程标准的要求,又要深度分析学生的实际水平,保证制订的学习目标是切合实际情况的。关于学习目标的可测量问题,表9-2中所呈现的"学生能够达到适度水平的运动量,在课堂中步数达到2500步"就是一个典型案例,明确提出了2500步的要求,这一定量要求就是可以明确测量的。因此,这就要求体育教师在制订学习目标时,要结合学业质量标准的要求,将学科核心素养和课程目标细致分解,并尽量用量化的指标予以表述。对于那些实在无法量化的目标要求,应该要尽量表达清晰,向可测量的方向靠拢。实际上,《课程标准(2017年版)》为了解决这一问题,在学业质量部分,对不同模块的学业质量水平尽可能地进行了量化描述。虽然学业质量主要是为学生的学习评价提供参照,但学习评价是指向学习目标的,所以也可以为体育教师在制订学习目标时提供参考。

二、基于体育学科核心素养的体育课程内容展望

首先,要坚持"目标引领课程内容"的基本原则。在形成学科核心素养体系的基础上,最重要的工作就是保持素养之下的课程内容对素养本身的支撑作用,但在学科核心素养和课程内容之间还有课程目标起着关键的衔接作用。因此,在课程内容层面,要进一步强化课程目标对内容的引领作用,将核心素养一以贯之地落实下去。课程目标是连接核心素养和具体课程内容之间的桥梁,起着承上启下的作用。实际上,我国自2001年开始的基础教育体育与健康课程改革,就明确提出了"目标引领内容"的思想,强调要改变过去"学科中心观"的思想,改变上体育课是为了"教内容"的思维,要从课程目标或学习目标的角度出发去选择和编制课程内容,以促进目标的达成。这既可以从宏观上规范、指导全国各地、各校的体育教学,又能够给各地、各校留有较大的选择

余地和广阔的发展空间。这也说明,不管选择什么内容,只要有助于达成学习目标就行。目标统领内容,可以充分调动各地、各校的积极性和创造性。[①] 基于此,未来将更加强调课程内容对课程目标和学科核心素养的达成,那些即使在学科知识体系中占据一席之地但无法有效培养学生学科核心素养的内容,将被淘汰出局。

其次,要构建指向核心素养的体育课程内容体系。正是因为"目标引领课程内容"的基本原则,使得课程标准突破了传统体育教学大纲的"内容中心观",这便导致课程标准中的课程内容不再像以往教学大纲中的课程内容事无巨细,更多是一种指向目标的内容表达。基于此,体育教师要学会构建指向核心素养的体育课程内容体系。以《课程标准(2017年版)》为例,在课程内容部分,以体育学科核心素养为指引提出了体能和健康教育两个必修必学模块的课程内容,还以举例的方式呈现了足球、跳远、健身健美操、蛙泳、防身术、花样跳绳等六个项目的模块1—3的课程内容,分别代表球类运动、田径类运动、体操类运动、水上或冰雪类运动、武术与民族民间传统体育类运动、新兴体育类运动。然而,运动项目的数量非常庞大,体育教师也不可能只教《课程标准(2017年版)》中列举的几个项目。即使是教这个几个项目,也只有模块1—3的课程内容可以参考。基于此,体育教师在未来要学会参照《课程标准(2017年版)》的案例,深入领会体育学科核心素养的要求,从基本知识与技能、技战术运用、专项体能与一般体能、展示与比赛、规则与裁判方法、观赏与评价这六个方面构建不同运动项目的课程内容体系,从而以此为基础做好下一步的教学计划设计。

三、基于学科核心素养的体育教学实施展望

首先,要做好基于学科核心素养的教学计划设计。教学计划是对未来教学的全面思考和完整设计,必须基于对课程标准精神的理解、对学生情况的了解、对学校实际的把握等;教学计划是连接课程标准与实践教学的纽带,既要充分体现课程标准的精神,又要对实践教学起直接的指导作用。体育与健康教学计划要有助于落实立德树人的根本任务,有利于培养学生的学科核心素

---

① 滕子敬,季浏,耿培新,等.体育与健康课程为什么要目标统领学习内容[J].中国学校体育,2002(5):13—14.

养。体育与健康教学计划设计得好，体育与健康教学实践就成功了一半。[①]《课程标准(2017年版)》所提出的教学计划主要有三种，即学段教学计划、模块教学计划和课时教学计划，在任何一种教学计划中，都必须要将体育学科核心素养作为主线贯穿其中，即体育学科核心素养既是教学设计的出发点，也是落脚点。因此，应该以体育学科核心素养为纲，在学习目标、教学内容、教学重难点、教学与学法、教学组织形式、运动负荷、教学反思等每一个环节中思考如何融入体育学科核心素养的要求。

其次，要形成教学实施的"大课程观"。在指向学科核心素养的教学实施过程中，除了要遵循《课程标准(2017年版)》所提出来"强化目标意识，将学科核心素养完整地渗透到学习目标中；树立新的知识观，从注重单个知识点和技术教学向注重学科核心素养培养转变；改变教学方式，促进学生积极主动地学习；线上线下学习深度融合，提高学生的信息素养；重视区别对待，关注每个学生的进步和发展；保证一定的运动负荷，提高学生课堂学习效果；根据运动技能的特点，采用有针对性的教学策略；课内外有机结合，培养学生参与课外体育活动的习惯；关注地区和学校差异，努力形成学校教学特色；重视健康教育课的教学，运用灵活多样的教学形式；处理好体育与健康课程与国家相关政策要求和活动的关系，共同促进学生健康、全面发展"这11条教学建议之外，更应该要从广泛培养学生的体育学科核心素养的角度出发，落实教学实施的"大课程观"。在这一过程中，既要注重从学生日常经验和社会生活出发，关注与体育学科内容相关联的重要的、整合的现象，创设基于现实的复杂或开放性情境，建立与学生当前运动经验紧密对接、在复杂程度上逐渐提升和演变的活动单元，为课程实施提供系统化的整合性载体；又要突破"课程实施仅限于课堂教学"局限的趋势，注重学校体育社团、体育运动协会、体育俱乐部、体育赛事、学校体育日等的开展，将课程实施的范围进行拓展，构建"大课程观"实施格局。

最后，要运用和开发更多的实施载体。为了达成体育学科核心素养的培育，在开展体育教学实施的过程中，应该要借助更多的实施载体。在课堂教学层面，当前越来越多的体育课程模式被开发和应用，如常见的有终身体能课程模式、运动教育课程模式、战术比赛教学课程模式、个人和社会责任课程模式、

[①] 季浏.好的顶层设计等于成功了一半——关于《课程标准(2017年版)》教学计划建议的解读[J].中国学校体育,2018(8)：17—20.

合作学习课程模式、和平运动课程模式、技能主题取向课程模式、体育文化研究课程模式、户外教育课程模式和冒险教育课程模式等①,这些课程模式为指向体育学科核心素养的教学实施提供了可以借鉴的经验。在国内,由季浏教授开发的中国健康体育课程模式,从运动负荷、体能练习和运动技能学习三个方面形成了关键要点,是我国第一个系统的指向学科核心素养培育的有中国特色的体育课程模式。②③ 基于中国健康体育课程模式,由汪晓赞教授开发的KDL(Know it,知之;Do it,行之,Love it,乐之)体育与健康系列课程④,更是将核心素养的培养予以落地。除了课堂教学层面需要继续探索更加丰富的教学实施载体之外,在课外体育锻炼、体育社团活动、体育竞赛活动等方面如何培养体育学科核心素养的实施方式还不够系统,未来还需要进一步加强探索。

四、基于学科核心素养的体育学习评价展望

首先,从当前的趋势来看,体育学习评价必然以评估学生通过体育学习达成的学科核心素养情况为焦点。作为学生的价值观念、必备品格与关键能力,核心素养可以用来指导教育教学评价,但如果直接拿核心素养的内容来进行评价,在操作和实施上将面临诸多困难。因此,学业质量标准起到了链接核心素养要求和学习评价的桥梁作用。有了学业质量标准,教师在教学中就能够更加清晰地指导哪些内容要教到什么程度,要在具体学科知识领域中培养学生的哪些学科能力和素养;有了学业质量标准,就能通过学习评价更好地体现对学生能力素养的考察,促进核心素养在评价领域落地。⑤ 由此可知,在核心素养导向下的体育学习评价,首先要形成体育学业质量标准,虽然《课程标准(2017年版)》呈现了体能、健康教育和六个代表性运动项目的阶段性学业质量标准,但覆盖面太窄。因此,未来需要进一步以核心素养为依托,形成可测、可

---

① 汪晓赞,尹志华,李有强,于莹莹,季浏.国际视域下当代体育课程模式的发展向度与脉络解析[J].体育科学,2014,34(11):3—15+26.
② 季浏.中国健康体育课程模式的思考与构建[J].北京体育大学学报,2015,38(9):72—80.
③ 季浏.对中国健康体育课程模式理论和实践问题的再研究[J].北京体育大学学报,2019,42(6):12—22.
④ 汪晓赞.落实体育与健康课程标准 实现高质量课堂教学——走近KDL体育与健康课程[J].中国学校体育,2019(4):27—29.
⑤ 辛涛.学业质量标准:连接核心素养与课程标准、考试、评价的桥梁[J].人民教育,2016(19):17—18.

评、可量化的体育学业质量标准，从而在体育学科核心素养和学习评价之间搭建坚固的桥梁。

其次，在体育学业质量标准的基础上，未来将进一步强化多元体育学习评价的发展趋势。多元体育学习评价体系应由多元的内容、方法、评价标准和评价主体构成，通过多方面收集评价信息，准确反映学生的学习情况，充分发挥评价的诊断、反馈、激励与发展功能，更有效地挖掘每一位学生的体育学习潜力，调动他们的体育学习积极性，促进学生更好地"学"和教师更好地"教"。[①]当前发达国家体育学习评价的多元化趋势已经较为明显，而未来的发展趋势除了要将多元学习评价以学业质量标准为参照之外，还将会关注几个方面：一是在学习评价中融入信息技术手段，如美国所提倡的移动设备、云支持技术和社交媒体等。一些新型的信息技术设备，如心率监测仪、计步器、加速度计、运动手表等，将被广泛应用于体育学习评价之中，从而拓展评价方法和手段，以更加准确地评价学生学习之后达成的学科核心素养表现；二是将更加关注有特殊需要学生的学习评价。随着社会的发展，肥胖、心理障碍、抑郁、残障等各类有特殊需要学生的体育学习将会更加引起重视，而课程标准对这类群体的关注也越来越多，但过去的学习评价主要针对正常学生，这不利于本已处于弱势地位的这部分学生的全面健康发展。因此，一些针对有特殊需要学生的体育学习评价方法、手段、工具、标准等将会被开发和应用，从而用于评价这类学生的体育学科核心素养表现。

五、基于学科核心素养的体育教材编写展望

教材是国家事权，是国家意志的体现。党的十八大以来，党中央高度重视教材建设，习近平总书记就教材工作作了一系列重要指示、批示、讲话，我国重视教材建设进入程度空前的历史时期。在这一时期，我国教材工作体制发生了深刻变革，成立了专门的国家教材委员会，教育部成立了教材局，在研究方面专门组建了课程教材研究所。在党中央的正确领导下，通过教育系统的协同努力，我国大中小学教材建设取得了重大进展和显著成效，教材建设总体水平迈上了新的台阶。[②]在国家总体如此高度重视教材编写的情况下，未来基于

[①] 汪晓赞，张军.中小学体育与健康学习评价热点探析[J].中国学校体育，2014(4)：18—23.
[②] 田慧生.新时代教材建设的若干思考[J].课程·教材·教法，2019，39(9)：4—6.

学科核心素养的体育教材编写要考虑以下几个方面的问题:

首先,在编写指导思想上,要始终聚焦体育学科核心素养。如前所述,体育学科核心素养的构建高度契合了国家的相关精神,甚至可以说体育学科核心素养本身就是对国家政策文件的落实。因此,在未来的体育教材编写过程中,要始终坚持以习近平新时代中国特色社会主义思想为指导,深入贯彻党的十八大、十九大精神和全国教育大会精神,全面贯彻党的教育方针,落实立德树人根本任务,落实教育部《关于全面深化课程改革落实立德树人根本任务的意见》,国务院办公厅《关于强化学校体育促进学生身心健康全面发展的意见》(国办发〔2016〕27号),中共中央办公厅、国务院办公厅印发的《关于全面加强和改进新时代学校体育工作的意见》,中共中央办公厅、国务院办公厅印发的《关于深化教育体制机制改革的意见》以及国家体育总局、教育部《关于印发深化体教融合促进青少年健康发展意见》(体发〔2020〕1号)等有关文件要求。[①]如果在体育教材编写中渗透了这些精神的要求,就意味着在指导思想上聚焦了体育学科核心素养。

其次,在体育教材的内容选择上,要将适合中国国情的先进教育思想和理论、体育观念和健康教育观念应用于其中,重视学生体能的发展,促进中华优秀传统体育文化和新兴体育类运动项目的有机结合,关注与学生成长紧密相关的健康知识和技能的传授,精选能适应时代要求的、有利于学生健康发展和体育学科核心素养培育的体育与健康基础知识、基本技能和方法作为教材内容。换句话说,只要是有助于达成体育学科核心素养培养的内容,都可以纳入教材内容的选择之中;无助于达成体育学科核心素养的内容,即使在学科内容体系中占据很重要的位置,也应该要敢于舍弃。

最后,在体育教材的呈现方式上,除了要吸引学生阅读和学习思考之外,关键在于构建以问题解决为导向的体育教材呈现方式。体育学科核心素养的培养,重在强调学生在解决复杂问题的过程中形成正确价值观、必备品格和关键能力。因此,今后的体育教材编写一定要打破以严密的学科内容体系构建为中心的编写思路,要从问题解决的角度出发,高度重视丰富多彩的体育学习活动的设计,创设贴近学生实际的、复杂的体育学习情境,注重体育教材中的概念与概念、原理与原理、理论与实践之间的关联性,启发学生运用结构化的体育与健

---

① 李志刚,陈珂琦,胡滨,陈世雄,高琬鑫.聚焦学科核心素养 提升教材育人价值——人教版《普通高中教科书体育与健康必修全一册》介绍[J].中国学校体育,2019(8):19—23.

康科学知识和原理解决实际问题,从而指导学生进行体育与健康学习和锻炼。

六、基于学科核心素养的体育教师成长展望

无论体育学科核心素养体系多么完善,如果实施体育课程的体育教师不能跟随核心素养时代的新要求转型升级,即自身不具备培养学生核心素养的能力,那么将对核心素养导向的体育课程改革产生巨大的阻碍作用。[①] 基于此,当前基于学科核心素养的体育教师成长的关键问题是要精准认识新时代体育教师自身应该具备的核心素养及其提升策略。[②]

首先,要树立从能力到核心素养的新时代体育教师专业发展观。21世纪以来,学校教育的重心已经从知识传授转向能力培养,进而转向核心素养培育。如前所述,要让学生具备核心素养,教师不仅需要熟悉培育核心素养方式,其自身更要具备一定的核心素养。基于此,新时代体育教师专业发展必须要从重视能力转向重视核心素养,具体缘由包括三个方面:体育教师专业发展的终极目标是服务于学生学科核心素养培育、能力导向的体育教师专业发展割裂了"专业人员的完整性"、从数量到质量的新需求更加重视体育教师的核心素养。

其次,要构建基于学科核心素养的体育教师核心素养。结合当前教育部对学生学科核心素养的界定,即正确价值观、必备品格与关键能力,认为体育教师的核心素养应该也要涵盖这几个方面:

一是体育教师正确的价值观,包括正确制度观、正确职业观、正确学生观。所谓正确的制度观,即指新时代的体育教师对党和国家、各级教育行政部门颁布有关体育教育改革、课程改革与教学改革等政策、法规文件具有积极和正确的认知与看法;所谓正确的教师观,即体育教师要对自身的职业有正确的认知和看法;所谓正确的学生观,即体育教师要对"培养什么样的人、怎样培养人"的本质问题具有正确的价值认知。

二是体育教师的必备品格,认为主要包括体育人文底蕴、体育科学精神、体育品德三个方面。所谓体育人文底蕴,主要是指体育教师在学习、理解、运用人文领域知识和技能等方面所形成的基本能力、情感态度和价值取向;所谓

---

① 付凌一,孙铭珠,尹志华.体育教师发展核心素养构建的缘起与现实意义[J].运动精品,2019,38(4):11—14.
② 尹志华,田恒行.新时代体育教师应具备的核心素养与提升策略[J].中国学校体育,2020(7):33—36.

体育科学精神，主要是指体育教师在学习、理解、运用科学知识和技能等方面所形成的价值标准、思维方式和行为表现；所谓体育品德，是指体育教师在处理工作中的各种关系时所形成的情感态度、价值取向和行为方式，要求体育教师应该要自尊自信、勇敢顽强、积极进取、超越自我、遵守规则、诚信自律、公平正义、文明礼貌、相互尊重、善于交流合作、具有责任担当，在体育教育工作中善于认同和理解。

三是体育教师的关键能力，包括体育教学能力、体育教研能力、课外体育活动与训练竞赛能力、学习与反思能力。关于体育教学能力，主要包括体育教学设计能力、体育教学实施能力、体育课堂管理能力、体育学习评价能力、体育课程资源开发能力等。关于体育教研能力，要求体育教师要围绕"培养什么样的人和如何培养人"的根本问题，从设计基于核心素养的体育教学计划、探索基于核心素养的体育教学新方法、开发基于核心素养的体能学练方法、开展"中国健康体育课程模式"实践、思考结构化和关联性的知识与技能的内涵、创新基于核心素养的区域体育教研模式、推动基于核心素养的体育学习评价实践、促进信息技术与核心素养导向课程的融合等角度，深入开展教学研究工作，为学生学科核心素养的培育提供科学依据和指导方案。关于体育教师的课外体育活动与训练竞赛能力，要求体育教师要从"大课程观"的角度出发，结合体育与健康课程标准中提出的学科核心素养培育路径，如体育课、健康教育课、课外体育锻炼、体育竞赛活动和体育社团活动，立足于体育课堂教学，通过其他几种途径多角度培养学生的学科核心素养，突破传统的课外体育活动和训练竞赛主要为学校争荣誉、拿成绩和培养体育特长生的思维，转向全方位培养所有学生的运动能力、健康行为和体育品德。关于体育教师的学习和反思能力，即要求体育教师要在已经基本掌握的体育科学知识、教育教学知识、体育基础理论知识、卫生保健知识等的基础上，及时根据基础教育体育课程改革的需求，通过持续学习更新自己的知识体系，如在线体育课程设计知识[①]，多媒体、电子白板、智能手机、运动手表、心率监测仪、计步器、加速度计等信息技术手段知识，体育微课、慕课、翻转课堂等的实施知识，运动负荷监测与评定知识，面对新冠疫情等重大健康危机时的相关处置知识[②]等，从而保证自身所具

---

① 尹志华.基于国家课程标准的线上体育课程设计要点解析[J].中国学校体育，2020(3)：8—10.
② 尹志华，张古月，孙铭珠.关照健康：重大疫情下体育与健康课程面临的挑战、责任和未来转向[J].体育成人教育学刊，2020，36(2)：20—25.

备的知识符合时代要求。

此外,如果要更好地提升核心素养时代下体育教师的核心素养水平,一方面国家应在制度层面做好顶层设计,在面对新时代的新挑战时,国务院、教育部教材局、基础教育司、体育卫生与艺术教育司等主管部门,应该积极结合当前基础教育课程改革的大背景与发展趋势,研制体育教师核心素养体系,在相应的教师队伍建设文件中,明确提出未来体育教师的专业发展应该精准指向核心素养,出台相关的政策文件和法规,形成培养体育教师核心素养的制度,帮助各地教育主管部门和体育教师自身明晰未来的发展方向,尽快实现体育教师专业发展的转型升级,自身形成良好的核心素养。地方主管部门应在实践层面做好引导支持,各地教育局、教学研究室、体育局等部门,应该针对体育教师核心素养的提升开展务实的实践工作。具体包括:依据国家有关教师核心素养培养的顶层设计规划地方体育教师核心素养培养的方案,出台地域性的文件;在各地的国培计划、省培计划等各类体育教师培训项目中,在培训方案设计、课程设置、具体实施和效果评估与反思等环节将体育教师核心素养的要求予以渗透,全方位搭建体育教师核心素养提升的载体;各地在体育教师职称评聘、评优评奖、岗位晋升等工作中,明确提出体育教师核心素养的相关要求是重要依据,从而通过"以评促进、以评促建、以评促强"的方式倒逼体育教师提升自己的核心素养;有意识地在各地体育科研课题申报、体育教师基本功大赛、教学比武和展示活动等中体现体育教师核心素养的要求。而体育教师应该在个体层面主动学习,要善于根据时代和学生的需求调整自己的学习重心,通过主动学习的方式提升自己的核心素养水平。具体而言,体育教师一方面要加强理论学习,系统了解基于核心素养的课程改革的国家政策、课程标准、具体要求等,充分利用当前容易获取资源的优势,通过线上、线下、线上线下混合式等多种方式阅读有关核心素养的书籍和文献,加强自身的理论储备,提高文化修养;另外一方面,体育教师应该要主动参与到基于核心素养的体育教育工作中去,如通过教学实践、课题引领、校本研修等多种方式,为自身寻找提升核心素养的平台和载体,强化对核心素养的理解,提升核心素养水平。总之,新时代体育教师核心素养的提升不会自动实现,需要广大体育教师下苦功夫,实现快速转型。

参考文献

［1］彼得罗夫斯基,雅罗舍夫斯基.心理学辞典[M].赵碧如,等译.北京：东方出版社, 1997：355.

［2］毕明波.小学生体育核心素养培育的实证研究[D].曲阜：曲阜师范大学,2019.

［3］蔡春.德性与品格教育论[D].上海：复旦大学,2010：69.

［4］岑艺璇,张守伟.国外核心素养框架下体育教育改革的探索[J].体育学刊,2018,25(1)：104—109.

［5］常飒飒,王占仁.欧盟核心素养发展的新动向及动因——基于对《欧盟终身学习核心素养建议框架 2018》的解读[J].外国教育研究,2019(8)：35—43.

［6］车文博.试论意识[J].心理学探新,1981(3)：1—6.

［7］陈福亮,季浏.教育变革时代的体育课程标准新形态：台湾高中体育课标的案例[J].北京体育大学学报,2016,39(5)：66—71.

［8］陈嘉明.信念、知识与行为[J].哲学动态,2017(10)：53—59.

［9］陈建成.学生义务教育阶段的体育核心素养探析[J].体育世界(学术版),2017(11)：99—100.

［10］陈祁罕.初中学生体育核心素养体系及培养路径[J].教育评论,2017(6)：133—136.

［11］陈秋芬.核心素养下高中体育学习评价方案的探究[J].运动,2018(9)：113—114.

［12］陈思同,刘阳,唐炎,蔡玉军,陈佩杰.体育素养测量与评价的现状、挑战及未来[J].体育学刊,2019,26(5)：110—117.

［13］陈思同,刘阳,唐炎,陈昂.对我国体育素养概念的理解——基于对 Physical Literacy 的解读[J].体育科学,2017,37(6)：41—51.

［14］陈霞.小学生体育核心素养体系及培养路径[J].名师在线,2019(13)：48—49.

［15］褚宏启.核心素养的概念与本质[J].华东师范大学学报(教育科学版),2016(1)：1—3.

［16］辞海编辑委员会.辞海[M].上海：上海辞书出版社,1988.

［17］崔允漷,邵朝友.试论核心素养的课程意义[J].全球教育展望,2017,46(10)：24—33.

［18］戴燕,辛艳军.基于学生核心素养培育的高中体育课堂教学策略研究[J].体育世界(学术版),2018(8)：135＋128.

［19］党林秀,董翠香,季浏.新西兰《健康与体育课程标准》解析及启示[J].成都体育学院学报,2015,41(1)：23—30.

[20] 刁玉翠,李梦欣,党林秀,董翠香.澳大利亚健康与体育课程标准解读[J].体育学刊,2018,25(2):85—90.

[21] 董翠香,刁玉翠,党林秀,李梦欣,季浏.英国国家中小学体育课程学习纲要解读及启示[J].成都体育学院学报,2015,41(2):16—21.

[22] 方丽华.浅析萨特的存在主义哲学思想[J].重庆科技学院学报(社会科学版),2010(13):34—36.

[23] 方修琦,牟神州.中国古代人与自然环境关系思想透视[J].人文地理,2005,20(4):110—113.

[24] 方英敏.身体美学与身心一元论的证成——基于马克思历史唯物主义的一种解答[J].文艺理论研究,2020,40(1):200—210.

[25] 费孝通.美国与美国人[M].北京:三联书店,1984.

[26] 冯连世.优秀运动员身体机能评定的方法及存在问题[J].体育科研,2003,24(3):49—54.

[27] 冯启高.日本基础教育的特点及改革举措探析[J].河南科技学院学报,2020,40(10):13—18.

[28] 付凌一,孙铭珠,尹志华.从国家体育学科核心素养到课时学习目标:美国俄亥俄州的案例与特点分析[J].体育教学,2020(1):70—73.

[29] 付凌一,孙铭珠,尹志华.体育教师发展核心素养构建的缘起与现实意义[J].运动精品,2019,38(4):11—14.

[30] 傅健.体育认知形式与体育学习方式转变[J].体育与科学,2007,28(4):79—81.

[31] 高海利,卢春天.身体素养的构成要素及其理论价值探微[J].体育科学,2019,39(7):92—97.

[32] 高强,季浏.从身体技能到个人德性——法国中小学体育与运动课程大纲评述[J].成都体育学院学报,2015,41(1):31—35.

[33] 高淑青,张连成.锻炼心理学研究的生态化运动[J].体育成人教育学刊,2018,34(3):75—80.

[34] 高新民.心灵与身体——心灵哲学中的新二元论探微[M].北京:商务印书馆,2012:47—49.

[35] 高宣扬,闫文娟.论萨特存在主义伦理思想[J].江苏社会科学,2019(4):26—38+257—258.

[36] 高宣扬.存在主义[M].上海:上海交通大学出版社,2016.

[37] 高宣扬.论梅洛-庞蒂的生命现象学[J].同济大学学报(社会科学版),2010,21(3):1—10.

[38] 高宣扬.法德哲学交流对世界文明发展的意义[J].深圳大学学报(人文社会科学版),2014,31(6):12—21.

[39] 顾民.体育锻炼习惯形成的心理学因素分析[J].赤峰学院学报:自然科学版,2009,25(6):148—149.

[40] 郭芳,张强,王贵成,孟令滨.论体育文化与自然环境[J].体育文化导刊,2010(12):144—148.

[41] 郭清.2019冠状病毒病疫情防控的流行病学策略与启示[J].健康研究,2020,40(2):

1—5.

[42] 郭思岑.基于核心素养的体育课程标准研制：美国《K-12体育课程标准》经验与启示[J].湖北体育科技,2018,37(4)：345—348.

[43] 郭小艳,王振宏.积极情绪的概念、功能与意义[J].心理科学进展,2007,15(5)：810—815.

[44] 郭吟,陈佩杰,陈文鹤.4周有氧运动对肥胖儿童青少年身体形态、血脂和血胰岛素的影响[J].中国运动医学杂志,2011,30(5)：426—431.

[45] 韩改玲,朱春山,崔洁,朱美珍.澳大利亚通用素养在健康与体育课程中的实施路径及启示[J].体育学刊,2020,27(4)：111—116.

[46] 韩盛祥.对体育认知结构的认识和应用[J].体育文化导刊,2003(10)：36—37.

[47] 韩振峰.一元论、二元论、多元论[J].天津师大学报,1986(5)：17—18.

[48] 何菊平,刘晓芳.心理与疾病关系的研究进展——兼论心理护理的重要性[J].齐鲁护理杂志,1995,1(4)：23—24.

[49] 何秀超.加快构建中国特色哲学社会科学体系[N].人民日报,2020-6-29.

[50] 核心素养研究课题组.中国学生发展核心素养[J].中国教育学刊,2016(10)：1—3.

[51] 贺斌.默会知识研究：概述与启示[J].全球教育展望,2013(5)：35—48.

[52] 赫伯特·施皮格伯格.现象学运动[M].王炳文,张金言,译.北京：商务印书馆,1995：921—922.

[53] 洪晓彬,刘欣然.体育运动领域情绪研究述评[J].山东体育学院学报,2011,27(9)：66—70.

[54] 胡庆山.体育课程实施主体论[D].武汉：华中师范大学,2009：5—8.

[55] 胡小明.体育精神与改革开放[J].华南师范大学学报,2002,9(3)：109—113.

[56] 黄莉.中华体育精神研究[D].北京：北京体育大学,2006.

[57] 黄莉.体育精神的文化内涵与价值建构[J].体育科学,2007,27(6)：88—96.

[58] 黄书进.物质本质一元论[M].北京：西苑出版社,1998.

[59] 季浏,尹小俭,尹志华,周亚茹.日本基础教育体育科《学习指导要领》评述[J].成都体育学院学报,2015,41(2)：1—7.

[60] 季浏,尹志华,董翠香.国际体育与健康课程标准解读[M].上海：华东师范大学出版社,2018.

[61] 季浏,钟秉枢.普通高中体育与健康课程标准(2017年版)解读[M].北京：高等教育出版社,2018.

[62] 季浏.对中国健康体育课程模式理论和实践问题的再研究[J].北京体育大学学报,2019,42(6)：12—22.

[63] 季浏.好的顶层设计等于成功了一半——关于《课程标准(2017年版)》教学计划建议的解读[J].中国学校体育,2018(8)：17—20.

[64] 季浏.体育锻炼与心理健康[M].上海：华东师范大学出版社,2006：184—201.

[65] 季浏.体育与健康(普通高中教科书必修全一册)[M].上海：华东师范大学出版社,2019：161—162.

[66] 季浏.体育与健康[M].上海：华东师范大学出版社,2001：148.

[67] 季浏.我国《普通高中体育与健康课程标准(2017年版)》解读[J].体育科学,2018,

38(2):3—20.
[68] 季浏.中国健康体育课程模式的思考与构建[J].北京体育大学学报,2015,38(9):72—80.
[69] 贾春增.外国社会学史(修订本)[M].北京:中国人民大学出版社,2000:85.
[70] 贾文彤,黄志辉,洪亮.体育道德建设若干问题研究[J].山东体育学院学报,2006,22(3):4—6.
[71] 江长东.核心素养视域下校园足球课程目标的理论构建[J].当代体育科技,2019,9(12):124—125+127.
[72] 姜勇,马晶,赵洪波.基于具身认知的体育与健康学科核心素养意蕴与培养路径[J].体育学刊,2019,26(4):88—93.
[73] 姜勇,王海贤,潘正旺.基于核心素养的中小学生运动能力评价模型研究[J].沈阳体育学院学报,2019,38(6):105—114.
[74] 姜勇,王梓乔.对体育与健康学科核心素养内涵特征与构成的研究[J].中国学校体育(高等教育),2016,3(10):39—43.
[75] 蒋红霞.我国体育课程改革中的学科核心素养探究[J].当代教育论坛,2018(5):111—119.
[76] 焦宗元.身体视域下体育认知的转向研究[J].沈阳体育学院学报,2017,36(5):65—69.
[77] 解毅飞,房宜军,王洪妮.体育锻炼习惯研究概况及展望[J].山东体育科技,2004,26(2):42—44.
[78] 李行健.现代汉语规范词典[M].北京:语文出版社,2004:420.
[79] 李华驹.21世纪大英汉词典[M].北京:中国人民大学出版社,2002:433.
[80] 李淮春.马克思主义哲学全书[M].北京:中国人民大学出版社,1996.
[81] 李佳宝.竞技体育与民族国家的共建:"女排精神"产生和传播的历史[J].体育成人教育学刊,2018,34(3):44—48.
[82] 李江涛.施一公:喜欢跑步追战争剧的院士[J].今日科苑,2015(2):18—19.
[83] 李静波,杨波.我国学校体育竞赛八大问题与对策分析[J].体育文化导刊,2010(4):89—91.
[84] 李力研.奥林匹克精神与体育文化:一种东西方文化比较的哲学文化学视角[J].天津体育学院学报,2002,17(2):14—18.
[85] 李丽君.体育教育中身体美学的理论诠释[J].体育成人教育学刊,2018,34(6):23—26.
[86] 李琳,周泽鸿,季浏.俄罗斯普通教育体育课程标准解读及其启示[J].成都体育学院学报,2015,41(1):42—47.
[87] 李维瑜,刘静,余桂林,徐菊华.知信行理论模式在护理工作中的应用现状与展望[J].护理学杂志,2015,30(3):107—110.
[88] 李卫东,汪晓赞主编.体育课程教学模式[M].北京:高等教育出版社,2018.
[89] 李欣阳.澳大利亚《F-10体育与健康国家课程标准》解析及启示[J].体育成人教育学刊,2018,34(6):65—67+75.
[90] 李欣阳.澳大利亚中小学体育竞赛体系研究及启示[J].体育成人教育学刊,2019,35

(2):74—77.

[91] 李艳辉.俄罗斯基础教育创新发展动向及启示[J].中国教育学刊,2013(2):89—92.

[92] 李永华,张波.学校体育的使命:论体育素养及其提升途径[J].南京体育学院学报(社会科学版),2011,25(4):99—101.

[93] 李友梅.快速城市化过程中的乡土文化转型[M].上海:上海人民出版社,2007:12.

[94] 李佑发,石雨桐,王思佳,马晓.基于核心素养的芬兰体育课程标准分析[J].体育学刊,2018,25(4):122—128.

[95] 李媛媛.胡塞尔群体意识形态研究[D].武汉:华中师范大学,2012:9—13.

[96] 李政涛.教育与生命的重负[J].人民教育,2010(12):10—11.

[97] 李志刚,陈珂琦,胡滨,陈世雄,高琬鑫.聚焦学科核心素养 提升教材育人价值——人教版《普通高中教科书体育与健康必修全一册》介绍[J].中国学校体育,2019(8):19—23.

[98] 梁媛.基于核心素养提升的高校体育教学设计[J].体育科技文献通报,2018,26(10):78—79.

[99] 林崇德.21世纪学生发展核心素养研究[M].北京:北京师范大学出版社,2016.

[100] 刘畅,王书林.美国21世纪核心素养框架要素的探析与启示[J].教育评论,2018(9):154—158.

[101] 刘娜,杨士泰.立德树人理念的历史渊源与内涵[J].教育评论,2014(5):141—143.

[102] 刘世磊,黄彦军.日本《义务教育体育科学习指导要领》运动技能课程内容设置对我国的启示[J].体育学刊,2020,27(2):103—109.

[103] 刘艺芳,张志刚.论中国体育精神涵养中国精神[J].体育文化导刊,2018(3):8—12.

[104] 柳夕浪.从"素质"到"核心素养"——关于"培养什么样的人"的进一步追问[J].教育科学研究,2014(3):5—11.

[105] 柳夕浪.走向整体的人:核心素养的整合意义[J].中小学管理,2019(4):25—28.

[106] 卢云昆.自由与责任的深层悖论——浅析萨特"存在主义的人道主义"概念[J].复旦学报(社会科学版),2010(3):45—51.

[107] 鲁洁.生活·道德·道德教育[J].教育研究,2016(10):3—7.

[108] 罗芬.体育学科核心素养体系构建及评价[J].当代体育科技,2017,7(10):240—242.

[109] 罗国杰.伦理学[M].北京:人民出版社,1989:7.

[110] 罗峥,郭德俊.当代情绪发展理论述评[J].心理科学,2002,25(3):310—313.

[111] 马克思恩格斯选集第三卷[M].北京:人民出版社,1995:435.

[112] 马启伟,张力为.体育运动心理学[M].杭州:浙江教育出版社,1998.

[113] 马先明,姜丽红.态度及其与行为模式述评[J].社会心理科学,2006,21(3):7—10.

[114] 马雅丽.论古希腊哲学中的"一"与"多"的学说[J].合肥工业大学学报(社会科学版),1987(2):26—31.

[115] 马誉炜.处世的学问[J].中关村,2019(4):115.

[116] 梅洛·庞蒂.知觉现象学[M].姜志辉,译.北京:商务出版社,2012.

[117] 墨菲.美国"蓝带学校"的品性教育——应对挑战的最佳实践[M].周玲,张学文,译.北京:中国轻工业出版社,2002:8.

[118] 倪梁康.胡塞尔现象学概念通释[M].北京:生活·读书·新知三联书店,1999.

[119] 倪梁康.胡塞尔与海德格尔[M].北京:商务印书馆,2016.

[120] 倪梁康.现象学的始基[M].北京:中国人民大学出版社,2009:115—117.

[121] 潘建芬.教什么健康知识和健康技能——解读美国中小学生必修课程《健康与幸福》[J].体育教学,2018(4):16—19.

[122] R·赫斯利普.美国人的道德教育[M].王帮虎,译.北京:人民教育出版社,2003.

[123] 潘绍伟.如何使体育与健康学科核心素养真正落地[J].中国学校体育,2018(10):2—3.

[124] 裴新宁,刘新阳.为21世纪重建教育——欧盟"核心素养"框架的确立[J].全球教育展望,2013,42(12):89—102.

[125] 祁型雨,李春光.我国教育政策价值的反思与前瞻[J].现代教育管理,2020(3):29—35.

[126] 乔玉成.青少年锻炼习惯的养成机制及影响因素[J].体育学刊,2011,18(3):87—94.

[127] 秦德祝.近代西方唯理论哲学关于身心关系学说的流变[J].华中师范大学学报(人文社会版),2003(4):88—93.

[128] 邱梅婷,贾绍华,陈琼霞,蔡瑞广,王留东.体育锻炼习惯的形成机制和影响因素研究[J].首都体育学院学报,2005,17(6):87—89.

[129] 让-保罗·萨特.存在与虚无[M].陈宣良,等译.上海:三联书店,2007.

[130] 刘擎.西方现代思想讲义[M].北京:新星出版社,2021:204.

[131] 任海.身体素养:一个统领当代体育改革与发展的理念[J].体育科学,2018,38(3):3—11.

[132] 任钟印.世界教育名著通览[M].武汉:湖北教育出版社,1994:1315—1316.

[133] 尚力沛,程传银,赵富学,董鹏.基于发展学生核心素养的体育课堂转向与教学转变[J].体育学刊,2018,25(2):68—75.

[134] 尚力沛,程传银.核心素养、体育核心素养与体育学科核心素养:概念、构成及关系[J].体育文化导刊,2017(10):130—134.

[135] 尚力沛,程传银.基于学科核心素养的体育学习情境:创设、生成与评价[J].沈阳体育学院学报,2019,38(2):78—85.

[136] 尚力沛,程传银.体育学科核心素养导向的课堂教学:目标、过程与策略[J].体育文化导刊,2018(2):109—114.

[137] 尚力沛.核心素养背景下体育学习评价的若干问题讨论[J].天津师范大学学报(基础教育版),2019(1):56—60.

[138] 沈翔.奥林匹克运动的社会责任研究[J].体育成人教育学刊,2018,34(1):82—85.

[139] 施艺涛,崔华,解有毅.身体素养哲学基础、概念界定和评测体系的系统评价[J].体育科学,2019,39(8):3—11.

[140] 石鸥.核心素养的课程与教学价值[J].华东师范大学学报(教育科学版),2016(1):9—11.

[141] 斯米尔诺夫.心理学[M].朱智贤,等译.北京:人民教育出版社,1957:491.

[142] 姒刚彦,段艳平.少年儿童锻炼心理学研究述评[J].武汉体育学院学报,1995,

19(2)：64—66.

[143] 宋代恩,曹景田.正确认识理论的指导作用[J].辽宁大学学报(哲学社会科学版),1978(5)：14—17.

[144] 宋官东,陈震,耿海天.俄罗斯的个性化教育改革初探[J].东北大学学报(社会科学版),2017,19(1)：79—84.

[145] 宋书文,孙汝亭,任平安.心理学词典[M].南宁：广西人民出版社,1984：119.

[146] 宋希仁.伦理与人生[M].北京：教育科学出版社,2000：12.

[147] 孙晨晨.我国体育认知研究述评——由"何为体育"到"为何体育"的转变[J].体育成人教育学刊,2014,30(1)：79—81.

[148] 孙启林,杨金成.面向21世纪的韩国基础教育课程改革——韩国第七次教育课程改革评析[J].外国教育研究,2001,28(2)：4—9.

[149] 孙启林.韩国基础教育课程改革述评(上)[J].课程·教材·教法,1993(10)：59—61.

[150] 孙英.品德与德性：概念辩难[J].上海师范大学学报(哲学社会科学版),2001(2)：25—31.

[151] 覃立,李珏.高尔夫技术教学中"关键帧"法的运用探究——基于默会知识的视角[J].体育成人教育学刊,2017,33(3)：65—68.

[152] 覃立.国外"核心素养"理念中体育元素的解析及其启示[J].体育研究与教育,2019(2)：28—31.

[153] 汤利军,蔡皓.基于"立德树人"的我国青少年体育品德评价指标体系构建研究[J].武汉体育学院学报,2019,53(10)：75—80.

[154] 唐凯麟.伦理学[M].北京：高等教育出版社,2001：38.

[155] 唐嵩潇.情绪识别研究述评[J].吉林化工学院学报,2015,32(10)：109—114.

[156] 唐征宇.运动心理学[M].上海：上海教育出版社,2018.

[157] 滕子敬,季浏,耿培新,等.体育与健康课程为什么要目标统领学习内容[J].中国学校体育,2002(5)：13—14.

[158] 田慧生.新时代教材建设的若干思考[J].课程·教材·教法,2019,39(9)：4—6.

[159] 田麦久.项群训练理论的创立与科学价值[J].中国体育教练员,2016(3)：6—9.

[160] 屠萍.论儒家思想中的民族精神在运动员思想道德教育中的作用[J].体育成人教育学刊,2018,34(4)：77—79.

[161] 托马斯·E·希尔.现代知识论[M].刘大椿,等译.北京：中国人民大学出版社,1989：1.

[162] 万俊人.人为什么要有道德?(上)[J].现代哲学,2013(1)：65—75.

[163] 万俊人.人为什么要有道德?(下)[J].现代哲学,2013(2)：46—58.

[164] 万星,李冬勤,唐建忠.体育美的内涵释义与魅力展现[J].体育文化导刊,2018(11)：147—152.

[165] 万仲兵.国际自由式摔跤中的战术运用[J].体育成人教育学刊,2017,33(6)：92—94.

[166] 汪晓赞,田雷.中学体育与健康课程与教学[M].上海：华东师范大学出版社,2018：64—66.

[167] 汪晓赞,尹志华,Lynn Dale Housner,黄景旸,季浏.美国国家体育课程标准的历史流变与特点分析[J].成都体育学院学报,2015,41(2):8—15.

[168] 汪晓赞,尹志华,李有强,于莹莹,季浏.国际视域下当代体育课程模式的发展向度与脉络解析[J].体育科学,2014,34(11):3—15+26.

[169] 汪晓赞,张军.中小学体育与健康学习评价热点探析[J].中国学校体育,2014(4):18—23.

[170] 汪晓赞.落实体育与健康课程标准 实现高质量课堂教学——走近KDL体育与健康课程[J].中国学校体育,2019(4):27—29.

[171] 王登峰.推进新时代学校体育卫生艺术和国防教育改革创新[J].课程·教材·教法,2018(5):4—10+43.

[172] 王红,王东桥,孙鲁.论养成锻炼习惯是奠定学生终身体育基础的关键[J].北京体育大学学报,2001,24(4):540—541.

[173] 王华倬.论我国近现代中小学体育课程的发展演变及其历史经验[D].北京:北京体育大学,2002:51.

[174] 王晖.核心素养——体育与健康课程的基因融合契机[J].首都体育学院学报,2018,30(3):204—208+231.

[175] 王靖,刘志文,陈卫东.未来课堂教学设计特性:具身认知视角[J].现代远程教育研究,2014(5):71—78.

[176] 王力.情绪心理学——从日常生活到理论[M].北京:中国工业出版社,2006.

[177] 王梅珍,于振峰,李经.篮球组合技术[M].北京:人民体育出版社,1994.

[178] 王秋杰.简析在篮球比赛中运用全场紧逼人盯人防守战术时机及要求[J].运动,2016,8(16):19—20.

[179] 王先亮.全域视角下青少年体育锻炼行为促进模型的构建[J].体育成人教育学刊,2019,35(3):65—72.

[180] 王晓刚.国际体育素养研究的前沿热点、主题聚类与拓展空间[J].北京体育大学学报,2019,42(10):102—116.

[181] 王晓望.试析关键能力[J].中国培训,2004(7):24—25.

[182] 王则珊.试论体育兴趣、爱好与习惯[J].体育科学,1992,12(4):16—18.

[183] 王增鑫,于涛.西方五种主流体育精神探析[J].体育学刊,2011,18(1):42—45.

[184] 王作为,张汝波.基于意会知识的机器人仿生体系结构研究[J].计算机工程与应用,2010(1):34—36+41.

[185] 威廉K·弗兰克纳.善的求索——道德哲学引论[M].黄伟合,等译,沈阳:辽宁人民出版社,1987.

[186] 韦姣.以成长促发展:澳大利亚教育改革新动向[J].世界教育信息,2019(1):68—71.

[187] 文辅相.素质·方法·创新[J].高等教育研究,1999(1):11—17.

[188] 吴瑾菁.论"道德"——道德概念与定义思路[J].江西师范大学学报(哲学社会科学版),2011,44(1):36—42.

[189] 吴维铭.影响体育锻炼习惯形成的因素探析[J].中国学校体育,1992(2):61.

[190] 吴向东.论价值观的形成与选择[J].哲学研究,2008(5):22—28.

[191] 习近平参加上海团审议强调创新发展择天下英才而用之[N].人民日报(海外版),2015-3-6(1).

[192] 夏峰.必须重视提高学生的体育素养[J].学校体育,1990(6):46.

[193] 夏立平,云新雷."上海精神"新内涵与构建人类命运共同体[J].上海交通大学学报(哲学社会科学版),2019,27(4):26—35.

[194] 夏文斌.走向公平正义之路——中国共产党对公平正义的不懈追求[J].北京大学学报(哲学社会科学版),2011,48(4):24—28.

[195] 向修玉.当代现象学-解释学科学哲学的基本观点[J].重庆电子工程职业学院学报,2008,17(3):24—26.

[196] 辛涛,姜宇,刘霞.我国义务教育阶段学生核心素养模型的构建[J].北京师范大学学报(社会科学版),2013(1):5—11.

[197] 辛涛.学业质量标准:连接核心素养与课程标准、考试、评价的桥梁[J].人民教育,2016(19):17—18.

[198] 休谟.人性论[M].关文运,译.北京:商务印书馆,1980:115.

[199] 徐崔华.体育与健康课程核心素养培育路径研究[J].当代体育科技,2019,9(2):73—74+76.

[200] 徐光春.马克思主义大辞典[M].北京:崇文书局,2018:19.

[201] 许营营.澳大利亚"核心素养"的发展历程及培育路径[D].上海:华东师范大学,2020.

[202] 阎智力,王世芳,季浏.日本小学的体育学习指导要领[J].体育科研,2012,33(3):91—95.

[203] 颜军.体育锻炼习惯形成的心理学思考[J].上海体育学院学报,1999,19(4):77—81.

[204] 央视新闻.一图读懂党的十九大报告[J].中国民政,2017(20):11.

[205] 阳艺武.Physical Literacy:内涵解读、中外对比及教学启示[J].上海体育学院学报,2016,40(4):73—78+94.

[206] 杨国荣.伦理与存在——道德哲学研究[M].上海:上海人民出版社,2002:11.

[207] 杨国荣.作为精神取向的心态[N].光明日报,2016-6-22(第014版).

[208] 杨柯君.知信行模式[J].上海医药,2013,34(10):42.

[209] 杨美荣.杜威教育思想的现象学意识[D].北京:首都师范大学,2005.

[210] 杨秋颖,崔洁,朱春山,董翠香,季浏.韩国《体育课程标准》中选修教育课程解读[J].体育学刊,2017,24(1):115—120.

[211] 杨献南,鹿志海.形式逻辑视角下的体育素养概念辨析[J].南京体育学院学报(社会科学版),2015,29(2):89—92.

[212] 杨新晓,陈殿兵.教育实证研究的价值诉求与内在逻辑[J]教育评论,2020(7):132—138.

[213] 杨琰.知识·能力·素质·素养:教育价值追求的不同阶段转向[J].教育理论与实践,2020,38(28):13—16.

[214] 姚颂平,肖焕禹.身心一统 和谐发展——上海体育学院首任院长吴蕴瑞体育思想论释[J].上海体育学院学报,2005,29(5):1—5.

[215] 姚站军.生存美学意义建构与境界追求——立足生活实践的生存论哲学内在走向[J].深圳大学学报(人文社会科学版),2012,29(3):77—83.

[216] 叶浩生.身心二元论的困境与具身认知研究的兴起[J].心理科学,2011,34(4):999—1005.

[217] 易铭裕.体育锻炼行为动因分析——基于自我决定理论的视角[J].体育成人教育学刊,2018,34(3):81—84.

[218] 殷克明.试论运动直觉[J].武汉体育学院学报,2002,36(6):63—65.

[219] 殷荣宾,季浏,蔡赓.基础教育学校体育课程内容选择及价值取向的演变与诉求[J].武汉体育学院学报,2017,51(2):81—86.

[220] 尹博.影响大学生体育锻炼习惯形成的因素[J].体育学刊,2005,12(1):139—141.

[221] 尹志华,毛丽红,汪晓赞,季浏,Phillip C. Ward.对话、规训与权力:一个分析体育教师专业发展的三维框架[J].北京体育大学学报,2013,36(2):100—104.

[222] 尹志华,毛丽红,孙铭珠,汪晓赞,季浏.20世纪晚期社会学视域下体育教师研究的热点综述与启示[J].北京体育大学学报,2014,37(5):98—105.

[223] 尹志华,汪晓赞.国家意志与体育新课标表达:论《课程标准(2017年版)》对十九大精神的落实[J].武汉体育学院学报,2019,53(3):81—88.

[224] 尹志华.论运动能力、健康行为和体育品德三个方面学科核心素养的关系[J].体育教学,2019(1):13—16.

[225] 尹志华.论核心素养下体能与运动能力的关系[J].体育教学,2019(2):7—10.

[226] 尹志华.论核心素养下运动认知与运动能力的关系[J].体育教学,2019(3):6—9.

[227] 尹志华.论核心素养下技战术运用与运动能力的关系[J].体育教学,2019(4):4—7.

[228] 尹志华.论核心素养下体育展示与比赛和运动能力的关系[J].体育教学,2019(5):8—11.

[229] 尹志华.论核心素养下体育锻炼意识与习惯和健康行为的关系[J].体育教学,2019(6):11—14.

[230] 尹志华.论核心素养下健康知识掌握与运用和健康行为的关系[J].体育教学,2019(7):24—27.

[231] 尹志华.论核心素养下情绪调控与健康行为的关系[J].体育教学,2019(8):4—7.

[232] 尹志华.论核心素养下环境适应与健康行为的关系[J].体育教学,2019(9):4—8.

[233] 尹志华.论核心素养下体育精神与体育品德的关系[J].体育教学,2019(10):46—49.

[234] 尹志华.论核心素养下体育道德与体育品德的关系[J].体育教学,2019(11):15—19.

[235] 尹志华.论核心素养下体育品格与体育品德的关系[J].体育教学,2019(12):4—7.

[236] 尹志华,孙铭珠,付凌一.论核心素养下体育与健康课程中的目标体系及制订原则[J].体育教学,2020(1):10—12.

[237] 尹志华,孙铭珠,汪晓赞.核心素养视域下发达国家体育课程标准比较与发展趋势分析[J].天津体育学院学报,2020,35(6):626—632.

[238] 尹志华.基于国家课程标准的线上体育课程设计要点解析[J].中国学校体育,2020(3):8—10.

[239] 尹志华,田恒行.新时代体育教师应具备的核心素养与提升策略[J].中国学校体育,2020(7):33—36.

[240] 尹志华,张古月,孙铭珠.关照健康:重大疫情下体育与健康课程面临的挑战、责任和未来转向[J].体育成人教育学刊,2020,36(2):20—25.

[241] 于素梅.中国学生体育学科核心素养框架体系建构[J].体育学刊,2017,24(4):5—9.

[242] 于素梅.学生体育学科核心素养培育的基本思路与多元途径[J].体育学刊,2017,24(5):16—19.

[243] 于素梅.从一体化课程建设谈体育素养的培育[J].沈阳体育学院学报,2019,38(3):8—11.

[244] 于英,戴红磊.体育道德失范的表现及伦理救援[J].体育学刊,2013,20(3):33—36.

[245] 于永晖,高嵘.体育素养的概念与内容构成辨析[J].山东体育学院学报,2019(4):111—118.

[246] 余文森.从三维目标走向核心素养[J].华东师范大学学报(教育科学版),2016(1):11—13.

[247] 余小鸣,张芯,杨土保,等.中国中小学校健康教育研究(1):学生健康知识态度行为现况[J].中国学校卫生,2007,28(1):7—9.

[248] 余小鸣,张芯,朱广荣,等.中国中小学校健康教育研究(2):学生健康知信行相关影响因素[J].中国学校卫生,2007,28(2):107—108+110.

[249] 余智.体育素养概念研究[J].浙江体育科学,2005,27(1)69—72+80.

[250] 袁桂林.当代西方道德教育理论[M].福州:福建教育出版社,1995:235.

[251] 曾玲华.体育道德失范与人文奥运的冲突及其对策[J].北京体育大学学报,2007,30(8):1019—1021.

[252] 张岱年.中国文化的基本精神[A].张岱年哲学文选(上)[M].北京:中国广播出版社,1999.

[253] 张法.主体性、公民社会、公共性——中国改革开放以来思想史上的三个重要观念[J].社会科学,2010(6):101—107.

[254] 张红霞,侯小妮.综合素质与核心素养辨析[J].上海教育科研,2020(5):15—19.

[255] 张洪潭.参与竞争重于获取优胜[J].体育与科学,2000(3):1—5+57.

[256] 张华.论核心素养的内涵[J].全球教育展望,2016,45(4):10—24.

[257] 张静婷.武术课程促进学生体育学科核心素养的形成研究[J].广州体育学院学报,2018,38(5):113—116.

[258] 张力.纵论立德树人——教育的根本任务[J].人民教育,2013(1):10—13.

[259] 张立顺.体育精神与社会主义核心价值观培育路径的探索[J].山东体育学院学报,2016,32(3):59—62.

[260] 张娜.联合国教科文组织的核心素养研究及其启示[J].教育导刊,2005(7):93—96.

[261] 张宁娟."六个下功夫":新时代人才培养的行动指南[J],教育研究,2018(9):17—20.

[262] 张细谦,张仕宜.核心素养导向下体育与健康课程实施路径的优化[J].体育学刊,2018,25(2):76—80.

[263] 张一兵.科学、信仰与价值[M].南京：南京大学出版社,2004：2.
[264] 张莹.教育"核心素养"理念下的高校体育课程改革探讨——以重庆科技学院体育健康课教学改革为例[J].西南师范大学学报(自然科学版),2016,41(10)：173—176.
[265] 张玉超,栗丽,王朝军.我国体育道德失范成因及预防对策研究[J].体育文化导刊,2007(6)：52—54.
[266] 张郑波.现象学运动思潮在中国的引入与传播[J].成都大学学报(社会科学版),2020(2)：1—10.
[267] 赵敦华.基督教哲学1500年[M].北京：人民出版社,1994.
[268] 赵敦华.现代西方哲学新编[M].北京：北京大学出版社,2001：94—95.
[269] 赵凤霞,程传银,张新辉,李菊红.体育核心素养模型构建研究[J].体育文化导刊,2017(1)：154—159.
[270] 赵富学,程传银.体育学科核心素养的理论基础及结构要素研究[J].沈阳体育学院学报,2018,37(6)：104—112.
[271] 赵富学,魏旭波,李莉.体育学科核心素养课程化现状检视及机制设计[J].体育学刊,2019,26(4)：94—99.
[272] 赵富学.体育学科核心素养的内涵及其生成维度[J].体育文化导刊,2019(6)：53—57+87.
[273] 赵富学,程传银,储志东.体育学科核心素养研究的国际经验与启示[J].体育学刊,2019,26(1)：89—100.
[274] 赵海波,周爱国.加拿大不同身体素养测评体系分析及启示[J].外国中小学教育,2018(12)：18—25.
[275] 赵可金.理论驱动与大国崛起——美国的经验[J].国际展望,2013(6)：47—64+152.
[276] 赵雅萍,孙晋海,石振国.加拿大3种青少年体育素养评价体系比较研究[J].首都体育学院学报,2019,31(3)：248—254.
[277] 郑富兴.现代性视角下的美国新品格教育[M].北京：北京人民出版社,2006：35.
[278] 中国体育科学学会,香港体育学院.体育科学词典[M].北京：高等教育出版社,2000：40.
[279] 中华人民共和国教育部.教育部关于印发《普通高中课程方案和语文等学科课程标准(2017年版)》的通知(教材〔2017〕7号)[EB/OL]. http://www.moe.edu.cn/srcsite/A26/s8001/201801/t20180115_324647.html.
[280] 中华人民共和国教育部制定.普通高中德语课程标准(2017年版2020年修订)[M].北京：人民教育出版社,2020：4—5.
[281] 中华人民共和国教育部制定.普通高中地理课程标准(2017年版2020年修订)[M].北京：人民教育出版社,2020：3—4.
[282] 中华人民共和国教育部制定.普通高中俄语课程标准(2017年版2020年修订)[M].北京：人民教育出版社,2020：4—5.
[283] 中华人民共和国教育部制定.普通高中法语课程标准(2017年版2020年修订)[M].北京：人民教育出版社,2020：4—5.
[284] 中华人民共和国教育部制定.普通高中化学课程标准(2017年版2020年修订)[M].

北京：人民教育出版社，2020：3—5.

[285] 中华人民共和国教育部制定.普通高中历史课程标准(2017年版2020年修订)[M]. 北京：人民教育出版社，2020：4—5.

[286] 中华人民共和国教育部制定.普通高中美术课程标准(2017年版2020年修订)[M]. 北京：人民教育出版社，2020：4—6.

[287] 中华人民共和国教育部制定.普通高中日语课程标准(2017年版2020年修订)[M]. 北京：人民教育出版社，2020：4—5.

[288] 中华人民共和国教育部制定.普通高中生物学课程标准(2017年版2020年修订)[M].北京：人民教育出版社，2020：4—5.

[289] 中华人民共和国教育部制定.普通高中数学课程标准(2017年版2020年修订)[M]. 北京：人民教育出版社，2020：4—7.

[290] 中华人民共和国教育部制定.普通高中思想政治课程标准(2017年版2020年修订)[M].北京：人民教育出版社，2020：4—6.

[291] 中华人民共和国教育部制定.普通高中体育与健康课程标准(2017年版)[M].北京：人民教育出版社，2018.

[292] 中华人民共和国教育部制定.普通高中体育与健康课程标准(2017年版2020年修订)[M].北京：人民教育出版社，2020：5—6.

[293] 中华人民共和国教育部制定.普通高中通用技术课程标准(2017年版2020年修订)[M].北京：人民教育出版社，2020：4—5.

[294] 中华人民共和国教育部制定.普通高中物理课程标准(2017年版2020年修订)[M]. 北京：人民教育出版社，2020：4—5.

[295] 中华人民共和国教育部制定.普通高中西班牙语课程标准(2017年版2020年修订)[M].北京：人民教育出版社，2020：4—6.

[296] 中华人民共和国教育部制定.普通高中信息技术课程标准(2017年版2020年修订)[M].北京：人民教育出版社，2020：5—6.

[297] 中华人民共和国教育部制定.普通高中艺术课程标准(2017年版2020年修订)[M]. 北京：人民教育出版社，2020：4—5.

[298] 中华人民共和国教育部制定.普通高中音乐课程标准(2017年版2020年修订)[M]. 北京：人民教育出版社，2020：5—6.

[299] 中华人民共和国教育部制定.普通高中英语课程标准(2017年版2020年修订)[M]. 北京：人民教育出版社，2020：4—5.

[300] 中华人民共和国教育部制定.普通高中语文课程标准(2017年版2020年修订)[M]. 北京：人民教育出版社，2020：4—5.

[301] 中央编译局.马克思恩格斯选集[M].北京：人民出版社，1995：226.

[302] 钟启泉,崔允漷.核心素养研究[M].上海：华东师范大学出版社，2018：前言.

[303] 钟启泉.读懂课堂[M].上海：华东师范大学出版社，2015：205.

[304] 钟启泉.基于核心素养的课程发展：挑战与课题[J].全球教育展望，2016,45(1)：3—25.

[305] 钟振新,姚蕾.大学生体育锻炼习惯调研[J].中国体育科技，2003,39(3)：27—29.

[306] 周建国.人际交往、社会冲突、理性与社会发展——齐美尔社会发展理论述评[J].社

会,2003(4):8—11.

[307] 周永奇.中华体育精神与社会主义核心价值观认同[J].思想教育研究,2016(4):57—60.

[308] 朱春山,杨秋颖,崔洁,董翠香.韩国《体育课程标准》中共同教育课程解读及启示[J].北京体育大学学报,2016,39(12):99—111.

[309] 朱琳,党林秀,董翠香.美英澳新韩加体育学科核心素养特征分析及启示——基于六国现行体育课程标准文本的分析[J].体育教学,2018,38(3):54—57.

[310] 朱明艺.体育学科核心素养培育的发展路径研究[J].运动,2019(2):9—10.

[311] 朱亚成,季浏.关于提升我国青少年体育素养研究的文献综述[J].四川体育科学,2020,42(1):81—88.

[312] 朱智贤.心理学大辞典[M].北京:北京师范大学出版社,1989:798.

[313] 祝大鹏.运动员体育道德:概念、测量、影响因素与展望[J].武汉体育学院学报,2013,47(7):64—70.

[314] 祝怀新,陈娟.新西兰课程改革新动向——新课程计划草案解析[J].基础教育参考,2007(12):37—41.

[315] 资利萍,戴婉璘.日本"21世纪型能力"和"21世纪型音乐能力"解析[J].中国音乐教育,2018(10):36—42.

[316] ACCI,BCA. Employability Skills for the Future [R]. Canberra: Department of Education, Science and Training, 2002:45—47.

[317] Australian Curriculum, Assessment and Reporting Authority (ACARA). General capabilities [EB/OL]. https://www.australiancurriculum.edu.au/f-10-curriculum/general-capabilities/.

[318] Cara Shearer, Hannah R. Goss. How Is Physical Literacy Defifined? A Contemporary Update [J]. Journal of Teaching in Physical Education, 2018(37)(3):237—245.

[319] Catherine D. Ennis. Knowledge, transfer, and innovation in physical literacy curricula [J]. Journal of Sport and Health Science, 2015(2):119—124.

[320] Connell, R. W. Social Change and Curriculum Futures [J]. Change: Transformation in Education, 1998(1):84—90.

[321] Dean J. Kriellaars, John Cairney, Marco A. C. Bortoleto, Tia K. M. Kiez, Dean Dudley, Patrice Aubertin. The Impact of Circus Arts Instruction in Physical Education on the Physical Literacy of Children in Grades 4 and 5[J]. Journal of Teaching in Physical Education, 2019(38):162—170.

[322] Doll, W. E. Developing Competence. In Doll, W. E. Pragmatism, Post-Modernism, and Complexity Theory. Edited by Donna Trueit [M]. New York: Routledge, 2012:67.

[323] Douglas B. Rasmussen. Human flourishing and the appeal to human nature [J]. Social Philosophy and Policy, 1999,16(1):1—43.

[324] Edward A. Wynne. Developing Character: Transmitting knowledge [J]. Educational Leadership, 1984(4):15—21.

[325] European Council. Council Recommendation of 22 May 2018 on Key Competences for Lifelong Learning [EB/OL]. http://data.consilium.europa.eu/doc/document/

ST-9009-2018-INIT/EN/pdf,2018-5-22.

[326] Fernando R. Molina. The Sources of Existentialism as Philosophy [M]. Upper Saddle River, New Jersey: Prentice-Hall, 1969.

[327] Finn. Young People's Participation in Post-compulsory Education and Training [R]. Canberra: Australian Government Publishing Service, 1991: 58.

[328] Fredrickson B. L. The role of positive emotions in positive psychology: The Broaden-and-Build Theory of positive emotions [J]. American Psychologist, 2001, 56: 218—226.

[329] Group A. C, Group A I. Training to compete: the training needs of industry: report to the Australian Industry Group [R]. The Allen Consulting Group Pty Ltd, 1999: xi.

[330] International Physical Literacy Association. Definition of physical literacy [EB/OL]. https://www.physical-literacy.org.uk/,2020-11-26.

[331] James Mandigo, Ken Lodewyk, Jay Tredway. Examining the Impact of a Teaching Games for Understanding Approach on the Development of Physical Literacy Using the Passport for Life Assessment Tool [J]. Journal of Teaching in Physical Education, 2019,38: 136—145.

[332] Jaspers K. Philosophy and the World [M]. Washington DC: Regnery, 1963.

[333] Karmel. Quality of Education in Australia: Report of the Review Committee [R]. Canberra: AGPS, 1985.

[334] Kierkegaard S. Concluding unscientific postscript [M]. Princeton, New Jersey: Princeton University Press, 2019.

[335] Lazarus R. S. Emotion and adaptation [M]. New York: Oxford University Press, 1991: 114.

[336] Margaret, Whitehead. Physical Literacy throughout the Lifecourse [M]. New York: Routledge, 2010:11—14.

[337] Margaret, Whitehead. Physical literacy[C]. International Association of Physical Education and Sport for Girls and Women congress, Melbourne, Australia, 1993.

[338] Margaret, Whitehead. The History and Development of Physical Literacy [J]. The Journal of the International Council of Sport Science and Physical Education (ICSSPE),2013(65): 22—28.

[339] Margaret, Whitehead. The history and development of physical literacy [J]. Journal of Sport Science and Physical Education, 2013(65): 21—27.

[340] Margaret, Whitehead. Definition of physical literacy and clarification of related issues [J]. ICSSPE Bull, 2013(65): 28—42.

[341] Mark S. Tremblay, Meghann Lloyd. Physical literacy measurement: the missing piece [J]. Health and Physical Education Journal, 2010,76(1): 26—30.

[342] Mayer. Key Competencies: Report of the Committee to Advise the Australian Education Council and Ministers of Vocational Education, Employment and Training on Employment-related Key Competencies for Post-compulsory Education and

Training [R]. Melbourne: Sands and Mc Dougall Printing Pty Ltd. ,1992: 3.

[343] Melanie McKee. The importance of Physical Literacy [R]. International Physical Literacy Conference, 2015.

[344] Merleau-Ponty M. Maurice Merleau-Ponty: Basic Writings [M]. London: Psychology Press, 2004.

[345] Ministry of Education. Health and Physical Education in the New Zealand Curriculum [Z]. Wellington: Learning Media, 1999.

[346] National Association for Sport and Physical Education. Outcomes of quality physical education programs [M]. Reston, VA: Author, 1992.

[347] National Association for Sport and Physical Education. Moving into the future: National Standards for physical education: A guide to content and assessment [M]. Reston, VA: Author, 1995.

[348] National Association for Sport and Physical Education. Moving into the future: National Standards for physical education (second edition) [M]. Reston, VA: Author, 2004.

[349] OECD. Definition and Selection of Key Competencies-Executive Summary [R]. 2005.

[350] OECD. DeSeCo Contribution INES General Assembly 2000[R]. 2000.

[351] OECD. OECD Deseco Strategy-Paper [R]. 2002.

[352] Russell J. A, Feldman B. L. Core affect, prototypical emotional episodes, and other things called emotion: Dissecting the elephant [J]. Journal of Personality and Social Psychology, 1999,76: 805—819.

[353] Rychen D. S. Salganik L. H. (Eds.) Key Competencies for a Successful Life and a Well-Functioning Society [R]. Göttingen: Hogrefe & Huber Publishers, 2003.

[354] Rychen D. S. Salganik L. H. (Eds.) Defining and Selecting Key Competencies [R]. Göttingen: Hogrefe & Huber Publishers, 2001.

[355] Rychen D. S. , Salganik L. H. , McLaughlin M. E. (Eds.) Contributions to the Second DeSeCo Symposium [R]. Neuchatel, Switzerland: Swiss Federal Statistical Office, 2003.

[356] Salganik L. H. , Rychen D. S. , Moser U. & Konstant J. W. Projects on Competencies in the OECD Context-Analysis of Theoretical and Conceptual Foundations [R]. Neuchâtel, Switzerland: Swiss Federal Statistical Office, 1999.

[357] Sartre J. P. Being and nothingness: An essay in phenomenological ontology [M]. Citadel Press, 2001.

[358] Sartre J. P. The Transcendence of the Ego: A sketch for a phenomenological description [M]. Routledge, 2004.

[359] SHAPE America. National Standards & Grade-Level Outcomes for K-12 physical education [M]. Reston, VA: Author, 2013.

[360] Stanley Hauerwas. Character and the Christian Life [M]. San Antonio: Trinity University Press, 1985: 11—18.

[361] Suzan F. Ayers, Lynn D. Housner,梁国立.美国体育教学研究的新进展[J].课

程·教材·教法,2006,26(6):93—96.

[362] Teresa Lleixà, Carles González-Arevalo, Marcelo Braz-Vieira. Integrating key competences in school physical education programmes [J]. European Physical Education Review,2016,22(4):506—525.

[363] The Education Council of EU. The concrete future objectives of education and training systems [EB/OL]. http://ec.europa.eu/education/policies/2010/doc/rep_fut_obj_en.pdf,2001-02-14.

[364] UNESCO Institute for Statistics (Montreal), Centre for Universal Education at Brookings. Learning Metrics Task Force. Toward Universal Learning: What Every Child Should Learn [EB/OL]. http://www.brookings.edu/~/media/Research/Files/Reports/2013/02/learning%20metrics/LMTFRpt1TowardUnivrslLearning.pdf.

[365] WALES Sport. Physical Literacy: A JOURNEY THROUGH LIFE [EB/OL]. http://physicalliteracy.sportwales.org.uk/.

[366] Weiyun Chen, Austin Hammond-Bennett, Andrew Hypnar. Examination of motor skill literacy in students: evidence-based physical education curriculum [J]. BMC Public Health,2017,17(2):1—8.

后　记

与核心素养结缘始于 2014 年 12 月,那时我刚从华东师范大学博士毕业并留校工作,适逢教育部组织普通高中各学科课程标准修订,在季浏教授和汪晓赞教授的提携下,我有幸被选中担任普通高中体育与健康课程标准修订专家组秘书。课程标准修订工作直到 2017 年 12 月份结束,最终在 2018 年 1 月以《普通高中体育与健康课程标准(2017 年版)》的正式颁布而暂告段落。在此期间,我参加了大量由教育部教材局、教育部基础教育课程教材发展中心以及体育与健康课程标准修订组组织的课程标准修订工作研讨会,见证了我国从学生发展核心素养到各学科核心素养体系建立,以及基于学科核心素养的课程标准修订。以上工作让我对体育学科核心素养有了非常深入的了解。

在完成课程标准修订工作的同时,我还相继参与了《普通高中体育与健康课程标准(2017 年版)解读》和《国际体育与健康课程标准解读》等著作的撰写与统稿工作,以及华东师范大学出版社和上海教育出版社分别组织编写的两个版本的高中体育与健康教科书和教师教学用书的设计、撰写与统稿工作。此外,还受邀在全国各地开展了共计约 20 多次与体育学科核心素养相关的专家讲座或教师培训。在逐步深入的过程中,我逐渐意识到一个问题,即《普通高中体育与健康课程标准(2017 年版)》作为国家纲领性文件,其有限的版面很难对体育学科核心素养进行全面和深入的学理介绍,这导致体育教育工作者感到"不解渴",即只知道体育学科核心素养是什么,但对体育学科核心素养的研究进展、理论基础、国际经验、构建过程、具体内涵等问题并不十分清晰。在与国内外体育教育工作者的交流中,我感觉到他们对上述问题迫切需要了解。于是,作为一个有着相对较为丰富研究经验的青年学者,我觉得很有必要撰写一部有关体育学科核心素养的专著来详细阐明上述问题。这不仅能够帮助体育教育工作者们更全面地理解体育学科核心素养,同样也是对我个人近年来参与体育学科核心素养相关工作的总结与升华。

虽然很早就有撰写这部专著的想法，但由于事情繁杂而一直未动笔。2018年底，《体育教学》杂志准备在2019年组织高中体育与健康课程标准修订组专家推出有关体育学科核心素养的系列专题文章，我应编辑部章柳云老师之约，在章老师的鼓励下完成了《体育教学》杂志2019年12篇有关体育学科核心素养文章的连载，该系列文章引起了广泛关注。撰写过程其实就是每个月被"催租"的过程，虽然很痛苦也很累，但却间接地推动了这本著作的撰写。后来，我在系列文章基础上，进一步按照专著形式构建了本书框架，并最终完成了本书撰写工作。

本书顺利完成，首先要感谢季浏教授和汪晓赞教授两位领导提供的学习机会和持续不断的鞭策；其次，教育部普通高中体育与健康课程标准修订组诸位专家也直接或间接地给我提供了很多指导，他们是北京体育大学田麦久教授、首都体育学院钟秉枢教授、北京体育大学杨桦教授、武汉体育学院吕万刚教授、华南师范大学谭华教授、人民教育出版社耿培新教授、扬州大学潘绍伟教授、北京师范大学毛振明教授、广东省教育研究院庄弼教授、天津市滨海新区汉沽第一中学正高级教师张金生老师。清华大学体育部主任刘波教授作为我在清华大学体育学博士后流动站学习与工作期间的合作导师，也给我提供了很多支持，在此一并感谢。

另外，在撰写本书的过程中，我指导的硕士研究生刘艳、田恒行、孟涵、张古月、汪琴、肖志君等几位同学和我一起收集了第二章和第三章的部分资料，在一定程度上减轻了我在写作中的负担。

在近几年参与课程改革的工作之中，我常常因为工作太忙而无法陪伴家人，无法尽到对家庭的责任和义务，一直深感愧疚。感谢我的父母、岳父岳母对我的理解，尤其是要感谢我的爱人孙铭珠对我的宽容。正是因为有了家人这一坚强的后盾，我才能安心地投入到工作之中。尤其是在本书写作过程中，见证了我的儿子尹茂煊从孕育、出生到成长的全过程，他的到来是上天赐予我的珍贵礼物，也在不断激励我努力进取。

本著作的顺利出版，同样离不开国家社会科学青年基金项目（16CTY013）的支持。最后，衷心感谢华东师范大学出版社能够出版此书，尤其要感谢出版社卜于骏老师给予的莫大支持。

尹志华
2021年4月于华东师范大学闵行校区

2